中國學術思想 研究輯刊

初 編

林 慶 彰 主編

第 4 冊

焦循《雕菰樓易學》研究

賴 貴 三 著

花木蘭文化出版社

國家圖書館出版品預行編目資料

焦循《雕菰樓易學》研究／賴貴三 著 — 初版 — 台北縣永和市：
花木蘭文化出版社，2008〔民97〕
序 2+ 目 4+286 面：19×26 公分
（中國學術思想研究輯刊 初編：第 4 冊）
ISBN：978-986-6657-76-4（精裝）
1.（清）焦循 2.易經 3.學術思想 4.研究考訂
121.17 97016031

ISBN - 978-986-6657-76-4

中國學術思想研究輯刊
初 編 第四冊 ISBN：978-986-6657-76-4

焦循《雕菰樓易學》研究

作 者	賴貴三
主 編	林慶彰
總 編 輯	杜潔祥
出 版	花木蘭文化出版社
發 行 所	花木蘭文化出版社
發 行 人	高小娟
聯 絡 地 址	台北縣永和市中正路五九五號七樓之三
	電話：02-2923-1455／傳真：02-2923-1452
網 址	http://www.huamulan.tw 信箱 sut81518@ms59.hinet.net
印 刷	普羅文化出版廣告事業
封面設計	劉開工作室
初 版	2008 年 9 月
定 價	初編 28 冊（精裝）新台幣 46,000 元

焦循《雕菰樓易學》研究

賴貴三　著

作者簡介

賴貴三（1962 －），字屯如，臺灣屏東人。習業於臺南一中、高雄中山大學外文系、臺灣師大國文系所，獲文學博士學位，今為臺灣師大國文系教授，兼國際漢學研究所籌備主任、續接所長。行宗儒道，學探經史，專長《易》學、中國哲學、經學與文獻學。出版《潁川堂賴氏歷代族譜考述》、《焦循年譜新編》、《焦循雕菰樓易學研究》、《昭代經師手簡箋釋》、《焦循手批十三經註疏研究》，並主編《春風煦學集——黃慶萱教授七秩華誕受業論集》與《臺灣易學史》等。

提　　要

　　焦循（1763-1820）里堂先生為清朝乾隆、嘉慶之際，繼戴震（1723-1777）東原先生之後，學術上第一流的人物，阮元（1764-1849）雲臺先生譽之為「通儒」，蓋有見於其博學通貫，無所不能，廣而能精。本論文乃就里堂一生學力、心血萃聚的《雕菰樓易學三書》，探討其全方位的學術成就。緒論以言其《易》學的淵源、歷程及其著作簡介；首章鳥瞰其《易》學體貌，為全書的通論。其下六章，分別就里堂《易》學中，所參悟而得的學思創獲，從經傳之實測、天算之成就與小學之造詣、道統之一貫各面向，以闡析其「旁通（當位失道）、相錯（比例）、時行（變通）」的根本《易》例，並綜論其以數理解《易》、假借治《易》的奧蘊，終以道德哲學的匯歸，證成孔孟道統，可見其《易》義的究竟貞定。結論各節，以考察其《易》學的方法，綜述其《易》學的特色，並探討其《易》學的評價；如是，《雕菰樓易學》的全體大用，可得客觀的認識與相應的理解，其重因又重創的《易》學發明與系統，乃能確立其在《易》學哲學發展史中，允為通儒專業的時代名家與別裁特識的學術價值。

目次

自　序
緒　論 ……………………………………………………… 1
　第一節　焦循《易》學之淵源與歷程 ………………… 2
　　一、啓蒙期（二十五歲之前，1763～1787） … 2
　　二、醞釀期（二十五歲至四十歲，1787～1802）
　　　……………………………………………………… 6
　　三、發展期（四十歲至五十歲，1802～1812）
　　　……………………………………………………… 9
　　四、完成期（五十歲至五十八歲，1812～1820）
　　　……………………………………………………… 12
　第二節　焦循《易》學著作簡介 ………………… 16
　　一、主要著作 ………………………………………… 17
　　二、次要著作 ………………………………………… 21
　　三、相關著作 ………………………………………… 25
第一章　焦循《易》學通論 ……………………………… 31
　第一節　《易》義考原 ……………………………… 32
　　一、原畫卦之義 ……………………………………… 32
　　二、原卦名之義 ……………………………………… 34
　　三、原卦序之義 ……………………………………… 35
　　四、原象象之義 ……………………………………… 37
　　五、原《易》辭之義 ………………………………… 38
　　六、原十翼之義 ……………………………………… 39

　　七、原九筮之義 ……………………………………… 41

　第二節　《易》說析論 ………………………………… 43

　　一、論《連山》、《歸藏》之義 …………………… 43

　　二、論卦變之義 …………………………………… 45

　　三、論半象、兩象易之義 ………………………… 47

　　四、論納甲、納音之義 …………………………… 48

　　五、論卦氣六日七分之義 ………………………… 50

　　六、論爻辰之義 …………………………………… 52

　第三節　《易》例發凡 ………………………………… 54

　　一、經傳互明凡例 ………………………………… 54

　　二、卦凡例 ………………………………………… 56

　　三、爻凡例 ………………………………………… 59

　　四、辭凡例 ………………………………………… 61

第二章　焦循「旁通」《易》學述評 ………………… 65

　第一節　旁通原理與圖證 ……………………………… 65

　　一、旁通原理 ……………………………………… 66

　　二、旁通圖解 ……………………………………… 70

　　三、旁通例證 ……………………………………… 72

　第二節　當位失道原理與圖說 ………………………… 79

　　一、當位失道原理 ………………………………… 79

　　二、當位失道圖解 ………………………………… 83

　　三、當位失道例說 ………………………………… 88

　小結與小評 ……………………………………………… 90

第三章　焦循「相錯」《易》學述評 ………………… 93

　第一節　相錯原理與圖說 ……………………………… 93

　　一、相錯原理 ……………………………………… 94

　　二、相錯圖解 ……………………………………… 95

　　三、相錯例說 ……………………………………… 98

　第二節　比例原理與圖說 ……………………………… 104

　　一、比例原理 ……………………………………… 104

　　二、比例圖解 ……………………………………… 105

　　三、比例例說 ……………………………………… 111

　小結與小評 ……………………………………………… 119

第四章　焦循「時行」《易》學述評 ………………… 121

　第一節　時行原理與圖解 ……………………………… 121

　　　一、時行原理 ……………………………………………… 122
　　　二、時行圖解 ……………………………………………… 126
　　第二節　變通原則與應用 ………………………………… 135
　　　一、變通原則——二五交易 ……………………………… 136
　　　二、變通應用——通權達變 ……………………………… 139
　　小結與小評 ………………………………………………… 149
第五章　焦循「數理」《易》學述評 ……………………… 153
　　第一節　數學著作與法則簡述 …………………………… 154
　　　一、數學著作簡述 ………………………………………… 155
　　　二、數學法則簡述 ………………………………………… 162
　　第二節　數理與《易》學之絜和 ………………………… 168
　　　一、基本數理觀 …………………………………………… 169
　　　二、數理方法論 …………………………………………… 171
　　　三、數學之曆法運用 ……………………………………… 172
　　　四、「大衍之數」詳解 ……………………………………… 177
　　小結與小評 ………………………………………………… 181
第六章　焦循「假借」《易》學述評 ……………………… 185
　　第一節　《周易》用假借論 ……………………………… 186
　　　一、源於韓嬰《易》說之啓發 …………………………… 186
　　　二、本於許慎六書之義例 ………………………………… 188
　　　三、假借說《易》之訓詁原理 …………………………… 189
　　第二節　《周易》用假借之類型 ………………………… 193
　　　一、旁徵博引之文獻基礎 ………………………………… 194
　　　二、以「轉注」爲比例 …………………………………… 196
　　　三、以「假借」爲引申 …………………………………… 201
　　第三節　《周易》用假借之商榷 ………………………… 204
　　　一、義界不清 ……………………………………………… 204
　　　二、引申太過 ……………………………………………… 206
　　小結與小評 ………………………………………………… 209
第七章　焦循「道德」《易》學述評 ……………………… 211
　　第一節　道統一貫說 ……………………………………… 212
　　　一、一以貫之解 …………………………………………… 213
　　　二、孔孟道統觀 …………………………………………… 218
　　第二節　十二言《易》教 ………………………………… 221
　　　一、元、亨、利、貞 ……………………………………… 222

二、吉、凶、悔、吝 ……………………………… 228

三、厲、孚、無咎 …………………………………… 231

四、改過遷善 ………………………………………… 234

第三節 道德理義釋 …………………………………… 235

一、釋「道」 ………………………………………… 236

二、釋「命」 ………………………………………… 238

三、釋「性、情、才」 …………………………… 239

四、釋「教」 ………………………………………… 242

五、釋「仁、義、禮、信、知」 ……………… 243

六、釋「大極」 ……………………………………… 244

小結與小評 ……………………………………………… 246

結 論 ……………………………………………………… 249

第一節 焦循《易》學進路方法 …………………… 251

一、檢索（Index） ………………………………… 251

二、歸納（Induction） …………………………… 252

三、演繹（Deduction） …………………………… 252

四、統貫（Unity） ………………………………… 253

第二節 焦循《易》學詮釋特色 …………………… 253

一、汎觀博覽，取精用宏 ………………………… 254

二、證之以實，運之於虛 ………………………… 254

三、參伍錯綜，引申觸類 ………………………… 255

四、好學深思，心知其意 ………………………… 256

第三節 焦循《易》學總體評價 …………………… 257

一、肯定說 …………………………………………… 258

二、批判說 …………………………………………… 263

三、折衷說 …………………………………………… 267

四、象、數、辭、理之統一 …………………… 273

總贊：「雅琴飛白雪，高論橫青雲」 ……… 275

參考文獻 ………………………………………………… 277

一、焦循見存著述資料 …………………………… 277

附 錄

一、大陸見藏焦循著述善本書目 ……………… 280

二、關於焦循研究資料 …………………………… 281

三、一般典籍引見資料 …………………………… 282

自　序

　　猶憶十五志學之年，嘗詠讀高屏故鄉六堆客家先賢，後堆內埔前清江昶榮（1848〜1895）進士諷詩，云：「偶然偶然又偶然，偶然容易偶然難；世間許多偶然事，君等何無一偶然？」蓋安貧之家，樂道之士，其理想終將實現，其成功也決非偶然倖致。而今，諟觀焦循里堂先生《雕菰樓易學》學思撰述之心路歷程，幼承庭訓，啓蒙於家學；長受師教，濫觴於經業，復得益友切磋，濡染於天算。故學殖深篤，戮力以聖道，專志於治《易》；積數十年覃思勤研之功，終成其名山之偉業，不朽之盛事者，豈偶然哉？

　　里堂胸懷攬轡澄清之志，腹滿經綸濟世之才，惜乎其不遇也。村居授徒，效潛龍之蟄伏；隨幕遊學，從大人之飛達；惟頓挫於科舉，艱蹇於仕途，乃絕意進取，閉門撰述，思孝親之不可待，望養教之猶可期。哲嗣廷琥（1782〜1821）克紹箕裘，又命其孫以「授易」、「授書」、「授詩」之名，欲彰聖經、薪傳世業，意亦深矣！而夙有弧矢四方之志，故命其女以「弧矢」之名，其自許於志業、道術，如斯宏焉！

　　讀里堂之書，論里堂之世，乃知其人之彬彬，其志之蔚蔚，信爲乾嘉之際一代之通儒碩學。其一生精力心血萃聚於《雕菰樓易學三書》，發揮於《孟子正義》，窮其原，立其本，而創其例，明其道；商量於舊學，涵養於新知，故邃密而深沈。復秉易簡之功夫，遂成久大之體系；護持一貫之道統，終免支離之事業；其「旁通」、「相錯」、「時行」三大《易》例發明，乃窮變通久之義，而元亨利貞終始之道。

　　《雕菰樓易學》體大思精，雖潛研數載，偶有所悟；惟學有未及，力有未逮，其全體大用，猶然自失其精蘊。筆者負笈於北臺，進而執教於上庠，忽焉已二十餘載；優游於《周易》，亦逾二十年，幸得良師黃慶萱教授啓導，

終不致茫然無所知，此稍可慰於萬一。而今，粗成規模，撰就是書，意欲表彰里堂先生《雕菰樓易學》之創獲，而爲學程之紀錄，前進之指標。

本論文爲筆者就讀師大國文研究所博士班四年（1990～1994）之成果展現，學殖尚淺，闕漏實多；民國八十三年（1994）六月，順利通過論文口試之後，七月即以三十三歲之齡，投筆從戎，遠征金門服役；於今，回顧所來徑，乃覺時光飛逝，馬齒徒長，其有所遺憾者，惟俟來日匡補闕遺。猶憶，論文撰述期間，良師善誘，家慈照拂，賢妻關愛，而嬌女撫慰，人生樂事，何有甚於此耶？書成於生日之後，從軍之前，是可以爲感恩之獻禮，生命之標識。敬錄里堂先生《雕菰集》卷四〈生日有作〉詩及其摯友汪晉蕃和詩，亦所以蹤跡其志，而追步其人焉。

> 半生何事可追尋？亂緒難教縶寸陰。竟日笑歌良友誼，他鄉起臥老親心。
>
> 寒山無意隨春綠，旅雁多聲入夜沈。不效文泉作文冢，囊中賸有伯牙琴。
>
> 宛委藏書迹可尋，游踪天許到山陰。六星卻應文昌宿，萬卷能傳博士心。
>
> 略比坡仙記紗縠，不徒詹尹問升沈。客窗相對誰知己？只有松弦舊館琴。

筆者意在忠實而客觀整理里堂先生《雕菰樓易學》之發明、方法與旨歸，以表彰其專家之學，故文獻爬梳客觀敘述闡釋爲多，批判剖析深入詮證猶付之闕如，固仍有待惕勵以時而進。再者，論文初成當時，經業師黃慶萱教授指劑切指導，並渥蒙黃錦鋐教授、賴炎元教授、呂凱教授、黃沛榮教授、莊萬壽教授、陳郁夫教授書面審查與口試教政。其中，有關文字之表達、內容之批判與論證之開展，皆獲諸位師長高明之指點、嚴謹之誨示，憬然有悟，而受益良多。唯筆者學養、識見仍待充實深化，其中缺憾而未愜意者，尙不能一一諟正於目前；兼以心力不濟，時有未逮，故不得不提醒以自警，衷心耿耿，幸師長鑒諒，而讀者體察焉。

賴貴三　1994 年 4 月 23 日　謹識於新店「樂學齋」斗室

1994 年 6 月 18 日　補記於夜闌人靜之「學思軒」

2008 年 8 月 28 日　復識於「屯仁學易咫進齋」

緒　論

　　焦循（1763～1820），字理堂，一字里堂，晚號里堂老人（四十五歲始自名之）；世居江都北湖黃珏橋，分縣爲甘泉人（時屬江蘇揚州府甘泉縣，今屬江蘇省邗江縣黃珏橋鎮）。生於清高宗乾隆二十八年（1763）癸未二月三日辰時（陽曆 3 月 17 日），〔註1〕卒於清仁宗嘉慶二十五年（1820）庚辰七月二十七日辰時（陽曆 9 月 4 日），享年五十八歲。其生平事蹟，學行交游，具見筆者所編撰《焦循年譜新編》，〔註2〕於此略言一二，恕不贅述。

　　焦循既生當乾、嘉學術鼎盛之際，時與當世碩學鴻儒如錢大昕（1728～1804）、汪中（1745～1794）、程瑤田（1725～1814）、段玉裁（1735～1815）、王引之（1766～1834）……相結交，甚得師友切磋之益；復與江藩（1761～1831）鄭堂先生以經、史淹博並稱，揚州學者譽以爲「二堂」；其經、算學並有獨得，與吳縣李銳（1768～1817）尙之、歙縣汪萊（1768～1813）孝嬰，善相資，疑相析，時人目爲「談天三友」；其儕輩中昕夕過從，尤契洽者，則有江藩子屏、〔註3〕黃承吉（1771～1842）春谷、李鍾泗（1771～1809）濱石，當時以其四子嗜古同學，輒有「江（鍾）、焦、黃、李」之目，此其彰明較著者。而焦循撰述，經、史、子、集靡不咸備，〔註4〕百家無所不通，《雕菰樓易學三書》、《孟

〔註1〕　案：焦循生日二月三日，適爲文昌神誕日。參見《雕菰集》（臺北：藝文印書館，《百部叢書集成・文選樓叢書》本）卷四，頁十一，焦循〈生日有作〉七律中，汪光爔〈和詩〉第三句「六星卻應文昌宿」，案語云：「二月三日爲文昌神誕日，里堂適與同日。」

〔註2〕　是書由臺北：里仁書局於民國 83 年 3 月 1 日出版發行，凡 490 頁，資料齊整，參稽稱便。

〔註3〕　案：或列鍾褱（1761～1805）韻厓。鍾褱，又作鍾懷，字保岐，揚州甘泉人。

〔註4〕　《師大國文學報》第二十二期（民國 82 年 6 月 5 日出版），刊有筆者〈焦循里堂先生見存著述考錄〉，於焦循傳世著述搜討研求，可見其學術之大凡。

子正義》及《里堂學算記五種》，皆專家之業，為世所共譽者，故其學體大、思精而創亦新，此阮元所以贊之為「通儒」，且為傳以表之而立其不朽者。〔註5〕筆者有志於《易》學之研究，且有感於焦循《易學》之獨樹一幟，別開生面，而累世以來專篇、專章研究者雖不罕見，乃專勒成書者則寥如晨星，此筆者所以發願從事研究之動機，並期以能會通而彰顯焦循妙造之《易》學。

焦循樸厚篤學，邃於經義，尤精於天文推步之術，年四十外，足不入城，閉戶著書，葺其老屋曰「半九書塾」，復構一樓曰「雕菰樓」，藏書數千卷，有湖光山色之勝，而讀書、著書恆在樓中，又悟得天元一正負如積之術，全乎《易》理，以數窮《易》，以《易》倚數，日坐室中，苦思寂索，有所撰述，因名其室曰「倚洞淵九容數注易室」，〔註6〕而《雕菰樓易學》為世所共傳者正以此故。學《易》重「雕菰」，其《易學三書 —— 易通釋、易圖略、易章句》，學者以為發千古未發之蘊，聖人復起不易斯言，此正是筆者所以標舉《雕菰樓易學》以名書者。

第一節　焦循《易》學之淵源與歷程

筆者既編撰《焦循年譜新編》，乃從其中提取、匯集有關焦循《雕菰樓易學》之資料，依年輯錄，以類相從，而考其淵源來自，及其歷程軌跡，分期敘述，以明其源流脈絡。

一、啟蒙期（二十五歲之前，1763～1787）

焦循《雕菰集》卷二十四，首篇為〈告先聖先師文〉，以自誓其專志《易》學之深願，筆者據其自述學《易》之歷程，以之為綱領，定以為分期之準度，

〔註5〕　里堂與阮元年相若，且為阮元之族姊夫，弱冠既與阮元齊名，並曾隨幕阮元山東、浙江學政任內，故其卒也，阮元乃為撰〈通儒揚州焦君傳〉以表彰之，詳見《焦氏遺書·孟子正義》卷前、阮元《揅經室二集》卷四。

〔註6〕　《雕菰集》卷二十〈半九書塾記〉，詳敘其書塾八景命名之義 —— 雕菰樓、柘籬、紅薇翠竹之亭、蜜梅花館、倚洞淵九容數注易室、木蘭冢、仲軒、花深少態移。並述所以名「雕菰樓」之由來曰：「嘉慶己巳（十四年，1809，焦循四十七歲），纂修郡志，得脩脯金五百，以少半買地五畝，在雕菰淘中，其形盤曲若蠃，以為生壙，其大半於書塾之乙方，起小樓方丈許，四旁置窗，面柳背竹。……樓下置櫝，以生平著述草稿貯之，以為歿後神智所棲托，壙以藏骨，樓以息魂，取淘之名以名樓，曰『雕菰樓』。」

以下所敘者皆本乎此文。分析其《易》學啓蒙期如下：

（一）家學淵源

　　筆者考察焦循家族世系，其曾祖父兄弟四人名泰來、必萃、豫來、師來，以《周易》「泰、萃、豫、師」四卦爲命名之意，可見其高祖父明暘公必爲知《易》學者，而非不知其然者；其曾祖父師來公（後改名源，字文生），爲江都縣學生，深於《易》學，有〈讀易圖〉。〔註7〕而其祖鏡公（字鑑千），國學生，娶明吏部王觀濤（諱納諫）之玄孫女，王氏世以《易》名家；〔註8〕焦循父葱公（字佩士），爲納諫曾孫祖修之外孫，祖修以通儒爲明經，以《易經》授徒，故焦循祖、父並得聞王氏說《易》之法。焦循三世習《易》，世傳王氏大名先生之學，而其幼秉父教，令從十翼求經，可知焦循習《易》，實淵源於家學。故於《雕菰集》卷十六〈易通釋自序〉曰：

　　循承祖、父之學，幼年好《易》。憶乾隆丙申夏（四十一年，1776，焦循十四歲），自塾中歸，先子問日所課若何？循舉〈小畜〉象辭，且誦所聞於師之解。先子曰：「然所謂『密雲不雨，自我西郊』者，何以復見於〈小過〉之六五？童子宜有會心，其思之也。」循於是反復其故，不可得；推之〈同人〉，〈旅（人）〉之「號咷」，〈蠱〉、〈巽〉之「先甲、後甲，先庚、後庚」，〈明夷〉、〈渙〉之「用拯馬壯吉」，益憤塞鬱滯，悒悒於胸腹中，不能自釋。聞有善說《易》者，就而叩之，無以應也。

焦循且嘗自言居甘泉之北鄉（湖），地僻無師學，惟先人之教，以爲生員所重在學術，不在科甲，於是命之究習經書，博覽典籍，〔註9〕深切影響焦循往後

〔註7〕　參見焦循《雕菰集》卷二十三〈先考事略〉、阮元〈通儒揚州焦君傳〉、焦廷琥〈先府君事略〉。

〔註8〕　《雕菰集》卷十五〈王處士纂周易解序〉云：「處士王薌城先生，名方魏，字大名，明南京吏部員外郎納諫之孫，慈谿令玉藻之仲子。……所著有《周易廣義》，以《本義》大略，申其說而廣之也；《纂解》者，其晚年之書，明太極陰陽爻象占變大旨，不煩言而舉其要，凡五篇，手錄附諸《廣義》之後。……循自入小學，稍知識字，借讀先生遺書，乞之再三，始見其《纂解》一冊。」而焦廷琥《密梅花館文錄・修王大名先生墓記》云：「先生尊父命，閉戶窮經，足不入城市，一鄉之士，重其道，稱曰『大名先生』。生平於宋儒之學最精，著述皆散失，存者惟《周易纂解》一卷。子祖修，爲琥曾祖母之父，先大父以是得聞王氏之學。」

〔註9〕　詳見《雕菰集》卷十三〈上王述菴（昶）侍郎書二〉。

學程之進路。年四十而淡於仕進，閉戶著書，故五經皆有所撰述，亦以此期之子孫，以爲家訓，乃命其孫以「授易、授書、授詩」之名，蓋殷望以傳其家學世業，〔註10〕此焦循薪傳家學之遠志，猶可考見者。

再者，焦循六歲始入塾讀書，受業於范秋帆，〔註11〕從師七年，授以詩、騷、賦、古文，辨別音韻；〔註12〕年十七，乃以詩賦受知於諸城劉墉（1720～1804），啓引學經之路，此爲其先導。而焦循十歲前，又日夕與表叔王容若形影相依，王君時說古人孝弟忠烈故事，暇時教以書數，故焦循之習九九，實始於王君，〔註13〕奠定往後以數解《易》之基礎，此其先聲。焦循十一、二歲時，初學詩，其父命質諸族父熊符（諱載，字應瞻，一字熊符，號憑軒，又號直道人）而請其訓，一一爲之改正，獎而進之，於是知作詩之門徑；熊符又精於許氏《說文》，是時郡中人尚鮮有言《說文》者，焦循爲六書之學，實起自族父之啓蒙，〔註14〕故以六書之假借、轉注以引申其《雕菰樓易學》者，此其肇端。凡此，皆可謂焦循《雕菰樓易學》，直接、間接淵源所自，誠本於家學之濡染教化，故能厚植其根基。

（二）師友提攜

焦循幼學啓蒙，淵源於家學者，既如上述；年十七，遂應童子試，時諸城劉墉以侍郎督學江蘇，按部至揚州，公課士簡肅，惡浮僞之習，試經與詩賦尤愼重，用是試者甚罕，而取焦循爲附學生。覆試日，劉墉視其衣冠殊樸質，顏色甚懽，而焦循答問有本；遂喜曰：「學經乎？」對曰：「未也。」曰：「不學經，何以足用？爾盍以學賦者學經？」公謁曰，復呼焦循至前，曰：「識之！不學經，無以爲生員也。」既歸，乃屏他學以學經；焦循之學經，劉墉之教也。〔註15〕此焦循自述師教如是，其用功勤而精思深，拳拳服膺，良有以也。

乾隆四十五年庚子（1780），焦循十八歲，初入安定書院肄業，〔註16〕乃開始系統學經，讀《毛詩》、《爾雅》，年十九既撰《毛詩鳥獸草木蟲魚釋》。乾隆四十七年壬寅（1782），年二十，吉渭崖（名夢熊）來主安定書院講席，

〔註10〕案：焦循姪孫又有名「授經、授禮、授官」者，意亦同此。
〔註11〕案：范秋帆，名微麟，字彬文，甘泉學生，爲焦循之表兄。
〔註12〕詳參《雕菰集》卷二十二〈范氏墓表〉，焦廷琥《先府君事略》。
〔註13〕詳參《雕菰集》卷二十二〈表叔王容若墓志銘〉。
〔註14〕詳參《雕菰集》卷十八〈憑軒遺筆跋〉。
〔註15〕詳參《雕菰集》卷一〈感大人賦序〉，《先府君事略》所錄同。
〔註16〕詳參焦循《憶書》二之一。

往謁之，勉以經學，並贈以王鳴盛（1722～1797）新刻《尚書後案》，乃日夜翻閱，月許能言其略。〔註17〕故焦循年甫逾二十，而能刻苦研究經學者，業師吉渭巖之指導與鼓勵，有以啓發之。

　　興化顧超宗（名鳳毛，1762～1788），其父九苞（1738～1781）文子先生以通經名儒，超宗傳其經學；而焦循與超宗同入學，又同食廩餼，乃時與之相親，甚獲友朋切磋之益，始用力於經。乾隆五十二年丁未（1787），焦循年二十五，館於壽氏之鶴立齋，顧超宗以《梅氏叢書》贈之，曰：「君善苦思，可卒業於是也。」是年為焦循用力算學之始，奠定日後研究數學，以數理解《易》之根基，此其得友論學取資之道。故焦循經學，受顧文子影響甚深；而算學之研究，則超宗啓之。是年又結識著名學者汪中（1744～1794）容甫、江藩子屏，並同汪光爔（1765～1807）晉蕃訂交，《里堂文稿》曰：

　　　　乾隆丁未冬，始識子屏江君，江君子屏示以所刻《周易述》二卷，
　　　　讀之三月而後歸之。

凡此，皆可見師友提攜，而焦循之學，乃日以進矣！

（三）自學以求

　　焦循手批《汲古閣十三經注疏》，於《周易兼義》前文題識云：

　　　　余己亥、庚子間，〔註18〕始學經，敬讀《欽定詩經彙慕》，知漢、唐
　　　　經師之說，時時欲購《十三經注疏》竟觀之。乾隆辛丑（四十六年，
　　　　1781）買得此本，珍之不啻珠玉，時肄業安定書院中，宿學舍，夜
　　　　秉燭閱之。每風雨，窗外枇杷樹擊門作彈紙聲，時有句云：「驚人似
　　　　鬼窗前樹，誘我如癡几上書。」〔註19〕

讀此可知焦循力求深造之志。而年二十四，連歲大饑，疊遭凶喪，乃賣良田、售婦簪以購《通志堂經解》一部，猶然自懍，則其志意學經之心，可謂誠篤矣。〔註20〕既入學，讀書家塾，父佩士公授以《周濂溪全書》及《正蒙》，而尤強調〈太極圖說〉與〈西銘〉之重要，十九、二十歲乃專力於此，故弱冠以前，第執趙宋人說者以此。乃甘泉姚雨田授徒於縣學崇聖祠，闡說〈太極〉、

〔註17〕詳見焦廷琥《先府君事略》，後同此。

〔註18〕案：當乾隆四十四、五年（1779～1780），焦循十七、八歲。

〔註19〕詳筆者：《焦循手批十三經注疏研究》（臺北：里仁書局，2000年），上冊，頁
　　　　3～4。閔爾昌《焦里堂先生年譜》，記為「嘉慶四年庚申（1800）四月上弦，
　　　　江都焦循題記」，是時年三十八歲。

〔註20〕詳見《雕菰集》卷十六〈修葺通志堂經解後序〉。

〈西銘〉之理，往聽之；一日，偶舉宋儒張子厚（載，1020～1077）之言，云：「天地之始先未有人，人固有化而生者。」時坐上之客詰之曰：「何近世之人，不見有化生者？」姚無以答，而焦循起而以《易》「天地絪縕，萬物化醇」闡釋以對，四坐俱以爲然，姚亦深以爲善。〔註21〕此焦循以理學治《易》之權輿發端。

　　焦循自弱冠即學《易》，〔註22〕二十歲從事於王弼、韓康伯注（〈告先聖先師文〉）；二十三歲丁憂遭父喪，輟舉子業，乃徧求說《易》之書閱之，於所疑皆無所發明（〈易通釋自序〉），研習《周易》，可謂不遺餘力，故能深造而自得之。其《雕菰集》卷三〈讀《易》有悟，忽聞竹中鳥聲〉詩云：

> 盈虛消息相爲根，自然升降無有痕；酷熱不雨萬牛喘，獨臥北窗無人門。鳥托修篁不知暑，呢呢嬌啼小兒女；竹床茶竈午風清，拋卷移神聽爾語。天機一一靜中生，不辨辨之旁通情；彼適作聲此適聽，清濁柔屬皆時行。非閱陰符及莊老，迹象幽元趣枯槁；抱一終爲一所鈐，牢寵萬態惟蒼顥。

焦循《雕菰樓易學》之精卓，功勤思深，有以致之也。

二、醞釀期（二十五歲至四十歲，1787～1802）

　　焦循弱冠即學《易》，且從事於王弼（226～249）、韓康伯（332～380）注，又徧求說《易》之書閱之，自謂於所疑皆無所發明。而此後二十年，至四十歲，奔走於科場，紛競於仕途，兼習他學，固未嘗專力於《易》；雖然，猶留心究意，醞釀於斯。要之，其日後《雕菰樓易學》之發展、完成，此期爲關節樞機。

（一）研治漢魏

　　焦循二十五歲後，進而求諸漢、魏，研究於馬（融，79～166）、鄭（玄，127～200）、荀（爽，128～190）、虞（翻，164～233）諸家者，凡十五年（〈告先聖先師文〉），蓋漢、魏諸儒言象數，去古未遠。筆者讀《雕菰樓易學三書》，見其所引漢、魏諸家者甚夥，而一能是其所是，非其所非，去取斟酌，皆有法度，故能獨闢畦町，以虞翻之旁通，兼荀爽之升降，創爲《易》例；而於

〔註21〕並見《雕菰集》卷二十四〈告先聖先師文〉、《易餘籥錄》卷十二及《先府君事略》。

〔註22〕詳參焦循《易廣記》卷一。

孟喜之卦氣，京房之納甲，鄭玄之爻辰，皆駁正之，以示後學，其意在采漢儒之長而去其短，此其識裁。〔註23〕故焦循《易通釋》六通四闢，皆有據依；《易圖略》復演之爲圖，偏斥納甲、納音、卦氣、爻辰之失，以爲皆《易》之外道；而《易章句》簡明切當，亦與虞翻爲近，可知《雕菰樓易學》之博采漢、魏，出入象數者，蓋孕育於斯焉。

焦循二十七歲，鄭兆珏柿里舍人每以《易》中滯義問之，日數往來；此後，胡希呂侍郎歲試揚州，名列第一，遂專意科舉，《易》業遂寢。三十九歲中式舉人，翌年北京會試，受挫禮部，從此乃絕意科舉，閉門治《易》。

（二）究習算學

乾隆五十二年丁未（1787），焦循二十五歲，館於壽氏之鶴立齋，顧超宗以《梅氏叢書》見贈，始習九九之術；既明九章，又得秦道古（名九韶）、李仁卿（名冶，或作治，1192～1279）之書，得聞洞淵九容奧義，〔註24〕是年爲用力算學之始。三十二歲，乃撰《加減乘除釋》，至嘉慶二年（1797），三十五歲時，始完成八卷本《加減乘除釋》，是爲焦循研究數學之主要著作，而立其學程之另一標竿。

焦循結交吳中李銳（字尚之）、歙縣汪萊（字孝嬰），商論算學，自謂得朋友切磋之益。乾隆六十年乙卯冬（1795），焦循三十三歲，在浙，始得《益古演段》、《測圓海鏡》兩書，急寄李銳而爲之疏通證明；又得秦九韶所爲《數學大略》，因撰《天元一釋》二卷、《開方通釋》一卷，以述秦九韶、李治兩家之學，〔註25〕其時焦循已三十七、三十九歲。

嘉慶元年丙辰（1796），焦循三十四歲，自山左歸，閱梅文鼎（1633～1721）《弧三角舉要》、《環中黍尺》及戴震（1723～1777）《句股割圜記》，謂梅書撰非一時，繁複無次敘，戴書務爲簡奧，變易舊名，恆不易了，乃撰《釋弧》三卷，請益於錢大昕（1728～1804），稱是書於正弧、斜弧、次形、矢較之用，理無不包，法無不備。又上書於錢大昕論七政諸輪，焦循以爲弧線之生，緣於諸輪，輪徑相交，乃成三角；輪之弗明，法無從附，遂撰《釋輪》二卷，錢大昕回書云：「推闡入微，以實測之數，假立法象，以求其合，尤爲洞徹根

〔註23〕參見皮錫瑞《經學通論》一《易經》「論近人說《易》，張惠言爲顓門，焦循爲通學，學者當先觀二家之書」條。
〔註24〕並見焦循《易圖略》卷五、焦廷琥《先府君事略》。
〔註25〕並見《雕菰集》卷十五〈衡齋算學序〉、《先府君事略》。

原。」而康熙甲子律書用諸輪法，雍正癸卯律書用橢圓法，焦循以實測隨時而差，則立法亦隨時而改，乃撰《釋橢》一卷，〔註26〕此其算學之大較。

嘉慶二年丁巳（1797），焦循三十五歲，村居訓蒙，惟以兩事自課，其一算法，其一形家之書，嘗自謂曰：

> 算法學習有年，大約皆苦究其難者、奧者，近來於至淺、至近處求之，頗覺向之至難、至奧與至淺、至近者原屬一貫。……蓋古人算法，往往就一通以求簡便，不知法愈簡便，則愈隱秘，而理愈不明；今欲一一明其理、達其用，括九章之條，且核難題之本原，而以一線通之，著爲《加減乘除釋》一書。〔註27〕

《加減乘除釋》草創於乾隆五十九年甲寅（1794）之秋，而補成於是年；此後，焦循刪改算書，他經遂疏；嘉慶六年辛酉（1801），焦循三十九歲，又手錄《王曉菴遺書》三冊，計十四卷，嘗自謂：「曉菴算過於梅氏，〔註28〕梅書刻行，故知者多；曉菴書未刻，有寫本藏於湖州施氏。」〔註29〕可見焦循用力於算學之功，誠匪淺薄。是年，焦循與好友李鍾泗（1771～1809，字濱石，揚州甘泉人）中式舉人；壬戌春，北上會試，王孝嬰寄一書來，甚言秦九韶、李治兩家之非，而剖析其可知、不可知，作《開方三例》以明之，於是秦、李兩家之學，至此益明。談泰（字階平）、凌廷堪（1755～1809，字次仲）兩先生皆長於算，與焦循互相證訂；會試入都，衢州戴金溪亦相與論訂天元一術。〔註30〕凡此皆焦循研究算學之實錄，而其實測推算之心得，遂醞釀而成日後以數理解《易》之動力，究考其原，莫不植於此時期之算學造詣。

〔註26〕並見《先府君事略》，及焦循各書自序。

〔註27〕詳見《雕菰集》卷十四〈答汪晉蕃書〉。《先府君事略》所載云：「丁巳，府君（里堂）課徒村中，讀劉徽之《九章算術注》及孫子、張邱建諸算書，謂：『劉氏徽之注《九章算術》，猶許氏慎之撰《說文解字》，講六書者不能舍許氏之書；講九章者，亦不能舍劉氏之書。九章，不能盡加減乘除之用；而加減乘除，可以通九章之窮。』取舊稿增損之，成《加減乘算釋》八卷。」

〔註28〕案：王錫闡（1628～1682），字寅旭，號曉庵，江蘇吳江人。梅文鼎（1633～1721），字定九，號勿庵，安徽宣城人，撰《曆算全書》；子梅總憲，名毂成，號循齋，撰《赤水遺珍》。

〔註29〕焦循刪改算書事，見嘉慶四年己未（1799），三十七歲時手批《十三經注疏·毛詩注疏》條。手錄《曉菴遺書》事，見《先府君事略》。《雕菰集》卷六〈讀書三十二贊〉並有贊《曉菴遺書》、《曆算全書》、《赤水遺珍》三書，於王、梅二氏之學，有定評矣。

〔註30〕並見《雕菰集》卷十五〈衡齋算學序〉、《先府君事略》。

三、發展期（四十歲至五十歲，1802～1812）

焦循四十歲，北上會試，下第歸里，作〈壬戌會試記〉以識之；此後，遂村居授徒，閉門注《易》，專心學《易》。年四十一，始盡屏眾說，一空己見，專以十翼與上、下兩經，思其參互融合，脈絡緯度，凡五年，三易其稿。粗有所述，乃擬爲《易通釋》、《易圖略》、《易章句》三書，約四十卷，以學算之法學《易》，以數之比例求《易》之比例；然用思艱辛，屢作屢易，五年之中，迄無定稿。〔註31〕自壬戌以來，精思十年，乃悟得其妙甚難，其用無窮。

（一）草創規模

嘉慶九年甲子（1804），焦循四十二歲，授徒家塾，復精研舊稿，更悟得洞淵九容之術，實通於《易》；乃以數之比例，求《易》之比例，向來所疑，漸能理解，即名注《易》之室爲「倚洞淵九容數注易室」。初有所得，即就正於高郵王引之（伯申），以爲精銳，鑿破混沌，用是憤勉，遂成《易通釋》；又數年，書尚未就。〔註32〕故焦循手稿《釋易》八卷，其卷一自序云：

> 循承祖、父之學，幼年好《易》；已而得李氏（鼎祚）《集解》，乃窺漢、魏以來說《易》之法。乾隆己酉（五十四年，1789，焦循二十七歲），鄭柿里舍人每以《易》中滯義見問，日數往來，循率依荀慈明、虞仲翔等之說答之；門人記其所言，不下數百條，久亦忘之矣！嘉慶九年甲子，授徒家塾，有以舊稿問難者，因細審其義，頗多疑惑。

焦循以爲《易》中要旨，每於經文中互見，孔子既作〈彖傳〉、〈象傳〉，復爲〈繫辭傳〉、〈說卦傳〉、〈序卦傳〉、〈雜卦傳〉以明之，提其綱或舉其要，皆能發明《易》中精義。其稿本《易釋略·自序》又云：

> 余既成《易釋》八卷，遂病；病小愈，值歲暮，復舉大略，統釋之爲一卷，附於後。嘉慶甲子除夕，焦循記。〔註33〕

由此可知，焦循《易（通）釋》、《易釋（圖）略》實草創於甲子，而其完成

〔註31〕並見《雕菰集·告先聖先師文》、《焦里堂先生軼文·上英尚書書》、《易餘籥錄·自序》及《孟子正義·焦徵識語》。

〔註32〕並見《雕菰集》卷十六〈易通釋自序〉、《先府君事略》。

〔註33〕按：焦循手稿點批《易釋》等書，見刊於《雕菰樓經學叢書》，其〈易釋自序〉與《雕菰集·易通釋自序》多有不同，可互相參較。其《易通釋》卷八後（頁1310）有一條手批題記、《易釋略·自序》後（頁1311～1314）並錯竄入《通釋》篇中，今本無之，稿本所存僅此四頁。頁1316～1360，又有題記《易釋》七條，俱錄見《焦循年譜新編》各年下。

定稿,則在十年之後。

嘉慶十一年丙寅(1806),焦循四十四歲,館於郡城鄭氏,汪萊(孝嬰)館於郡城汪氏,相去甚近,尤朝夕聚,時以《易》義相證訂,遂以《易通釋》質諸汪萊與南城王實齋(名聘珍),均蒙許可,而焦循自以全《易》衡之,未敢信也。〔註34〕故《雕菰集》卷四〈村居五首〉之四、之五詩云:

> 時時窮《易》理,日日對名花;思苦家人笑,庭空眾鳥譁。寸陰憐
> 白髮,多病羨丹砂;奧義何年盡?吾知亦有涯。
>
> 病已如皇甫,元才效子雲;簿書仍素志,麋鹿豈同羣?消息參時物,
> 辛勤述聖文;唯憐陸魯望,摭辨有誰聞?

此數年中,焦循研《易》,規模草創,撰稿粗具,成書已可期待。

(二)專志注《易》

嘉慶十二年丁卯(1807),焦循四十五歲,春三月八日,病寒,垂絕者七日,昏瞀無所知,惟〈雜卦傳〉一篇往來胸中,用是諸念悉屏,於是科第仕宦之心盡廢,不憚寒暑,不與世酬接,而引申觸類,豁然貫通。〔註35〕於是,盡改舊稿,分著三書,一曰《易通釋》、二曰《易圖略》、三曰《易章句》,即今所通行之《雕菰樓易學三書》;然猶格而未通,時有改易,蓋著述之慎重,有若是焉。

嘉慶十三年戊辰(1808),焦循四十六歲,閏五月,手書題記《十三經注疏·周易兼義》云:

> 余初學《易》,有所得則書於闌上,然一時偶會,非定說也,以今所
> 撰《易釋》、《易注》校異同,枘鑿十之五六,後人比而觀之,可知余
> 用力於此經之勤,而不可遽以為臧否也。戊辰閏五月,里堂老人記。

由此批記可知焦循不獨用心至勤,尤能與時俱進,而不諱言前說之枘鑿,不可遽以為臧否,學者之雅量,風範歸然。年四十七,佐浙江歸安姚秋農(名文田,1758~1827)、直隸通州白小山(名鎔,1766~1839)修葺《揚州府志》,乃稍輟《易》業,〔註36〕其《易廣記》卷一云:

〔註34〕並見《雕菰集》卷二十一〈石埭儒學教諭汪君孝嬰別傳〉、卷十六〈易通釋自
　　　　序〉及《先府君事略》。
〔註35〕並見《雕菰集》卷二十四〈告先聖先師文〉、卷十三〈寄朱休承學士書〉、卷
　　　　十六〈易通釋自序〉、《先府君事略》。
〔註36〕並見〈易通釋自序〉、《先府君事略》。

自四十至四十七，此八年專於學《易》，始悟得旁通之旨；然名利之
心未淨，其中修郡志者四年，故雖有所得，終不能融貫也。

雖然，自丁卯（四十五歲）至己巳（四十七歲）三年，焦循已成《易廣記》草
稿三寸許，求之於辭，亦偶有合；然以元、亨、利、貞、悔、吝、厲、无咎、
有孚諸義求之，多不能通，〔註37〕此其好學深思，而一時扞格，遂致艱蹇。

嘉慶十五年庚午（1810），焦循年四十八，仍家居注《易》，又改訂《易通
釋稿》一度，終有所格而未通，且身苦善病，恐不克終竟其事；春、遂決然捨
去。〔註38〕辛未春正月，焦循四十九歲，乃誓於先聖先師，蓋屏他務，專理《易
經》；日坐一室，終夜不寐，又易稿者兩度，〔註39〕故其〈告先聖先師文〉曰：

去年悟得時字、利字之義，不畏煩複，自三月以來，未出村中，將
前此所脫之稿，重加刪改，則又十去六七。循幸生聖世，沐享大平，
自料才薄，不勝簿書，惟鈍而好思，不苦艱蹇，庶幾闡明此經，上
報君父。精耗神敝，不敢自惜，特循年已五十，脾病時發，每一冥
索，僅及五六，神氣遂竭。聖學無窮，英賢踵出，循惟倡其先，精
之又精，俟之後人。陳祧說夢，某不敢托布算之法，一策未安，必
更端復起，參兩倚數之書，亦宜如是，非敢爭名故自立異。經異昭
明，不任景響，不涉外術，循所深願，謹告先聖先師，伏維鑒之。

焦循誠悃誓願，志決而行篤，故其《江薇翠竹詞‧霜天曉角——半九書塾八
詠》作於辛未九月二十一日，詠「倚洞淵九容數注易室」云：

病軀求自適，閉戶窮《周易》；悟得洞淵微妙，冥思處、當敲奕。

非甘勞七尺，情性惟斯癖；恐怕頭撞徐勉，繩床上、坐穿席。

要之，焦循至五十歲，《雕菰樓易學》始確然不移，漸成定稿，故有誓告先聖
先師之舉，實非敢自矜，蓋得之者難，見之者確，故不覺其言之切，而樂之
深。此外，嘉慶十七年壬申（1812），焦循已年五十，夏月，啓書塾北窗，與
一二友人看竹中紅薇白菊，因及趙賓解箕子為荄茲，於是每夕納涼柘籬蕉影
間，遂縱言王弼《易》，門人弟子錄之；立秋暑退，取所錄次之為二卷，以補
疏所不明，〔註40〕則其《雕菰樓易學》之守常通變，出入游刃而有餘閒。

〔註37〕詳見《易廣記》卷二，頁 5～6。
〔註38〕並見〈易通釋自序〉、《易廣記》卷二（頁 6）、《先府君事略》。
〔註39〕並見〈易通釋自序〉、《先府君事略》。
〔註40〕詳參《雕菰集》卷十六〈周易王氏注補疏自序〉，並《雕菰樓經學叢書‧周易
補疏序》，手稿本頁 1539～1540；其頁 620、748、1476、1488、1516，又有

四、完成期（五十歲至五十八歲，1812～1820）

焦循既作〈告先聖先師文〉，家居專心注《易》，無一日不窮思苦慮，一切功名仕宦、交游慶弔，俱不以擾其心志，乃日有進境，〔註41〕《雕菰樓易學》之完成，此正其時。《雕菰集》卷四〈後村居五首〉之五，詩云：

> 絕學共誰語？方將怪我癡；思經千度變，故未一豪持。曉月雞鳴候，
> 春燈鼠瞰時；鬼神正來告，此境少人知。

則焦循之苦心孤詣，專志冥思，鬼神知之，唯天可表，故能「自以書成癖，不因身病閒；思融真得第，義隱勝投艱……」（之三）。其孜孜不倦，勤於著作者，本以此也。

（一）會通《易》學

焦循五十後，家居注《易》益勤；嘉慶十八年癸酉（1813）二月，五十一歲，自立一簿，以稽考其業，歷夏迄冬，庶有所就，訂為《易通釋》二十卷、《易圖略》八卷；《易章句》一編，未及整理。自謂所悟得有三，一曰旁通，二曰相錯，三曰時行，此三者皆孔子之言，而焦循舉經、傳中互相發明者，會而通之。〔註42〕而焦循素患足疾，至此連月疊發，意殊倦，乃僅以《通釋》、《圖略》節錄大略，請教於阮元。焦循《雕菰樓易學》既成，數年中有隨筆記錄之書，編次之得二十卷，名曰《易餘籥錄》；凡友朋門弟子所問答及於《易》者，取入三書外，多有所餘，復錄而存之，得二卷，名曰《易話》；自癸酉立一簿，稽考所業，得三卷，名曰《注易日記》，又有《易廣記》三卷。而《易廣記》卷三，焦循頗有感慨云：

> 伊川曰：「某於《易傳》已自成書，但逐旋修補，期以七十，其書可
> 出；更期以十年之功，看何如？」……循於此經用力久矣！旋修旋
> 補，旋又有疑處；然年甫逾五十，而精力已漸衰。先祖、父年皆不
> 及七十，循豈敢以七十自期？故屏去一切，晝夜聚力於此，偶閱伊
> 川所言，不覺自感。

嘉慶十九年甲戌（1814），焦循五十二歲，家居，《雕菰樓易學三書》稿初就，

《里堂易學·通釋》題記。
〔註41〕詳參《易廣記》卷一。
〔註42〕並見〈易通釋自序〉、〈易圖略自序〉及《孟子正義上·焦徵識語》。而焦循稿本《雕菰樓易學》，自二月二十九日至十二月二十六日手書題記多條，見《雕菰樓經學叢書》頁285～1538各卷後。

乃謂嘉慶十五年庚午（1810）至今五年，無不窮思極索，以求其蘊，故《易廣記》卷一云：

> 譬如蕉葉之生，一葉長於一葉。其未得也，甚苦；其得也，甚樂。
> 乃知學《易》前後三十年，僅有此四五年也。抑且四十以前，學音韻之學、學九章天元之學，諸學既明於胸，而此四五年中，乃得空諸所有，以研究其微。

衡觀焦循手稿本《雕菰樓易學》題記，〔註43〕自一月七日至十二月十八日所書各條，自謂述古之難如此，而聖經之精，又寧容以大意觀之？此外，焦循又誠懇求教請正，其〈易章句自序〉云：

> 甲戌夏，宮保芸臺阮公自漕帥移節江西，過里中，問循所爲《易》何如？因節錄其大略，郵寄請教宮保。

案：據阮元〈焦氏雕菰樓易學序〉，焦循曾匆匆於終食間舉旁通三十證語阮元，而阮元即有聞道之喜。明歲書來，極稱許之，且言質之張古愚太守，亦詫爲奇；乃於五月間，令門人子弟手寫《通釋》、《圖略》共二十八卷。既畢，因取《章句》草稿手茸，凡五閱月始就，用爲初稿，俟更審正之；其時已嘉慶二十年乙亥（1815）冬十二月除夕，焦循年已五十三有餘。故阮元之來札，因云：

> 月來公事少，閒之時讀大著《易學》大略，實爲石破天驚。……茲之處處，從實測而得，聖人復起，洵不易斯言矣！昨張古愚太守持去讀之，亦極詫、極歎也。〔註44〕

焦循《雕菰樓易學三書》之成，凡數十年；專力於此學者，亦十餘年，然而，其心血已耗，〔註45〕故《焦里堂先生軼文・寄王伯申書》云：

> 循十年來，專學於《易》，視向日錄呈請教者，已改易七八次。蓋於全《易》有不通處，即舍去從頭看起，乃悟得其比例，全似九數；……因悟得其例有三：曰旁通，……曰相錯，……曰時行。……兩年來，以宮保阮公幾次催令成書，已於去年草成《章句》十二卷、《通釋》二十卷、《圖略》八卷，共爲《雕菰樓易學》四十卷。屢欲寄呈論正，

〔註43〕詳見《焦循年譜新編》，嘉慶甲戌年第二條以下，據《雕菰樓經學叢書》頁296～1538分條輯錄。

〔註44〕詳見《焦氏遺書》卷前所錄，《先府君事略》同。

〔註45〕觀稿本《雕菰樓易學》題記，頁322～792各條，增、改其當否，用思之精，可云至矣。

以卷帙多，苦於抄寫，先撮大略奉聞，容更將全稿呈誨；臂痛腕掣，
兼以呵凍草草，書不成字，祗候台祺。十二月初一日。

焦循斯時臂痛腕掣，可知已漸神疲形敝。而王引之來書，乃盛稱其學云：

日者，奉手書，示以說《易》諸條，鑿破混沌，掃除雲霧，可謂精
銳之兵矣！一一推求，皆至精至實，要其法則，「比例」二字盡之。
所謂「比例」者，固不在他書，而在本書也，未知先生以爲何如？

〔註46〕

「鑿破混沌，掃除雲霧，精銳之兵」數語，以贊焦循《雕菰樓易學》，可謂知
音之言；而阮元以爲「石破天驚，聖人復起，不易斯言」，則又中肯的論。故
《雕菰樓易學》之會通，研究之精微，於五十三歲時已盡其底蘊。

（二）戮力盡瘁

嘉慶二十一年丙子（1816），焦循五十四歲，已撰就《雕菰樓易學三書》；
冬十二月初一日，以此書郵寄入都，作〈上座師英尚書書〉云：

循自壬戌歸家，即留心於《易》；越十二年，至乙亥，成《易學》四
十卷。循以聖學深微，未容遽測，稿雖數易，未敢語人。……五月
間，親自手寫，至十月，左臂筋痛，牽掣右腕，不能速書。……疾
病餘生，既不能效力於簿書奔走，苟得於經學中，稍有所就，以彰
聖朝之化及於鄉僻者，如此是則循之志爾。謹以所作《易章句》十
二卷、《易通釋》二十卷、《易圖略》八卷，共爲《雕菰樓易學》四
十卷。叩頭再拜，呈於座下，伏乞誨正，指其疵謬，求賞大序一篇，
冠之卷首，不勝悚惕依戀之至。

翌年丁丑夏，大冢宰英和（煦齋）以敘文寄來，〔註47〕札中盛稱《雕菰樓易
學》，以爲經文疏通引證，使全《易》無一剩句閒字，於焦（贛）、京（房，
77B.C.～37B.C.）、荀（爽）、虞（翻）舊學，補所未備，而正其舛誤，獨抒心
得，不爲隨聲附和之言，卓然成家，可謂不朽。故英和〈江都焦氏雕菰樓易
學序〉云：

焦子理堂深明洞淵九容之數，因以測天之法測《易》，……所著《雕

〔註46〕詳見《焦氏遺書》卷前所錄，《先府君事略》略同。
〔註47〕詳見《焦氏遺書·易學三書》卷前之首，英和撰〈江都焦氏雕菰樓易學序〉，
　　　　下所云手札同此。稿本頁 1～5，頗有殘損，文字無異；而頁 64～284，題記
　　　　《易章句》多條，並錄見《焦循年譜新編》。

菰樓易學》四十卷，……具發揮精義，……《章句》之辭簡而賅,《圖略》之辭博而辨，而《通釋》則舉卦辭、彖辭、象辭、爻辭之一句一字，無不條分縷析，珠連繩貫，以觀其通。《易》之數，得是書而明；《易》之理，亦即是書而備矣！……今觀所學，非列國，非漢，非晉、唐，非宋，發千古未發之蘊，言四聖人之所同然之言，是直謂之《周易》可也。

焦循固嘗以爲大抵聖人之教，質實平易，不過欲天下之人，各正性命，保合太和而已。其義理，《論語》、《孟子》闡發無餘，〔註48〕說者分別漢學、宋學，以義理歸之宋，宋之義理誠詳於漢；然訓故明，乃能識羲文周孔之義理，宋之義理，仍當以孔子之義理衡之，未容以宋之義理，即定爲孔子之義理。故焦循以爲《易》道但教人旁通彼此，相與以情，此實聖聖相傳之大經大法，貫通之，自然「保合太和，各正性命」。丁丑秋八月十九日，焦循〈與朱椒堂兵部書〉乃云：

《易》之道，大抵教人改過，即以寡天下之過，改過全在變通；能變通即能行權，所謂使民宜之，使民不倦，窮則變，變則通，通則久，聖人格致誠正、修齊治平，全於此一以貫之，則《易》所以名《易》也，《論語》、《孟子》已質言之。而卦畫之所之，其比例、齊同，有似九數，其辭則指其所之，……又多用六書之轉注、假借，……非明九數之齊同、比例，不足以知卦畫之行；非明六書之假借、轉注，不足以知象辭、爻辭、十翼之義；不明象辭、爻辭、十翼之義，不足以知伏羲、文王、周公、孔子之道；不知伏羲、文王、周公、孔子之道，不足以知格致誠正，修齊治平之學。

嘉慶二十三年戊寅（1818），焦循五十六歲，春，《易學三書》刊成；五月，刪訂群經補疏，完成《周易王氏注補疏》，贊同王弼注《易》之創獲，作序以識；又錄存《易話》二卷、《易廣記》三卷。〔註49〕《雕菰樓易學》至此圓成，距其庚辰下世，不過兩載。

焦循《雕菰樓易學》既成，又以古之精通《易》理，深得伏羲、文王、周公、孔子之恉者，莫如孟子，思作《孟子正義》一書。乃於丁丑之冬，探錄本朝通人之書，令子廷琥採寫，一一纂出，依次第編爲《孟子長編》十四

〔註48〕詳見《雕菰集》卷十三〈寄朱休承學士書〉。
〔註49〕詳見《焦氏遺書》各書敘目、裔榮等書後跋語。

峽，逐日稽考，殫精竭慮。戊寅十二月初七日，開筆撰《孟子正義》，自恐懈弛，立簿逐日稽省，與前《注易日記》同。〔註50〕迄嘉慶二十四年己卯（1819）七月，乃撰成《孟子正義》三十卷，而足疾時作，病已不堪。

筆者數次翻讀焦循《撰孟子正義日課記》，始於嘉慶二十三年戊寅十二月初七日，終於二十五年庚辰七月初八日，凡歷一年又七月。其間足疾疊發，痛楚無聊，雖在病中，猶然不廢著作，閱書、抄書，甚或修改舊稿，其勤劬有如此者。如二十四年己卯七月十五日，改《易通釋》卷十九「恆」字條。九月十四日，閱《列子》，得「獨坐小樓讀《周易》」一絕句；二十七日，燈下改《易章句》各條。十二月初九日，閱《後漢書》，撰〈陰陽治亂辨〉，補入《易話》上卷。二十五年庚辰，正月初一日，草〈道德理義釋〉一篇，以入《易話》中；二十五日，燈下覆校《易通釋》卷一。〔註51〕故焦循《雕菰樓易學》之精深融貫，持志弗懈，苟非好學深思，心知其意，曷克臻此勝境？

第二節　焦循《易》學著作簡介

焦循隱於學，四十以前猶馳騖科場，有弧矢四方之志；而著述不輟，治學殷勤，已為士林所重。四十以後，絕意仕途，專志撰作，雖罹病羸弱，猶然不廢，故能成名山不朽之盛業。其著作等身，傳世之刊本、寫本、鈔本與稿本，雖經兵燹流離，尚能存其大體，可謂斯文不泯，靈神昭然。筆者嘗鈔讀魏綸先《焦氏遺書‧序》云：

> 自咸豐癸丑（清文宗三年，1853）揚州遭粵匪之擾，書籍散失，曩時鋟版存者甚尠。余隨侍僑寓郡城，搜括經籍，為子弟誦習計，難求善本。於光緒丙子（清德宗二年，1876）夏，補刊《十三經》，工未竟，適於坊間購得《焦氏遺書》百廿四卷，為江都焦理堂先生所著。先生博取群書，無所不學，而於經學為尤精；由早歲以至晚年，討論修飾，心血日耗，書成而病不起。嗟乎！先生之志苦矣，先生之學傳矣！迄今展讀是書，進探底蘊，其闡明古聖之理，啟發後學

〔註50〕並見《孟子正義‧焦徵識語》、卷三十書末附注、《先府君事略》，及焦循《撰孟子正義日課記》題記。

〔註51〕詳見《焦循年譜新編‧補遺》所錄《撰孟子正義日課記》。而焦循手稿《雕菰樓易學》題記，於戊寅、己卯年下，猶然校改不輟，其著書治學之勤，足以考見，卓然為一代通儒，誠非虛譽，良有以也。

之思，功非淺鮮。惜兵燹後，版多殘缺，先生之後嗣，因無力修整，慨然以先人之遺書，不克廣傳於世爲憾，爰出以授余，乞爲刊補。余憫其志，諒其行，酬以重金，而檢其中之剝落遺失者，重付剞劂，閱數月而工竣，仍成完璧。非敢私諸家塾也，亦幸公諸同好，以表彰不朽之業云爾。光緒二年冬十一月，衡陽溫雲魏綸先謹序於揚州之十畝園林。〔註52〕

《焦氏遺書》之刊刻重見於世，魏氏之功，崇矣偉哉！故焦循見存重要之撰述，《遺書》中皆已網羅殆盡，誠爲研究焦循學術思想之重要文獻，學者不可忽視。而筆者有志研治焦循《易》學，亦本此基礎，多方考求，其《易》學之著作，終能搜討完全；茲依內容輕重、著述成書之先後爲序，臚舉三類，以觀其大略，管窺堂奧焉。

一、主要著作

《焦氏遺書》中，首列《雕菰樓易學三書》三種，共十一冊，以《易章句》十二卷、《易圖略》八卷、《易通釋》二十卷爲序，總爲四十卷，次第乃焦循晚年所定。若考其著述之成書先後，則《易通釋》爲先、《易圖略》居次、《易章句》最末，詳見前節所述，不再贅引。〔註53〕蓋《易學三書》自成體系，縱橫貫通，相輔相成，相觀而善，實不可分割獨立，故其成書雖有先後，而一以貫之，「統之有宗，會之有元」，固不必拘守分別。爰據其撰述先後，敘其大要，述其內容如下：

（一）《雕菰樓易學三書》之一：《易通釋》二十卷

《易通釋》乃焦循據《易》例以縱通、橫通《周易》全經，並依《周易》經、傳中之概念、術語、範疇與命題，通釋其《易學》之體例者。全書二十卷，徵引詳博，通徹經、傳，義理、訓詁靡不統貫完備。其《易通釋・敘目》

〔註52〕《焦氏遺書》二十三種四十冊，係清光緒二年衡陽魏綸先重刊線裝本；書前序爲魏氏手書行楷，書法佳妙，讀此序可知其刊刻之始末。中央研究院歷史語言研究所傅斯年圖書館、東海大學圖書館並藏有此刊刻本；臺灣大學文學院圖書館，藏有嘉慶、道光間「江都焦氏雕菰樓刊本」，署爲《焦氏遺書》，當即原刊本；國防研究院又典藏一部「民國 18 年受古書屋印本」，此爲國內臺灣目前可見善本，查檢甚便。

〔註53〕何澤恆教授《焦循研究・壹、雕菰樓易學探析》，第一節〈焦循治學之過程及其易學著作〉，頁 1～24，考證纂詳，持論有據，可補所不足。

言其《雕菰樓易學》著述始末纂詳，故柯劭忞（1850～1933）撰《續修四庫全書提要》乃綜結其義云：

> 循治《易》，嘗疑一號咷也，何以既見於〈旅〉，又見於〈同人〉？一拯馬壯也，何以既見於〈復〉，又見於〈明夷〉？密雲不雨之象，何以〈小畜〉與〈小過〉同？甲庚三日之占，何以〈蠱〉與〈巽〉同？徧閱說《易》之書，皆無所發明。及學洞淵九容之術，以數之比例，求《易》之比例，所疑盡釋，乃撰《易通釋》一書。舉經、傳之文互相引證，會而通之，字字求其貫徹，以爲包犧之卦，參伍錯綜；文王、周公之繫辭，亦參互錯綜；孔子之《十翼》，亦以參互錯綜贊之，所謂參互錯綜者，即旁通、時行、相錯之法而已。

要之，《易通釋》全書二十卷，一以經、傳中所見專有名詞及辭彙爲綱，宛若辭典、引得，循索貫串，無不瞭然在目。故學者若能先因《圖略》以知焦循《易》例，再讀《章句》，依經、傳文之秩序，逐字逐句，據《易》例以明其所以；復以《通釋》隨時檢查，三書一體而行，則《雕菰樓易學》之系統，自能掌握、理解，而其《易》辭、《易》例、《易》義、《易》理與《易》教之精蘊，自能水到渠成，抉發無遺。

（二）《雕菰樓易學》之二：《易圖略》八卷

焦循既撰爲《易通釋》二十卷，復提其要爲《圖略》。凡圖五篇，曰「旁通圖」，謂〈乾〉、〈坤〉之升降，即〈乾〉、〈坤〉之旁通；諸卦之旁通，仍〈乾〉、〈坤〉之升降，比附經文爲三十證以相發明。曰「當位失道圖」，由旁通而當位，先二五後初四、三上是也；由旁通而失道，不俟二五，而初四、三上先行是也。曰「時行圖」，由當位失道，而證以當位則變通不窮；失道則變而通之，仍大中而上下應是也。曰「八卦相錯圖」，未行動者以相錯之卦爲旁通；既行動而或得、或失者，以相錯之卦爲比例是也。曰「比例圖」，列六十四卦之相錯，以明其出於比例是也。

原八篇，曰「原卦、原名、原序、原象象、原辭上、原辭下、原翼、原筮」，皆據旁通、相錯、時行之說發明之。論十篇，曰「論連山歸藏、論卦變上、論卦變下、論半象、論兩象易、論納甲、論納音、論卦氣六日七分上、論卦六日七分下、論爻辰」，皆批評漢《易》與宋《易》中象數流派所提出之解經體例，雖則抨擊不遺餘力，然通觀焦循對《周易》經、傳之解釋，仍爲闡發《周易》象數學之傳統。故柯劭忞《續修四庫全書提要》云：

惟卦變則謂漢、魏之時，孔子《易》說尚有景響，荀、虞不求其端，
不訊其末。循爲當位失道等圖，此即荀、虞之卦之說之所本；蓋淵
源所自，不能不爲寬假之辭矣！

焦循生平治《易》之所創獲，盡萃於其《雕菰樓易學三書》，自無疑義；而《易
圖略》一書，可謂爲其《易學》發明之總綱領與提要，登堂入室，此其鎖鑰，
必得之以道，始能觀其富美。故〈易圖略自序〉云：

余學《易》所悟得者有三：一曰「旁通」，二曰「相錯」，三曰「時
行」；此三者，皆孔子之言也，孔子所以贊伏羲、文王、周公者也。
夫《易》，猶天也，天不可知，以實測而知。七政恆星錯綜不齊，而
不出乎三百六十度之經緯；山澤水火錯綜不齊，而不出乎三百八十
四爻之變化。本行度而實測之，天以漸而明；本經文而實測之，《易》
亦以漸而明，非可以虛理盡，非可以外心衡也。余初不知其何爲相
錯，實測經文、傳文，而後知比例之義，出於相錯；不知相錯，則
比例之義不明。余初不知其何爲旁通，實測經文、傳文，而後知升
降之妙，出於旁通；不知旁通，則升降之妙不著。余初不知何爲時
行，實測經文、傳文，而後知變化之道，出於時行；不知時行，則
變化之道不神。未實測於全《易》之先，胸中本無此三者之名；既
實測於全《易》，覺經文、傳文有如是者，乃孔子所謂相錯；有如是
者，乃孔子所謂旁通；有如是者，乃孔子所謂時行。測之既久，益
覺非相錯、非旁通、非時行，則不可以解經文、傳文，則不可以通
伏羲、文王、周公、孔子之意。十數年來，以測天之法測《易》，而
此三者，乃從全《易》中自然契合。〔註54〕

焦循既以實測經文、傳文，而發明旁通、相錯、時行三例，以通義文周孔之
意，自謂：「非能越乎前人，亦由前人之說而密焉耳，知我者，益加密焉。」
則其觸類旁通，舉一反三，是眞能讀書，而深造自得者。

（三）《雕菰樓易學》之三：《易章句》十二卷

今所見焦循手稿本《雕菰樓經學叢書・易章句敘目》云：

歲癸酉（嘉慶十八年，1813），所爲《易通釋》、《圖略》兩稿粗就，

〔註54〕詳見文海出版社《清代稿本百種彙刊》，《雕菰樓經學叢書》全五冊之一，頁
19。此敘僅見於稿本，及嘉慶、道光原刊本《焦氏叢書・易章句》卷首。《雕
菰集》不載此篇，《皇清經解》只存其目，而刊落此序，今通行本同。

而足疾時發，意殊倦；《章句》一編，未及整理之也。甲戌（嘉慶十
九年，1814）夏，宮保芸臺阮公自漕帥移節江西，過里中，問循所
爲《易》何如？因節錄其大略，郵寄請教宮保；今歲書來，極承過
許，且言質之張古愚太守，亦詫爲奇，索見完本。於是，五月間，
令門人子弟寫《通釋》、《圖略》共二十八卷；既畢，因取《章句》
草稿手茸之，凡五閱月始就，用爲初稿，俟更審正之也。時嘉慶乙
亥（二十年，1815）冬十二月除夕，燈下，焦循記。〔註55〕

由此序署記，可知《易章句》之初稿完篇，在《通釋》、《圖略》完稿之後，
而焦循年五十三，是則《易學三書》中，《章句》成書於最後。今稿本所存見
者，惟《章句》十二卷爲完帙，其篇次文字並同於今通行本，蓋即其定稿。
其稿本卷十二末（頁284）手書題記云：

嘉慶丁丑（二十二年，1817）秋九月十一日寫起，至十二日寫第十
二卷完。自二月二十日寫起，先《圖略》，次《通釋》，次《章句》，
至今日手寫《雕菰樓易學》四十卷完。己卯（嘉慶二十四年，1819）
四月十二日。

由此題記，可知《雕菰樓易學》稿本，蓋底定於嘉慶丁丑，時年五十五；而
己卯，焦循五十七歲時，續有修訂，通考稿本各卷末附識，其校改之勤劬，
歷歷如現。庚辰病逝，適年五十八，則其死而後已之用心專志，誠足感人肺
腑；而其著作之精審不苟，是可師法。

焦循積二十餘年之心血，方完成其《易學三書》之體系。故《易章句》
十二卷，乃依其《易學》體例，於《周易》經、傳文句所作之簡明注釋，其
逐句詮解，悉據獨得之「旁通、相錯、時行」理論爲說，苟無《通釋》、《圖
略》二書爲之闡釋條例，則將不知所云，無所歸依。

《易章句》十二卷，分「上、下經，象上、下傳，象上、下傳，繫辭上、
下傳，文言傳，說卦傳，序卦傳，雜卦傳」。其內容悉依所創體例立說，雖簡
明切當，必循其道，步其徑，乃可蹤跡得之。故柯劭忞撰《續修四庫全書提
要》於《易章句》條下云：

〔註55〕今見各本《易圖略·敘目》、《雕菰集》卷十六所錄者皆同。惟稿本頁285殘
卷，謂：「八卷，次《通釋》後。」與今通行各本「次《章句》後」不同，可
見焦循稿本三書撰作之序爲《通釋》、《圖略》、《章句》，刊成定本則以《章句》、
《圖略》、《通釋》爲序，即今景印之稿本亦以是爲次，蓋焦循最後定稿如是。

－20－

循覃研《易》學，號爲專家。其治《易》有三術，曰「旁通」，曰「時
行」，曰「八卦相錯」。……其說以經、傳之文，旁參互證，左右逢
源，不愧一家之學。《易章句》則就旁通、時行、相錯之說，以疏解
經、傳之文者也。阮文達公（元）謂其書處處從實測而得，聖人復
起，不易斯言；高郵王文簡公（引之）則謂一一推求，至精至當，
足使株守漢學者爽然自失，均未免推崇過甚。……循獨別開門徑，
不從消息入手，謂之爲一家之學則可；如謂非此說不能通羲、文、
周、孔之微言大義，則不敢信也。

柯氏所評，中肯允洽。可知治焦循《雕菰樓易學》，三書相須而行，如能先《圖
略》以掌握要領，次《通釋》以貫串體例，末則回歸經、傳本文，而《章句》
之字字句句，皆有本末，各有依據，渙然冰釋，即能通達無礙。

二、次要著作

　　《易學三書》而外，焦循《易》學之次要著作尚有五種，或爲其早年撰
述之紀錄，或爲《易學三書》之餘瀋，賸義殘叢，猶有可觀者，足以爲三書
之輔翼，亦不可不習而知之。茲依其撰述先後，謹敘如下：

（一）《仲軒易義解詁》三卷

　　《仲軒易義解詁》三卷清稿本，典藏於中央研究院歷史語言研究所傅斯
年圖書館，並未刊印傳世；卷上首尾不具，中、下兩卷皆題書《仲軒易義解
詁》，並署「江都焦循定稿」，惟題書署名之字蹟墨色，與正文不同，故黃壽
祺（1912～1990）《易學群書平議》乃考證可疑者五端，以爲此書「乃鄉曲俗
士所爲，久而殘闕，佚其名氏，作僞者乃嫁名於循，以圖射利明矣，不足重
也」。〔註56〕

　　然則，筆者數度翻讀此書，覺其疑者猶有可疑，反復思之，略論如下：
就形式言，標題與署名之字蹟墨色、行款，嘗比對焦循見存之手寫眞蹟，並
無不類；「仲軒」爲里堂半九書塾之軒名，「江都」爲里堂屬籍且素爲其署書
之定式。而正文之字蹟娟秀清麗，與題署不同，蓋爲焦循門人子弟所鈔錄，
且其中尚有朱點，焦循書以「定稿」，實無齟齬矛盾之處；且焦循二十以後，

〔註56〕詳見是書卷四，頁103～105，前已節錄入〈焦循里堂先生見存著述考錄〉一
　　　文。是書乃黃壽祺於1947年所撰就，遲至1988年6月始初版印行，並由其
　　　弟子張善文點校，甚具參考價值。

村居授徒，其所著作，門人子弟鈔寫者多，並可考見。而此書不見著錄於焦廷琥（1781～1821）《先府君事略》，並非例外，總考焦循著述，《事略》遺漏者尚夥，稿本如《推小雅十月辛卯日食詳疏》等並未見錄，因不可以此而疑之。再者，此書既分上、中、下三卷，宜是完書，而其中〈乾卦〉上卷、〈坤卦〉中卷、〈屯〉、〈蒙〉二卦合為下卷；筆者以為此書並非完書，乃早歲之著作，因未成帙，是惜而存之者。

就內容而言，此書於納甲、卦氣、五行、十二辟之術，既屢屢稱述，而於先後天之說，尤篤信不惑，與焦循素日持論之宗旨正相刺謬者。蓋焦循二十五歲後求諸漢、魏，研究於馬（融）、鄭（玄）、荀（爽）、虞（翻）諸家者，凡十五年，浸染甚深，故此早歲未成熟之《易》著，必然籠罩於象數雰圍之中；且此象數之學並非此書之重心，焦循蓋援據以為其義理之說者，其順述口脗及言四聖人之所同然，孔、孟、《學》、《庸》之所旨歸，與後之持論，實無不殊。至如其書所徵引儒先舊說孤陋穿鑿，不類後作者，蓋焦循早歲涉獵尚淺，故貌為疏簡，實不可以同日而語，難以期其先後論述，必然一致。

至若「鄉曲俗士作僞者，嫁名於里堂，以圖射利」之說，筆者以為甚可疑。蓋焦循一介寒士，祿僅孝廉，而隱居獨善，學雖揚聲於外，名亦只一時一地而已，何由圖利？後學不敏，實不敢唐突先進，惟嘗考焦循治《易》之歷程及其《雕菰樓易學》之內容，筆者以為《仲軒易義解詁》手鈔善本，乃焦循少作，存而不論者。此稿本，筆者申請複印，閱讀久之，撰有專文發表，可以參考核校。〔註57〕

（二）《注易日記》三卷

焦循四十九歲，辛末（1811）春正月，誓於先聖先師之後，盡屏他務，家居注《易》；逐於嘉慶十八年癸酉（1813），年五十一時，二月起，自立一簿，以稽考其業，用專其志，得三卷，名曰：《注易日記》。〔註58〕《注易日記》今有以下三種傳本，筆者2004年暑期曾親往借閱鈔錄，因時間有限，尚未得其全貌：

1. 北京：北京大學圖書館典藏，焦循手寫稿本，不分卷，始於嘉慶十八年三月五日，至於嘉慶二十年三月十日，多有缺頁，其中增改頗多，

〔註57〕詳參賴貴三：〈焦循定稿《仲軒易義解詁》寫鈔本考釋〉，臺北：《中國學術年刊》，第22期，2001年5月，頁1～31。

〔註58〕並見〈易通釋自序〉、阮元〈焦君傳〉、《先府君事略》。

參見《木犀軒藏書題記及書錄》。

2. 北京：北京大學圖書館典藏，傳錄焦循原稿三卷本。

3. 北京：中國國家圖書館稿本不分卷，嘉慶十八年二月至二十一年三月。

此外，景印《雕菰樓易學叢書》稿本，其《雕菰樓易學三書》各卷末，俱有焦循手書題記，筆者已按年彙輯入所著《焦循年譜新編》中，亦可以窺其豹斑，明其大較。

（三）《易話》二卷

《易話》上、下二卷，惟見收於《焦氏遺書》內，未見其他傳世刊本。嘉慶二十三年戊寅（1818），焦循五十六歲，三月三日，其自記云：

> 余既成《易學三書》，憶自壬戌（嘉慶七年，1802，焦循四十歲）以來，十數年間，凡友朋門弟子所問答及於《易》者，取入三書外，多有所餘，復錄而存之，得二卷，目之爲《易話》，以其言質無深奧云爾。

其內容，卷上有〈學易叢言〉凡十八則、〈易辭舉要〉凡九則、〈性善解〉凡五則、〈類聚羣分說〉、〈說方〉上下、〈通變神化論〉、〈小懲大戒論——丁卯呈郡守伊墨卿先生〉、〈陰陽治亂辨〉、〈道德理義釋〉。卷下有〈說太極〉、〈說當位〉、〈說旁通〉、〈春秋傳說易〉、〈爾雅釋易〉、〈戰國策引易傳〉、〈陸賈說易〉、〈賈、董說易〉、〈韓氏易〉、〈淮南說易〉、〈說苑論易〉、〈高氏說易〉、〈劉子說易〉、〈目不相聽考——丙寅答汪孝嬰〉、〈周易用假借論〉。《易話》雖爲焦循治《易》之隨筆紀錄，然其中仍多有闡明《易》例、發揮《易》教者，故柯劭忞撰《續修四庫全書提要》云：

> 其上卷〈易辭舉要〉，詮釋句法，最有益於初學；然循謂兩卦旁通，每以彼卦之義，係於此卦之辭，則虞仲翔旁通之法固如此，不自循發之。〈性善解〉無關《易》說，亦屬駢枝。下卷謂《易》至春秋，淆亂於術士之口，乃推而求之《易》義，惜杜易服、劉規杜均不能言之。按尚辭、尚占本自分途，循詆《左氏傳》所載之謬悠，而《易》以比例、旁通之說，亦未見其確當。至《爾雅》「倫，敕，勞也」，以倫與輪同聲，謂「勞謙」之勞，即「曳其輪」之輪；敕與勞聲轉，〈井〉之「勞民」，即〈噬嗑〉之「敕法」，支離附會，安能與經義相比附乎？

柯氏之說，評騭當否，自具卓識；惟焦循《雕菰樓易學》本有系統，自成體

例，仁智互見，大醇小疵，固所難免。遽下定論，亦非其所非，是其所是而已，猶待客觀具體之驗證，合理同情之評論。

（四）《周易王氏注補疏》二卷

焦循弱冠即學《易》，從事於王弼、韓康伯注，五十歲後，撰《雕菰樓易學三書》漸有成，以王弼之學雖尚空談，而以六書通假解經之法，尚未遠於馬融、鄭玄諸儒，特孔穎達（574～648）《周易正義》不能發明之，乃撰《補疏》二卷，以訂孔之舛漏。其自序云：

> 《易》之有王弼，說者以為罪浮桀、紂，近之說法《易》者，屏之不論不議者也。歲壬申（嘉慶十七年，1812，焦循五十歲），余撰《易學三書》漸有成；夏月，啓書塾北窗，與一二友人看竹中紅薇白菊，因言《易》。……故弼之《易》雖參以己見，而以六書通借解經之法，尚未遠於馬、鄭諸儒，特貌為高簡，故疏者概視為空論耳。……惜乎秀而不實，稱道者徒飫其穰秕，譏刺者莫探其精液；然則弼之《易》，未可屏之不論不議也。於是，每夕納涼柘籬蕉影間，縱言王弼《易》。門人錄之得若干條，立秋暑退，取所錄次為二卷。迄今七年，《易學三書》既成，復取此稿訂之，列諸《羣經補疏》之首，有治王弼《易》者，此或可參焉否也。嘉慶戊寅（二十三年，1818）五月五日，焦循自序。

自序作於戊寅五月五日，焦循已五十六歲，距其下世不過兩載。通觀此書二卷，皆援據精確，足以補《正義》所不及。惟柯氏《續修四庫全書提要》評之曰：「循自命太高，而視古人太淺；其自序稱弼或可由一隙貫通，惜其秀而不實，儼若嚴師之誨弟子，非著書之體也。」此賢者求全之論，固無損焦循實事求是，以意逆志之治經學風。

（五）《易廣記》三卷

《易廣記》亦獨《焦氏遺書》收載，未見他本傳世。其自記云：

> 余之學《易》也，自漢、魏以來，至今二千餘年中，凡說《易》之書，必首尾閱之。其說有獨得者，則筆之於策，可以廣聞見、益神智，因名之曰《易廣記》云。嘉慶戊寅七月下弦記。

焦循此書所采說《易》之學者及其書目，計之：卷一，有宋‧龔鼎臣《東原錄》等十二種著作；卷二，有宋‧楊簡（1141～1225）《易傳》等十五種著作；

卷三，有崑山吳修齡喬《他石錄外編》等二十三種著作，可見其學《易》之勤苦。故柯氏《續修提要》云：

> 其稱倪元璐《易嚮》上下篇，奇博精奧，可與顧亭林《日知錄・論卜筮》參看。按：元璐之《兒易內儀以》六卷、《外儀》十五卷，前提要謂依經立訓，不必以章句訓詁核其離合；今觀其《易嚮》上下篇，循以「奇博精奧」推之，信爲知言，其識在館臣之上矣！

按倪元璐（1593～1644，或錄 1592～1652）條，詳見《易廣記》卷二之十二，柯氏之論，亦可謂知言，焦循讀書有得，其道不孤。

三、相關著作

焦循治學多方，著述多種，益以善體聖聖相傳之道統，故能參伍錯綜，引申觸類，而一以貫之。其好學深思，心知其意，脈絡貫通，一以《雕菰樓易學》爲宗，可謂圓融統會，而知其學術之矩範。茲以四部分類，先後爲序，略述其與《易學三書》相關之著作，以爲隅反啓發之資。

（一）《論語通釋》一卷、《論語補疏》三卷

何澤恆教授有〈焦循論語學析論〉一文，〔註59〕於此二書之版本校勘，內容解析均甚爲詳盡，故不再多所論述。唯焦循治《論語》之法，源於治《易》，觀其《論語何氏集解補疏・自序》，可知大凡：

> 自學《易》以來，於聖人之道，稍有所窺，乃知《論語》一書，所以發明伏羲、文王、周公之恉；蓋《易》隱言之，《論語》顯言之，其文簡奧，惟《孟子》闡發最詳、最盡。……以《孟子》釋《論語》，即以《論語》釋《周易》，無不了然明白，無容別置一辭。至《論語》一書之中，參伍錯綜，引申觸類，其互相發明之處，亦與《易》例同。……凡立一言，必反復引申，不執於一，令學者參悟自得。余向嘗爲《論語通釋》一卷，以就正於吾友汪孝嬰，孝嬰苦其簡而未備；迄今十二年，孝嬰已物故，余亦老病就衰。因刪次諸經補疏，訂爲《論語補疏》二卷，略舉《通釋》之義於卷中，而詳言其大概如此，俟更廣《通釋》以求詳備；或余不及詳，俾吾子孫知治《論

〔註59〕原載《臺大中文學報》，第三期；校改後，刊入《焦循研究》（臺北：大安出版社，1990 年 5 月），第二節，頁 89～162。

語》之途徑宜若是，庶乎舉一隅以三隅反也。丙子（嘉慶二十一年，1816）四月立夏日。

二書自序均見《雕菰集》卷十六，《先府君事略》所錄者同；唯今通行《木犀軒叢書》本《論語通釋》一卷十五篇、《焦氏遺書》本《論語補疏》三卷，與序中所言十二篇、二卷者異，蓋焦循先後定稿而殊異，識者宜辨析。而焦循治《論語》之得失，何教授之評析，可謂中的之論：

> 要之，里堂《論語》要旨在明一貫，其意亦謂聖人之道無逾於此，故於《易》之經、傳，認為義旨相貫，不加分辨，即於《論語》、《孟子》，亦謂與《易》不殊。一經之文，固主觸類引申；諸經之間，亦惟重其相同相通之一面，而泯其相異相差之一面。此在里堂之治諸經，自見其為宗旨之一貫，然一若治經之法，舍此無他途，則庸非仍為一執乎？烏乎執？一言以蔽之，曰執於《易》之旁通二字而已矣。里堂說經之長，在其善於巧思，為全經大義之貫通，又自一經而旁通其旨於諸經。此其所言無性靈不可以言經學，又曰運之以虛者是也。但既悟得經義，往往轉執之以通說全經，斯則彼所謂證之以實也。諸經之中，其最有心得者在《易》，謂《易》為一部聖人教人知悔改過之書，故就其旁通、相錯、時行、比例諸例極申其變通神化之旨，遂就《易》之全經，貫串之、旁通之，句句而解，字字而釋，乃成其《易學》一大統系。因認義文周孔，義亦相貫，故謂《論語》所述大義亦不外是。遂於《論語》全書中，特挈一貫忠恕而發為其通權達變，不據守，不執一之義。亦猶其以旁通釋《易》文，欲以忠恕二字通解《論語》，馴至於驅經文以就義。里堂斥當時考據家執於所學，而己則不免蔽於其所思，斯亦如宋儒扶醉漢之喻，扶得東來西又倒也。〔註60〕

雖然，焦循《雕菰樓易學》有其客觀之準據、主觀之創見，固不免有執有守，其一貫之學，以理衡之，自然暢達；若以實、以事證之，則不免穿鑿扞格；蓋學術之得失，不能定於一端，故其治《易》、治《論》、治《孟》，治諸經，能立其大者，「統之有宗，會之有元」，方圓之間，固有執限，此其闕蔽之可論議者。

〔註60〕詳見《焦循研究》，頁150～151。

（二）《孟子正義》三十卷、《撰孟子正義日課記》

　　焦循《易學三書》外，最爲士林所稱道者，厥爲《孟子正義》，其弟焦徵《孟子正義·識語》云：

> 先兄壬戌（嘉慶七年，1802）會試後，閉門注《易》。癸酉（嘉慶十八年，1813）二月，自立一簿，稽考所業；戊寅（嘉慶二十三年，1818）春，《易學三書》成。又以古之精通《易》理，深得伏羲、文王、周公、孔子之恉者，莫如孟子；生孟子後，而能深知其學者，莫如趙氏。惜僞疏踳駁乖謬，文義鄙俚，未能發明其萬一，思作《正義》一書。於是，博採經史傳注，以及本朝通人之書，凡有關於《孟子》者，一一纂出，次爲長編十四帙，逐日稽考，殫精研慮。自戊寅十二月起稿，逮己卯七月，撰成《孟子正義》三十卷。又復討論羣書，刪煩補缺；庚辰之春，修改乃定。手寫清本，未半而病作矣。自言用思太猛，知不起，以謄校囑廷琥而歿。……先兄稿本，每一篇末自記課程，如注《易》時，書之成僅八閱月耳。

讀此識語，可知焦循撰作是書之嘔心瀝血，死而後已之精神，令人感佩不已！其撰述《孟子正義》之點點滴滴，由近人吳承仕（1884～1939）於《華國》月刊鈔錄《撰孟子正義日課記》，可詳始末，具已載錄《焦循年譜新編·補遺》內。而通觀焦循《孟子正義》一書，乃本於其所詮解之《雕菰樓易學》創獲，以解釋《孟子》思想，以爲《孟子》發明《易》道者多，又本其變通、旁通諸義例，疏解《孟子》性善之說，皆可爲《易學》之輔翼。唯其說之得失，何澤恆、黃俊傑教授論析中肯，鏗鏘有聲，聞道有喜，可供參較，恕不具引。〔註61〕

（三）《易餘籥錄》二十卷

　　焦循《雕菰樓易學》既成，數年中，有隨筆記錄之書，編次之得二十卷，因題之曰《易餘籥錄》；《易》餘者，明爲餘力所及，不足以當賢者之盼也。其自記於嘉慶己卯（二十四年，1819）正月二十九日，距其下世僅一載耳。

　　此書爲焦循著《易學三書》時，旁涉他學，隨手箚記之作，言《易》者雖稀，然吉光片羽，亦可爲研考之資。如：卷一首條，可知其《易》學承受所自，云：

〔註61〕詳參何澤恆教授〈焦循論孟子性善義闡繹〉，《焦循研究》，頁163～210。黃俊傑教授〈孟子盡心上第一章集釋新詮〉，刊於《漢學研究十週年紀念專輯》，《漢學研究》，第10卷，第2期，1992年12月。

吾鄉處士王大名先生，諱方魏，承其先觀濤吏部之學，以《易》教
授於里中。余祖母，大名先生之女孫也，故先祖、先父俱好《易》。
先父嘗云：「歷來講《易》者，多不能使《易》辭了然明暢厭人意，
惟於辭之同處，思而貫之，當得其解。如『密雲不雨，自我西郊』，
〈小畜〉言之矣，何以〈小過〉又言之？『帝乙歸妹』，言於〈歸妹〉
宜矣，又何以言於〈泰〉？『先甲三日，後甲三日』，言於〈蠱〉矣，
何以〈巽〉又言『先庚三日，後庚三日』？於此求之，庶有途徑可
入。」循奉此教，凡四十年，而成《易學三書》，未知能當先父之意？
然先父所示學《易》可入之途徑，固賢人所不能易也。

又焦循之為《雕菰樓易學》，自王弼始，幼時僅見注疏，以弼為最古，故力學
勤治。此書卷一之六，言王弼《易》學之淵源，曰：

劉表以女妻王凱，生業，業生二子，長宏、次弼。凱為王粲族兄，
粲二子既誅，業為粲嗣。然則，王弼為劉表外曾孫，而王粲之嗣孫
也。劉表為荊州牧，開立學官，博求儒士，使宋衷等撰定《五經章
句》，表撰《易章句》五卷，衷注《易》九卷。弼兄宏，字正宗，亦
撰《易義》，見《釋文》；王氏之於《易》，蓋淵源於劉表，而表則受
學於王暢，暢為粲之祖父，劉表、王業皆山陽高平人。漏高貴鄉公
謀於司馬昭，以成弒君之惡者，此又一王業。

類此者尚多，雖無當於焦循《雕菰樓易學》，然其中偶有可采者，俱錄存備用，
如有妙諦，自能援手立得，以光其學之多方。

（四）《雕菰集》二十四卷

焦循自乾隆四十三年戊戌（1778）、己亥（1779），習為詩、古文、辭、
迄嘉慶二十五年丁丑（1817），垂四十年，所積頗盈笥簏，因先取詩、文草稿
理之，錄為二十四卷，手訂於半九書塾之雕菰樓，因以名之。

《雕菰集》中，直接、間接與其《雕菰樓易學》相關之篇章頗多，其犖
犖大者，如：卷八〈周易用假借論〉，卷九〈讀易韋編三絕解〉，卷十三〈上
座師英尚書書〉、〈與朱椒堂兵部書〉、〈寄朱休承（臣）學士書〉、〈與孫淵如
觀察論考據著作書〉、〈與劉端臨教諭書〉，卷十六〈易圖略自序〉、〈易通釋自
序〉、〈論語通釋自序〉、〈羣經補疏自序〉，卷二十三〈先考事略〉，卷二十四
〈告先聖先師文〉等，於焦循治《易》之歷程，《易》學之創見，均能提綱挈
領，觀其體貌，可謂為焦循《易學三書》之縮影。

（五）其　他

　　他如《鄦齋叢書》所收《焦里堂先生軼文》，其中，〈上英㑹書書〉、〈寄
王伯申書〉，皆有參引之價值。又上虞羅振玉（1866～1940）景印《昭代經師
手簡二編》中，又收入焦循〈復王伯申書〉二通，言其《雕菰樓易學》創獲，
請益切磋，尤爲現身說法之寫照。至於焦循手稿本《雕菰樓經學叢書》四十
二卷，眞蹟墨瀋，點校題記，歷歷在目，如見其人，如聆其教，不惟裨益學
者，更可爲《雕菰樓易學》之映襯。〔註62〕

　　凡以上所臚舉焦循《雕菰樓易學》之主要、次要與相關著作，筆者不僅
一一寓目細讀，所鈔錄整理之卡片，更不知凡幾；分類排比，依次撰述，輯
〈焦循里堂先生見存著述考錄〉一文，以存其目；又纂《焦循年譜新編》一
書，以備其詳；今所推衍，意在廣其學，而會其通，以期時賢先進，時賜教
政爲盼。

〔註62〕以上所見者，皆按年輯入《焦循年譜新編》各年條下，有心讀者不妨循索，
　　　　一觀全貌。

第一章　焦循《易》學通論

　　由緒論之綜合整理中，大體可以勾勒焦循《雕菰樓易學》之雛形。其弱冠之前，淵源於家學之啓蒙，與師友之提攜；弱冠之後，由第執趙宋人說，進探王弼、韓康伯注，繼而研治漢、魏諸家，究心算學。四十以後，乃絕意科舉，閉門潛心注《易》；四十五歲，危疾幾殆，專志治《易》之心益篤，遂有誓告先聖先師之舉，以終竟其願，克成厥志。五十歲後，《易學三書》規模底定，乃會而通之；五十四歲，乃刊成付梓，終告蕆事。其後數年，刪訂《羣經補疏》、編定笥存舊稿，又本治《易》之志，戮力纂成《孟子正義》三十卷，以道統一貫自期，疊疊彬彬，漪歟盛哉！

　　焦循《易》學之菁華，盡萃於其《雕菰樓易學三書》中，《易話》、《易廣記》（合稱《雕菰樓易學五書》）、《周易補疏》等，乃其餘韻；《孟子正義》、《論語通釋》，則其道德哲學與價值世界之餘響。夷考其《易學三書》理論之中心，而據以建構其道德哲學與價值世界之依準者，則爲其中之三大發明——旁通、相錯、時行。〔註1〕由旁通中又引出「當位失道」之附屬原則，由相錯中又引出「比例」之附屬原則，由時行中又引出「變通」之附屬原則，由此六根本原則中，鈎貫出《周易》之參伍錯綜；數理、假借之觸類引申，則其二大機轉，而其總匯歸在於焦循之道德哲學。故其《易學三書》，以經、傳解經、傳，就《易》論《易》，不假外求，而內蘊生動，體系之統會，圓成自足。

〔註1〕　此一概念啓發自牟宗三先生《周易的自然哲學與道德函義》之 IV〈清焦循的道德哲學之易學〉，頁 265～349。何澤恆教授《焦循研究》，頁 25～70，〈二、雕菰樓易學三書之主要發明〉有四：曰旁通、相錯、時行、比例，而以爲「比例」可以盡其法，亦援據有理，二說可以互相參較。

焦循《標菰樓易學》中之旁通（當位失道）、相錯（比例）、時行（變通）、數理、假借與夫道德系統思想，乃其《易》學理論之核心，本書均將分別專章進行探討研究，以下各章可視爲焦循之總觀點，而本章則其注腳，可以相互印證。

第一節　《易》義考原

《易圖略》卷六，原八篇，發明旁通、相錯、時行之義；《易通釋》卷三「易」、「交」二條，揭櫫「交易」爲《周易》大義所在；《易話》卷上、下各節，猶見足以詮解《易》辭、義之旨歸者，匯而釋之，以爲焦循《易》學宗旨之先驅，及其《易》論之發端。

一、原畫卦之義

焦循《雕菰樓易學》，本於傳統聖聖薪傳道統立說，而能參以己見，獨闢畦徑，別開生面，故其思精而創亦新；復能以經學考據爲基礎，源源本本，清明條達，若有神焉，可謂奇矣！觀其《易圖略》卷六〈原卦〉之曲盡迴環，可知梗概。以下引文，皆本於是。

焦循以爲伏羲之畫卦，不惟成列其八，又因而重之爲六十四，其意質而明，其功切而大，不必以精微高妙說之。故徵引古來典籍以證云：

> 陸賈《新語》（〈道基篇〉）云：「先聖乃仰觀天文，俯察地理，圖畫〈乾〉、〈坤〉，以定人道。民始開悟，知有父子之親、君臣之義、夫婦之道、長幼之序，於是百官立，王道乃生。」《白虎通》云：「古之時，未有三綱六紀，民人但知其母，不知其父。於是，伏羲仰觀象於天，俯察法於地，因夫婦，正五行，始定人道，畫八卦以治下。」〔註2〕《商子・開塞篇》云：「天地設而民生之，當此之時也，民知其母，而不知其父。」《呂氏春秋・恃君篇》云：「昔太古嘗無君矣，其民聚生羣處，知母不知父。」譙周《古史考》云：「伏羲制嫁娶，以儷皮爲禮。」（見《史記・索隱》）〔註3〕

〔註2〕　《孟子正義》卷十〈滕文公上〉，「滕文公爲世子」章，「孟子道性善言必稱堯舜」條，略同於此，可互參。

〔註3〕　引文皆據《易圖略》卷六〈原卦第一〉抄錄，引文內容與今各本校錄，頗有省改，然不致錯謬，故未加乙正。

　　焦循此處引《新語》、《白虎通》等言，意在闡釋人類文明發展，自草昧以至文明之過程，而以爲古之聖王伏羲定人道，而夫婦正，男女別，故畫八卦以垂象定法。乃焦循畢生治學，獨深於《易》，遂引《易傳》爲說，復申其意云：

> 〈繫辭傳〉云：「天尊地卑，〈乾〉、〈坤〉定矣。」〈序卦傳〉云：「有天地，然後有萬物；有萬物，然後有男女；有男女，然後有夫婦；有夫婦，然後有父子；有父子，然後有君臣；有君臣，然後有上下；有上下，然後禮義有所措。」所以明伏羲定人道之功也。知母不知父，則同於禽獸；父子、君臣、上下、禮義，必始於夫婦，則伏羲之定人道，不已切乎！以知識未開之民，圖畫八卦以示之，而民即開悟，遂各遵用；嫁娶以別男女，而知父子，非質而明，能之乎？故在後世，觀所畫之卦，陰陽奇偶而已。

　　聖神廣大，伏羲八卦所以定人倫王道者；而伏羲八卦以〈乾〉、〈坤〉定位，而生六子，由〈繫辭傳〉、〈序卦傳〉可推而知伏羲之卦，必首〈乾〉而次〈坤〉。〈乾〉、〈坤〉生六子，六子共一父母，不可爲夫婦，則必相錯，此六十四卦所以重。焦循以「相錯」之義，申釋所以然之故，云：

> 有三畫，則同一父母之所生；在六畫，則已爲陰陽之相錯。相錯者，以彼之長女，配彼之長男；以彼之中男、少男，配此之中女、少女。一相錯，而婚姻之禮行，嫁娶之制備，八卦成列，因而重之。吾於此知伏羲必重卦爲六十四。……故〈傳〉云：「有男女，然後有夫婦。」不贊於〈乾〉、〈坤〉，而贊於〈咸〉、〈恆〉，明伏羲之定人道，制嫁娶，在相錯爲六十四也。

　　「持之有故，言之成理」，焦循馳騁意運，相錯以明，伏羲畫八卦，重卦六十四，以定人倫、以彰王道，其論如是。又以其所創發之「旁通」《易》例，衍釋卦之旁通，謂自伏羲已然，而轉入「性善」之說，云：

> 孔子於〈序卦〉明男女之有夫婦，而於伏羲作八卦，統其辭云：「通神明之德，類萬物之情。」（〈繫辭下傳〉）「六爻發揮，旁通情也。」（〈文言傳〉）旁通情，即所以類萬物之情；可知卦之旁通，自伏羲已然。非旁通無以示人道之有定，而夫婦之有別也；情性之大，莫若男女（見《白虎通》），人之性，孰不欲男女之有別也？方人道未定，不能自覺，聖人以先覺覺之，故不煩言，而民已悟焉。民知母不知父與

禽獸同，伏羲作八卦而民悟，禽獸仍不悟也，此人性之善所以異乎禽
獸，所謂「神明之德」也。民之性在飲食男女，制嫁娶，使民各有其
偶也；教漁佃，使民自食其力也。聖人治天下，不過男女飲食，爲之
制嫁娶，教漁佃矣！人倫正而王道行，所以參天地而贊化育者，固無
他高妙也。神農、黃帝、堯、舜，踵此而充擴之；文王、周公、孔子，
述此而闡明之，彼先天心法之精微，豈伏羲氏之教哉？〔註4〕

　　焦循由「旁通」以通神明之德，即所謂「性善」；而人之性善，發端乎飲
食男女之知，知之而教之，人倫正而王道行，卦之原本，聖之道心，有如是
之易者。〔註5〕焦循論「性善」之旨，由後天立說，雖有可商榷處，蓋亦爲證
成孟子先天「性善」之義，可謂殊途而同歸。義詳本書第四章「時行」《易》
學第二節所論，茲不復贅。

二、原卦名之義

　　焦循以爲六十四卦之名，非據見在之畫而名之；執見在之畫以核其名，
則剛不行，何以爲〈乾〉健？而純柔者，烏知其爲〈坤〉順哉？《易圖略》
卷六〈原名〉乃引〈文言・乾初九傳〉：「不易乎世，不成乎名。」申其義云：

　　然則名之成，成於易也。易乎世則有始，是爲開；開而當名，名當
　　則榮，名不當則辱；非所困而困焉，名必辱，謂不當也。〈乾〉上之
　　〈坤〉三，輕而不當者也，與〈履〉通，則開而當名爲〈謙〉，〈謙〉
　　以通〈履〉而得名；不通〈履〉，不可名〈謙〉也。……物相雜爲文，
　　文不當故吉凶生；當則吉，不當則凶，而皆本於相雜。雜而當，則
　　名〈大有〉、〈同人〉、〈豐〉、〈豫〉、〈頤〉、〈泰〉、〈中孚〉諸名而爲
　　榮；雜而不當，則名〈大過〉、〈小過〉、〈明夷〉、〈困〉、〈否〉諸名
　　而爲辱。……其名雖辱，一能變通，則小化爲大，凶變爲吉，名亦
　　且轉辱而爲榮矣。

　　箇中關鍵，厥在焦循自創之「旁通、相錯、變通」諸《例》，容在以下各
章分說，以釋其疑，以明其義。要之，以傳之觸類旁通，悟得此旨，故引〈繫

〔註4〕此段文義，言「性善」說，同於《易話》卷上〈性善解〉（凡五則），又收於
　　　　《雕菰集》卷九；並可參見《孟子正義》卷十，同前註，互相發明。

〔註5〕何澤恆教授《焦循研究・參、焦循論孟子性善義闡繹》，頁163～210，劉德明
　　　　〈焦循性善解初論〉（1993年4月18日，全國中文研究所在學研究生學術論
　　　　文研討會），於焦循「性善」義理，俱有精闢分析，並可參覽。

辭下傳‧第六章〉「其稱名也，雜而不越」、「開而當名，辨物正言，斷辭則備矣。其稱名也小，其取類也大」，〈第十章〉「道有變動，故曰爻；爻有等，故曰物；物相雜，故曰文。文不當，故吉凶生焉」以相通貫，自圓其說；驟讀之，恍如霧裏看花，然細審其旁通之道，則天青可期望以觀。

試淺略言之：卦名之成，成於易者，焦循以爲「生生之謂易」（〈繫辭上傳‧第五章〉），生生不已，所以「元亨利貞」，故《易》之一書，「元亨利貞」四字盡之；而「元亨利貞」四字，一「易」字盡之。「易」爲變更反復之義，即一陰一陽之謂。然易與交義同而有異，交者二五相交也；易者既交之後，易而變通也，是以「交易」爲全《易》大義所在。〔註6〕陰陽之始易，開而當名，榮辱之所本；開猶始也，終則有始，元亨利貞，而名乃當，當名即當位。當謂二五先行於三四，不當謂三四先行於二五，此取類旁通而稱名相雜，榮辱之所寄，而吉凶之所生。〔註7〕故卦名之原，必就《周易》之內在義理，旁通以求，相錯以比例之，則見在之畫非徒象之而已，數與理亦且含宏光大於其中。

三、原卦序之義

焦循以爲《易》重旁通，〈文言傳〉所謂：「六爻發揮，旁通情也。」此其確證。乃卦之序，不以旁通，而以反對；用反對者，正所以用旁通。無反對，即用旁通爲序，可見反對有窮，而旁通轉爲無窮。《易圖略》卷六〈原序〉其說云：

> 自然而定位，天地也。自然而變通者，寒暑、日月也。生而知之者，聖人也。其賢人以下，則必待於教。反對者，自然者也；一陰一陽之謂道，反對之卦不能一陰一陽，即不能合於道，故必旁通以爲道焉。……卦之有旁通，如人之有夫婦也；序以反對，而辭則指其所之，所之者，旁通也。且《易》之爲書也，參伍錯綜，引申觸類，其辭每以比例互明；反對於旁通，亦比例互明者也。

〔註6〕 鄭玄本《易緯‧乾鑿度》之說，贊《易》得「易簡、變易、不易」之義；而焦循乃別創「交易」之說，而以趨時通變爲法，《易》之義可極於是，說詳《易通釋》卷三「易」、「交」二條。而此一概念，則源自〈繫辭下傳‧第四章〉贊《易》上九，云：「子曰：君子安其身而後動，易其心而後語，定其交而後求。……無交而求，則民不與也。」此贊「交易」二字至爲明晰，焦循本此以引申之。

〔註7〕 參見《易通釋》卷三「當」條。

故反對爲正，旁通爲奇，奇所以濟正之窮，而往復生成者。如〈屯〉旁通〈鼎〉，〈革〉旁通〈蒙〉；則〈屯〉猶〈革〉，〈鼎〉猶〈蒙〉，是以〈屯〉、〈蒙〉與〈鼎〉、〈革〉互爲比例。推之，〈豐〉旁通〈渙〉，〈節〉旁通〈旅〉；〈豐〉猶〈節〉，〈旅〉猶〈渙〉，故〈豐〉、〈旅〉與〈節〉、〈渙〉互爲比例。焦循此以數之比例，求《易》之比例，〈原序〉一文復申其義云：

> 反對、旁通四卦交互，如九數之維乘。〈序卦〉一傳，全明乎變通往來之義；而〈雜卦傳〉前用反對，自〈大過〉以下，頓破之，而明之以君子道長、小人道消，所以示反對之序，必散而旁通，以合消長之道也。

不特如此，焦循又以爲經文互相比例，明白顯然，於是傳之贊經，亦每以互明之，故辭之所之，可明卦卦之旁通比例，《易通釋》一書，縱通橫通，皆本於是。如經於〈屯‧六二〉言「匪寇昏媾」，明〈屯〉通〈鼎〉，而〈鼎〉成〈泰〉；於〈睽‧上九〉言「匪寇昏媾」，明〈蹇〉通〈睽〉，而〈睽〉成〈泰〉。〈屯〉可例〈蹇〉，則例〈革〉可知；〈睽〉可例〈鼎〉，則例〈解〉可知。〔註8〕再如〈家人〉旁通〈解〉，猶〈革〉旁通〈蒙〉；傳於〈家人‧六二〉云「順以巽也」，於〈蒙‧六五〉云「巽以順也」。一以〈家人〉例〈革〉，則例〈蹇〉可知；一以〈蒙〉例〈解〉，則例〈鼎〉可知。〔註9〕故〈原序〉綜之曰：

> 然則，以反對爲序者，示人以比例之端也。若〈序卦〉如是，辭之義即如是，則《易》之爲書，亦何刻板而不靈，且有何難知，而韋編三絕哉？〔註10〕至於〈屯〉、〈蒙〉、〈需〉、〈訟〉之相次，則孔子特爲〈序卦〉作傳，卦麗於名，緣名以立義，傳已詳言之；後人惟當體傳之義，不宜更益一辭。自宋人有三十六宮之說，於是謂上經反對十八卦，下經反對十八卦；而元人蕭漢中（太和人，著《讀易考源》）、明人來集之（蕭山人，著《易圖親見》）別爲卦序，其用心非不苦，然而卦序之旨，不如是也。〔註11〕

〔註8〕 詳《易通釋》卷十五「致寇至……匪寇昏媾……」條。
〔註9〕 詳《易通釋》卷十九「巽……順以巽也」條。
〔註10〕 《雕菰集》卷九〈讀易韋編三絕解〉，亦可爲此段注腳，云：「即此韋編三絕一語，可悟《易》辭之參伍錯綜，孔子讀《易》如此，後人學《易》無不當如此，非如此不足以知《易》也。若云一見不解，讀至千百度至於韋編三絕乃解，失之矣。」
〔註11〕 詳見《易廣記》卷一最末三條「蕭漢中、來集之、汪琬」三家之說，文長不贅述。

　　焦循研治《周易》經傳，解得其參伍錯綜之故，深悟其旁通比例之妙，自抒機杼，脈絡貫串，雖凡而奇。

四、原象象之義

　　焦循以爲孔子作十翼，於卦辭稱〈彖傳〉，於爻辭稱〈象傳〉，乃所以互言之；蓋合六爻而爲卦，分一卦而爲爻，文王之卦辭謂之彖，周公之爻辭謂之象。然則，文王雖總一卦以繫辭，而其辭不外乎爻；周公雖分六爻以繫辭，而其辭實本乎卦，故於《易傳》參伍錯綜中，得其所以互言以明之故，《易圖略》卷六〈原彖象〉釋之云：

> 〈繫辭傳〉言「彖」者四：一云「彖者，言乎象者也；爻者，言乎變者也」（〈上繫‧三〉）。一云「易者，象也；象也者，像也；彖者，材也；爻者，效天下之動者也」（〈下繫‧三〉）。一云「八卦以象告，爻彖以情言」（〈下繫‧十二〉）。一云「知者觀其彖辭，則思過半矣」（〈下繫‧九〉）。既以彖、象、爻分爲三；又以象屬彖，而別乎爻；又以爻合象，而別乎卦。其論象也，云「在天成象，在地成形，變化見矣」（〈上繫‧一〉），則以變屬象。云「聖人設卦觀象，繫辭焉以明吉凶，剛柔相推而生變化」（〈上繫‧二〉），則以象屬卦而別乎辭。云「君子居則觀其象而玩其辭，動則觀其變而玩其占」（〈上繫‧二〉），則以象屬辭，而別於變。云「聖人有以見天下之賾，而擬諸其形容，象其物宜，是故謂之象；聖人有以見天下之動，而觀其會通，以行其典禮，繫辭焉以斷其吉凶，是故謂之爻」（〈上繫‧八〉），則繫辭以明吉凶者，謂爻也。云「爻也者，效此者也；象也者，像此者也。爻象動乎內，吉凶見乎外，功業見乎變，聖人之情見乎辭」（〈下繫‧一〉），則吉凶之見，又爻象所共也。既云「八卦以象告，爻彖以情言」（〈下繫‧十二〉），又云「（聖人）立象以盡意，設卦以盡情僞」（〈上繫‧十二〉）。既云「八卦成列，象在其中（矣）；剛柔相推，變在其中（矣）」（〈下繫‧一〉），又云「觀變於陰陽而立卦，發揮於剛柔而生爻」（〈說卦傳‧一〉）。凡此者，參伍錯綜，說之殊不易了；思之既久，乃知其爲互言也。

　　以《易傳》互見對言，詮釋彖象爻同異之理，可謂曲盡其義。而所以名彖者，焦循又以訓詁引申爲說，彖之言捝也，捝與脫通，讀如逸，逸謂捝而去也；

〔註12〕此文王爲知進而不知退者戒，示天下後世，以安不忘危、存不忘亡、治不忘亂，故以〈鼎〉二之五之卦，名之爲〈遯〉。惟遯乃易，易乃元亨利貞，舉一「遯」而全《易》之義盡括，此象之所以爲象。又進而釋「象」之義曰：

> 然而，文王之意爲不知退者言也，退於此，必進於彼，非徒退而已也。周公述文王之意，分繫其辭於爻，而名之曰象，孔子贊之。……陽退而孚於陰，遯也，象之謂也；陰進而化爲陽，續也，象之謂也。……孔子於〈象傳〉，特指〈鼎〉、〈觀〉兩卦爲象，又以兩像字訓之，象之取義於似續，所謂與天地相似也。……象辭所以發明象辭，故知者觀象辭即思過半，言不待觀象辭即明也。故象言變，本於象之言變也；象言情，先乎象之言情也；象有吉凶，象亦有吉凶；爻之變化，即卦之變化。王弼謂象者統論一卦之體，象者各辨一爻之義，豈知象、象者哉？孔子以像贊象，又以材贊象，……何爲材？材即才也。……裁、財、材，其義一也；材取其用，用九、用六以知大始而成變化，如是而爲象，亦如是而爲象，即如是而爲《易》。故云：「《易》者，象也；象者，言乎象者也。」象、象一而二，二而一者也。

故象之義，天地風雷山澤水火之說，焦循以爲失之。而焦循以經傳脈絡，互推貫通，端委前後，鈎稽分明，亦一之而已。

五、原《易》辭之義

焦循本傳統聖聖相創互因之說，以爲伏羲設卦，辭自文王始繫之，故孔子作〈繫辭傳〉乃云：「聖人設卦觀象，繫辭焉以明吉凶。」伏羲設卦以觀變通之象，即所以觀其當位、失道之吉凶；而文王之繫辭，即明其所觀之象之吉凶；故孔子申之云：「剛柔相推而生變化。」（〈上繫·二〉）「辭也者，各指其所之。」（〈上繫·三〉）「所之」者，即剛柔之相推者；剛柔，即爻；「所之」者，初之四、二之五、上之三。故推而使有所之，乃生變化，生變化乃辨吉凶。六十四卦之序不動，而有所之乃動，此伏羲設卦觀象，全在「旁通變化」，《易圖略》卷六〈原辭上〉乃闡繹云：

〔註12〕焦循自注云：「《廣雅疏證》云：『象，挩也。』《說文》：『象，豕走挩也。』挩與脫通，脫、象聲相近。象猶遯也，遯或作遙。《漢書·匈奴傳贊》云：『遙逃竄伏。』字從辵、象聲；象、遯聲亦相近。」義詳《易通釋》卷十九「遯，遯世無悶……」條。

當時旁通行動之法，必口授指示，而所以通德類情者，乃人人易知，
歷千百年而口授指示者不傳，但存卦之序，當日所推，而有所之者
不可見。文王慮學者僅見其以反對爲序，而不知其以旁通者，爲所
之之變化；而指之以辭，告之以辭。……夫文王之所指，即伏羲之
所指；文王之所告，即伏羲之所告。伏羲以手指之，文王以辭指之；
伏羲以口告之，文王以辭告之。君子所居而安者，《易》之序也，明
序以言乎其未有所之也；所樂而玩者，爻之辭也，明辭以言乎其有
所之也。……而聖人之情，即見乎辭。〔註13〕

故學者不可捨其辭，但觀其卦，否則此三百八十四爻畫，不盡成一板而不
靈之物哉？象辭、爻辭，皆所以明卦之變通，可相觀而喻。焦循譬以說之，曰：

如棋有車馬炮卒士相帥將，按圖排之，必求之於譜，乃知行動之法，
其精微奇妙存乎其中。若舍去譜，而徒排所謂車馬炮卒士相帥將者，
不敢動移一步，又何用乎其爲棋也？六十四卦，車馬炮士相帥將也；
文王、周公、孔子之辭，譜也。不於辭中求其行動之用，是知有棋，
而不知有譜者也。

此《易話》卷上〈學易叢言〉第六則之說，《易圖略》乃譬之以句股割圓、
方圓弧角等義，亦以數之比例、和較之用，推之六爻發揮之所之，亦必賴文
王、周公、孔子之繫辭以明之。故學《易》者，亦必求通其辭而已；橫求之
而通，縱求之而通，參伍錯綜之而無不通，則聖人繫辭之本意可得。〔註14〕

六、原十翼之義

《史記·孔子世家》稱孔子讀《易》，韋編三絕，而爲之傳，名之曰「十
翼」，亦謂「贊《易》」。故焦循以爲孔子晚而好《易》，正是解得其參伍錯綜
之故，讀至此卦此爻，知其與彼卦彼爻相比例引申，遂檢彼以審之；由此及
彼，又由彼及此，千脈萬絡，一氣貫通，前後互推，端委迭見。〔註15〕故孔

〔註13〕《易話》卷上〈學易叢言〉之六「伏羲八卦重爲六十四」條，與此互明，可
　　　　以並參，下之文乃援之以爲說。
〔註14〕說詳《易圖略》卷六〈原辭下第六〉，乃綜之曰：「余求之十餘年，既參伍錯
　　　　綜以求其通，而撰《通釋》；又縱之、橫之以求其通，而撰《章句》。非敢謂
　　　　前人之說皆不合，而余之說獨合。第以求通聖人之經宜如是，願核吾說者，
　　　　即以是核之也。」
〔註15〕詳見《雕菰集》卷九〈讀易韋編三絕解〉。

子作十翼，乃所以爲彖辭、爻辭之義，而不俟他求者，焦循《易圖略》卷六〈原翼〉因而申之云：

> 然文王之彖辭，即伏羲六十四卦之注，而非如學究之所爲注也；周
> 公之爻辭，即文王彖辭之箋；孔子之十翼，即彖辭、爻辭之義疏，
> 而非如經生之所爲義疏也。何也？學究之注、經生之義疏，就一章
> 一句枝枝節節，以爲之解；而周公、孔子之箋、疏，則參伍錯綜，
> 觸類引申。以學究經生之箋疏視之，孔子之十翼，仍不可得而明；
> 文王、周公之辭，仍不可得而通。

故焦循《易通釋》一書，極盡其引申比例之妙，以爲驟讀之，似極平泛無深意；偶觀之，亦不知其所謂，然集而觀之，蛛絲馬跡，脈絡貫通，乃知孔子之贊經作十翼簡妙如此，〔註16〕如〈屯‧六三〉「君子幾不如舍」，謂〈坤〉成〈屯〉，〈乾〉成〈家人〉，則〈屯〉三不宜之〈家人〉上，當舍而旁通於〈鼎〉。傳則於〈乾‧九三〉贊云：「知至至之，可與幾也。」明〈屯〉三之「幾」，謂〈坤〉三〈乾〉上。故〈原翼〉一文復綜述其義曰：

> 凡此散視之，極平極泛，而所以贊經者，極神極妙者也。蓋經以辭之
> 同者爲識，傳亦以辭之同者贊之；彖、象之辭含而未明，則補其所未
> 言，以申其所已言。譬如已有左翼，而增以右翼；或章此翼，以見彼
> 翼；或反彼翼，以見此翼。贊之以〈彖傳〉、〈象傳〉，猶恐其未明，
> 又贊之以〈繫辭傳〉、〈說卦傳〉、〈文言〉、〈序卦〉、〈雜卦〉諸傳。
> 譬如彖舉一隅，象則增以一隅，傳則又增以一隅，舉一以反三；或
> 猶以爲難，有三率以知一率，則庶乎易悉。此孔子贊《易》之功，
> 所以廣大而通神也，惟其參伍錯綜，觸類引申，不似學究經生，枝
> 枝節節以爲之解。……夫孔子之傳，所謂翼也，贊也，文在於此，
> 而意通乎彼，如人身之絡與經聯貫，互相糾結，鍼一穴而府藏皆靈，
> 執一章一句以求其合，宜乎三隅雖舉，仍不能以一隅反也。……觀
> 傳可以知經，亦觀經乃可知傳。〔註17〕

總上所言，焦循遂以爲伏羲設卦，有畫無辭；文王、周公繫辭，指其畫

〔註16〕例詳《易圖略》卷六〈原翼第七〉，並見《易通釋》，不贅引。

〔註17〕焦循自注曰：「李鼎祚割〈序卦傳〉附於每卦，錢士升《周易揆》又割〈雜卦
傳〉分係。」故明乎其所爲翼，所爲贊，則以〈彖〉、〈象〉、〈序〉、〈雜〉諸
傳分割，各係經句下者，非也；疑〈說卦〉、〈雜卦〉兩傳，非孔子作者，非
也；不知道與傳互相補，舍經文而但釋傳者，亦非也。

之所之，故舍卦爻之所之，以觀象辭、爻辭，乃覺其奧澀不可解。孔子作傳，亦以爲其未易質而言之，故翼之、贊之；若舍卦爻之所之，以觀十翼，亦覺其平泛無所附。然則，知其爲指卦爻之所之，又能得其引申比例之妙，象辭、爻辭必合如是繫之，《十翼》必合如是贊之，則潔淨精微之《易》教，清明條達之《易》義，定可渙然冰釋，尋繹以解，確然不能移。〔註18〕

七、原九筮之義

《周禮・春官》筮人掌三《易》，以辨九筮之名；鄭玄（127～200）注謂九巫讀皆當作筮，焦循引宋・王與之《周禮訂義》之說，以爲傅會未合。〔註19〕而聖人作《易》，非徒僅供人之筮而已；然《易》至春秋，淆亂於術士之口，謬悠荒誕，不足以解聖經，此孔子所以韋編三絕，而贊之、翼之者。乃推而求之《春秋傳》諸筮法，《易》義亦往往可見，惜乎杜預（222～284）易服虔、劉炫規杜預，而未克言其指，於是焦循撰〈春秋傳說易〉，〔註20〕以爲左氏生孔子贊《易》之後，刺取《易》義，以飾爲周史之言。其變通比例之法，雖由占筮，而與《易》義相發明，故當時占《易》之法，未嘗盡違《易》義，明白了然，杜氏誠不足以知此。焦循《易圖略》卷六〈原筮〉遂解得〈春官・筮人〉「巫更、巫咸、巫式、巫目、巫易、巫比、巫祠、巫參、巫環」九巫之義曰：

> 余既悟得變通之指，乃知聖人作《易》之義如是，九筮占《易》之法亦如是。夫《易》者，聖人教人改過之書也。更者，改也，極孤危凶困，一經改過，遂化爲吉而無咎，故首曰「更」。己有過宜更，人有過宜感，以我感孚乎人，使之亦無過，所謂「寂然不動，感而

〔註18〕此段龔引《易話》卷上〈學易叢言〉首則之文，亦步趨焦循之義旨。所謂《易》教、《易》義之言，焦循云：「《小戴記・經解》稱《易》教潔淨精微，《淮南・泰族訓》謂《易》之義清明條達，以引申比例推之，乃歎『潔淨精微，清明條達』八字，確不可移。」

〔註19〕《周禮訂義》引黃氏（名度，字文叔）云：「九筮，占法也，猶龜之四兆。如鄭康成說，則與太卜八命何異？太卜以八命贊筮兆之占，占人以八筮占八頌國之占，不出此八事者，太卜通掌之矣。筮人不應重出，……則九筮出於三《易》，其爲筮法無疑矣。」薛氏（名季宣，字士龍）云：「鄭氏改巫爲筮不可考；自巫更以至巫環，其義不可知，又以意傅會，其說鑿矣。」《周禮訂義》八十卷，宋・王與之撰。

〔註20〕說詳《易話》卷下〈春秋傳說易〉，凡十一例證。

遂通」；咸者，感也，故次曰「咸」。式者，法也，謂先二五以爲之
則也。目者，條目也，謂初四、三上從乎二五，以爲之應也。何以
更？何以感？則必以二五交易之，故曰「易」；二五交易，可爲式法
矣。而初四從之則爲比，比即輔相之也，故易之次爲「比」。初四比
之，而三上又從之，則終止窮矣！必使終則有始，乃爲續終，故謂
之「祠」。祠者，猶繼嗣也，〔註21〕謂不成兩〈既濟〉也。參猶驂也，
兩旁曰驂，謂旁通也。環猶周也，謂反復其道，周回不已也。此九
者，作《易》之指也，而即筮《易》之法也；然則，筮《易》之法
與聖人作《易》之指，一以貫之矣！

《易》有聖人之道四，卜筮僅居其一，故聖人作《易》，非僅爲卜筮而設。
惟是百姓日用而不知，未可以道喻之，故聖人神道設教，即以所作之《易》，
用爲卜筮。焦循以其《易》例解之，而歸之於道德，乃悟釋其奧妙如是，可
謂神乎其說。〈原筮〉一文復本《易傳》之義，〔註22〕而申之云：

> 因其（百姓）疑而開之，即其欲而導之，緣其忌以震驚之，以趨吉
> 避凶之心，化而爲遷善改過之心，此聖人卜筮之用，所以爲神而化
> 也。……假卜筮之事，而《易》之教行乎百姓矣；《易》之教行乎百
> 姓，而吉凶乃與同患。……則《易》之用於筮者，假筮以行《易》，
> 非作《易》以爲筮也。《易》爲君子謀，用《易》於卜筮，則爲小人
> 謀，此筮之道，即《易》之道也，而寧有二哉？〔註23〕

故焦循〈原筮〉乃總其義，謂：「聖人之教人也，不憤不啓，不悱不發，
求筮者心怦怦於吉凶成敗之際，則憤悱所不可已，迎其機而導之入之。」此

〔註21〕 焦循自注曰：「《公羊·桓八年傳》春曰祠，何休注云猶繼嗣也。」

〔註22〕 〈上繫·十一〉曰：「深賾索隱，鈎深致遠，以定天下之吉凶，成天下之亹亹
　　　　者，莫大乎蓍龜。」〈上繫·十二〉又云：「鼓之舞之以盡神。……極天下之
　　　　賾者存乎卦，鼓天下之動者存乎辭，化而裁之存乎變，推而行之存乎通，神
　　　　而明之存乎其人。默而成之，不言而信，存乎德行。」〈下繫·六〉又云：「因
　　　　貳以濟民行，以明失得之報。」是皆焦循參悟之所本。

〔註23〕 焦循以爲可與顧亭林《日知錄·論卜筮》一條參看，《易廣記》卷二之十二，
　　　　焦循亦以爲倪元璐《易嚮》三篇奇博精奧，亦可與相參詳。顧氏之言曰：「卜
　　　　筮者，先王所以教人去利懷仁義是也。是以嚴君平之卜筮也，與人子言依於
　　　　孝，與人弟言依於順，與人臣言依於忠；而高允亦有筮者當依附爻象，勸以
　　　　忠孝之論。君子將有爲也，將有行也，問焉而以言其受命也如嚮，告其爲也，
　　　　告其行也，死生有命，富貴在天，若是則無可爲也，無可行也。不當問亦不
　　　　必告也，《易》以前民用也，非以爲人前知也；求前知，非聖人之道也。」

得乎因貳以濟民行之指。是以古之卜筮，乃所以教人寡過，此孔子所以韋編三絕，以明《易》教者，不占而已，故《易》之非徒卜筮之書，乃寡過遷善之書。焦循汲汲申論，誠有微意在焉。

以上《易圖略》卷六各篇《易》義考原之要指。蓋「《易》之義，不必博採遠證，第通前徹後，提起一頭緒，處處貫入，便明其義」，〔註24〕衡觀以上緒論，則焦循之《易》學，亦可謂之清明條達。

第二節 《易》說析論

《易圖略》卷七、卷八論十篇，破舊說之非，陳新義之是，出入漢、魏象數之中，而能獨闢徑，去其偽，存其真。焦循〈易通釋自序〉固嘗言：「惜乎！漢、魏諸儒，不能推其所聞，以詳發聖人之蘊，各持其見，苗莠雜糅，坐令老莊異端之流，出而爭之矣！」乃本其《易》例，廓清迷障，揚棄糟粕，發展荀爽、虞翻《易》學，創新漢、魏氣象，誠異於惠棟（1697～1758）、張惠言（1761～1802）之復歸漢《易》，〔註25〕故焦循《雕菰樓易學》允為清代漢《易》學家之殿軍。筆者通觀《易通釋》各卷，其於荀爽、虞翻，以及漢、魏諸家之是非，俱能不出辭氣，一以經傳測之，以理衡之，還其本來面目；而《易圖略》卷七以下各論，可以為具體印證，爰據為說，以明詳細。

一、論《連山》、《歸藏》之義

焦循以為說《易》者，必言《河圖》、《雒書》、《連山》、《歸藏》；《河圖》、《雒書》，經毛奇齡（1623～1716）大可《河圖雒書原舛》、胡渭（1633～1714）朏明《易圖明辨》之駁正，已無復遺說。惟《連山》、《歸藏》，言人人殊，大率多以《連山》為伏羲，而夏因之；《歸藏》為黃帝，而殷因之。又謂《連山》以〈艮〉為首，《歸藏》以〈坤〉為首。〔註26〕焦循並疑之，《易圖略》卷七〈論連山、歸藏〉而推之曰：

〔註24〕龔引《易話》卷上〈學易叢言〉第三則之文。
〔註25〕《雕菰集》卷六〈讀書三十二贊〉），焦循於惠棟《易例》、《易漢學》、《左傳補注》三書具有所贊。張惠言撰有《周易虞氏義》、《周易鄭氏義》等書，臺北：廣文書局出版其《易學十書》，張氏《易》學，能傳於世。
〔註26〕此說源之於孔穎達《周易正義》卷一〈第三、論三代易名〉一段，今本《十三經注疏》可見其詳。

以余推之,《連山》者,當如干令升之說,﹝註27﹞即「帝出乎震,齊乎巽,相見乎離,致役乎坤,說言乎兌,戰乎乾,勞乎坎,成言乎艮」(〈說卦‧四〉) 是也。〈艮〉位東北,〈坤〉位西南,象辭及之;四時首春,春始於寅,當東北〈艮〉位,〈艮〉成終亦成始,故曰《連山》首〈艮〉,非六十四卦之序以〈艮〉爲首也。《歸藏》,當如近世徐敬可之說,﹝註28﹞即「子復、丑臨、寅泰、卯大壯、辰夬、巳乾,午姤、未遯、申否、酉觀、戌剝、亥坤」爲十二辟卦是也。……非六十四卦之序以〈坤〉爲首也。伏羲通神明之德,類萬物之情,以〈乾〉、〈坤〉爲首,而序六十四卦,無可移者也,取八卦以屬八方,即以屬四時;又取十二卦以屬十二月,以爲消息。於重卦、序卦之外,別一取義,以始〈艮〉終〈艮〉,而目之爲《連山》;以始〈坤〉終〈坤〉,而目之爲《歸藏》,與五運六氣之說相爲表裏,後世讖緯術數之家多本之。余嘗思其義:伏羲之卦,明人道者也;《連山》、《歸藏》,明術數者也。﹝註29﹞

焦循本前人之說,而爲合理化之解釋,亦以「四聖同揆」爲據,乃又申之云:

故文王專取伏羲之卦,而繫以辭,指之曰元亨利貞,曰吉凶悔吝屬無咎,而陰陽術數之叢雜,一概屏之。周公制官,以《連山》、《歸藏》存諸太卜,示卜筮之占,可參用之而已。孔子贊《易》,直本伏羲,以及神農、黃帝、堯、舜,而夏、商絕不言之。……故文王屏《連山》、《歸藏》而繫辭,猶孔子屏辛廖、卜楚邱、卜徒父、史蘇等之說,而作十翼。伏羲之卦晦於殷季,而文王闡明之;文王之《易》晦於春秋,而孔子贊翼之。聖道明,邪說黜,故《易》直爲羲文周孔四聖人之書也,《連山》、《歸藏》何得而並之?……然則,周公存之太卜者,何也?曰:以《易》教論,則術數在所屏;以術數論,

﹝註27﹞ 干寶,字令升,晉‧新蔡人,其《周易注》已佚,今有輯佚可見梗概。本師黃慶萱教授《魏晉南北朝易學書考佚》之九,頁 301~496,考證疏釋,甚爲詳洽可參。

﹝註28﹞ 徐善,字敬可,浙江秀水人。生於明‧思宗崇禎七年 (1634),卒於清‧聖祖康熙三十二年 (1693),享年六十。著有《四易》十二卷,朱彝尊《經義考》錄見之,生平詳《碑傳集》卷一二五。

﹝註29﹞ 焦循引鄭玄康成云:「殷陰陽之書,存者有《歸藏》。」謂之陰陽之書,則陰陽五行家言。

則《連山》、《歸藏》實爲陰陽五行之正宗。執方位十二辟卦以說《易》，
《易》之外道也；舍方位十二辟卦以爲術數，又術數之外道也。

　　要之，《連山》、《歸藏》傳於夏、商，原非禹、湯之制作。故焦循乃以爲
其時伏羲之教明而未晦，雖有《連山》、《歸藏》而自別行，禹、湯無容闡明
之；殷季《易》道晦，而術數之說惑人，故文王、孔子所以黜邪說、明《易》
道者以此。《連山》、《歸藏》託諸神農、黃帝，而自爲用，蓋術數之數，其始
本不與設卦觀象之意淆亂；乃殷季之人，第知六十四卦爲占驗災祥之用，而
不知其爲天道人倫之學，此焦循汲汲以論，所以護持其一貫之《易》學道德
思想。

二、論卦變之義

　　卦變古稱之卦，見於《春秋左氏傳》者占例；而卦變之說，實本於荀爽、
虞翻，然荀氏書殘缺不完，虞氏爲備，其說皆不能畫一。故焦循以爲其說所
本各殊，又艱謇澀解，「自知其不可強通，姑晦其辭，貌爲深曲，而究無奧義
也」。〔註30〕要之，彼以爲卦之來，自〈乾〉、〈坤〉一也，自六子二也，自十
二辟三也，或上下相加如〈損〉、〈益〉四也，上下剛柔相變如〈小畜〉、〈履〉
五也，兩象易六也，兩爻齊之如〈遯〉先生〈訟〉、次生〈中孚〉七也，乃謂
諸卦各有所自來，而每卦兼有所自來乎？焦循於此求之最深最久，知其非《易》
義所有，決其必無此說，遂闢其謬五，《易圖略》卷七〈論卦變上〉而釋之云：

　　　　夫〈乾〉、〈坤〉索爲六子，八卦錯爲六十四，相摩相盪，而設卦之
　　　　義已畢：其旁通以各正性命，時行以自強不息，則爻之變化也，今
　　　　謂卦之來由於爻之變，其謬一也。諸卦生於六子，而六子又生於諸
　　　　卦，其謬二也。二陽之卦不生於〈剝〉、〈復〉，一陰之卦不生於〈姤〉、
　　　　〈夬〉，與〈泰〉、〈否〉、〈臨〉、〈觀〉等例，參差不一，其謬三也。
　　　　彭城蔡景君說〈謙〉、〈剝〉上來之三，蜀才謂〈師〉本〈剝〉卦，〈同
　　　　人〉本〈夬〉卦，則一陽一陰與二陽二陰之例通矣；然一陽之卦有
　　　　四，皆可兼自〈復〉、〈剝〉來；一陰之卦有四，皆可兼自〈姤〉、〈夬〉
　　　　來，與〈革〉、〈鼎〉、〈屯〉、〈蒙〉、〈坎〉、〈離〉、〈頤〉、〈大過〉之
　　　　於〈遯〉、〈大壯〉、〈臨〉、〈觀〉等，於彼於此，無所歸附，其謬四

〔註30〕詳《易圖略》卷七〈論卦變上第二〉，荀爽、虞翻之說，焦循言之頗詳。

也。至於〈晉〉、〈訟〉可生〈中孚〉、〈小過〉，〈噬嗑〉可生〈豐〉，〈賁〉可生〈旅〉，蔓衍無宗，不能自持其例，其謬五也。

虞氏而後，焦循以爲「若蜀才、虞氏、姚信、侯果之流，皆言卦變；宋·李挺之、朱漢上復整齊而更張之，皆不免支左而黜右」。而王弼屏而去之，亦陰用其例；「鄭東谷（汝諧）、俞石澗（琰）力辨卦變之非，而東谷取錯卦，石澗取反對，明人來鮮矣本石澗之書，而以反對爲卦綜、以旁通爲卦錯」。然則，「八卦相錯自卦之相錯也，而以爲旁通，非其義矣」。是皆焦循深悟有得之見，出入久之，始知其謬，故嘗自言：

> 向執卦變之說，以〈雜卦傳〉「〈臨〉、〈觀〉之義，或與或求」，謂卦之來，自〈觀〉者爲求也。如〈觀〉五之二爲〈蒙〉，則「求童蒙」；〈觀〉五之初爲〈頤〉，則「求口實」；〈觀〉上之二爲〈坎〉，則「求小得」；〈觀〉上之三爲〈屯〉，則「求昏媾」。自信爲獨得之奇，持之五六年，及推之〈恆〉、〈井〉、〈隨〉三卦所云「求深、求得、求王明」；及〈益·上九〉「無交而求」，不可通。又推之「臨之爲與」亦不可通；又久之，灼然於卦變之非，以全《易》通之，毅然改去。研求經義，得一說爲難；得一說久而覺其非，即舍去爲尤難！……此中甘苦，眞能身歷者知之。〔註31〕

荀、虞以來，大抵以〈彖傳〉有「往來、上下、進退」之文，故據以爲說卦變、反對；然傳文不可以強通，其說乃不能畫一，焦循嘗綜而核之，如〈晉〉、〈鼎〉、〈睽〉皆云「柔進而上行」，謂〈觀〉四進五成〈晉〉，〈遯〉二進五成〈鼎〉。〈晉〉、〈鼎〉二卦，自十二辟來似矣；而何解於〈睽〉？以十二辟例之，〈睽〉宜爲〈大壯〉三之上之卦。〈大壯〉三之上，則剛進非柔進，求諸十二辟不可得。〔註32〕〈論卦變下〉乃論之曰：

> 凡傳稱外內、剛柔、往來、上下，皆指旁通，以爲卦變非也，以爲反對亦非也；或舉而悉歸之〈乾〉、〈坤〉，益泛而不可通矣！……辭也者，各指其所之，所之或當位、或失道，而辭則指其所之以明之，……如此隨舉其所之以爲辭，謂之之卦可也，謂卦由某卦而生不可也。……蓋漢、魏之時，孔門說《易》之遺尚有影響，而荀、虞不求其端，不訊其末，不知各指所之之義，而以爲卦爻可隨意推

〔註31〕詳見《易話》卷上〈易辭舉要〉第七則。
〔註32〕例說詳見《易圖略》卷七〈論卦變下第三〉。

移，遂成千古謬說之所由來。余既爲當位、失道等圖，〔註33〕以明
其所之之吉凶悔吝，此即爲荀、虞之卦之說之所本。去其僞，存其
眞，惜不能起荀、虞而告之耳。

焦循向執某卦生某卦之卦變說，洎出入其間久之，乃知荀、虞之謬，而
創當位失道等體例，以濟其窮而立其本；去其僞，存其眞、荀、虞卦變之說
乃生新義。故可謂「此卦之吉，由某卦之所之如此；此卦之凶，由某卦之所
之如此；此卦之悔吝，由某卦之所之，失道而能變通」，能變通即爲時行；時
行者，即元亨利貞。焦循一貫之《易》例，誠荀、虞《易》學之創新，本而
衍論，可謂轉精入密。

三、論半象、兩象易之義

虞翻解「小有言」爲〈震〉象半見，又有半〈坎〉之說；焦循以爲不然，
是求其故而不得，而強爲之解，〔註34〕故虞氏之學，朱漢上（震，1072～1138）
譏其牽合，誠非過論。《易圖略》卷七〈論半象〉乃議之曰：

蓋〈乾〉之半，亦〈巽〉、〈兌〉之半；〈坤〉之半，亦〈艮〉、〈震〉
之半；〈震〉之下半，何異於〈坎〉、〈離〉之半？〈坎〉之半，又何
異於〈兌〉、〈巽〉、〈艮〉之半。求其故而不得，造爲半象，又迭爲
三變受上之說。試思：半象之說興，則〈履〉、〈姤〉之下均堪半，〈坎〉、
〈師〉、〈困〉之下皆可半，〈震〉究何從乎？

焦循以其《易》例，參伍錯綜，明辭之所之，鈎貫發明其義，以爲〈需·
九二〉、〈訟·初六〉所以稱「小有言」，「小」指〈明夷〉，「有言」指〈需〉，
以〈需〉係〈明夷〉，則不能終吉；傳云「雖小有言」，其辨明也，用一「雖」
字以明其變通。〈明夷〉之於〈需〉，雖小有言；變通於〈訟〉則終吉。〈需〉
之於〈明夷〉，雖小有言；變通於〈晉〉則終吉。有言上用一小字，明指〈賁·
象〉「小利有攸往」之小，所以明諸言「有言」，即〈困〉「有言不信」之「有
言」。本旁通、變通之義引申爲說，非明焦循《易》學底蘊，亦將以爲牽合而
不知所謂。蓋焦循治《易》，以爲經傳字字皆有精義，非略觀大意所可知悉；
其隱奧之旨，非深明乎引申觸類之妙，未易通達。詳見以下各章，解惑袪疑，
可得其進路，窺其要略。

〔註33〕詳見《易圖略》卷二〈當位失道圖第二〉。
〔註34〕參見《易通釋》卷十五「小有言……聞言不信」條。

再者，虞翻說〈繫辭傳〉「宮室取〈大壯〉」，謂與〈无妄〉兩象易；「棺槨取〈大過〉」，謂與〈中孚〉兩象易；「書契取〈夬〉」，謂與〈履〉兩象易。焦循以爲細究其義，與所謂「兩象易」者殊不切，與「相錯」似近而亦非，《易圖略》卷七〈論兩象易〉故駁而釋之云：

> 而蓋取十三，取其〈離〉、〈益〉、〈噬嗑〉、〈乾〉、〈坤〉、〈渙〉、〈隨〉、〈小過〉、〈睽〉，又何以不兩象易也？其注〈大畜〉「利貞」云：「與〈萃〉旁通。……此〈萃〉五之〈復〉二成〈臨〉。」又注〈雜卦〉「〈大畜〉時也」云：「〈大畜〉五之〈復〉二成〈臨〉。」其注〈小畜〉云：「與〈豫〉旁通，〈豫〉四之〈坤〉初成〈復〉。」〔註35〕二者，吳中惠氏亦以爲兩象易（見其所著《易例》）然其義不可解；明謂〈萃〉五之〈復〉二，〈豫〉四之〈坤〉初，虞氏固未嘗以爲兩象易。張太史惠言治虞氏之學，謂此爲消息，於虞氏本意爲得之；然自虞氏之說《易》，固無之也。

虞翻所謂兩象易者，蓋不能切於《易》義；而惠棟以爲其兩象易者，張惠言謂其爲消息，乃於虞氏本意爲得之。然則，消息固非虞氏《易》法，焦循雖力駁其謬，其相錯、旁通《易》例之說，歸根究柢，誠本於是而轉異其旨。

四、論納甲、納音之義

納甲之法，始見京房《易傳》，以八卦分納十天干，《京氏易傳》卷下，其說云：

> 分天地〈乾〉、〈坤〉之象，益之以甲乙壬癸，〈震〉、〈巽〉之象配庚辛，〈坎〉、〈離〉之象配戊己，〈艮〉、〈兌〉之象配丙丁。

依陸績注：「〈乾〉、〈坤〉二分天地，陰陽之本，故分甲乙壬癸。陰陽之終始，庚陽入〈震〉，辛陰入〈巽〉，戊陽入〈坎〉，己陰入〈離〉，丙陽入〈艮〉，丁陰入〈兌〉。」是以十干配八卦，而以陰陽分配六子，〈乾〉、〈坤〉爲之始終。故〈乾〉、〈震〉、〈坎〉、〈艮〉之陽卦以配甲、丙、戊、庚、壬之陽干；〈坤〉、〈巽〉、〈離〉、〈兌〉之陰卦以配乙、丁、己、辛、癸之陰干。」而〈乾〉、〈坤〉二卦分內外象，各納二干，蓋以〈乾（坤）〉內三爻配甲（乙）、外三爻配壬（癸），初二三爲始，四五上爲終。焦循以爲沈括（1029～1093）《夢溪筆談》

〔註35〕並詳唐・李鼎祚《周易集解》各卦虞翻注。

說之最精，《易圖略》卷八〈論納甲〉引而申之曰：

> 「〈乾〉、〈坤〉始於甲乙，則長男、長女乃其次，宜納丙丁；少男、
> 少女居其末，宜納庚辛。乃反此者，卦必自下生，先初爻、次中爻，
> 末乃至上爻。」其說是也。蓋由壬癸而庚辛，而戊己，而丙丁、而
> 甲乙，自終而始，亦循環之義也。……然其以甲乙爲始，壬癸爲終，
> 丙丁戊己庚辛次壬癸而上，第以紀後先之敘，於〈說卦傳〉東南西
> 北之位，未嘗紊也。

納甲之說，迄後漢魏伯陽《參同契》本京房此文，而係之於日月爲易之
說，轉變至丹道修煉，以月象盈虧升降立義，亦終始其說，用以明修煉之法。
〔註36〕焦循又考虞翻解說「西南得朋，東北喪朋」，惟以納甲，牽合不能貫通；
直據魏伯陽之說，而定八卦之方位、四時之所生，於孔子〈離〉南〈坎〉北
之位既悖，於孔子〈兌〉正秋之位亦悖。而其解「水火不相射」，胡渭（1633
～1714）《易圖明辨》引徐敬可之說亦駁正之，〔註37〕故焦循綜其說之是非，
復釋之云：

> 《易》之言天地以〈乾〉、〈坤〉也，言四時以變通，即時行也；言
> 日月以成〈既濟〉，〈離〉下〈坎〉上也。非《易》之一書專論日月，
> 而日月縣象，又專論日之朔望弦會，聖人明示之云：「《易》與天地
> 準，故能彌綸天地之道。」（〈上繫·四〉）又云：「夫《易》廣矣！
> 大矣！以言乎天地之間則備矣！天地設位，而《易》行乎其中矣！」
> （〈上繫·六〉）楊筠松，術士也，知納甲之非，且有不須尋納甲之
> 說，奈何儒者持以說聖經哉！

觀乎此，是知焦循於京氏所傳納甲法之取捨，蓋本於經傳之義，而以爲
其權衡定奪之依歸。

至於論納音之義，焦循以爲乃本之納甲；蓋納甲源於孟喜、焦延壽，而
始於京房。京房固不言納音，亦未有用以說《易》者，西漢末緯家所以造之，
而謬悠其數。故焦循不取納甲，又考核納音其由來，以告牽合先天之說，而
傅會《歸藏》者，乃惑人聽聞，京氏以前，固未有此論。

〔註36〕魏氏納甲法，其說不同於京房，詳見《易圖略》卷八〈論納甲第六〉；或參見
　　　　高懷民教授《兩漢易學史》第六章、第一節〈魏伯陽援易入丹道－丙、魏氏
　　　　納甲〉，頁262～269。

〔註37〕並見《易圖略》卷八〈論納甲第六〉，不詳錄。

　　焦循考論以爲惠棟《易漢學》謂《抱朴子》所引《玉策記》、《開名經》以五音六屬，知人年命之所在，爲周秦時書，焦延壽、京房皆本之以爲說；焦氏錄《火珠林・八卦六位圖》，爲京房君明《易》學。〔註38〕《易圖略》卷八〈論納音〉引其說云：

>　　子午屬庚，卯酉屬己，寅申屬戊，丑未屬辛，辰戌屬丙，巳亥屬丁。
>　　一言得之者，宮與土也；三言得之者，徵與火也；五言得之者，羽
>　　與水也；七言得之者，商與金也；九言得之者，角與木也。

　　沈括《補筆談》列其說而釋之，而疑一、三、七何以各屬土、火、金，皆奇數無偶數，莫知何義，都不可推考。焦循乃考得《南齊書・樂志》以爲即納音數，而《知不足齋叢書》內所刻隋・蕭吉《五行大義》載之，其云一言、三言、五言、七言、九言者甚詳，亦目之曰「納音數」，推其術蓋本於納甲。〔註39〕納音之原本於納甲，《易林》云之已詳，故納土者納宮也，納火者納徵也，納水者納羽也，納金者納商也，納木者納角也，故曰「納音」。沈括既列此數而釋之，而又以娶妻生子，牽合律呂以爲納音之義，是未深考《南齊書・樂志》以爲納音數之旨歸。而陶宗儀（1316～1403）《輟耕錄》載《瑞桂堂暇錄》引《太玄》之說，朱日昇《三易備遺》用邵子橫圖之序，排爲六十四，以六十甲子係之，又巧爲之說以當《歸藏》；蕭吉《五行大義》謂一三五七九之數，本諸《樂緯》，故焦循皆以爲率爲臆論，牽合未能得其自然，亦不能原納音本於納甲之義。然則，納甲、納音之義，焦循辨其誤說，清其亂源，而詳其義旨，考核由來而已，實不必取以爲資深之用。

五、論卦氣六日七分之義

　　漢象數《易》說之「卦氣」，多謂出於孟喜。所謂卦氣者，乃以六十四卦三百八十四爻象，配合一年中四時、十二月、二十四氣、七十二候、三百六十五日歲實之系統，其義繁雜。焦循於《易圖略》卷八第八、第九上下分論其「六日七分」之義，試綜理之，以見其概。

　　卦氣值日，首見《易緯・稽覽圖》，每歲十二月，每月五卦，每卦六日七

〔註38〕惠棟《易漢學》所引《玉策記》、《開名經》之說，詳見晉・葛洪《抱朴子・仙藥篇》。

〔註39〕詳見《易圖略》卷八〈論納音第七〉，以納甲加十二地支，即如《易林》所云；下引諸家說，並同。

分，而以〈坎〉、〈離〉、〈震〉、〈巽〉四正卦爲四象。〔註40〕《唐書》載一行
《大衍歷議》十二議，其第六篇，〈卦議〉云：

> 十二月卦，出於《孟氏章句》。其說《易》本於氣，而後以人事明之；
> 京氏又以卦爻配期之日，〈坎〉、〈離〉、〈震〉、〈兌〉，其用事自分至
> 之首，皆得八十分日之七十三，〈頤〉、〈晉〉、〈井〉、〈大畜〉皆五日
> 十四分，餘皆六日七分。止於占災眚，與吉凶善敗之事，至於觀陰
> 陽之變，則錯亂而不明。（下略）〔註41〕

孟氏所說，別無可核，惟見一行〈卦議〉。〔註42〕焦循引梅文鼎（1633～
1721）《歷學答問》云：「《大衍》本爲名曆，特以《易》數言曆，反多牽附，其
與《太初》之起數鐘律同。」故以爲以《易》說曆，與以曆說《易》，同一牽附；
蓋《易》自爲《易》，曆自爲曆，其義雖可通，其用則不可合。卦氣之說，一行
既據以製曆，學者且據之以說經；然其說之舛異，宋・劉牧（1011～1064）《易
數鉤隱圖》，元・胡一桂《啓蒙翼傳外篇》辨之已詳。焦循復以爲近時講漢學者，
又尊而理之，《易圖略》卷八〈論卦氣六日七分下〉乃爲之辨云：

> 夫《易》六十四卦三百八十四爻，與一歲三百六十五日四分日之一，
> 本不可以強配。術家取卦名以紀之，以〈坎〉、〈震〉、〈離〉、〈兌〉
> 爲四正，以〈乾〉、〈坤〉儕於十辟，以〈艮〉、〈巽〉爲六日七分。〈離
> 卦〉彼原無取於八卦、六十四卦之義，譬如納甲先天，爲丹家修煉
> 之法，原不妨〈乾〉南、〈坤〉北、〈離〉東、〈坎〉西，亦不妨〈乾〉
> 甲、〈坤〉乙、〈兌〉丁〈震〉庚。彼別有用意，則風雨寒溫，自徵
> 飛候；汞龍鉛虎，本契參同，用以說經則謬矣！其取〈坎〉、〈離〉、
> 〈震〉、〈兌〉爲四正，本諸〈說卦傳〉東西南北之位；其取十二辟

〔註40〕朱震《漢上易・卦圖》引《是類謀》所云同是，今按《易緯・是類謀》無此
文，亦附見《稽覽圖》。

〔註41〕詳參《新唐書》卷二十七上〈志第十七上・曆三上〉。然焦循以爲「就所舉孟
氏之義，以五卦共三十爻爲一月，一爻主一日，雖云六日七分，因此七分未
嘗以當一日。京氏傅會於七日來復，苦七分不可以爲一日，乃割〈頤〉之七
十三分，益於〈中孚〉之六日七分；每日法八十分，以七十三分加入七分，
合成一日爲七日。若是卦不起〈中孚〉，而起於〈頤〉，不合於法。故以此七
十三分，歸諸〈坎〉，而〈頤〉之六日七分，乃僅有五日十四分。於是亦割〈晉〉
以歸〈震〉，割〈井〉以歸〈離〉，割〈大畜〉以歸〈兌〉。錯亂不經，誠如一
行所誚，不知京氏固非，孟亦未是。」此段所以解以上節引之文。

〔註42〕《唐書・藝文志》著錄《孟喜章句》十卷，則一行時尚見此書，惜今佚不存
耳。

卦，第以陰爻、陽爻自下而上者，以爲之度，其餘不足以配。於是，
〈乾〉、〈坤〉、〈復〉、〈姤〉等，既用以配十二月，又用以當一月中
之六日七分；譬之《羅經》二十四向，於十干則舍戊己，於八卦止
用〈乾〉、〈巽〉、〈坤〉、〈艮〉，其別有用意，原無關於《易》也。

　　焦循以經傳原意之不可淆紊，故批駁六日七分法之「別有用意」，蓋有其
《易》學一貫之立場，實無可厚非。然則，孟喜「卦氣說」以占驗災異言《易》，
原非以注經、解經爲尚；其別有用意者，殆爲東漢馬、鄭、荀、虞之用以治
《易》。故占驗災異之方術，浸假而爲《易》象數之用，或無當於《易》學，
其要亦有關於《易》術。

　　其後如李覯（1009～1059）《盱江集》載〈易圖序論〉專駁劉牧，而取《太
玄》證卦氣爲說；朱震《漢上易》本之，以《太玄》之八十一與六十四卦之
名相比；胡一桂雙湖《啓蒙翼傳》載王薦《玄圖發微——《太玄》擬卦圖》，
其說尤詳。然焦循〈論卦氣六日七分下〉駁正以論之云：

　　　　然此卦氣之序，非《易》之序。《太元》所準者，卦氣也，非《易》
　　　　也。《易》序，孔子傳之矣！《太元》所準，用以訓釋卦名可耳；舉
　　　　《太元》以證卦氣之序，不可也。揚雄者，知卦氣，而不知《易》者
　　　　也。納甲、卦氣，皆《易》之外道；趙宋儒者鬪卦氣而用先天，近人
　　　　知先天之非矣，而復理納甲、卦氣之說，不亦唯之與阿哉？〔註43〕

　　是焦循於漢象數納甲、卦數、五行、十二辟之術，以及宋儒先後天之說，
皆所不信，故能究極其弊，而自有所建樹，能破能立，成一家之言。

六、論爻辰之義

　　鄭玄康成以爻辰說《易》，爲漢象數《易》中之一新說，蓋本於《易緯‧
乾鑿度》，而實不同。惠棟《易漢學》據鄭氏之說，繪有十二月爻辰圖，謂〈乾
鑿度〉之說與十二律相生圖合，而引鄭氏上生下生之序，實枘鑿不合。〈乾鑿
度〉之說云：

　　　　天道左旋，地道右遷，二卦十二爻而期一歲。〈乾〉陽也，〈坤〉陰
　　　　也，並治而交錯行。〈乾〉貞於十一月子，左行陽時六，〈坤〉貞於

〔註43〕 焦循序《周易補疏》譏王弼「知卦變之非而用反對，知五氣之妄而信十二辟，
　　　　唯之於阿，未見其勝。」意亦同此。又《太玄》作《太元》，乃避康熙玄燁名
　　　　諱而改。

六月未，右行陰時六，以奉順成其歲，歲終次從於〈屯〉、〈蒙〉。〈屯〉、〈蒙〉主歲，〈屯〉爲陽，貞於十二月丑，其爻左行，以間時而治六辰；〈蒙〉爲陰，貞於正月寅，其爻右行，亦間時而治六辰，歲終則從其次卦。……法於〈乾〉、〈坤〉，三十二歲期而周六十四卦、三百八十四爻，萬一千五百二十折，復從於貞。

〈乾鑿度〉此主歲之法，用六十四卦之序，每兩卦十二爻主一歲，歷三十二歲而周六十四卦。鄭氏爻辰乃本於〈月令〉十二月所生之律，隔八相生，其法見於《周禮・春宮・太師》鄭玄注，以月律爲主，只用〈乾〉、〈坤〉二卦，不及其他六十二卦。〈乾卦〉六爻由下而上配子、寅、辰、午、申、戌六辰，仍京氏爻辰之舊；〈坤卦〉則改京氏之配未、巳、卯、丑、亥、酉爲未、酉、亥、丑、卯、巳。可知鄭氏爻辰重在律呂相生，與〈乾鑿度〉異。〔註44〕焦循引朱震《漢上易》（〈周易卦圖──陽律陰呂合聲圖〉）、光山胡煦（1655～1736）《周易函書》及錢塘漑亭教授《述古錄》，以爲〈乾鑿度〉之說本無深意，而京氏本律呂之合聲，鄭氏本月律（其論具見鄭注《周禮・春宮・太師》）。朱震混合於前，惠棟不免舛誤於後，故焦循《易圖略》卷八〈論爻辰〉綜論之云：

要之，緯家之書，淆雜無定，原無與於聖經。鄭氏注〈乾鑿度〉，自依緯爲說，其注《易》不用〈乾鑿度〉，爲爻辰之序，皆用左旋。既以諸卦之爻，統於〈乾〉、〈坤〉，……又以諸卦之爻，合於六子，……。自爲鄭氏一家之學，非本之〈乾鑿度〉，亦不至本於月律也。然以〈離・九三〉爲〈艮〉爻，位值丑，丑上值弁星，弁星似缶；……謬悠非經義 至以焚如爲不孝之刑，女壯爲一女當五男，尤非聖人之義也。

余於爻辰，無取焉爾！

焦循於爻辰之支離穿鑿，違於情理者，皆能據先進之說而究極其謬，「無取焉爾」一語，蓋貞定之言。故〈易圖略自序〉嘗云：「本經文而實測之，《易》亦以漸而明，非可以虛理盡，非可以外心衡也。」此其卓識。

綜之，《易圖略》凡圖五篇、原八篇之大旨，皆在推闡焦循發明之旁通、相錯、時行三《易》例，略見前節所述。其論十篇，〈論連山、歸藏〉以明其傳於夏、殷，原非禹、湯之制作；〈論卦變上、下〉駁荀、虞卦之變之訛；〈論半象、兩象易〉駁虞氏之不當與非；〈論納甲、納音〉以正虞氏之失，並論納

〔註44〕說詳《易圖略》卷八〈論爻辰第十〉。

音之說本於納甲，起於緯家所造，原非焦（贛）、京（房）所有；〈論卦氣六日七分上、下〉以明卦氣之序，非《易》之序；〈論爻辰〉定爻辰為鄭氏一家之言，悠謬非聖經之精義，無取焉爾。黃壽祺《易學羣書平議》卷四、《焦氏叢書》本《易圖略》八卷，其提要如上所言，而宗其創論，《平議》云：

> 歸納其書（《易圖略》），不外兩端；前者（圖五篇）所以表明其自所建樹，後者（原八篇）所以破漢儒諸說之謬。當清代乾、嘉之隆，舉世崇尚漢學，好古不好是風氣正盛之時，而循能獨立為說，力闢荀、虞及康成諸家之謬，固可謂豪傑之士。

焦循駁論漢儒象數謬說者，已見上述；至其獨得建樹之《易》學發明，容於以下各章分論，自亦有所是非，蓋一家之學，未必全體皆精審而完善。

第三節　《易》例發凡

焦循《雕菰樓易學》之主要發明，見於《易圖略》者厥有五端：旁通、當位失道、時行、八卦相錯、比例。細究之則旁通、相錯、時行三者而已。〔註45〕以下各章均將詳細探討，以明焦循《易》學精蘊所在；茲所謂《易》例者，乃焦循研經究傳，自然契合其《易》學思想之凡例，通論之足以為主要發明之印證與輔翼，蓋立例治《易》為素來《易》學家之要義，故焦循以其實測之所得，兼以好學深思之所創，衍而為例，亦有可觀者，簡擇略記如下備參。

一、經傳互明凡例

焦循以為孔子作傳，全本於經，故熟味經文，句中自有語妙；粗視之，語似極平泛，玩之乃覺神奇奧妙，委婉曲折。是以經文自相贊，與傳之贊經、經之取象，並精奇之至而愈明愈出，非明乎旁通、相錯、時行之旨，經傳之妙，無由以達。此《雕菰樓易學》實測於經文、傳文要義所在，故發凡起例，最易提綱挈領，深中其肯綮。

（一）凡傳之贊經，實測其鈎貫發明之義，皆甚微妙也。

案：茲引錄焦循書中文義及其例證，以見一斑。蓋《雕菰樓易學》皆所

〔註45〕程石泉（1909～2005）教授《雕菰樓易義》，於焦循《易》例則究其實以為「旁通、時行、比例」三者而已。詳見《易學新探》（臺北：黎明文化事業公司出版），附錄《雕菰樓易義》，第三章〈焦氏易例〉。

以求經傳合一之義。

1. 傳之贊經，神妙無方，而按之實一以貫之也，學者體味自見。(《章句》卷六〈象下傳·小過〉)

2. 經文語妙，傳引申之，不知傳文承接轉折之妙，則不知經文回環互見之奇。(《通釋》卷三「應」條)

3. 傳之贊經，往往語極平泛，非駢而觀之，未知其妙也。(《通釋》卷六「願」條)

4. 凡經所有而〈說卦傳〉不言，與經所無而〈說卦傳〉言之，俱有微義存乎其中，測之，當自得耳。(《通釋》卷十七「木」條)

5. 傳凡用一字，皆必與經相翼，非同漫設，不然斷金蘭臭，徒似詞人藻麗之浮，豈所以贊經哉？(《通釋》卷十七「七、㐱」條)

6. 〈訟·六三〉「食舊德」，〈井·初六〉「舊井無禽」，傳於〈鼎〉稱「取新」，於〈大畜〉稱「日新其德」，兩新字正用以贊兩舊字。此傳之贊經，最爲微妙者也。(《通釋》卷四「新、舊」條)

7. 〈節·九五傳〉：「甘節之吉，居位中也。」〈節〉二之〈旅〉五成〈遯〉，與〈鼎〉二之五同；特用一「居」字，以位中解之，即贊〈屯〉之居貞，爲〈鼎〉二之五。傳之贊經，每以一字之簡，而融貫不移，以不求深解讀之，聖人之意隱矣。(《通釋》卷六「居」條)

8. 傳用兩浸字贊〈謙〉之侵，用一漸字贊〈漸卦〉之漸。〈歸妹〉言跛能履，以其成〈臨〉而通〈遯〉；〈坤〉言履霜堅冰至，以其成〈謙〉而通〈履〉；經以〈歸妹〉成〈臨〉發明〈履卦〉，傳以〈坤〉成〈謙〉發明〈漸卦〉，如撫銅人之穴，經絡相通，尋星宿之原，伏流可溯，洵神奇之至矣。(《通釋》卷十九「漸、其所由來者漸矣」條)

9. 經文鉤貫之妙，眞如仙骨連環，而傳但取〈小過〉「不可大事」一語，贊於「畜臣妾」之下，尤爲神妙，而解者視爲說理之泛言，不亦枉乎！(《通釋》卷十三「箕子之明夷……得妾以其子」條)

(二)凡《易》之取象，經傳中多用比例與六書假借，互明其義也。

案：取象之義，備於〈說卦傳〉，焦循多以比例、假借求通其義，《通釋》、《章句》二章詳之，亦爲《易》例而設。

1. 凡取象之義，〈說卦傳〉備之；其有〈說卦傳〉所不言，或可比例而得；或已見〈彖〉、〈象〉、〈文言〉等傳，則一隅之反，聖人固不必盡其言，

學者參考之。(《通釋》卷十一「虎變、虎視、虎尾」條)

2. 經傳中有一象關合一卦者，皆非泛設，況顯示以卦名乎？然其精微簡奧，誠不易明。苦思既久，既得內難、箕子之義，而蒙字之義乃悟得之。(《通釋》卷十八「蒙、以蒙大難」條)

3. 《易》之取象，多用六書假借。需待之需，可借爲繻帛之繻，又可借爲濡溼之濡。其義爲面毛之須，即可轉爲須女之須。繻濡之爲需，猶趾之爲止、祀之爲巳，傳以其易明不必贊，而特以須贊需，則〈歸妹〉、〈賁〉之須，即取於需也；而繻、濡之爲需，不待言矣。(《通釋》卷十八「需……賁如濡如」條)

（三）凡傳舉上下卦之德，非僅明卦，兼指其用。(《章句》卷三〈象上傳・小畜〉)

案：〈小畜・象傳〉「健而巽」下〈乾〉用其健，則二之〈豫〉五；上〈巽〉用其巽，則上從二之〈豫〉三。又如〈豫〉「順以動」，所以變通順承於〈豫〉者，由〈乾〉四之〈坤〉初，成〈小畜〉、〈復〉。凡此，皆焦循《易》例之所用，可以隅反。

1. 〈象傳〉舉上下卦德，多用而字爲辭，有用以字者，則相呼應之辭也。(《章句》卷三〈象上傳・豫〉)

2. 〈象傳〉贊經，依本卦上下德，而所指則不專在本卦也。(《章句》卷四〈象下傳・歸妹〉)

3. 凡〈象傳〉舉下卦、上卦之德，皆明其所之，非漫言也。(《章句》卷四〈象下傳・旅〉)

以上但節取焦循《易章句》、《易通釋》二書中經傳互明凡例之要旨如是，然則其例遍見於《易通釋》全書，不勝枚舉，以上所舉，僅略觀其一二，以明焦循以經傳實測之所得，錯綜比例，引申觸類，鉤貫發明之簡妙精義。故恆以言《易》之神妙無方，不容以淺略觀之，輾轉脈絡，妙文微旨，如示諸掌。

二、卦凡例

（一）凡卦名每兼兩義。〔註46〕

〔註46〕《仲軒易義解詁》卷上，釋〈乾卦〉之名，亦兼乾燥與乾健二義，與《易學三書》例同，此亦爲焦循撰作是書之一佐證，識此備參。

1. 〈大過〉以〈姤〉上之〈復〉三，而二撓曲不行爲過失；〈大過〉二之〈頤〉五，爲陽剛行動，此過謂二行而之〈頤〉五也。(《章句》卷一〈上經・大過〉)

2. 〈序卦傳〉以乖贊〈睽〉，謂〈睽〉二不之五而成〈損〉、成〈大壯〉也，此失道之名也；此傳以異贊〈睽〉，謂〈睽〉與〈蹇〉孚，爲一陰一陽之道也，則變通之名也。〔註47〕(《章句》卷六〈象下傳・睽〉)

3. 〈序卦傳〉云：「物生必蒙，蒙者，蒙也，物之稚也。」鄭康成云：「齊人謂萌爲蒙。」改革於彼，則蒙芽於此，是蒙通於萌；幼稚則闇弱，是蒙又爲蒙昧之蒙。蒙而得所養，則爲「童蒙吉」；蒙而失所養，則爲「困蒙吝」。童以其稚也，困以其昧也，一名而兼兩義焉。(《通釋》卷十八「蒙、以蒙大難」條)

4. 〈謙〉以通〈履〉得名，而龍戰於野，傳云：「謙於無陽。」此謙即通於慊(《禮記・大學注》：「謙讀爲慊。」)；禮慊而不進則銷，樂流而不反則放(見《唐書・武平一傳》)。是慊於無陽，謂〈乾〉二不進於〈坤〉五也；與〈臨〉爲大，又有不行之義同。〈否〉之名爲不通而失道矣，乃〈序卦傳〉云：「物不可以終通，故受之以〈否〉。」此否即有孚窒之窒；陽通於陰，陰虛又必窒之以陽；名榮者兼以辱，名辱者亦兼以榮，識者詳之。(《通釋》卷十八「臨」條)

5. 渙之義爲散，〈序卦傳〉云：「說而後散之，故受之以〈渙〉；渙者，離也。」以散贊渙，即以散贊離。凡卦多兼兩義，離之義爲麗，〈象傳〉明之；離之義爲散，則於〈渙傳〉補明之。離麗，當位之〈離〉也，「六二：黃離」是也；故離王公者吉，未離其類者窮。離散，失道之〈離〉也，「九三：日昃之離」是也；故離羣醜者凶，非離羣者無咎。(《通釋》卷十八「離……渙者離也」條)

案：此例焦循以其旁通、當位失道法及經傳互明之義以相詮解，是可以

〔註47〕 並見《通釋》卷十九「睽」條，其後第四條言〈否〉一名二義者，可與此並觀，其文云：「〈序卦傳〉云：『家道窮必乖，故受之以〈睽〉。睽者，乖也。』乖者，〈睽〉二不之五，而四之〈蹇〉初成〈損〉；上之三成〈大壯〉也。〈象傳〉云：『君子以同而異。』同謂〈蹇〉、〈革〉二五皆剛；異謂〈蹇〉、〈睽〉兩五一剛一柔；由同而異，則〈蹇〉舍〈革〉而通〈睽〉也。〈睽〉之義爲乖，又爲異，同而異則不窮，異而又剛則不匪，異而不同則乖矣！蓋〈睽〉一名而兼兩義，推之〈否〉匪則爲閉塞而凶，〈否〉亨則爲顛窒而吉，亦猶此也。」

略觀其《易》學之旨趣。他如〈兌〉稱說，亦兼用解脫之義；又〈損〉已盈而損之則利，已虛而又損之則失，亦兼用兩義；又〈姤〉之義，〈彖傳〉、〈序卦傳〉、〈雜卦傳〉皆以遇贊之，則其字通於遘，而《說文》：「后，繼體君也。」則兼先后之義，並證上義。（皆見《通釋》卷十九）故焦循以為凡《易》卦之名，雖各名一義，然其義則相通，是以〈乾〉健、〈坤〉順、〈離〉麗、〈坎〉陷、〈震〉動、〈巽〉入、〈艮〉止、〈兌〉說，八卦相重為六十四，則全《易》之義，可盡以通。

（二）凡一卦必經初筮、再筮而後終，則元亨利貞四德俱全，而終則有始。〔註48〕

案：義詳《通釋》卷十一「初筮、原筮」條，蓋〈乾〉行健初筮、再筮不已，故為原始要（反）終。《章句》卷二〈下經・未濟〉云：「凡卦皆有兩筮，故孚亦有二。初筮有孚，飲酒固無咎矣。再筮濡首，則仍失趨時之道，此全《易》之通義也。凡卦有孚則吉，然因有孚而飲酒，則無咎為吉；因有孚而濡首，則失是仍不為吉，又全《易》之通義也。」六十四卦皆可如是以觀，斯為一貫。

（三）六十四卦之往來旁通，皆以〈乾〉二之〈坤〉五為始。

案：義見《章句》卷三〈象上傳・乾〉，此亦焦循「旁通」《易》例之核心要義，故《通釋》卷一「元」條乃云：「諸卦之生生，始於〈乾〉二之〈坤〉五，故乾元為資始。」蓋凡六十四卦之生生，皆從八卦而起，而八卦之生生，則從二五而起；初四、三上未行，而二五先行，乃謂之元。《章句》卷七〈繫辭上傳〉釋「崇效天，卑法地」，亦曰：「凡諸卦之先二五，皆效乎〈乾〉二之〈坤〉五也。凡諸卦之上下應，皆法乎〈坤〉之初三也。」故交易之行，皆在二五。

（四）凡卦之易，皆有儀有象，而莫大於〈乾〉、〈坤〉，即謂成〈屯〉、〈家人〉、〈蹇〉、〈革〉為儀，通〈鼎〉、〈解〉、〈睽〉、〈蒙〉為象也。如人能變通，皆有法有象，而不如天地之為著也。

案：見《章句》卷七〈繫辭上傳〉釋「是故法象莫大乎天地」條，此亦旁通義例之為用。

〔註48〕《章句》卷四〈象下傳・益〉謂：「凡卦成〈既濟〉，皆宜終則有始。」卷五〈象上傳・復〉謂：「凡卦皆有先後兩筮，此傳詳之也。」可與此例互明。

（五）凡卦之名，有就當位名者，有就失道名者。

案：見《通釋》卷十九「歸妹……日中見沬」條，〈歸妹〉失道成〈泰〉，成〈泰〉而後變通，故名〈歸妹〉；〈泰·六五〉與〈歸妹·六五〉同稱「帝乙歸妹」，此即確證。故凡卦皆有當與失兩義，亦皆有盈與難兩端，傳於〈屯〉首發其例，而全《易》不外乎是，《通釋》之義例，因之而詳。

（六）卦名必合旁通兩卦始明。

案：見《通釋》卷十九「晉」條，並可與（一）、（五）二例互明。〈需〉之於〈明夷〉，不可進者；〈需〉旁通於〈晉〉，而後可進者，故〈需〉不進而〈晉〉進。卦以旁通往來，而變通成道，故凡卦以剛通柔爲孚，既孚則以柔進爲剛，乃爲利。而孚者，感也，〈咸·象傳〉云：「咸，感也，二氣感應以相與。」〈繫辭傳〉云：「《易》，無思也，無爲也，寂然不動，感而遂通天下之故。」是以凡卦之元亨成〈家人〉、〈屯〉、〈蹇〉、〈革〉；凡卦之利貞成〈既濟〉、〈咸〉、〈既濟〉、〈益〉。成〈既濟〉、〈咸〉寂然不動，感於〈損〉而通；成〈既濟〉、〈益〉寂然不動，感於〈恆〉而通。上經〈乾〉、〈坤〉之下，首以〈屯〉、〈蒙〉；下經首以〈咸〉、〈恆〉，即明此義。〔註49〕故卦之由往來而成者不一卦，經每分明其義，而傳則贊之。此〈乾〉、〈坤〉變化，而成〈損〉、〈益〉、〈咸〉、〈恆〉四卦，反復不衰之理。

（七）凡卦之失道而有過者，一經轉移，則旁通相孚，孚則過改矣。過則疑，改則信，補救其過，即信其所疑。

案：見《章句》卷十二〈雜卦傳〉「〈中孚〉信也」條，蓋旁通兩卦，剛柔兩兩相孚，故爲信。此例可觀焦循由旁通之當位失道，而改過遷善之義。

三、爻凡例

（一）凡二之五稱來、元、尚、至、交、甲、始、壯、大、子、黃、樂、出。

案：此例遍見《易章句》各卷、《易通釋》亦散見。如〈需·上六〉「有不速之客三人來」，二之〈晉〉五則爲主人，據在〈需〉二，故言客；如〈震·六五〉「震往來，厲」，來謂〈屯〉通〈鼎〉，〈鼎〉二之五，以往則成〈屯〉故。又如〈臨〉「元亨利貞」，與〈遯〉旁通，二之五爲元；如〈无妄〉「元利

〔註49〕義詳《通釋》卷十九「咸……萬國咸寧」條。

貞」，〈升〉五虛，二之五為元。凡經、傳中所見以上各字，焦循皆以旁通為說，此以《易》從其例；蓋二之五為旁通先行之義，故凡柔在五中未大者，乾道變化之，以知大始，此全《易》通義。

（二）凡二五已定，旁通於彼卦，謂之感。二五未定，以二之五，以五之二，謂之交。二五先交（行），而後初之四、三之上以從之，謂之應。

案：義詳《通釋》卷三「應」條，並《章句》各卷。〈乾九五・文言傳〉云：「同聲相應，同氣相求。」最為確證。舊以初之四、二之五、上之三為應者，非也，傳文明析，不待煩言。而初四從二五為下應，三上從二五為上應，視其當、不當而變通以消息之為順，寒往暑來，而四時順布。故上應則下不可應，下應則上不可應，是為上下順；下應而上又應，則下順而上逆；推之上應而下又應，則上順而下逆。此上下以初四、三上而言者。〔註50〕

（三）凡初四、三上先行，初三先有剛，而五以柔在上為乘，即為柔乘剛，核諸經文、傳文，明白可見者也。在初四，先從二五，則三上為承；在三上，先從二五，則初四為承，此以德承德。或三上先二五，初四從二五承之；初四先二五，則三上從二五承之。以變通而為補救，則是吉相承；若先已失道，又失道以承之，如承虛筐是矣。核諸經文、傳文，又明白可見者也。

案：義詳《通釋》卷三「乘、承」條。舊以爻之在上者，於下為乘；爻之在下者，於上為承。焦循核諸經文、傳文而證以其例，以為不如此。焦循解此義，蓋全於動中、通中顯示，故乘承關係即為「時行」關係。〈文言傳〉云「承天而時行」，言承二五而時行；從二五為當位，凡當位者皆時行（義詳後章），故初四、三上承二五，即表示「大中而上下應」，即是「元亨利貞」之具體交易。大中而上下應，為乘承皆當，即為時行，終而有始，而生生條理。

（四）凡初之四稱戶、左、下、拔、入；初四未行，謂之執、疾、已。
　　凡三之上，稱乘、維、伐、右、入；上之三為往、施、克、用獄。
　　凡三上先二五為滅、逆。
案：並見《通釋》、《章句》二書各卷。

〔註50〕並見《通釋》卷四「上、下」條、卷十八「坤」條。

（五）三稱臀；陰在五稱鬼，謂〈恆〉也。

　　案：見《章句》卷二〈下經・困初六〉「臀困于株木」注，及〈既濟・九三〉「高宗伐鬼方」注。〈益〉旁通於〈恆〉，故為鬼方；〈恆〉二之五，而後〈益〉上之三，為伐鬼方。凡此，皆焦循以其《易》學實測所得，匠心獨運之義例梗概。

四、辭凡例

（一）凡《易》辭，例以假借為引申，其文法多用倒裝。

　　案：此例通見於《章句》、《通釋》二書中，不煩具引。《易話》卷上〈易辭舉要〉之二，說之最詳，可統釋之，其文云：

> 古人辭多倒裝，《易》尤多此。如「見輿曳」，先輿曳而後見之；先帥師，而後長子；先輿尸，而後弟子，其例同也。「君子終日乾乾，夕惕若，厲無咎」，傳云：「雖危無咎。」明所以厲而無咎，以能夕惕故也；夕惕則雖厲，無咎；若不夕惕，則厲而不能無咎，終日而不能乾乾矣。推之「婦三歲不孕，終莫之勝，吉。」謂能三歲不孕，而終雖莫之勝，亦吉也。「履校滅趾，無咎。噬膚滅鼻，無咎。」滅趾、滅鼻不能無咎；若履校、噬膚，則雖滅趾、滅鼻，亦得無咎也。「君子豹變、小人革面，征凶，居貞吉。」言君子所以豹變者，以小人革面；若不豹變，則征凶矣；能豹變，則居貞吉。先八月而後至，為至於八月；先十年而後至，為至於十年。因喪而易，因易而羊，而云「喪羊於易」；因喪而易，因易而牛，而云「喪牛於易」。以此類推，其辭之清明條達，信有然矣！

（二）凡《易》中有世俗之解，深中人心，說《易》者，未容執一辭以望文生意也。

　　案：此《易話》卷上〈學易叢言〉之四文義，亦焦循一貫之《易》例。如「不事王侯，高尚其事」，以為巢父、許由之隱遯；「幹父之蠱」，以為蔡仲之象賢；「王臣蹇蹇，匪躬之故」，以為諸葛孔明之鞠躬盡瘁。若此者不一而足，不知自外面觀之，其辭似如是；而引而申之，殊不如是。故傳之言文王，猶經之稱帝乙，此見於《章句》卷四〈象下傳・明夷〉之注，「文王以之」謂物相雜為文，〈蒙〉「雜而著」，即「賁」之「文柔文剛」；〈訟〉上〈乾〉為「王」，

〈訟〉而比例於〈蒙〉，是「文」，是「王」，是「蒙」，是「訟」。故焦循乃以爲《易》之曲而中，肆而隱者如此；若執於周王，而實以牖里之事，則失之。可見焦循經傳實測錯綜之妙，蓋不以史事言《易》。

（三）凡彖辭首一字舉卦名與下連貫爲義。

案：如〈乾〉健也，行健則元亨利貞；〈臨〉大也，大則元亨利貞；〈損〉失也。失則不能元吉無咎，若有孚則元吉無咎。〈睽〉乖也，乖則不吉，若小有事則吉。其〈同人〉于野，履虎尾；〈否〉之匪人，尤爲明白，以此類推，無不皆然。（〈易話〉卷上〈易辭舉要〉之一）

（四）凡《易》辭每相連兩字，而實分指兩處。

案：〈夬・彖〉「王庭」二字，庭指〈剝〉五，王指〈夬〉二。〈復・上六〉「國君」二字，國指〈復〉成〈明夷〉，上〈坤〉；君指〈姤〉成〈需〉，下〈乾〉。「帝乙」二字相連，帝指〈歸妹〉，上〈震〉；乙指〈泰〉，上〈坤〉，帝而乙，謂〈歸妹〉成〈泰〉。「高陵」二字相連，高謂〈師〉成〈升〉，下〈巽〉；陵謂〈升〉成〈蹇〉，下〈艮〉；高而陵，謂〈師〉先成〈升〉，後成〈蹇〉。舉此數端，可例其餘。（《易話》卷上〈易辭舉要〉之三）

（五）凡《易》辭每一句中，自爲轉折。

案：如「大師克相遇」、〈同人〉上之〈師〉三成〈升〉，爲大師克；〈升〉通〈无妄〉，〈升〉二之五即〈姤〉二之〈復〉五之比例，爲相遇，因克轉而爲相遇。「履霜堅冰至」，〈乾〉上之〈坤〉三成〈謙〉爲霜，〈謙〉通〈履〉爲履霜；〈履〉上〈乾〉爲冰，〈履〉二之〈謙〉五則堅冰至。霜輕而不堅，冰堅而不薄，霜變爲冰，則輕薄改而爲堅厚，非冰與霜爲一事。（《易話》卷上〈易辭舉要〉之四）

（六）凡辭有一氣順說，末以一二語反掉以申明之者。

案：如〈夬・九四〉「臀無膚，其行次且，牽羊悔亡」，謂〈夬〉二之〈剝〉五，而〈剝〉上應之成〈革〉，改通於〈蒙〉；末反掉云「聞言不信」。〈大壯・九三〉「小人用壯，君子用罔，貞厲」，謂二之五而後四之〈觀〉，初應之，末反掉云「羝羊觸藩，羸其角」。〈師・六五〉「田有禽，利執言，無咎；長子帥師」，謂二之五，而初應之成〈屯〉，〈屯〉通〈鼎〉，而〈鼎〉成〈咸〉；所以無咎者，以先帥師而長子，此帥師；末反掉云「弟子輿尸，貞凶」。〈豐・上六〉「豐其屋，蔀其家」，謂〈渙〉二之〈豐〉五，而後四應之；末反掉云「窺

其戶，闐其無人，三歲不覿，凶」。(《易話‧易辭舉要》之五)

(七)凡《易》辭層次井然，皆可互明以釋。

案：如〈坎‧九二〉「求小得」，小一層，得一層，求一層。小謂〈離〉成〈明夷〉；得謂〈明夷〉通〈訟〉，而〈訟〉二之〈明夷〉五；求謂〈訟〉上下應之。《易》之句法多如此，若順看則不可解。凡稱求口實、求昏媾、求童蒙，皆與求小得一例。先有口實，而後求口實；先有昏媾，而後求昏媾；先有童蒙，而後求童蒙；先有我，而後求為求我；先有得，而後求為求得；先有王明，而後求為王明。舉一求字，他可類推。(《易話‧易辭舉要》之六)

(八)凡《易》辭俱是舉一隅，欲人反三，孔子贊之，則又增一隅矣。

案：傳云：「〈需〉，飲食之道也。」乃是與〈訟〉之「食舊德」相贊，明〈訟〉二之〈明夷〉五為食，〈需〉二之〈晉〉五亦為食，兩相發明；則知凡兩卦相孚，二之五為食，其不孚者，不得為食。〈中孚〉、〈小過〉相錯為〈歸妹〉、〈漸〉，〈歸妹〉二之五，即〈中孚〉二之〈小過〉五，故〈漸‧六二〉「飲食衎衎」，而〈小過〉「飛鳥離之，垂其翼」；成〈明夷〉則〈中孚〉不與之孚，便「三日不食」。故〈井〉孚〈噬嗑〉則食，〈井〉成〈需〉則井泥不食；〈需〉二不食於〈明夷〉五，而食於〈晉〉五，故〈井〉成〈需〉不食，而〈需〉通〈晉〉為飲食之道。(《易話‧易辭舉要》之八)

(九)凡兩卦旁通，每以彼卦之意，係於此卦之辭。

案：如〈明夷〉「主人有言」，即〈訟〉之「小有言」；而〈訟〉之小有言，指〈需〉之「小有言」；〈需〉之小有言，即〈困〉之「有言不信」。〈困〉二本是〈賁〉五之主人，今〈賁〉成〈明夷〉，〈困〉成〈需〉；〈賁〉五之子未大，而其主人尚伏於〈需〉二而有言，故在〈需〉云「小有言」，在〈明夷〉云「主人有言」。〈睽〉旁通〈蹇〉，〈蹇〉下〈艮〉為鼻，〈睽〉先成〈无妄〉，上〈乾〉為天，然後四之〈蹇〉初成〈既濟〉，下〈艮〉消去為劓，故云「其人天且劓」。若專在〈明夷〉、〈睽〉求之，〈明夷〉無〈兌〉口，焉得有言？〈睽〉無〈艮〉鼻，焉得云劓？〈乾‧九二〉「見龍在田」，見謂〈坤〉成〈屯〉，龍謂〈屯〉下〈震〉，田則地之已治者，四字全指〈坤〉之成〈屯〉。故〈雜卦傳〉贊〈屯〉為見，〈說卦傳〉讚〈震〉為龍。〈乾〉之六爻無〈震〉，於是不信孔子〈震〉為龍，而徑以〈乾〉為龍，《易》之辭，何由得通乎？(《易話‧易辭舉要》之九)

復案：以上具引錄《易話》卷上〈易辭舉要〉各則，皆可發明焦循《易》學之辭例，《易通釋》一書可謂其具體詮釋之通證，隨檢即得，實不煩贅引。惟《易話》僅見於《焦氏叢（遺）集》，別無刊本，以不易見，故具錄以備參詳，識者察之。

（十）《周易》之辭，多以同聲為假借，為後儒訓詁之祖。

案：語見《通釋》卷十「宮、躬」條，義詳第六章〈焦循之假借易學〉。此可謂焦循文例之一大特色，復能觸類引申，舉經傳之文並累世典籍，一一貫串互明，輔以其獨創之《易》學體系，故能縱橫無所不通，使全《易》無一剩句閒字，極盡鈎貫旁通之能事。其術多方而一以貫之，是以觀其辭例，而《易》之道，庶幾隅反，而自得之。

焦循《易》學辭例，見於《易章句》、《易通釋》二書者甚夥，略舉上述義旨以相發明，其餘雖猶有可觀者，然大致不離以上範疇，故不再一一詳舉。要之，焦循《易學三書》發凡起例，其經傳互明、卦、爻、辭諸例，皆在建構其「旁通、相錯、時行」之一貫體系，而歸結至聖聖相傳之道統，以明四聖人之所同然，其用心良苦，立意甚佳而運思獨精，故其書斐然成章，其學蔚然體道，可謂一家之言，不朽盛事，是可推宗。

以上〈焦循易學通論〉三節，可視為焦循《雕菰樓易學三書》之總縮影與大簡介，旨在呈現焦循《易》學之背景、面向，期能以忠實之記述，勾勒出其《易》學全幅之雛形間架；「看似平常最奇絕，成如容易卻艱難」，此其最佳寫照。

第二章　焦循「旁通」《易》學述評

焦循嘗自言其學《易》所悟得者有三，一曰「旁通」，二曰「相錯」，三曰「時行」，皆孔子贊《易》之言；[註1] 故實測其經文、傳文，乃知升降之妙出於旁通，比例之義出於相錯，變化之道出於時行。由旁通中，引出其附屬原則，曰「當位失道」；由相錯中，又引出其附屬原則，曰「比例」；由時行中，又引出其附屬原則，曰「變通」，[註2] 本此三大發明、三附屬原則，乃鉤貫出《雕菰樓易學》之錯綜系統。爰據其說，逐一爬梳，分章以述，闡明其詳細。

第一節　旁通原理與圖證

旁通與反對均為《周易》原始要義，故〈說卦傳〉「天地定位，山澤通氣，雷風相薄，水火不相射」章，實取旁通，〈序卦傳〉卦序即以反對與旁通為次第；追根究柢，則陰（－－）、陽（——）兩儀，即以旁通之象以示反對之用。申而言之，「德不孤，必有鄰」，故天下之事理，絕無孤立存在之單一絕對性，必相對待以共通，始能感應而生生，此旁通與反對所以互濟相成之理。[註3]

〔註1〕 文詳《易圖略・敍目》（《雕菰集》卷十六〈易圖略自序〉同）。又「旁通」一辭出於〈文言傳〉「六爻發揮，旁通情也」；「相錯」一辭出於〈說卦傳〉「八卦相錯」；「時行」一辭出於〈文言傳〉「承天而時行」、〈大有・象傳〉「應乎天而時行」、〈遯・象傳〉「與時行也」（〈小過〉同）、〈艮・象傳〉「時行則行」、〈繫辭下傳〉「變通者，趣時者也」。是可驗知焦循實測經傳本文，而有悟解之根本源頭。

〔註2〕 說本牟宗三先生《周易的自然哲學與道德函義・清焦循的道德哲學之易學》，「變通」為自所增益者，蓋本焦循創義而增廣之。

〔註3〕 《易圖略》卷六〈原序第三〉即證成此義，詳參前章第一節「三、原卦序之

焦循本此經傳之義例，擷取漢象數《易》家荀爽、虞翻之菁華，乃創「旁通」，精之又精，亦可謂開宗之師。

一、旁通原理

　　《雕菰樓易學》首義旁通，旁通明則相錯、時行諸例，均可迎刃而解，循理以釋。茲本其《易學三書》之義，申述旁通原理如下：焦循以為六十四卦之生生，皆從八卦而起；而八卦之生生，皆從二五而起，即始於〈乾〉二之〈坤〉五，故〈乾〉元為資始；如此二五先行，初四、三上未行，乃謂之元。〔註4〕而〈乾・文言傳〉云：「六爻發揮，旁通情也。」焦循遂據以說曰：

　　　　凡爻之已定者，不動；其未定者，在本卦，初與四易，二與五易，三與上易。本卦無可易，則旁通於他卦，亦初通於四，二通於五，三通於上。成己所以成物，故此爻動而之正，則彼爻亦動而之正，未有無所之，自正不正人者。枉己未能正人，故彼此易而各正，未有變已正之爻為不正，以受彼爻之不正者也。虞仲翔三變受上之說，其悖道甚矣！〔註5〕初必之四，二必之五，三必之上，各有偶也。初不之四，二不之五，三不之上，而別有所之，則爻非其偶也。虞仲翔謂「過以相與」，為初與五應，二與上應，無是義矣。卦始於〈乾〉、〈坤〉，初與初索成〈震〉、〈巽〉，二與二索成〈坎〉、〈離〉，三與三索成〈艮〉、〈兌〉，此〈乾〉、〈坤〉平列也。若〈乾〉與〈坤〉重為〈否〉、〈泰〉，則〈否〉四之初，即一索也；〈泰〉二之五，即再索也；〈否〉上之三，即三索也。若〈乾〉與〈乾〉重，〈坤〉與〈坤〉重，則〈乾〉四之〈坤〉初，即〈否〉四之初也；〈乾〉二之〈坤〉五，即〈泰〉二之五也；〈乾〉上之〈坤〉三，即〈否〉上之三也。故旁通之義，即由一索、再索、三索之義而推。索即摩也，「剛柔相摩」，即「吾與爾靡（之）」之「靡」，一以貫之者也。凡旁通之卦，一陰一陽，兩兩相孚，〔註6〕共十二爻，有六爻靜，必有六爻動。〈既

義」。

〔註4〕義詳《易通釋》卷一「元」條。

〔註5〕焦循於虞翻《易》例，雖陽駁其謬，而陰襲其義，然始終以其自創《易》例為依歸，似敵之而實取法，資益多矣，筆者讀《易圖略》、《易通釋》二書，深感如是情實。

〔註6〕焦循原注云：「凡《易》稱有孚，皆指旁通。詳見《通釋》。」義詳《易通釋》

濟〉六爻皆定，則〈未濟〉六爻皆不定。「六爻發揮」，「六位時成」，
謂此十二爻中之六爻也。〔註7〕

歸納分析以上文義，則旁通之原理，在於陰陽之相感；落實於卦爻之關
係，則各爻皆有與之相反而相對之爻。故旁通之原理要義在於：

（一）六爻成〈既濟〉定，則各正其位，是為已定，定則不動。

（二）其未定者，皆宜動而旁通之正。

（三）動之定則：初與四易、二與五易、三與上易。本卦之動如此，本
　　　無可易，則旁通於他卦之動亦如此。

（四）旁通之原則，在於正通與否，其結果必皆歸正。故凡通，必皆物
　　　我皆不正，或至少我自己不正，亦不礙他人之正，此即「成己成
　　　物，各正性命」是也。反之，己正而易為不正，此為枉己妄動，
　　　不得謂之通。

（五）凡旁通之卦，一陰一陽，兩兩相孚。故其根本含義在於向外而通
　　　於他，且向前而發揮其通。〔註8〕

然而，旁通並非焦循首創，實啟迪自漢代荀爽、虞翻之《易》說，但荀
爽「升降」之說祇明升降於〈乾〉、〈坤〉二卦，而諸卦不詳；〔註9〕虞翻「旁
通」以解《易》，而不詳升降之義。〔註10〕故焦循合二家之說，而以為〈乾〉、
〈坤〉之升降，即〈乾〉、〈坤〉之旁通；而諸卦之旁通，仍〈乾〉、〈坤〉之
升降。此焦循由陰陽相互置換之旁通原理，進而發展出具體運用之步驟與目

卷十九「中孚、孚、有孚、匪孚、罔孚、斯孚」條。

〔註7〕　以上詳錄自《易圖略》卷一〈旁通圖〉。

〔註8〕　本牟宗三《周易的自然哲學與道德函義・清焦循的道德哲學之易學》，而略有
　　　　增改，皆以《易圖略》原文為本，筆者不參以己意。

〔註9〕　焦循《易圖略》卷一，自注荀爽「升降」之說，云：「解『雲行雨施』云：『〈乾〉、
　　　　〈坤〉二卦成兩〈既濟〉，陰陽和均，而得其正。』解『日月合其明』云：『〈坤〉
　　　　五之〈乾〉二成〈離〉，〈乾〉二之五為〈坎〉。』解『或躍在淵』云：『欲下
　　　　居〈坤〉初。』解『行而未成』云：『謂行之〈坤〉四。』解『含宏光大』云：
　　　　『〈乾〉二居〈坤〉五為含，〈坤〉五居〈乾〉二為宏；〈坤〉初居〈乾〉四為
　　　　光，〈乾〉四居〈坤〉初為大。』」

〔註10〕　《易圖略》卷一，自注虞翻「旁通」之說，云：「翻謂〈比〉與〈大有〉旁通，
　　　　〈小畜〉與〈豫〉旁通，〈履〉與〈謙〉旁通，〈同人〉旁通〈師卦〉，〈蠱〉
　　　　與〈隨〉旁通，〈臨〉與〈遯〉旁通，〈剝〉與〈夬〉旁通，〈大畜〉與〈萃〉
　　　　旁通，〈頤〉與〈大過〉旁通，〈坎〉與〈離〉旁通，〈恆〉與〈益〉旁通，〈姤〉
　　　　與〈復〉旁通，〈革〉與〈蒙〉旁通，〈鼎〉與〈屯〉旁通。」

的之本源，蓋前修未密、後出轉精，焦循出入其中，而深造自得之，是可謂取資有道，左右逢其源。

「六爻發揮，旁通情也」，由旁通而有發揮；兩卦旁通，故分陰分陽，皆陰陽相偶，以陽易陰，以陰交陽，乃能終則有始，故凡傳之稱外內、剛柔、往來、上下，皆指旁通，以爲卦變非也，以爲反對亦非也。〔註11〕六十四卦兩兩旁通，自此及彼，以此爻之陰對彼爻之陽，是橫行以至於遠，夫經之、緯之而後成文，一陰一陽相緯於橫，則柔來而文剛，六爻相交成〈既濟〉；一陰一陽相經於縱，則剛上而文柔，故自柔而剛爲元、爲仁，自剛而柔爲利、爲義，〔註12〕而旁通乃能轉生道德之意義與價值，故《易通釋》卷五「性、情、才」條，闡釋此義云：

> 傳云：「六爻發揮，旁通情也。」成己在性之各正，成物在情之旁通，非通乎情，無以正乎性。情屬利，性屬貞，故利貞兼言性情，而旁通則專言情，旁通以利言也，所謂「感於物而動，性之欲也」。如〈乾〉五剛中，性也；〈坤〉五柔中，情也；必以〈乾〉二通於〈坤〉五，而爲元、爲仁；次以〈坤〉初之〈乾〉四，而爲亨、爲禮，〈乾〉成〈家人〉、〈坤〉成〈屯〉；〈家人〉則旁通於〈解〉，〈解〉二之五成〈萃〉，爲利、爲義；然後〈家人〉上之〈解〉三成〈既濟〉，爲貞、爲成性、爲盡性。

引而申之，則《中庸》「天命之謂性，率性之謂道，修道之謂教」，率性由於通情，通乎人之情，則不拂乎人之性，故〈繫辭傳〉云「成性存存，道義之門」。故旁通者情，所以能旁通而窮理盡性以至於命者，才也；通其情可以爲善者，才也；不通情而爲不善者，無才也，此才者所以能達其情於天下者也。才能達其情，而情乃可旁通，性命乃可各正，情不旁通，故人欲窮；性不各正，故天理滅。不以己之欲、不欲，通乎人之欲、不欲是無情，無情是不近乎情。《雕菰集》卷九〈使無訟解〉，焦循乃有言曰：

> 格物者，旁通情也。情與情相通，則自不爭，所以無訟者，在此而已。……旁通以情，此格物之要也。修身爲齊家、治國、平天下之本，格物爲致知、誠意、正心、修身之本，故兩言此謂知本。恣懷

〔註11〕義詳《圖略》卷七〈論卦變下第三〉；並參《通釋》卷四「剛、柔」、「內、外」、「上、下」，卷三「往」、「來」各條，可窺其蘊。

〔註12〕並見《通釋》卷四「剛、柔」、卷七「雜、文」、卷八「光」條。

恐懼，好樂憂患，情也；不得其正者，不能格物也，不能通情也，能格物則能近取譬矣。……己所不欲，勿施於人，則在家無怨，在邦無怨，無怨則不爭，不爭則無訟；情通於家則家齊，情通於國則國治，情通於天下則天下歸仁，而天下平。《大學》特指出情字、性字，以爲格物之目，而於絜矩之道暢言之。《易傳》曰：「各正性命，保合太和，乃利貞。」又曰：「利貞者，性情也。」保合太和則無訟，而歸其本於性情。夫人皆相見以情，而己獨無情，志乃畏矣；民自畏其無情，則天下皆情矣；天下皆情，自不得獨以無情之辭盡，不得也，非不敢也。

焦循由卦爻辭之陰陽交易定偶，以旁通各卦、各爻、各辭之各正其位，而建構其旁通《易》學之道德觀，亦可以謂之一以貫之者，故於《通釋》「性、情、才」條，乃結論曰：

傳云：「凡《易》之情，近而不相得則凶。」近乎情則相得，不相得則不近乎情；雖有善性，而無才以盡之，則情不能通，欲不能窒矣！終身之行，惟在乎恕，平天下之道，不過絜矩。知有己之性，不知有人之欲，情不通而欲窮矣！伏羲作八卦，以類萬物之情，所以窮則變，變則通，通則久者，唯此旁通情而已矣！孔子歎才難，孟子道性善，皆本乎是。舍情而言善，舍欲而求仁，舍才以明道，所以昧乎義、文、孔、孟之傳者也。

焦循思想皆由學《易》而來，在《易》道首重旁通，在人道亦重旁通，故《易》道質實平易，但教人旁通而已。旁通者，相與以情，此以情求，彼亦以情與，自然保合太和，而各正性命。推之人道之旁通，在以己之情通人之情，以己之欲、不欲通乎人之欲、不欲，此即所謂「恕」，所謂「絜矩」之道。故重情、重欲、重才，皆由《易》之旁通，觸類引申而得，誠與戴震《孟子字義疏證》之思想，不謀而合，蓋焦循宗其說，而增廣之。〔註13〕其道德《易》學之底蘊，與此旁通原理可謂相互呼應輔成，詳見後章之論述，可明其間貫串之脈絡。要之，伏羲八卦，所以定人道，制嫁娶，使人各有偶，故兩卦旁通者乃爲偶，人各有偶而有孚，有孚則生生之道，乃終始不息。此即焦循「旁通」義例之所本。

〔註13〕王永祥《焦學三種・中・里堂思想與戴東原》論述頗詳盡，焦循淵源自戴震者，可謂深刻。

二、旁通圖解

　　旁通原理既如上述以明其要,其規則在本卦初與四易,二與五易,三與上易;本卦無可易,則旁通於他卦,亦初通於四,二通於五,三通於上。其旁通之秩序,先由二五爻先行,再由初四爻、三上爻以次遞行。〈乾〉、〈坤〉、〈震〉、〈巽〉、〈坎〉、〈離〉、〈艮〉、〈兌〉八卦兩兩旁通,故《周易》六十四卦之兩兩旁通,仍不外乎八卦之兩兩旁通而已;依上述原則類推,則分別組成三十二組旁通卦。茲本《易圖略》卷一所示,分列六十四卦旁通圖如下:

（一）乾　二之坤五成同人　四之坤初成小畜　三之乾上成謙　上之坤三成夬
　　　坤　五之乾二成比　　初之乾四成復　　三之乾上成謙

（二）震　五之巽二成隨　　四之巽初成復　　上之巽三成豐
　　　巽　二之震五成漸　　初之震四成小畜　三之震上成井

（三）坎　二之離五成比　　初之離四成節　　三之離上成井
　　　離　五之坎二成同人　四之坎初成賁　　上之坎三成豐

（四）艮　五之兌二成漸　　初之兌四成賁　　上之兌三成謙
　　　兌　二之艮五成隨　　四之艮初成節　　三之艮上成夬

（五）同人　四之初成家人　上之師三成革
　　　師　二之五成比　　五之二成比　　初之同人四成臨　三之同人上成升

（六）比　初之大有四成屯　三之大有上成蹇
　　　大有　二之五、五之二成同人　四之比初成大畜　上之比三成大壯

（七）隨　四之蠱初成屯　三之蠱上成革
　　　蠱　二之五成漸　五之二成漸　初之隨四成大畜　上之隨三成升

（八）漸　初之歸妹成家人　上之歸妹成蹇
　　　歸妹　二之五、五之二成隨　四之漸初成臨　三之漸上成大壯

（九）屯　三之鼎上成既濟
　　　鼎　二之五、五之二成遯　初之四、四之初成大畜　上之屯三成恆

（十）家人　上之解三成既濟
　　　解　二之五、五之二成萃　初之四、四之初成臨　三之家人上成恆

（十一）革　四之蒙初成既濟
　　　蒙　二之五、五之二成觀　初之革四成損　三之上、上之三成升

（十二）蹇　初之睽四成既濟
　　　睽　二之五、五之二成无妄　四之蹇初成損　三之上、上之三成大壯

（十三）小畜　二之豫五成家人　　上之豫三成需

　　　　豫　五之小畜二成萃　　初之四、四之初成復　　三之小畜上成小過

（十四）復　五之姤二成屯　　三之姤上成明夷

　　　　姤　二之復五成遯　　初之四、四之初成小畜　　上之復三成大過

（十五）夬　二之剝五成革　　四之剝初成需

　　　　剝　五之夬二成觀　　初之夬四成頤　　三之上、上之三成謙

（十六）謙　五之履二成蹇　　初之履四成明夷

　　　　履　二之謙五成无妄　　四之謙初成中孚　　上之三、三之上成夬

（十七）節　二之旅五成屯　　三之旅上成需

　　　　旅　五之節二成遯　　初之四、四之初成賁　　上之節三成小過

（十八）賁　五之困二成家人　　上之困三成明夷

　　　　困　二之賁五成萃　　初之四、四之初成節　　三之賁上成大過

（十九）豐　五之渙二成革　　四之渙初成明夷

　　　　渙　二之豐五成觀　　初之豐四成中孚　　三之上、上之三成井

（二十）井　二之噬嗑五成蹇　　初之噬嗑四成需

　　　　噬嗑　五之井二成无妄　　四之井初成頤　　三之上、上之三成豐

（二一）臨　二之五　　五之二成屯　　三之遯上成泰

　　　　遯　初之四、四之初成家人　　上之臨三成咸

（二二）升　二之五、五之二成蹇　　初之无妄四成泰

　　　　无妄　四之升初成益　　三之上、上之三成革

（二三）大畜　二之五、五之二成家人　　上之萃三成泰

　　　　萃　初之四、四之初成屯　　三之大畜上成咸

（二四）大壯　二之五、五之二成革　　四之觀初成泰

　　　　觀　初之大壯四成益　　三之上、上之三成蹇

（二五）需　二之晉五成既濟

　　　　晉　五之需二成否　　初之四、四之初成頤　　三之上、上之三成小過

（二六）明夷　五之訟二成既濟

　　　　訟　二之明夷五成否　　初之四、四之初成中孚　　三之上、上之三成大過

（二七）泰　二之五、五之二成既濟

　　　　否　初之四、四之初成益　　三之上、上之三成咸

（二八）損　二之五、五之二成益　　三之上、上之三成泰

　　　　咸　　初之四、四之初成既濟

（二九）恆　　二之五、五之二成咸　　初之四、四之初成泰

　　　　益　　三之上、上之三成既濟

（三十）中孚　二之小過五成益　　三之上、上之三成需

　　　　小過　五之中孚二成咸　　初之四、四之初成明夷

（三一）大過　二之頤五成咸　　初之四、四之初成需

　　　　頤　　五之大過二成益　　三之上、上之三成明夷

（三二）既濟

　　　　未濟　二之五、五之二成否　　初之四、四之初成損　　三之上、上之三成
　　　　恆

　　〈既濟〉爲《周易》六十四卦中六爻皆定之卦，故諸卦之動靜旁通，實皆
以之爲準式。故旁通之義，即由一索、再索、三索之義而推，可知六十四卦旁
通圖，兩兩相須旁通，陰陽相孚，條理井然，允爲焦循《易》學之核心骨幹。

三、旁通例證

　　《易》之繫辭，全主旁通，故兩卦旁通，每以彼卦之意，係於此卦之辭，
由此及彼，由彼及此；其原理與圖解雖淺而易明，然落實於經傳之運用中，
卻無所不通，此焦循所以極其所能，鈎貫經傳之文，以爲自然契合，圓通無
礙者，可謂皆本於旁通之發明。茲依其說，證釋如下：

（一）證諸典籍之一：〈說旁通〉

　　《易話》卷下〈說旁通〉，引據典籍所載，以證旁通義例，深得解《易》
之精微，可見遺訓之猶見於古籍。

> 《禮記・聘義》曰：「孚尹旁達，信也。」旁達即旁通，孚爲信，旁
> 通則孚。〔註14〕

> 《管子・宙合篇》云：「天不一時，地不一利，人不一事，是以著業
> 不得不多，人之名位不得不殊。方明者，察於事故，不官於物，而
> 旁通於道。」此旁通與《易》同。官，主也。不旁通則主於一物，
> 不主於一物，故旁通也。

〔註14〕《通釋》卷十九「中孚、孚、有孚、匪孚、罔孚、斯孚」條，與此互明，可
　　　　並參其詳，此爲通例。

《書‧盤庚》：「汝萬民乃不生生，暨予一人，猷同心，先后丕降，與汝罪疾，曰：『曷不暨朕幼孫有比？』」按：《易》〈大有〉與〈比〉旁通，〈大有〉二之五爲〈同人〉，是爲同心上下應，故「有比」。「先后」謂〈比〉五已定，即「先甲」也。「幼孫」謂〈大有〉五未定，二之五則同心於先后而有比矣，即「後甲」也。

《易林》以一卦變六十四卦，其辭古奧，從來未有能治之者。余嘗思於其同處求之，〔註15〕未暇也；乃其中多用旁通爲義，略舉其最明者數條：〈謙〉云：「亡跛失履。」謂不與〈履〉旁通，則不成〈蹇〉也。（跛即蹇）〈蹇〉云：「喪我元夫，獨與孤苦。」明用〈睽〉「遇元夫，睽孤」之辭，以〈蹇〉旁通於〈睽〉也。〈无妄〉云：「岐人悦喜。」用〈升〉「亨于岐山」之辭，亨于岐山則〈无妄〉成〈革〉，上〈兌〉爲悦；喜字即本六二傳「有喜」，以〈无妄〉旁通於〈升〉，爲「孚乃利用禴」也。〈姤〉云：「往復示故，乃無大悔。」明謂二旁通於〈復〉五，則無祇悔也；蓋以祇訓大，韓康伯、侯果以祇悔爲大悔，固同乎此矣。〈升〉之〈无妄〉云：「二國合歡。」《易》以旁通爲夫婦，〈升〉與〈无妄〉旁通，故合歡也。〈革〉云：「皆蒙福佑。」謂〈革〉旁通於〈蒙〉，而得福佑也。〈需〉之〈晉〉云：「咸陽辰巳，長安戌亥。」辰戌巳亥，亦以相當也。〈訟〉云：「皆知其母，不識其父，干戈乃止。」〈訟〉無〈坤〉，何得有母？明謂與〈明夷〉旁通；知即「知大始」之知，〈明夷〉上有〈坤〉，五之〈訟〉二通之，則知有母，謂〈訟〉下成〈坤〉也。〈訟〉成〈否〉，上之三應之，上不復有〈乾〉，故不識其父；干戈，戈器，謂〈明夷〉下〈離〉即戈，而〈明夷〉則傷，通〈訟〉，〈訟〉成〈咸〉下，〈艮〉故止也。〈訟〉之〈需〉云：「王母善禱。」王母明用〈晉‧六二〉「受福於王母」也。

《易話》卷下又有〈春秋傳說易〉、〈爾雅釋易〉、〈戰國策引易傳〉、〈陸賈說易〉、〈賈董說易〉、〈韓氏易〉、〈淮南說易〉、〈說苑說易〉、〈高氏說易〉、〈劉子說易〉諸條，皆可互明此義。〔註16〕要之，焦循引經據典，觸類引申，

〔註15〕焦循自注云：「如〈乾〉之〈師〉，同於〈坤〉之〈恆〉；〈益〉之〈恆〉，同於〈同人〉之〈蹇〉、〈比〉之〈比〉。」
〔註16〕《通釋》各卷各條引錄者多，大柢皆互見之言。

旁通一貫，是可以類而推。

惟旁通乃有孚，惟有孚乃合一陰一陽，伏羲定人道、制嫁娶，使夫婦有別，而後有父子、君臣、上下，全在旁通之道。〔註17〕故《易學三書》中，皆以旁通爲其首義，凡言方、彭、允、普、博、感、並、醜、光、廣、情、志、係、幹、翰、暉、輝……等，焦循皆據聲義詁訓之源，證以典籍之訓釋，皆謂之旁通，〔註18〕舉一隅而三隅反，可窺其《易》學之一貫。

（二）證諸典籍之二：〈說方〉

〈繫辭上傳〉首章曰：「方以類聚，物以羣分。」焦循以爲此聖人治世之大法，〔註19〕作〈類聚羣分說〉、〈說方〉上、下，以闡旁通之義：方之言旁也，〔註20〕天旁通於地，故地之德方，非僅以隅角名之，其〈說方·上〉申之云：

> 自強不息，則得乎道之圓；厚德載物，則得乎道之方。厚以載物，則能旁通，自強成己也，載物及物也，物在己旁，而推而通之，德施普矣！普即方也，故絕物忤世者，反乎方者也。

卦以旁通爲利，故卦之德方以知；〈乾〉旁通於〈坤〉，故〈坤〉之德方。方者，旁通，爲定偶也，故伏羲氏因人之性善，定人道，使男女有別，各嫁娶以爲夫婦，乃有家、有夫婦，而後有父子，乃有類；類者，父子相繼續也，以類而聚，其種乃蕃；以分而羣，其用乃當。故旁通如夫之有婦，取類如父之有子，子所以似父也；能旁通則取類也大，大即元也，元者善之長也，此生生不已之所本。是以類由於旁通，旁通情也，此伏羲作八卦「以通神明之德，以類萬物之情」，若不能旁通，致成兩〈既濟〉，絕而不續，則無類，亦無所謂旁通。

（三）證諸典籍之三：〈說太極〉

《易話》卷下〈說太極〉一篇，亦引據典籍爲說，以證旁通《易》義之

〔註17〕 《焦里堂先生軼文·寄王伯申書》言此義甚詳，可以參考。

〔註18〕 《通釋》各卷輾轉訓注旁通，皆引申其義，假借爲說，此焦循注《易》釋辭之特色，容後再論。

〔註19〕 文見《易話》卷上〈類聚羣分說〉，《雕菰集》卷十作〈說聚〉；又有〈說方〉上、下，分錄於《易話》卷上與《雕菰集》卷十，《通釋》卷六「方」、「類」、「醜」三條並可參看，以明其詳。

〔註20〕 《通釋》卷六「方」條，焦循自注云：「《廣雅》：『旁，方也。』〈堯典〉『方鳩』，《史記》作『旁聚』，《說文》作『旁逑』。〈甫刑〉『方告』，《論衡》作『旁告』；《儀禮》『牢中旁寸』，注：『今文旁爲方。』」

存於古者，蓋有迹而可求。其文曰：

〈禮運〉曰：「是故夫禮，必本於大一，分而爲天地，轉而爲陰陽，變而爲四時，列而爲鬼神。其降曰命，其官於天也。」此本〈上繫傳〉而以大一爲大極，大一爲北辰之神名。（鄭康成〈乾鑿度・注〉）《爾雅》：「北極謂之北辰。」故以大一當大極，馬融直以大極爲北辰也。然推〈禮運〉之言，正可究尋《易》義，何也？北辰居天之中而名北極、名大一，今以大一爲大極，是以大極爲中之名。禮本於大一，即謂禮本於大中也；分爲天地，謂兩卦旁通，分陰分陽也。轉爲陰陽，謂反復交易，迭用柔剛也；變爲四時，謂窮則變，變則通，即陰陽轉運而不窮也。用一轉字、一變字，兩儀、四象之爲轉運變通之名可知也。轉變，即是《易・上繫傳》以易字貫下，則有大極生兩儀、生四象、生八卦，皆本轉變而言。生兩儀，便兼分而爲天地，轉而爲陰陽兩句，分乃有兩，轉乃爲儀也。變而爲四時，便兼兩儀生四象，四象生八卦兩句，儀以通變而有四，象以趨時而爲八也。鬼神則吉凶也，命言其分，天言其運也。《記》用《易》以明禮，而所以發明《易》者，了然可見。馬融直以北辰解大極固謬，虞翻謂分天地，即是生兩儀，《易》固不曰：「大極生天地。」《記》亦不曰：「大一生天地。」分非生也。《呂氏春秋・大樂篇》曰：「音樂本於太一。太一出兩儀，兩儀出陰陽，陰陽變化，一上一下，合而成章，渾渾沌沌，離則復合，合則復離，是謂天常。天地車輪，終則復始，極則復反，莫不咸當。日月星辰，或疾或徐，日月不同，以盡其行；四時代興，或暑或寒，或短或長，或柔或剛，萬物所出，造於太一，化於陰陽。」此亦本《易傳》爲說，而發明兩儀、四象之爲變通轉運，尤爲詳豈。出猶生也，出兩儀亦不言生天地，天地車輪，即陰陽之變化，天地可言分，不分言生也。天地未車輪，可言分，未可言儀也。晚周人刺取《易》義以著書，尚可迹而求之。

焦循於《易通釋》卷二十「易有大極……六爻之動，三極之道也」條，於眾說之顛倒錯亂、全無條理、支吾牽就、野俚湊積處，議之甚詳，無庸更論。其說以旁通之義者，文錄供參：

凡旁通兩卦十二爻，其動者有六，二五之動，太極也；初四、三上之動，兩儀也。乃兩儀必視二五之動而動，則二五固極，初四、三

上亦極，故云「三極」。此義傳自明之，傳凡稱中，皆指二五，而於
〈大有〉稱「大中」，於〈坎・九五〉稱「中未大」，是二五之動為
大極之道，不必煩言以解。……然則，二五先初四、三上而動，一
極；初四從二五而動，二極；三上從二五而動，三極；初四、三上
先二五而動，為不知極；二五從初四、三上而動，亦失時極。失時
即失是，故《易》有大極，是生兩儀，是字即是「有孚失是」之是，
是乃為大極，是乃生兩儀，此爻之動有六，而極所以有三也。

　　旁通六爻之動，三極之道，亦三索之義；焦循以大中釋大極，而以變通
時行為說，是深明乎《易》道之微旨。

（四）旁通三十例證

　　焦循嘗舉旁通三十例證以語阮元，阮元即有聞道之喜，以為尤為顯據，
可例其餘，此正可見聖人之《易》，錯綜參伍，化裁推行，以不能一一盡舉之，
故於各相通處偶舉一隅，以示其例，而總賅其餘。〔註21〕茲據《易圖略》卷
一〈旁通圖〉所錄三十證，歸納其類同者，以見焦循旁通彼此之義例。〔註22〕

1. 以旁通兩卦內容類同之卦爻辭以證之例。

　　〈同人・九五〉：「大師克相遇。」若非〈師〉與〈同人〉旁通，則〈師〉之相
　　克、〈師〉之相遇，與〈同人〉何涉？（其證一也）

　　〈屯・九五〉「屯其膏」，即〈鼎・九三〉「雉膏」之「膏」，〈屯〉、〈鼎〉旁通。
　　（其證四也）

　　「需，不進也」，「晉者，進也」，惟〈需〉、〈晉〉旁通，故「進」、「不進」相反。
　　（其證五也）

　　「噬嗑，食也」，「井泥不食」、「井渫不食」，謂未旁通於〈噬嗑〉。（其證七也）

　　〈同人・九三〉「升其高陵」，上九通於〈師〉三，〈師〉成〈升〉。（其證九也）

　　旁通自此及彼，自近及遠，故取義於射。〈既濟〉六爻皆定，不用旁通，則「水
　　火不相射」。（其證十一也）

　　〈明夷〉「三日不食」，旁通於〈訟〉，則「食舊德」。（其證十三也）

〔註21〕詳見阮元〈江都焦氏雕菰樓易學序〉，《焦氏遺書・雕菰樓易學》卷首附載，
　　　　亦刊於阮元《揅經室集》。
〔註22〕以下分類，參照陳居淵〈論焦循易學〉一文，刊於《孔子研究》，1993年，第
　　　　二期，頁89。

「物畜然後有禮，故受之以履」，〈祭義〉、〈仲尼燕居〉皆以「禮」爲「履」，〈履〉
旁通於〈謙〉，故「謙以制禮」。（其證十四也）

〈家人〉何以「行有恆」？上旁通於〈解〉三，則〈解〉成〈恆〉。（其證十七也）

〈雜卦傳〉：「〈大過〉，顚也。」而〈大過〉經文不稱「顚」，〈頤〉六二、六四
兩稱「顚」，「顚」即「顚實揚休」（案：見《禮記‧玉藻》）之「顚」，謂〈頤〉
五空虛，〈大過〉二往塡實之。非〈大過〉與〈頤〉旁通，何以經之「顚」在
〈頤〉，而傳之「顚」在〈大過〉？（其證十九也）

〈臨〉初九、九二，皆云「咸臨」，惟〈遯〉上之〈臨〉三，則〈遯〉成〈咸〉。
（其證二十也）

〈益‧上九〉「立心勿恆，凶」，向非〈恆〉、〈益〉旁通，〈恆〉之有心，何與〈益〉
事？（其證二十也）

2. 以兩卦旁通所產生之新卦，其新卦與旁通卦相互印證之例。

〈艮‧六二〉「不拯其隨」，〈兌〉二之〈艮〉五，〈兌〉成〈隨〉。「兌」二之「拯」，
正是〈隨〉之「拯」；若非〈艮〉、〈兌〉旁通，則「不拯其隨」之義，不可得
而明。（其證二也）

〈渙〉初之〈豐〉四，〈豐〉成〈明夷〉，故〈豐‧九四〉言「遇其夷主」，與〈渙‧
六四〉「匪夷所思」，互相發明。若非〈豐〉、〈渙〉旁通，則「匪夷所思」、「遇
其夷主」，何以解說？（其證三也）

〈解‧上六〉「射隼於高墉之上」，謂六三旁通於〈家人〉。〈家人〉上〈巽〉爲
「高墉」，〈同人〉四之〈師〉初成〈家人〉，亦云「乘其墉」。〈家人〉與〈解〉
旁通，一「墉」字明之。（其證六也）

「屯見而不失其居」，〈蠱‧六四〉「往見」，謂初六旁通於〈隨〉四，〈隨〉即成
〈屯〉，是爲〈隨〉、〈蠱〉旁通。（其證八也）

「〈大畜〉，時也」，〈隨〉四之〈蠱〉初即〈大畜〉，是爲「天下隨時」。（其證十
八也）

〈兌‧九五〉「孚于剝」，〈兌〉三之〈艮〉上成〈夬〉；〈夬〉與〈剝〉旁通，故
「孚于剝有厲」，即〈夬〉之「孚號有厲」。（其證二十一也）

〈同人〉四之〈師〉初，〈同人〉成〈家人〉，是以「承家」。（其證二十三也）

「或躍在淵，乾道乃革」，謂〈乾〉成〈革〉而旁通於〈蒙〉；「淵」即「泉」也，

「躍在淵」，猶云「山下出泉」也。（其證二十七也）

〈夬〉二旁通〈剝〉五成〈觀〉，故〈剝・傳〉云「觀象也」，若非旁通，〈剝〉之象何以有觀？（其證二十九也）

〈巽〉二旁通〈震〉五，〈震〉成〈隨〉，故〈巽〉稱「隨風」。（其證三十也）

3. **一卦之爻辭內容，與另一組旁通卦產生之新卦爻辭內容，互為補充之例。**

〈明夷・六五〉「箕子之明夷」，「箕子」即「其子」。〈中孚・九二〉「鳴鶴在陰，其子和之」，謂九二旁通〈小過・六五〉；惟〈小過・六五〉不和〈中孚〉之九二，而以四之初成〈明夷〉，故云「其子之明夷」。苟其子與鶴鳴相和，則明不傷夷，是〈中孚〉、〈小過〉旁通。（其證十也）

〈困〉成〈需〉，〈賁〉成〈明夷〉，則「有言不信」；以〈賁〉之「小」，而合〈困〉之「有言」，為「小有言」。〈需〉旁通於〈晉〉，〈明夷〉旁通於〈訟〉，則雖小有言而終吉；故〈需〉、〈訟〉稱「小有言」，〈明夷〉稱「主人有言」。（其證十二也）

「井泥不食」，謂〈豐〉四之〈井〉初成〈需〉，故「需于泥」，〈豐〉成〈明夷〉。〈需〉二之〈明夷〉五，為「致寇至」，傳云「災在外」，即〈豐〉「過旬災」之「災」。（其證十五也）

「〈師〉，眾也」，又以〈大有〉為「眾」，何也？〈師〉二之五成〈比〉，〈比〉則旁通於〈大有〉；〈大有〉二之五成〈同人〉，〈同人〉則旁通於〈師〉。（其證二十四也）

〈賁〉上之〈困〉三，〈困〉成〈大過〉，為「棺槨」所取；〈賁〉成〈明夷〉，中心滅亡，故云「死期將至」。（其證二十五也）

〈豐〉四之〈渙〉初，〈渙〉成〈中孚〉，〈豐〉成〈明夷〉，故〈明夷〉、〈渙〉皆稱「用拯馬壯吉」。（其證二十八也）

4. **非旁通兩卦之卦爻辭相同，而由各卦各自尋求其旁通卦，以證其性質一致之例。**

〈小畜〉「密雲不雨，自我西郊」，其辭又見於〈小過・六五〉。〈小畜〉上之〈豫〉三，則〈豫〉成〈小過〉；〈中孚〉三之上，則亦成〈需〉。以〈小過〉為〈豫〉之比例，以〈中孚〉為〈小畜〉之比例。解者不知旁通之義，則一「密雲不雨」之象，何以〈小畜〉與〈小過〉同辭？（其證十六也）

〈革〉「治曆明時」，章蔀，曆法也。惟〈渙〉二之〈豐〉五，〈豐〉成〈革〉；五「來章」，四「豐蔀」，所以「治曆明時」。不知旁通之義，則不知〈豐〉之「豐蔀」，即〈革〉之「治曆」。（其證二十六也）

　　焦循略舉此三十證，以例其餘，《易》之繫辭以旁通錯綜之，則無往而不利，可見經傳互相發明之微妙處。通觀《易通釋》一書，發揮可謂不遺餘蘊，故焦循汲汲以爲《易》之義，不必博采遠證，第通前徹後，提貫頭緒，自然清明條達。

第二節　當位失道原理與圖說

　　焦循解當位失道，除依每一卦六畫之所居爻位而言外，復本其旁通義例爲說，以言其吉凶之變動關係，故可視爲旁通之附屬原則。按照傳統說法，以每一卦之陽爻居初、三、五者，陰爻居二、四、上者爲「當位」，反之則「失道」；其中二、五中爻，又爲判別當位與失道之標準所在。焦循本此傳統《易》說，轉以爲判斷卦爻象吉凶禍福之主要依據，蓋《周易》六十四卦三百八十四爻，實不能脫離「當位」、「失道」兩端，故闡說其義，析之如下。

一、當位失道原理

　　《易圖略》卷二〈當位失道圖〉詳明當位、失道爻位相應之理論，其旨在示人以當位變通、失道變動之法則，而吉凶可知，故爲旁通法則之補充，亦爲時行理論之發展步驟，其文曰：

> 《易》之動也，非當位，即失道，兩者而已。何爲當位？先二五，後初四、三上是也；何爲失道？不俟二五，而初四、三上先行是也。當位則吉，失道則凶，然吉可變凶，凶可化吉；吉何以變凶？〈乾〉二先之〈坤〉五，四之〈坤〉初應之，〈乾〉成〈家人〉、〈坤〉成〈屯〉，是當位而吉者也。若不知變通，而以〈家人〉上之〈屯〉三，成兩〈既濟〉，其道窮矣！此亢龍所以爲窮之災也，此吉變凶也。凶何以化吉？〈乾〉二不之〈坤〉五，而四先之〈坤〉初，〈乾〉成〈小畜〉、〈坤〉成〈復〉，是失道而凶者也。若能變通，以〈小畜〉通〈豫〉，以〈復〉通〈姤〉；〈小畜〉、〈復〉初四雖先行，而〈豫〉、〈姤〉初四則未行，以〈豫〉、〈姤〉補救〈小畜〉、〈復〉之非，此不遠復，所以修身也，

此凶變吉也。唯凶可以變吉，則示人以失道變通之法；惟吉可以變凶，
則示人以當位變通之法。《易》之大旨，不外此二者而已。

由此可知每一組旁通卦，其陰陽置換之秩序，先由二五交易，而後初四、
三上交易者為當位，反之則失道。當位則吉，惟吉可以變凶，故示人以當位
變通之法；失道則凶，惟凶可以變吉，故示人以失道變通之法。所謂「變通」，
即「旁通」而「時行」之義，旁通已如前述，時行則容後再論；要之，當位、
失道，唯示人同一變通而已！故焦循又云：

大抵八卦之名，各名一義，而義則相通。〈乾〉行健，謂初筮、再筮
不已也。〈坤〉順承，謂當位、失道，皆變通也。〈離〉麗，謂初四、
三上附於二五而當位也。〈坎〉陷，謂二五為初四、三上所陷沒而失
道也。〈震〉柔中宜動者也。〈巽〉剛中宜遜以從人也，〈艮〉止有所
待也，〈兌〉說舍乎此以通於彼也。全《易》之義，八字盡之。〔註23〕

〈乾〉、〈坤〉、〈坎〉、〈離〉、〈震〉、〈巽〉、〈艮〉、〈兌〉八卦，兩兩旁通，
六十四卦本諸八卦之生生，而其道不外乎元亨利貞四字；而所以元亨利貞，
則「窮則變，變則通，通則久」九字盡之，一言以蔽之，則謂之「易」而已。
故《易圖略》卷二〈當位失道圖〉，復本旁通、當位、失道之義，而創「元亨
利貞」新解，〔註24〕茲據其原文，條分以明之：

(一)〈乾〉、〈坤〉、〈坎〉、〈離〉、〈震〉、〈巽〉、〈艮〉、〈兌〉八卦，兩兩
旁通。二五先行，成〈同人〉、〈比〉、〈隨〉、〈漸〉四卦，是之為
元。初四應之，成〈家人〉、〈屯〉；三上應之，成〈蹇〉、〈革〉，
是之為亨。

(二)〈家人〉上不可之〈屯〉三，〈蹇〉初不可之〈革〉四，則變而通
之，〈家人〉通〈解〉，〈屯〉通〈鼎〉，〈蹇〉通〈睽〉，〈革〉通〈蒙〉。
或〈同人〉、〈比〉、〈隨〉、〈漸〉，不俟亨而即變通，則〈同人〉通
〈師〉，〈比〉通〈大有〉，〈隨〉通〈蠱〉，〈漸〉通〈歸妹〉，所謂
「變而通之以盡利」，是由元亨而利者也。

(三)八卦二五不先行，而初四先行，成〈小畜〉、〈復〉、〈節〉、〈賁〉；
三上先行，成〈夬〉、〈謙〉、〈豐〉、〈井〉。初四先行，而又以三上
行之；三上先行，而又以初四行之，皆成〈需〉、〈明夷〉二卦。

〔註23〕義詳《通釋》卷十九「巽……順以巽也」條。
〔註24〕可並參看《易通釋》卷一「元亨利貞」條。

八卦成此十卦，則不元不亨。變而通之，〈小畜〉通〈豫〉，〈復〉通〈姤〉，〈節〉通〈旅〉，〈賁〉通〈困〉，〈夬〉通〈剝〉，〈謙〉通〈履〉，〈豐〉通〈渙〉，〈井〉通〈噬嗑〉，〈需〉通〈晉〉，〈明夷〉通〈訟〉。於是〈小畜〉、〈豫〉、〈賁〉、〈困〉二五先行，成〈家人〉、〈萃〉兩卦；〈復〉、〈姤〉、〈節〉、〈旅〉二五先行，成〈屯〉、〈遯〉兩卦；〈夬〉、〈剝〉、〈豐〉、〈渙〉二五先行，成〈革〉、〈觀〉兩卦；〈謙〉、〈履〉、〈井〉、〈噬嗑〉二五先行，成〈无妄〉、〈蹇〉兩卦，以變通而仍得元。或以初四應，或以三上應，成〈家人〉、〈屯〉、〈蹇〉、〈革〉、〈既濟〉、〈咸〉、〈既濟〉、〈益〉，而仍得亨，是由不元不亨，以利而復得元亨者也。

（四）然變而通之，不能盡利；又不以二五先行，而或先初四，或先三上，則〈同人〉、〈師〉、〈大有〉、〈比〉、〈隨〉、〈蠱〉、〈漸〉、〈歸妹〉、〈家人〉、〈解〉、〈屯〉、〈鼎〉、〈蹇〉、〈睽〉、〈革〉、〈蒙〉十六卦，失道而成〈臨〉、〈升〉、〈大畜〉、〈大壯〉、〈恆〉、〈損〉六卦。〈小畜〉、〈豫〉、〈復〉、〈姤〉、〈夬〉、〈剝〉、〈謙〉、〈履〉、〈節〉、〈旅〉、〈賁〉、〈困〉、〈豐〉、〈渙〉、〈井〉、〈噬嗑〉十六卦、失道而成〈頤〉、〈大過〉、〈中孚〉、〈小過〉四卦。

（五）又變而通之，則〈臨〉通〈遯〉、〈升〉通〈无妄〉，〈大畜〉通〈萃〉，〈大壯〉通〈觀〉，〈恆〉通〈益〉，〈損〉通〈咸〉；〈頤〉通〈大過〉，〈大過〉通〈頤〉，〈中孚〉通〈小過〉，〈小過〉通〈中孚〉。於是，〈臨〉成〈屯〉，〈升〉成〈蹇〉，〈大畜〉成〈家人〉，〈大壯〉成〈革〉，〈損〉、〈頤〉、〈中孚〉成〈益〉，〈恆〉、〈大過〉、〈小過〉成〈咸〉，仍為元亨。

（六）其失道而又失道者，非成〈明夷〉、〈需〉，即成〈既濟〉、〈泰〉。然〈泰〉通於〈否〉，〈既濟〉通於〈未濟〉，無論當位、失道，一經變通，則元亨者更加以元亨，不元不亨者改而為元亨。元亨非利則窮，利而後貞，乃終則有始；成兩〈既濟〉，則貞而不利。

總《周易》六十四卦，可推尋出以上六種形式，故焦循乃綜合其說，而歸結所論，云：

凡元亨必成〈家人〉、〈屯〉、〈蹇〉、〈革〉，或〈既濟〉、〈咸〉，或〈既濟〉、〈益〉。而〈家人〉通〈解〉，則〈解〉成〈咸〉，〈家人〉成〈既

濟〉；〈屯〉通〈鼎〉，則〈鼎〉成〈咸〉，〈屯〉成〈既濟〉。〈蹇〉通〈睽〉，則〈睽〉成〈益〉，〈蹇〉成〈既濟〉；〈咸〉通〈損〉，則〈損〉成〈益〉，〈咸〉成〈既濟〉。成〈既濟〉則終，成〈咸〉、〈益〉則有始，故〈恆・象傳〉特明之云「終則有始」。

昔人謂伏羲作「十言之教」曰：「乾、坎、艮、震、巽、離、坤、兌、消、息。」余謂文王作「十二言之教」曰：「元、亨、利、貞、吉、凶、悔、吝、厲、孚、無咎。」元亨利貞，則當位而吉；不元亨利貞，則失道而凶。失道而消不久固厲，當位而盈不可久亦厲；因其厲而悔則孚，孚則無咎。同一改悔，而獨歷艱難困苦，而後得有孚則為吝，雖吝亦歸於無咎。明乎此十二言，而《易》可知矣！

善夫！焦循以旁通之基礎，進而為當位、失道之準據，以變通為吉凶之所繫，創造其道德《易》教之規模，可謂夐然遠舉。故牟宗三《周易的自然哲學與道德函義・清焦循的道德哲學之易學》，由以上之根本義，乃特歸納其當位失道律則與總原則，〔註25〕知言之論，見道之深，亦足以發人深省，可進窺焦循《易》學之旨趣。文錄如下，提供參較：

（一）當位律與總原則

1. 凡先二五，後初四、三上，以變成〈家人〉、〈屯〉、〈革〉、〈蹇〉四卦者為當位。
2. 凡先二五，後初四、三上，以變成〈既濟〉、〈咸〉者為當位。
3. 凡先二五，後初四、三上，以變成〈既濟〉、〈益〉者為當位。

故凡旁通而能有序有理且為終而有始者，為當位之動。序理者，條理也；終始者，生生也。故總之可說：凡能「生生條理」者即為當位。

（二）失道律與總原則

1. 凡不先二五，而先初四、三上以成〈需〉、〈明夷〉者為失道。
2. 凡不先二五，而先初四、三上以成〈既濟〉、〈泰〉者為失道。
3. 凡成兩〈既濟〉者，無論其先二五，或不先二五，皆為失道。

故凡不按序按理而動，則必不能生生條理；不能生生條理，即為失道。

所以當位失道間不容髮，只看其動是否能先二五，及是否能終而有始。此兩條件皆盡，則為元亨利貞而吉，反之即為失道而凶。先二五者，立其元，

〔註25〕義詳牟先生是書，頁 271～273。

開其機，而有序有理也。終而有始者，生生不息之謂也。唯有序有理之動始能生生不息，生生不息正所以顯序理之動也。生生條理，即是「旁通情也」，即是「以情絜情」，即是情欲之諧和，即是「保合太和」，即是「忠恕一貫之道」。

　　焦循以「象、數、時、位」四維建構其《易》學三大發明之基幹，而歸趨於其道德哲學之《易》學，亦即「分殊」而「理一」，故能成其《雕菰樓易學》體系之縝密與周全，上下縱橫，無所不通。

二、當位失道圖解

　　茲據《易圖略》卷二〈當位失道圖〉所示，及「當位失道律則」之原則，分述當位、失道圖解，以明其詳。

　　（一）先二五，後初四、三上，以成〈家人〉、〈屯〉、〈革〉、〈蹇〉四卦者，爲旁通當位之卦。

1. 乾　一二五→同人　一初四→家人　一三上→革
　坤　一二五→比　　一初四→屯　　一三上→蹇
2. 坎　一二五→比　　一初四→屯　　一三上→蹇
　離　一二五→同人　一初四→家人　一三上→革
3. 震　一二五→隨　　一初四→屯　　一三上→革
　巽　一二五→漸　　一初四→家人　一三上→蹇
4. 艮　一二五→漸　　一初四→家人　一三上→蹇
　兌　一二五→隨　　一初四→屯　　一三上→革
5. 同人　一二五→同人　一初四→家人　一三上→革
　師　一二五→比　　一初四→屯　　一三上→蹇
6. 比　一二五→比　　一初四→屯　　一三上→革
　大有　一二五→同人　一初四→家人　一三上→蹇
7. 隨　一二五→隨　　一初四→屯　　一三上→革
　蠱　一二五→漸　　一初四→家人　一三上→蹇
8. 漸　一二五→漸　　一初四→家人　一三上→蹇
　歸妹　一二五→隨　　一初四→屯　　一三上→革

　　（二）先二五、後初四、三上，以成〈家人〉、〈屯〉、〈既濟〉、〈咸〉四卦者，爲旁通當位之卦。

1. 家人　一二五→家人　一初四→家人　一三上→既濟
　　解　　一二五→萃　　一初四→屯　　一三上→咸
2. 屯　　一二五→屯　　一初四→屯　　一三上→既濟
　　鼎　　一二五→遯　　一初四→家人　一三上→咸
3. 小畜　一二五→家人　一初四→屯　　一三上→既濟
　　豫　　一二五→萃　　一初四→屯　　一三上→咸
4. 復　　一二五→屯　　一初四→屯　　一三上→既濟
　　姤　　一二五→遯　　一初四→家人　一三上→咸
5. 節　　一二五→屯　　一初四→屯　　一三上→既濟
　　旅　　一二五→遯　　一初四→家人　一三上→咸
6. 賁　　一二五→家人　一初四→家人　一三上→既濟
　　困　　一二五→萃　　一初四→屯　　一三上→咸
7. 臨　　一二五→屯　　一初四→屯　　一三上→既濟
　　遯　　一二五→遯　　一初四→家人　一三上→咸
8. 大畜　一二五→家人　一初四→家人　一三上→既濟
　　萃　　一二五→萃　　一初四→屯　　一三上→咸

（三）先二五、後初四、三上，以成〈蹇〉、〈革〉、〈既濟〉、〈益〉四卦者，為旁通當位之卦。

1. 革　　一二五→革　　一初四→既濟　一三上→革
　　蒙　　一二五→觀　　一初四→益　　一三上→蹇
2. 蹇　　一二五→蹇　　一初四→既濟　一三上→蹇
　　睽　　一二五→无妄　一初四→益　　一三上→革
3. 夬　　一二五→革　　一初四→既濟　一三上→革
　　剝　　一二五→觀　　一初四→益　　一三上→蹇
4. 謙　　一二五→蹇　　一初四→既濟　一三上→蹇
　　履　　一二五→无妄　一初四→益　　一三上→革
5. 豐　　一二五→革　　一初四→既濟　一三上→革
　　渙　　一二五→觀　　一初四→益　　一三上→蹇
6. 井　　一二五→蹇　　一初四→既濟　一三上→蹇
　　噬嗑　一二五→无妄　一初四→益　　一三上→革
7. 升　　一二五→蹇　　一初四→既濟　一三上→蹇

    无妄　　一二五→无妄　　一初四→益　　　一三上→革

 8. 大壯　　一二五→革　　　一初四→既濟　　一三上→革

    觀　　　一二五→觀　　　一初四→益　　　一三上→蹇

（四）先二五，後初四、三上，以成〈既濟〉、〈益〉、〈既濟〉、〈咸〉四卦者，爲旁通當位之卦。

  1. 需　　　一二五→既濟　　一初四→既濟　　一三上→既濟

   晉　　　一二五→否　　　一初四→益　　　一三上→咸

  2. 明夷　　一二五→既濟　　一初四→既濟　　一三上→既濟

   訟　　　一二五→否　　　一初四→益　　　一三上→咸

  3. 泰　　　一二五→既濟　　一初四→既濟　　一三上→既濟

   否　　　一二五→否　　　一初四→益　　　一三上→咸

  4. 損　　　一二五→益　　　一初四→益　　　一三上→既濟

   咸　　　一二五→咸　　　一初四→既濟　　一三上→咸

  5. 恆　　　一二五→咸　　　一初四→既濟　　一三上→咸

   益　　　一二五→益　　　一初四→益　　　一三上→既濟

  6. 中孚　　一二五→益　　　一初四→益　　　一三上→既濟

   小過　　一二五→咸　　　一初四→既濟　　一三上→咸

  7. 大過　　一二五→咸　　　一初四→既濟　　一三上→咸

   頤　　　一二五→益　　　一初四→益　　　一三上→既濟

  8. 既濟　　一二五→既濟　　一初四→既濟　　一三上→既濟

   未濟　　一二五→否　　　一初四→益　　　一三上→咸

以上旁通當位圖，歸納四類，以相統屬，依序推求交易之往來，其理甚明，其變通之道益彰，循索即得其要。以下又舉列旁通失道圖，亦以爲參證之資。

 （一）不先二五，而先初四、三上，以成〈需〉、〈明夷〉二卦者，爲旁通失道之卦。

  1. 乾　　一初四→小畜一三上→需　　一三上→夬　　一初四→需

   坤　　一初四→復　　一三上→明夷一三上→謙　　一初四→明夷

  2. 坎　　一初四→節　　一三上→需　　一三上→井　　一初四→需

   離　　一初四→賁　　一三上→明夷一三上→豐　　一初四→明夷

  3. 震　　一初四→復　　一三上→明夷一三上→豐　　一初四→明夷

   巽　　一初四→小畜一三上→需　　一三上→井　　一初四→需

4. 艮 －初四→賁 －三上→明夷－三上→謙 －初四→明夷

兌 －初四→節 －三上→需 －三上→夬 －初四→需

5. 小畜－初四→小畜－三上→需 －三上→需 －初四→需

豫 －初四→復 －三上→明夷－三上→小過－初四→明夷

6. 復 －初四→復 －三上→明夷－三上→明夷－初四→明夷

姤 －初四→小畜－三上→需 －三上→夬 －初四→需

7. 夬 －初四→需 －三上→需 －三上→夬 －初四→需

剝 －初四→頤 －三上→明夷－三上→謙 －初四→明夷

8. 謙 －初四→明夷－三上→明夷－三上→謙 －初四→明夷

履 －初四→中孚－三上→需 －三上→夬 －初四→需

9. 節 －初四→節 －三上→需 －三上→需 －初四→需

旅 －初四→賁 －三上→明夷－三上→小過－初四→明夷

10. 賁 －初四→賁 －三上→明夷－三上→明夷－初四→明夷

困 －初四→節 －三上→需 －三上→大過－初四→需

11. 豐 －初四→明夷－三上→明夷－三上→明夷－初四→明夷

渙 －初四→中孚－三上→需 －三上 3→井 －初四→需

12. 井 －初四→需 －三上→需 －三上→井 －初四→需

噬嗑－初四→頤 －三上→明夷－三上→豐 －初四→明夷

13. 需 －初四→需 －三上→需 －三上→需 －初四→需

晉 －初四→頤 －三上→明夷－三上→小過－初四→明夷

14. 明夷－初四→明夷－三上→明夷－三上→明夷－初四→明夷

訟 －初四→中孚－三上→需 －三上→大過－初四→需

15. 中孚－初四→中孚－三上→需 －三上→需 －初四→需

小過－初四→明夷－三上→明夷－三上→小過－初四→明夷

16. 大過－初四→需 －三上→需 －三上→大過－初四→需

頤 －初四→頤 －三上→明夷－三上→明夷－初四→明夷

（二）不先二五，而先初四、三上，以成〈既濟〉、〈泰〉二卦者，爲旁通失道之卦。

1. 同人－初四→家人－三上→既濟－三上→革 －初四→既濟

師 －初四→臨 －三上→泰 －三上→升 －初四→泰

2. 比 －初四→屯 －三上→既濟－三上→革 －初四→既濟

　　　　大有－初四→大畜－三上→泰　－三上→升　－初四→泰

3. 隨　－初四→屯　－三上→既濟－三上→革　－初四→既濟
　　蠱　－初四→大畜－三上→泰　－三上→升　－初四→泰

4. 漸　－初四→家人－三上→既濟－三上→蹇　－初四→既濟
　　歸妹－初四→臨　－三上→泰　－三上→大壯－初四→泰

5. 家人－初四→家人－三上→既濟－三上→既濟－初四→既濟
　　解　－初四→臨　－三上→泰　－三上→恆　－初四→泰

6. 屯　－初四→屯　－三上→既濟－三上→既濟－初四→既濟
　　鼎　－初四→大畜－三上→泰　－三上→恆　－初四→泰

7. 革　－初四→既濟－三上→既濟－三上→革　－初四→既濟
　　蒙　－初四→損　－三上→泰　－三上→升　－初四→泰

8. 蹇　－初四→既濟－三上→既濟－三上→蹇　－初四→既濟
　　睽　－初四→損　－三上→泰　－三上→大壯－初四→泰

9. 臨　－初四→臨　－三上→泰　－三上→泰　－初四→泰
　　遯　－初四→家人－三上→既濟－三上→咸　－初四→既濟

10. 升　－初四→泰　－三上→泰　－三上→升　－初四→泰
　　无妄－初四→益　－三上→既濟－三上→革　－初四→既濟

11. 大畜－初四→大畜－三上→泰　－三上→泰　－初四→泰
　　萃　－初四→屯　－三上→既濟－三上→咸　－初四→既濟

12. 大壯－初四→泰　－三上→泰　－三上→大壯－初四→泰
　　觀　－初四→益　－三上→既濟－三上→蹇　－初四→既濟

13. 泰　－初四→泰　－三上→泰　－三上→泰　－初四→泰
　　否　－初四→益　－三上→既濟－三上→咸　－初四→既濟

14. 損　－初四→損　－三上→泰　－三上→泰　－初四→泰
　　咸　－初四→既濟－三上→既濟－三上→咸　－初四→既濟

15. 恆　－初四→泰　－三上→泰　－三上→恆　－初四→泰
　　益　－初四→益　－三上→既濟－三上→既濟－初四→既濟

16. 既濟－初四→既濟－三上→既濟－三上→既濟－初四→既濟
　　未濟－初四→損　－三上→泰　－三上→恆　－初四→泰

　　以上旁通失道圖凡二類，其中凡成兩〈既濟〉者，無論其先二五，或不先二五，皆爲失道，檢證可知。

三、當位失道例說

焦循《易話》卷下〈說當位〉一篇，亦從相關典籍中印證當位之義，本自《易》出，故其文曰：

〈月令〉：「行爵出祿，必當其位。」鄭康成注云：「使順之也。」〈坤〉順承天，則當位；《易》之當位，正與〈月令〉同。

《素問·五運行大論》：「岐伯曰：『從其氣則和，違其氣則病。不當其位，則病迷；移其位，則病失；守其位者，危；尺寸反者，死。』此當位以脈言。〈六微旨大論〉：「岐伯曰：『非其位則邪，當其位則正。』帝曰：『何謂當位？』岐伯曰：『木運臨卯，火運臨午，土運臨四季，金運臨酉，水運臨子。』」此當位以運言。子午卯酉，四正也，亦四中也；然則，惟中正乃當位。《易》以五爲中，陽剛位五，則中正。說者以柔爻居二四上，剛爻在初三五爲當位，非其義也。〈五運行大論〉云：「五氣更立，各有所先。非其位則邪，當其位則正。」當位視乎所先，尤與《易》合。〔註26〕

《呂氏春秋·處方篇》云：「凡爲治必先定分。君臣、父子、夫婦六者，當位則下不踰節，而上不苟爲矣！少不悍辟，而長不簡慢矣！」當位二字本《易》，此當時《易》經師所傳，呂氏采之。〔註27〕

以上皆焦循持據有方之說，而當位以旁通爲義，此又其獨立機杼，上達之創論。是以當位失道之見幾存義，以旁通而能變通爲之樞紐，能旁通而變通之，則剛柔交易而應，應則位當而吉，逢凶化吉，趨吉避凶。故焦循結攝其義云：

總之，當則悔亡，不當則征凶，〈象傳〉了然明白。有當而不當者，如〈晉〉成〈咸〉，當矣；〈咸〉未通〈損〉，而四之初，仍不當是也。有不當而當者，如〈兌〉成〈夬〉，不當矣；孚於〈剝〉而當是也。有不當加以不當者，如〈震〉成〈豐〉不當，〈豐〉又成〈明夷〉是

〔註26〕 焦循於醫學頗有深研，著有《李翁醫記》二卷，見《焦氏叢書》；又有《雕菰樓醫說》一卷、《種痘書》十篇、《沙疹吾驗篇》一卷，惜未見傳本。其治《易》，觸類旁通，博引旁徵者，皆與其所涉經術、百家之學有關，由此可見一斑。

〔註27〕 《易話》卷上〈陰陽治亂辨〉，亦辨之云：「陰陽非治亂也，有陰無陽則消，有陽無陰則宄，宄與消皆亂也。一陰一陽，迭用柔剛，則治矣！故曰『一陰一陽之謂道』，道以治言，不以亂言也；失道乃亂也。聖人治天下，欲其長治而不亂，故設卦繫辭以垂萬世，豈曰治必有辭乎？《孟子》言一治一亂，總古今之事迹說爲言，非一陰一陽之謂。」

也。或於既當之時，豫戒其不當，「弗過遇之」，「晉如鼫鼠」是也。
或於既當之後，追言其未當，「包羞遇毒」，「震蘇蘇，大吉，無咎」
是也。或在此卦稱彼卦，或在此爻論彼爻，屈曲相通，主客互見。
當謂二五先於三四，不當謂三四先於二五，斷然無疑。〔註28〕

此釋旁通之當位、失道義例甚明。焦循又進而釋之，以為當位者以反復
為道，與失道者反復為道，其道同也；反復其道者，指二五之一陰一陽，亦
指二五〈坤〉一陰反乎〈乾〉之一陽，故宜以〈乾〉二之〈坤〉五，則反而
復也。通諸卦之二五言之為道，自一卦之二五言之為命，有命斯有性，是又
旁通之更進一層，而必以教而明，〔註29〕故其《通釋》卷五「教」條，乃云：

《易》言教者三卦：〈坎〉「習教事」，〈臨〉「教思無窮」，〈觀〉「觀
民設教」。〈漸〉上之〈歸妹〉三成〈大壯〉，〈漸〉初之〈歸妹〉四
成〈臨〉，皆失道者也。〈漸〉成〈既濟〉，〈歸妹〉成〈泰〉，與〈坎〉
成〈需〉，〈離〉成〈明夷〉同，則失道又失道者也。唯失道所以教
之，唯失道，而教之，即能復於道，所以性雖限於命，而無不善也。
《中庸》言「修道之謂教」，而推本於「天命之謂性，率性之謂道」，
明教本於性，而道復於教，即《易》義也。道者，一陰一陽也，後
順得常也；既分而為命；而性本於命，則於道為不全，或不能一陰
一陽矣！或不能後順得常矣！則限於命而失道矣。然性為道之所
分，能率而行之，性即是道。何為率？率者，循也，不越次之謂也。
兩卦旁通，則不越乎一陰一陽矣！先二五，而初四、三上各趣時以
為行止，則不越乎後順得常矣！……此聖人所以以教為重也。……
人之性可因教而明，故善；禽獸之性，雖教之不明，故不善。故聖
人之教，因人性之善而立；性雖善，非教不明。聖人設教以寡天下
之過，所謂「通神明之德，類萬物之情」也。

由旁通立義，進而為當位、失道之變通設教，而道德之意涵躍然其中，
固可見焦循《易》學，由外在義例之貞定，發展而成其一貫道德哲學之旨趣。
此中精義奧蘊，將於後文焦循道德《易》學章，歸結以論，此暫不提。要之，
焦循以旁通為變通生成之基礎，而建設成其旁通、相錯、時行之道德哲學，「通」
之一義可謂其至，故至則元亨利貞，此其道德系統之一貫與完美，由其中生

〔註28〕義詳《通釋》卷三「當」條。
〔註29〕義詳《通釋》卷五「道」、「命」條。

發、顯豁而暢達，故名之以旁通《易》學，可謂名實副應，誠非虛妄。

小結與小評

一、焦循治《易》，深明乎歷代《易》學家之得失，又能輔以經典旁證他說，以證成其義，故能發千古之幽光，啓後學之明徑。洞觀其旁通《易》例，乃淵源改造自漢《易》學家荀爽之剛柔升降說，與虞翻之卦變、旁通說，出入而自得，遂創其剛柔爻象以二五、初四、三上依序交易之旁通義例，從而實現其變通生成之道德哲學。

二、焦循旁通說，其主要意圖在於縱橫貫通解釋全《易》經文、傳文中同字、同辭、同義之現象，以求得卦爻辭與十翼傳文間有機聯繫，而進窺卦與卦間，爻與爻間相互變通之內在意義，因而證成其一貫以爲《周易》經傳乃一整全圓融之思想體系。然則，焦循以旁通求通《易》辭，專從上下篇經文去求解，雖義據精深，殊可採取認同；但其解說旁通，輾轉證之以辭，反復假借引申其義，雖能自圓其說，終不免穿鑿附會，強以爲解者，自陷於邏輯上之循環論證而不自知，難免師心自用之譏。〔註30〕蓋旁通之理，本當從卦象中求，觀象玩辭，推演其辭之所之，以界定其邏輯之理則，而試通其辭之同異，此上下、先後之所分；因畫象而立卦，列卦而後見旁通，旁通乃測以《易》辭，此理之當然，非實（辭）之必然。若虞翻、焦循以《易》辭以求卦象之旁通，或專從辭中推擴其義，難免造成本末倒置，先後失次之謬誤，不可不慎，而有以辨之。

三、焦循旁通《易》學，其內容大要可分爲四端：一是本卦之剛柔爻象，其不當位者，宜依二五、初四、三上之秩序交易其位，使各歸之正。二是本卦無可易者，則與其對立旁通之卦，其剛柔爻象，亦按二五、初四、三上之規則交易。三是剛柔交易之目的，在於使不當位之爻象，各當其位，歸正得吉。四是剛柔爻象交易之結果，一卦而旁通一卦，因當位失道而串引數卦，從而鈎貫其卦爻辭之互明關係，以爲凡兩卦旁通，每以彼卦之意，係於此卦之辭，脈絡所明，繫連一貫。由《易》辭之旁通，可知焦循注重團體性，整個性或社會性之空間擴大之意涵，〔註31〕此又與其道德哲學之總觀點，相須

〔註30〕焦循旁通說不免自陷於「邏輯上之循環論證」之義，乃襲引自方東美（1899～1977）《生生之德·易之邏輯問題》一文，頁1～29。

〔註31〕此義引自牟宗三先生〈清焦循的道德哲學之易學〉，見《周易的自然哲學與道

而行，相呼而應。

四、焦循《易圖略·旁通圖》中，〈泰〉、〈否〉（爲〈乾〉、〈坤〉相錯），〈損〉、〈咸〉（爲〈艮〉、〈兌〉相錯），〈恆〉、〈益〉（爲〈震〉、〈巽〉相錯），〈既濟〉、〈未濟〉（爲〈坎〉、〈離〉相錯），此旁通八卦只有自身之爻變，而無相互之旁通；其本卦之二與五易，初與四易，三與上易，仍得〈泰〉、〈否〉、〈損〉、〈咸〉、〈恆〉、〈益〉、〈既濟〉、〈未濟〉八卦中之錯綜，此於焦循旁通義例，實爲特例，故有以爲此〈泰〉、〈否〉、〈損〉、〈咸〉、〈恆〉、〈益〉、〈既濟〉、〈未濟〉八卦，乃爲變通之終點。〔註32〕

五、焦循旁通《易》學中所持之「文化解釋」（culture interpretation），〔註33〕乃其道德哲學中之要著。故牟宗三先生以其卓識慧見，以爲焦循觀世界之生生條理，旣是旁通時行而當位，以至於元亨利貞。其根本觀點，惟一「動」字或「生」字，故其道德哲學即以此「動」、或「生」、或「元亨利貞」之世界爲基礎，而以「旁通時行」或「元亨利貞」爲道德理想，〔註34〕故道、命、性、情、才、教，可通而貫之。〔註35〕

德函義》，頁 277。
〔註32〕說見王永祥先生《焦學三種下·里堂易學》，頁 4。
〔註33〕此借引程石泉先生《易學新探·雕菰樓易義》之用語。
〔註34〕義詳前揭牟宗三先生書，「H：朱、戴、焦的絜合——新倫理系統的完成」，頁 339～349。
〔註35〕義詳見《通釋》卷五各條，並參本書第七章，以及牟宗三先生前引書之說。

第三章　焦循「相錯」《易》學述評

　　焦循於《易圖略·自序》中，首揭學《易》所悟得者「旁通、相錯、時行」三義；然後釋其義法，則以「相錯（比例）、旁通（升降）、時行（變化）」為序以說；其結論以為《易圖略》凡圖五篇、原八篇，皆所以發明「旁通、相錯、時行」之義，又復歸原序。而實際撰述之分卷中，則依「旁通圖、當位失道圖、時行圖、八卦相錯圖、比例圖」為次，「時行」提於「相錯（比例）之前。是知焦循《雕菰樓易學》三例，實亦前後錯綜，相輔而相成；〔註1〕乃據其本序，比次為說，以明其一貫而變通之道。故於旁通《易》學之後，繼述其相錯《易》學，以觀其相錯、比例參伍錯綜之妙，亦不外乎旁通、時行之旨歸。

第一節　相錯原理與圖說

　　相錯所以濟旁通之窮，亦《易》道變通之一重要法則。旁通之道，初通於四，二通於五，三通於上，而以當位、失道變通之。相錯則初通於初，二通於二，三通於三；或四通於四，五通於五，上通於上，而以比例錯綜之。故《周易》六十四卦之變通，不外此旁通、相錯二法而已。茲依《易圖略》卷四〈八卦相錯圖〉，爬梳而整齊之，以明其要略。

〔註1〕《焦里堂先生軼文·寄王伯申書》自釋其悟得《易》例有三，亦依「旁通、相錯、時行」為說；阮元〈焦氏雕菰樓易學序〉，及習見引用者，率依「旁通、相錯、時行」為義，可見《雕菰樓易學》之一貫脈絡。

一、相錯原理

「相錯」之意，本指〈乾〉、〈坤〉、〈震〉、〈巽〉、〈坎〉、〈離〉、〈艮〉、〈兌〉八卦交易，而成六十四卦之方法，故爲各卦生成之源。焦循乃實測《周易》經文、傳文，故《易圖略・八卦相錯圖》本之以爲說，云：

> 〈說卦傳〉云：「天地定位，山澤通氣，雷風相薄，水火不相射。」
> 〔註2〕天、地，〈乾〉、〈坤〉也；山、澤，〈艮〉、〈兌〉也；雷、風，
> 〈震〉、〈巽〉也；水、火，〈坎〉、〈離〉也。天地相錯，上天下地成
> 〈否〉；二五已定爲「定位」。山、澤相錯，上山下澤成〈損〉；二交
> 五爲「通氣」。雷風相錯，上雷下風成〈恆〉；二交五爲「相薄」。水
> 火相錯，上水下火成〈既濟〉；六爻皆定，不更往來，故「不相射」。
> 此〈否〉則彼〈泰〉，此〈損〉則彼〈咸〉，此〈恆〉則彼〈益〉，此
> 〈既濟〉則彼〈未濟〉，而統括以「八卦相錯」一語。六十四卦，皆
> 此天地、山澤、雷風、水火之相錯也。

（〈說卦〉）傳又自發明之，云：「水火相逮，雷風不相悖，山澤通氣，然後能變化而成萬物。」〔註3〕變「不相射」而云「相逮」，「不相射」謂〈既濟〉；「相逮」謂〈既濟〉變通於〈未濟〉也。「不相射」則寂然不動，「相逮」則感而遂通矣。〔註4〕變「相薄」，而云「不相悖」，五失道則悖；〈恆〉二之五，而後〈益〉上之三，則「不相悖」，由於「相薄」也。「水火不相射」之「射」，即「射鮒、射隼、射雉」之射；〔註5〕「雷風不相悖」之「悖」，即〈解・傳〉所稱「解悖」，〈頤・傳〉所謂「道大悖」。〈大過〉二之〈頤〉五，與〈恆〉二之五等；〈恆〉二之五成〈咸〉，〈大過〉二之〈頤〉五亦成〈咸〉。〈大過〉二不之〈頤〉五，而〈頤〉上之三，則道大悖；其既成〈咸〉，則不相悖可知。〈家人〉上之〈解〉三成〈恆〉，〈解〉二先之五，則不成〈恆〉，而成〈咸〉，故「解悖」，「解悖」則「不相悖」。傳以「解悖、道大悖」，與「雷風不相悖」贊，明知雷風指〈恆〉，則知其爲〈震〉、〈巽〉所錯。知雷風爲〈震〉、〈巽〉

〔註2〕 案：「水火不相射」，馬王堆帛書本作「水火相射」，《經典釋文》同，文意比
　　　　對，應較順當。

〔註3〕 末句與現行《十三經注疏・周易正義》「然後能變化，既成萬物也」，改「既」
　　　　字爲「而」，又省「也」字。蓋所據之本不同，故文字參差，而文義並無異。

〔註4〕 焦循自注云：「《爾雅》：『逮，與也。』即謂感應相與。」此又與其假借《易》
　　　　學有關，詳見後章。

〔註5〕 詳見《易通釋》卷十一「射雉、射隼、射鮒」條。

所錯，則知天地爲〈乾〉、〈坤〉所錯，山澤爲〈艮〉、〈兌〉所錯，水火爲〈坎〉、〈離〉所錯也。

　　由是可知，〈說卦傳〉所云：「天地定位，山澤通氣，雷風相薄，水火不相射，八卦相錯。」此爲焦循「相錯」《易》學之所本，故八卦相錯而成六十四卦，「然後能變化，既成萬物也。」而焦循詮解此段義理，歷來無見此透徹者，故其〈寄王伯申書〉申之云：

> 天下事物以相錯而治，錯而得乎道，惟在旁通；「旁通情也」，在舜爲「善與人同」，在孔子爲「忠恕一貫」，在《大學》爲「絜矩」。後人自視爲君子，不能旁通情，故與人相錯，遂互相傾軋，不能孚於小人，亦不利君子貞，而《易》道泯矣！〔註6〕

　　焦循相錯義例，本於旁通，而由自然規律之生成中，發展其一貫之道德哲學，此其歸趣，顯而易見者，容於後章詳論其「道德」《易》學，以盡其精蘊。故牟宗三先生以爲焦循解「八卦相錯」段甚妙，「不相射」變而爲「相逮」，貞而利也，終而有始也，通而時行也。「相薄」而「不相悖」，利而通也，元而亨也；「相薄」，利也，元也；「不相悖」，通也，亨也，亦是時行之義也。〔註7〕如是觀之，故所謂「相錯」，仍不外旁通而時行，此固見於本章前言所論，旁通、相錯、時行三義，本錯綜而相輔成之。焦循由「旁通情也」，進而爲「元亨利貞」之終始時行，乃是「通」之極致，《易》教之「絜靜精微」，可以證知。

二、相錯圖解

　　焦循《易圖略・八卦相錯圖》，其「相錯」法則，乃特指六十四卦中三十二組旁通卦之下卦，彼此進行置換而組合成新卦，而此四卦之間爲「相錯」之關係，故總六十四卦中之三十二組旁通卦，其相錯之圖式，可析分如下：

　　（一）凡旁通二卦之下卦相互置換而相錯，其相錯而成之二新卦，彼此亦爲旁通之卦。

　　　　1. 乾　　　否
　　　　　　坤　　　泰

〔註6〕詳參《焦里堂先生軼文・寄王伯申書》，此書於焦循《雕菰樓易學》梗概，闡述甚爲明晰。

〔註7〕牟先生義詮，詳見《周易的自然哲學與道德函義・清焦循的道德哲學之易學》，頁275。

2. 坎　　旣濟
　　離　　未濟
3. 震　　恆
　　巽　　益
4. 艮　　損
　　兌　　咸
5. 同人　訟
　　師　　明夷
6. 比　　需
　　大有　晉
7. 隨　　大過
　　蠱　　頤
8. 漸　　中孚
　　歸妹　小過
9. 小畜　觀
　　豫　　大壯
10. 復　　升
　　姤　　无妄
11. 夬　　萃
　　剝　　大畜
12. 謙　　臨
　　履　　遯
13. 屯　　井
　　鼎　　噬嗑
14. 家人　渙
　　解　　豐
15. 蹇　　節
　　睽　　旅
16. 革　　困
　　蒙　　賁

以上為六十四卦旁通相錯圖。

　　（二）凡旁通卦二五爻位置換，而組合成新卦之相錯，皆為二五大中而上下應之卦。〔註8〕

1. 同人　　否
　　比　　　旣濟
2. 隨　　　咸
　　漸　　　益
3. 革　　　萃
　　觀　　　家人
4. 遯　　　无妄
　　屯　　　蹇

以上為二五旁通之變卦相錯圖。

　　（三）凡旁通卦初四爻位或三上爻位置換，而組合成新卦之相錯，皆為初四或三上交易之卦。

1. 小畜　　益
　　復　　　泰
2. 節　　　旣濟
　　賁　　　損
3. 大畜　　頤
　　屯　　　需
4. 家人　　中孚
　　臨　　　明夷

以上為初四旁通之變卦相錯圖。

5. 夬　　　咸
　　謙　　　泰
6. 井　　　旣濟
　　豐　　　恆
7. 大壯　　小過

〔註8〕　王永祥先生《焦學三種·里堂易學》，以為此乃二五旁通之變卦，故稱之為「變卦相錯圖」之一。其初四旁通之變卦，為「變卦相錯圖」之二；三上旁通之變卦，為「變卦相錯圖」之三；其旁通相繼之變卦，為「變卦相錯圖」之四，見該書頁18～19。

```
        蹇      需
  8. 革      大過
     升      明夷
```

以上為三上旁通之變卦相錯圖。

（四）凡旁通卦先二五，後三上或初四爻位置換，而組合成新卦之相錯，皆為旁通相繼之變卦。

```
  1. 家人     益
     屯      既濟
  2. 革      咸
     蹇      既濟
  3. 需      既濟
     明夷     泰
```

以上為旁通相繼之變卦相錯圖。

觀以上示例，可知旁通、相錯之妙，而相錯所以濟旁通之窮。

三、相錯例說

以上相錯圖解四類，其六十四卦旁通相錯之結果，皆由於八卦相錯所致，故能相互聯繫而變化之；推之《易》卦爻辭，亦可以類推而互釋，《易通釋》二十卷所釋者周詳。焦循乃舉證其最顯者，明其應用於《易圖略》卷四中，試依其原文，分析其類，以知所從。

（一）凡以旁通相錯為旁通，皆未經行動者，其相錯而成之一組四卦，其義皆可相通。前所列相錯圖解（一），即屬此類；若非達乎旁通、相錯之指，實未能知其所謂也。

1. 〈蒙〉、〈革〉為〈困〉、〈賁〉之相錯，故〈蒙〉稱「困蒙」。
2. 〈睽〉、〈蹇〉為〈旅〉、〈節〉之相錯，故〈蹇〉稱「中節」。
3. 〈家人〉、〈解〉即〈豐〉、〈渙〉之相錯，故〈豐〉稱「蔀其家」。
4. 〈鼎〉、〈屯〉相錯為〈噬嗑〉，「〈噬嗑〉，食也」，〈鼎〉稱「雉膏不食」。
5. 〈比〉、〈大有〉相錯為〈需〉、〈晉〉，「〈大有〉，眾也」，則〈晉〉稱「眾允」；「〈比〉，樂也」，則〈需〉稱「飲食燕樂」。
6. 〈大壯〉、〈觀〉相錯為〈小畜〉，故〈小畜〉「輿說輻」，〈大壯〉「壯

於大輿之輹」。

7. 〈臨〉、〈遯〉相錯為〈履〉，故「履虎尾」，〈遯〉亦云「遯尾」。

8. 〈歸妹〉、〈漸〉相錯為〈小過〉、〈中孚〉，〈隨〉、〈蠱〉相錯為〈大過〉、〈頤〉。〈大過〉二之〈頤〉五成〈咸〉，則「過以相與」；〈中孚〉二之〈小過〉五成〈咸〉，則「與爾靡之。所謂「與」，即〈咸〉之「感應相與」。而〈歸妹〉既成〈隨〉，則係於〈蠱〉；〈蠱〉既成〈漸〉，則係於〈歸妹〉。故〈蠱〉二之五，即〈大過〉二之〈頤〉五；〈歸妹〉二之五，即〈中孚〉二之〈小過〉五。〈漸〉係〈歸妹〉，不能兼〈隨〉，即不能兼〈大過〉之「過以相與」。〈隨〉係〈蠱〉，不能兼〈漸〉，即不能兼〈中孚〉之「與爾靡之」，故云「不兼與」。非相錯，則「兼與」之義，未易明也。

9. 而〈咸〉、〈艮〉兩卦之辭，發明〈咸〉、〈損〉為〈艮〉、〈兌〉之相錯，尤為明了。〈艮·六五〉「艮其輔」，即〈咸·上六〉「咸其輔頰舌」；〈咸·六二〉「咸其腓」，即〈艮·六二〉「艮其腓」。〈損·傳〉「一人行，三則疑也」，〈兌·傳〉云「行未疑也」；「行未疑」之「行」，即「一人行」之「行」。〈兌〉「以朋友講習」，正發明〈損〉之「得其友」。非明乎八卦相錯之比例，〈咸〉、〈艮〉兩卦取象之同，將莫能知其妙也。

(二) 其既行動，或得或失，亦以相錯之卦為比例。前所列相錯圖解（二）、（三）、（四），即屬此類也。

1. 傳於〈蠱〉稱「終則有始」，於〈恆〉亦稱「終則有始」，所以明〈隨〉、〈漸〉相錯即〈咸〉、〈益〉，〈咸〉、〈益〉相錯即〈隨〉、〈漸〉也。〈恆〉上〈震〉下〈巽〉，二之五，即〈巽〉二之〈震〉五也，猶〈隨〉也。〈損〉上〈艮〉下〈兌〉，二之五，即〈兌〉二之〈艮〉五也，猶〈漸〉也。惟〈損〉二之五，即〈兌〉二之〈艮〉五，故在〈艮〉稱「不拯其隨」，在〈咸〉稱「執其隨」。〈兌〉二之〈艮〉五，〈兌〉成〈隨〉；〈艮〉以「隨」稱之，以旁通知之也；〈咸〉通於〈損〉，〈損〉二之五成〈益〉。〈損〉之成〈益〉，即〈兌〉之成〈隨〉；〈咸〉以「隨」稱之，則以相錯知之也。

2. 〈家人〉「利女貞」，謂〈解〉二之五；〈觀·六二〉「利女貞」，謂〈大壯〉二之五。〈大壯〉二之五成〈革〉，〈解〉二之五成〈萃〉；〈萃〉

與〈家人〉相錯成〈萃〉、〈觀〉，〈革〉與〈觀〉相錯成〈萃〉、〈家人〉。故〈解〉二之五，與〈大壯〉二之五相比例也。

3. 〈蒙〉「子克家」，上之三稱「克」，二之五爲「子」。〈蒙〉二之五成〈觀〉，〈觀〉、〈革〉相錯成〈家人〉、〈萃〉，則〈觀〉三克上，即〈萃〉三克〈家人〉上，故云「子克家」也。

4. 〈歸妹・初九〉傳云「〈歸妹〉，以娣以恆也」，〈歸妹〉何得有恆？知〈咸〉、〈益〉與〈隨〉、〈漸〉相錯，而〈歸妹〉之「以恆」乃明。〈歸妹〉二之五成〈隨〉，即〈恆〉二之五成〈咸〉，故以〈恆〉二之五，爲〈歸妹〉二之五之比例也。

5. 〈既濟〉、〈否〉相錯爲〈比〉、〈同人〉，故〈比〉之「匪人」，亦〈否〉之「匪人」。〈否〉「不利君子貞」，謂〈泰〉不成〈既濟〉，而〈否〉成〈既濟〉；〈同人〉則「利君子貞」，謂〈師〉先成〈比〉也。

6. 〈泰〉二之五，則「于食有福」；〈訟〉二之〈明夷〉五，則「食舊德」。〈訟〉二不之〈明夷〉五，則「三日不食」；〈需〉二之〈晉〉五，在〈需〉則「飲食」，在〈晉〉則「受福」，〈未濟〉二之五則「實受其福」。

7. 〈訟〉、〈晉〉、〈未濟〉成〈否〉，〈明夷〉、〈需〉、〈泰〉成〈既濟〉。〈既濟〉、〈需〉「有衣袽」，〈需〉二之〈晉〉五成〈既濟〉、〈否〉也。

8. 〈師〉「否臧凶」，〈師〉二之五成〈比〉；〈比〉、〈同人〉相錯成〈否〉也。

9. 〈屯〉「勿用有攸往」，〈臨〉二之五成〈屯〉，則通於〈鼎〉，不可以三往也。〈遯〉「勿用有攸往」，〈鼎〉二之五成〈遯〉，則通於〈臨〉，不可以上往也。此〈屯〉、〈鼎〉、〈遯〉、〈臨〉之時行也。乃〈无妄〉「不利有攸往」，傳云「〈无妄〉，災也」；〈遯・傳〉云「不往，何災也」，〈遯〉、〈屯〉相錯成〈无妄〉、〈蹇〉。

10. 〈蹇・九五〉「朋來」，謂〈升〉二之五也；〈復〉「朋來」，謂〈姤〉二之〈復〉五也。〈姤〉二之〈復〉五，〈復〉成〈屯〉，〈姤〉成〈遯〉；〈遯〉、〈屯〉相錯成〈蹇〉，故〈升〉之成〈蹇〉，猶〈復〉之成〈屯〉。

11. 〈小畜〉、〈豫〉相錯爲〈觀〉、〈大壯〉。〈觀〉「后以省方」，謂〈大壯〉二之五，即〈小畜〉二之〈豫〉五之比例。〈豫〉四之初成〈復〉，故「后不省方」，謂不能相錯爲〈觀〉也。此皆以二五之行爲比例。

　　案：凡此之類，即前所示「相錯圖解（二）」之具體例證；共四卦組，每組四卦，合十六卦，詳參前列圖式。此十六卦，正爲焦循「時行圖」中「二五先行當位」一類第二層中之十六卦；亦即凡旁通之兩卦，其爻已動，其先之以二五，所謂「當位」者所成之十六卦，彼此相錯而組成，合之四卦組也。而此亦見於「當位失道圖」第二層中，凡屬「當位」之部分，即此十六卦。是可知旁通、相錯、時行三者，爲《雕菰樓易學》之相生相成者，故須一併比觀，始見其錯綜變通之妙。〔註9〕

12. 〈損〉以遠害，而〈節〉不害民。〈革〉四之〈蒙〉初成〈損〉，猶〈困〉四之初成〈節〉；〈節〉通〈旅〉，〈損〉通〈咸〉，則遠害，遠害故不害民。〈損〉二不之五，而〈咸〉四之初成〈既濟〉，相錯即〈節〉、〈賁〉，故傳云「未感害也」。

13. 〈姤〉上之〈復〉三，〈復〉成〈明夷〉，〈姤〉成〈大過〉，故爲「大難」。「大」者，〈大過〉；「難」者，〈明夷〉也。〈大過〉、〈明夷〉相錯爲〈革〉；〈明夷〉通〈訟〉，與〈革〉通〈蒙〉同，故云「以蒙大難」。非明乎相錯，不知「蒙大難」之義也。

14. 〈豐〉四之〈渙〉初，〈渙〉成〈中孚〉，〈豐〉成〈明夷〉。〈中孚〉、〈明夷〉相錯爲〈家人〉，「〈家人〉，內也」，故云「內難，而能正其志」。非明乎相錯，不知「內難」之何以爲「內」也。

　　案：凡此之類，如前所示「相錯圖解（三）」，是皆所謂既行動以相錯之卦爲比例之證。共八卦組，每組四卦，合三十二卦；惟其中〈泰〉、〈既濟〉、〈需〉、〈明夷〉四卦重出，實共四十八卦。此三十二卦（實二十八卦）亦爲焦循「時行圖」中，「初四先行不當位」與「三上先行不當位」兩類第二層中之三十二卦。亦即凡旁通之兩卦，其爻已動，其先之以初四或三上，所謂「不當位」（即「失道」）者所成之三十二卦，彼此相錯，而組合成之八卦組。此亦見於「當位失道圖」第二層中，凡屬「失道」之部分，即此三十二卦。

15. 〈需〉「致寇至」，謂〈晉〉成〈明夷〉；〈需〉二之〈明夷〉五爲「寇」也，〈解〉「致寇至」，謂〈解〉成〈泰〉，〈家人〉成〈既濟〉；而〈泰〉二之五爲「寇」也。〈泰〉、〈既濟〉相錯即〈需〉、〈明夷〉。

16. 〈屯〉「見」而〈益〉亦「見善」。〈損〉成〈益〉，而後〈咸〉四之

〔註9〕 以上事實，乃何澤恆教授《焦循研究‧雕菰樓易學探析》，頁 52～57 之綜合所得，筆者深表認同，故襲引以爲説，以下兩案語同此。「時行圖」詳見下章。

初爲「居吉」，與〈屯〉之「利居貞」互明。〈益〉、〈既濟〉相錯爲〈屯〉、〈家人〉也。

案：凡此之類，皆歷經二爻之動，無論其爲「當位、失道」，皆如前列「相錯圖解（四）」之圖式。共三組，每組四卦，合十二卦；惟〈既濟〉重出二次，故實只十卦。此即焦循「當位失道圖」第三層中所列者，無論其爲「當位」，抑或「失道」，凡經兩爻之動者，皆莫出乎此十二卦之外。

（三）八卦相錯之「錯」字，爲全《易》之通例，故比例之用相錯，其義最爲微妙，乃暢述其旨。

1. 經於〈離・初九〉明示云「履錯然」，〈遯〉、〈屯〉相錯爲〈蹇〉、〈无妄〉，與〈履〉二之〈謙〉五同。傳云「以辟咎也」，〈睽・初九〉亦云「以辟咎也」；〈睽〉二之五成〈无妄〉，爲「見惡人」，正與〈履〉二之〈謙〉五等。蓋〈離〉四之〈坎〉初成〈節〉，不能無咎；〈節〉通於〈旅〉，〈節〉二之〈旅〉五，〈旅〉成〈遯〉，〈節〉成〈屯〉，爲〈履〉二之〈謙〉五之相錯。故直云「履錯然」，明指出「錯」字，而八卦相錯之「錯」，正由此而暢述其旨。〔註10〕

2. 〈蒙〉稱「困蒙」，知其爲〈革〉所孚也。蓋〈革〉、〈蹇〉相錯不能成〈困〉，〈革〉、〈蒙〉相錯乃成〈困〉也。惟〈革〉、〈蒙〉爲〈困〉、〈賁〉，而〈旅〉得稱「童僕」；「童」即「童蒙」之「童」，「僕」爲仕於家之名。〔註11〕知〈旅〉四先之初成〈賁〉，變通於〈困〉；〈困〉二之〈賁〉五成〈家人〉爲「僕」，即〈蒙〉二之五之比例，故云「童僕」。若〈賁〉與〈節〉錯，則不成〈蒙〉、〈革〉，遂不得云「童僕」也。

3. 〈履・六三〉「武人爲於大君」，「大君」，〈履〉二之〈謙〉五也。〈解〉

〔註10〕《通釋》卷十八「履……非禮弗履」條，明指出〈離・初九〉「履錯然」之「錯」字爲全《易》之例。故傳贊云：「履錯之敬，以辟咎也。」又贊〈睽・初九〉云：「見惡人，以辟咎也。」〈節〉、〈旅〉相錯爲〈睽〉、〈蹇〉，〈節〉二之〈旅〉五爲〈睽〉二之五之比例；而〈睽〉二之五成〈无妄〉，正與〈履〉二之〈謙〉五同，以兩「辟咎」相貫，明「履錯」指〈旅〉、〈節〉成〈屯〉、〈遯〉，爲〈履〉二之〈謙〉五之所錯。經以〈履〉明〈旅〉，傳即以〈睽〉明〈旅〉，皆詳析而無疑。又可並參，以互明之。

〔註11〕《禮記・禮運第九》曰：「故仕於公曰『臣』，仕於家曰『僕』。」此條可參見《通釋》卷十一「童蒙、童觀、童牛、童僕」條，可知經以一「童」字爲眾卦之樞紐，皆造乎微之微者。

四之初爲〈臨〉，不宜矣！乃旁通於〈遯〉，則宜！〈臨〉、〈遯〉相錯爲〈謙〉、〈履〉，〈臨〉二之五即〈履〉二之〈謙〉五之比例，故云「大君之宜」，謂旁通於〈遯〉爲宜也。非旁通於〈遯〉，則不錯爲〈履〉、〈謙〉，即不得云「大君之宜」也。

4. 〈屯〉通於〈鼎〉，〈鼎〉四之初成〈大畜〉，〈大畜〉不孚〈屯〉而孚〈萃〉。〈萃〉與〈大畜〉錯爲〈夬〉、〈剝〉；〈大畜〉二之五爲〈夬〉成〈革〉，〈剝〉成〈觀〉與〈蒙〉二之五同。故〈大畜〉云「童牛之告」，「童」即「童觀」之「童」；「告」即「初筮告」之「告」。非孚於〈萃〉，則〈家人〉與〈屯〉不能相錯爲〈觀〉，即不得稱「童」，稱「告」也。

5. 〈晉〉、〈需〉相錯爲〈大有〉、〈比〉。〈需〉與〈晉〉孚，乃錯〈大有〉，故六三「眾允之」；〈需〉與〈明夷〉則不錯〈大有〉，即非「眾允之」矣。

6. 〈睽〉四之〈蹇〉初，〈革〉四之〈蒙〉初，皆成〈損〉；而〈蹇〉、〈革〉成〈既濟〉。〈損〉二之五成〈益〉，〈益〉、〈既濟〉相錯爲〈家人〉、〈屯〉，無〈隨〉也；惟〈損〉通於〈咸〉，而二之五，則〈益〉、〈咸〉相錯乃成〈隨〉、〈漸〉。〈咸・九三〉「咸其股，執其隨」，所以明〈損〉之通〈咸〉；又所以明〈損〉之成〈益〉，錯〈隨〉則不錯〈家人〉，故〈損〉「得臣無家」也。

　　焦循於《易圖略》卷四，敷敍「相錯」例說如是，筆者皆逐一比類條陳；若能參以圖解，而以其現身說法之義例研考之，則所謂「相錯、比例」之道，自然旁通可得。故總上所述例說，焦循所言「相錯」，大別可分爲「未經行動」（見「八卦相錯一」圖）與「既行動」兩大類。其「未經行動」者，實但依旁通之卦以爲相錯而已；其「既行動」者，則復分「一爻動」與「二爻動」兩類；其「一爻動」者，又分「當位」（見「八卦相錯二」圖）與「失道」兩類。而其「失道」類中，又兼包「初四先行」與「三上先行」兩種（見「八卦相錯三」圖）；至於其「二爻動」者，則兼「當位」、「失道」言之（見「八卦相錯四」圖）。〔註12〕

〔註12〕何澤恆教授《焦循研究・雕菰樓易學探析》乃綜合其例，以圖表示之，明其頭緒，足以綱領之，以爲循索研考之資。詳見該書，頁 56～57。前所總述之文，亦本何教授結語，蓋所見者同，其理易明，故不再別立文字，以增贅語。

第二節　比例原理與圖說

　　前節所言「八卦相錯之比例」，意在相錯之卦，如同「比例」之關係，故此方之卦與辭可「比例」等同於彼方之卦與辭；是以，比例之義，出於相錯；不知相錯，則比例之義不明。焦循治《易》，以旁通爲基礎，重在求卦象上下二體之交錯；而相錯、比例二義，乃依於意在講爻象升降之旁通，而後可得爲說，故相錯必以旁通爲先，並從其中引出比例之原則。由《雕菰樓易學》之系統中，可知「比例」實爲其「相錯」之進一步發展，並從而確立《周易》卦爻之間等值關係之法則，其理甚明，而其用甚廣，故《雕菰樓易學》，王引之以爲「比例」二字足以盡之。〔註13〕以下根據《易圖略》卷五〈比例圖〉，闡述其原理，明示其圖解，並依例爲說，以觀其中奧蘊。

一、比例原理

　　「比例」，原爲數學術語，即是「類推」之意；故以此而比他，則可以「類推」其義，觸類而長之，鉤貫發明之道，畢見顯明。焦循「比例」解《易》之法，實即以數學之「比例」，以爲「六書假借」說《易》之資藉；此二端，將於「數理《易》學」與「假借《易》學」二章，再明其底蘊。焦循蓋欲以「比例」之由此及彼，由彼及此，比例之以貫通全經、全傳以爲《易》辭參伍錯綜，脈絡徹達之方便法門。故嘗自述其悟得「比例」之原由，曰：

> 乾隆丁未，〔註14〕余始習九九之術。既明九章，又得秦道古、李仁卿之書，得聞洞淵九容奧義。讀《測圓海鏡・卷首識別》一冊，而其所謂「正負寄左，如積相消」者，精微全在於此。極奇零隱曲之數，一比例之，無弗顯豁可見，因悟聖人作《易》，所倚之數，正與此同。夫九數之要，不外齊同、比例；以此之盈，補彼之朒，數之齊同如是，《易》之齊同亦如是。以此推之得此數，以彼推之亦得此

數；數之比例如是，《易》之比例亦如是。說《易》者執於一卦一爻，
是知五雀之俱重，六燕之俱輕，而不知一燕一雀，交而適平；又不
知兩行交易，偏乘而取之，宜乎左支右詘，莫能通其義也。余既悟
得旁通之旨，又悟得比例之法，用以求經，用以求傳，而經傳之微
言奧義，乃可得而窺其萬一。〔註15〕

　　可知，焦循「比例」一義，純出於其數學之造詣，故能「以數之比例，求
《易》之比例」；以其深明乎九數之正負比例，故能「因其末之同，而溯其本如
此」，〔註16〕舉六十四卦三百八十四爻，盡驗其往來之跡於經文之中，而後使聖
人執筆著書之本義，豁然大明而知其所以然。焦循推求數之比例以言《易》，其
理詳析備具，容於「數理《易》學」章再行論述。要之，「比例」則演繹其理，
「齊同」則歸納其法，故齊同而比例之，乃可歸納其旁通、相錯之跡，而歸納
出六十四卦象、辭、義理之相通。此說甚善，故牟宗三先生評論之，曰：

這純是數學家之言。以數學上之齊同、比例，應用於物理，是謂「數
理物理」。齊同者，合同也，契合也。以數學上之齊同，應用於物理
變易之上，則歸納法立焉。以物理變易之合同而解析數學之齊同，
則數學之基礎樹焉。以數學上之比例，應用於物理變易上，則演繹
法顯焉。以物理變易之比例，則數學上之形式的比例而得其意義焉。
《周易》一書便是數學物理合和而成，所以是一部數理物理。而數
理又都可以用經驗界所歸納、演繹的物事而解析。倫理則是由之而
派生的意謂世界也。〔註17〕

　　由此可知，焦循以數理之「比例、齊同」，以求《易》象、辭與理之「比
例、齊同」，一如旁通、相錯、時行之廣而用之，皆為建構其道德哲學之《易》
學系統而設。故能取《易》之經文與卦爻反覆實測之，正可見聖人作《易》
參伍錯綜，化裁推行之道。易言之，「比例」之演繹，「齊同」之歸納，必兼
綜其旁通、相錯、時行之整全《易》義。

二、比例圖解

　　比例之形式有二，一為以八卦相錯為比例，一為以卦爻交易為比例。其

〔註15〕具見《易圖略》卷五〈比例圖〉之文字說解，下同。
〔註16〕語見阮元《揅經室集・焦氏雕菰樓易學序》。
〔註17〕詳見牟宗三先生《周易的自然哲學與道德函義》，頁276。

比例以相錯言者，即《易圖略》卷四〈八卦相錯圖〉之四類；而以卦爻交易
爲比例者，或以一卦之升降交易，或由二卦之旁通交易所之之新卦，亦皆屬
之。苟所之之新卦相同，則以其齊同，而可相爲比例；凡相爲比例之相關各
卦，則可據其旁通、相錯變化之跡，以推求其間義理之相通。而其交易之規
則，仍如旁通《易》學之定準：即已正之爻不變動，未正之爻以二五、初四、
三上之序，先後交易爲當。故焦循於《圖略》卷五〈比例圖〉，統括八卦相錯
之比例與卦爻交易之比例，既撰《通釋》以闡明其通辭之用，復仿李仁卿（冶）
《測圓海鏡·識別》，列爲「比例圖」如下：

（一）上經比例圖

1. 乾　　否、泰錯
2. 坤　　泰、否錯
3. 屯　　井、噬嗑錯　蹇、无妄錯　需、頤錯　旣濟、益錯
　　　　臨二之五　萃四之初　旅五之節二　姤二之復五　大有四之比
　　　　初　蠱初之隨四
　　　　乾二之坤五、乾四之坤初　離五之坎二、離四之坎初　巽二之
　　　　震五、巽初之震四　艮五之兌二、艮初之兌四　師二之五、同
　　　　人四之師初
　　　　歸妹二之五、漸初之歸妹四　解二之五、解四之初　困二之賁
　　　　五、困四之初
4. 蒙　　賁、困錯
5. 需　　比、大有錯　屯、大畜錯　蹇、大壯錯　旣濟、泰錯　大過四
　　　　之初　中孚上之三　剝初之夬四　豫三之小畜上　噬嗑四之井
　　　　初　旅上之節三　坤初之乾四、坤三之乾上　離四之坎初、離
　　　　上之坎三　震四之巽初、震三之巽上　艮初之兌四、艮上之兌
　　　　三　謙初之履四、履上之三　豐四之渙初、渙上之三　復三之
　　　　姤上、姤四之初　賁上之困三、困四之訟初　困四之初、訟上
　　　　之三
6. 訟　　同人、師錯　否、未濟錯
7. 師　　明夷、訟錯
8. 比　　需、晉錯　旣濟、否
　　　　乾二之坤五、離五之坎二　師二之五

9. 小畜　觀、大壯錯　益、泰錯
　　　　坤初之乾四　巽初之震四　姤四之初

10. 履　　遯、臨錯

11. 泰　　坤、乾錯　復、小畜錯　謙、夬錯　明夷、需錯　恆四之初　損
　　　　上之三　无妄四之升初　遯上之臨三　觀初之大壯四　萃三之
　　　　大畜上
　　　　比初之大有四、比三之大有上　同人四之師初、同人上之師三
　　　　隨四之蠱初、隨三之蠱上　漸初之歸妹四、漸上之歸妹三　家
　　　　人上之解三、解四之初　屯三之鼎上、鼎四之初　革四之蒙初、
　　　　蒙三之上　蹇初之睽四、睽上之三　未濟四之初、未濟上之三

12. 否　　乾、坤錯　同人、比錯
　　　　未濟二之五　需二之晉五　明夷五之訟二

13. 同人　訟、明夷錯　否、既濟錯
　　　　坤五之乾二　坎二之離五　大有二之五

14. 大有　晉、需錯

15. 謙　　臨、遯錯　泰、咸錯
　　　　剝上之三　乾上之坤三　兌三之艮上

16. 豫　　大壯、觀錯

17. 隨　　大過、頤錯　咸、益錯
　　　　巽二之震五　艮五之兌二　歸妹二之五

18. 蠱　　頤、大過錯

19. 臨　　謙、履錯　明夷、中孚錯
　　　　解四之初　同人四之師初　漸初之歸妹四

20. 觀　　小畜、豫錯　家人、萃錯
　　　　蒙二之五　夬二之剝五　豐五之渙二

21. 噬嗑　鼎、屯錯

22. 賁　　蒙、革錯　損、既濟錯
　　　　旅四之初　坎初之離四　兌四之艮初

23. 剝　　大畜、萃錯

24. 復　　升、无妄錯　泰、益錯
　　　　豫四之初　乾四之坤初　巽四之震初

25. 无妄　姤、復錯　遯、屯錯
　　　　睽二之五　謙五之履二　井二之噬嗑五

26. 大畜　剝、夬錯　頤、需錯
　　　　鼎四之初　比初之大有四　隨四之蠱初

27. 頤　　蠱、隨錯　大畜、屯錯
　　　　晉四之初　夬四之剝初　井初之噬嗑四

28. 大過　隨、蠱錯　萃、升錯
　　　　訟上之三　賁上之困三　復三之姤上

29. 坎　　既濟、未濟錯

30. 離　　未濟、既濟錯

（二）下經比例圖

1. 咸　　兌、艮錯　隨、漸錯　夬、謙錯　革、蹇錯
　　　　恆二之五　否上之三　頤五之大過二　中孚二之小過五　大畜
　　　　上之萃三　臨三之遯上
　　　　解二之五、家人上之解三　鼎二之五、屯三之鼎上　小畜二之
　　　　豫五、小畜上之豫三　復五之姤二、復三之姤上　節二之旅五、
　　　　節三之旅上　賁五之困二、賁上之困三　明夷五之訟二、訟上
　　　　之三　需二之晉五、晉上之三　未濟二之五、未濟上之三

2. 恆　　震、巽錯
　　　　未濟上之三　家人上之解三　屯三之鼎上

3. 遯　　履、謙錯　无妄、蹇錯

4. 大壯　豫、小畜錯　小過、需錯
　　　　睽上之三　比三之大有上　漸上之歸妹三

5. 晉　　大有、比錯

6. 明夷　師、同人錯　臨、家人錯　升、革錯　泰、既濟錯　履四之謙
　　　　初　渙初之豐四　姤上之復三　困三之賁上　小過四之初　頤
　　　　上之三
　　　　乾四之坤初、乾上之坤三　坎初之離四、坎三之離上　巽初之
　　　　震四、巽上之震三　兌四之艮初、兌三之艮上　豫四之初、小
　　　　畜上之豫三　旅四之初、節三之旅上　井初之噬嗑四、噬嗑上
　　　　之三　夬四之剝初、剝上之三　晉四之初、晉上之三

7. 家人 渙、豐錯 觀、革錯 中孚、明夷錯 益、既濟錯 大畜二之五 遯四之初 困二之賁五 豫五之小畜二 歸妹四之漸初 師初之同人四

坤五之乾二、坤初之乾四 坎二之離五、坎初之離四 震五之巽二、震四之巽初 兌二之艮五、兌四之艮初 大有二之五、大有四之比初 蠱二之五、隨四之蠱初 復五之姤二、姤四之初 節二之旅五、旅四之初 鼎二之五、鼎四之初

8. 睽 旅、節錯

9. 蹇 節、旅錯 屯、遯錯 需、小過錯 既濟、咸錯 升二之五 觀上之三 噬嗑五之井二 履二之謙五 歸妹三之漸上 大有上之比三

乾二之坤五、乾上之坤三 離五之坎二、離上之坎三 震五之巽二、震三之巽上 兌二之艮五、兌三之艮上 師二之五、同人上之師三 蠱二之五、隨三之蠱上 夬二之剝五、剝上之三 豐五之渙二、渙上之三 蒙二之五、蒙三之上

10. 解 豐、渙錯

11. 損 艮、兌錯 賁、節錯
未濟四之初 蹇初之睽四 革四之蒙初

12. 益 巽、震錯 漸、隨錯 小畜、復錯 家人、屯錯
損二之五 否四之初 小過五之中孚二 大過二之頤五 大壯四之觀初 升初之无妄四
蒙二之五、革四之蒙初 睽二之五、蹇初之睽四 夬二之剝五、夬四之剝初 豐五之渙二、豐四之渙初 井二之噬嗑五、井初之噬嗑四 需二之晉五、晉四之初 明夷五之訟二、訟四之初 未濟二之五、未濟四之初

13. 夬 萃、大畜錯 咸、泰錯
履上之三 坤三之乾上 艮上之兌三

14. 姤 无妄、升錯

15. 升 復、姤錯 明夷、大過錯
蒙上之三 同人上之師三 隨三之蠱上

16. 萃 夬、剝錯 革、觀錯

解二之五　賁五之困二　小畜二之豫五

17. 困　　革、蒙錯

18. 井　　屯、鼎錯　既濟、恆錯

渙上之三　離上之坎三　震三之巽上

19. 革　　困、賁錯　萃、家人錯　大過、明夷錯　咸、既濟錯　大壯二
之五　无妄上之三　剝五之夬二　渙二之豐五　師三之同人上
蠱上之隨三

坤五之乾二、坤三之乾上　坎二之離五、坎三之離上　巽二之
震五、巽上之震三　艮五之兌二、艮上之兌三　大有二之五、
比三之大有上　歸妹二之五、漸上之歸妹三　謙五之履二、履
上之三　井二之噬嗑五、噬嗑上之三　睽二之五、睽上之三

20. 鼎　　噬嗑、井錯

21. 震　　恆、益錯

22. 艮　　損、咸錯

23. 漸　　中孚、小過錯　益、咸錯

蠱二之五　震五之巽二　兌二之艮五

24. 歸妹　小過、中孚錯

25. 豐　　解、家人錯　恆、既濟錯

噬嗑上之三　坎三之離上　巽上之震三

26. 旅　　睽、蹇錯

27. 巽　　益、恆錯

28. 兌　　咸、損錯

29. 渙　　家人、解錯

30. 節　　蹇、睽錯　既濟、損錯

困四之初　離四之坎初　艮初之兌四

31. 中孚　漸、歸妹錯　家人、臨錯

訟四之初　謙初之履四　豐四之渙初

32. 小過　歸妹、漸錯　大壯、蹇錯

晉上之三　節三之旅上　小畜上之豫三

33. 既濟　坎、離錯　節、賁錯　井、豐錯　屯、家人錯　蹇、革錯　需、
明夷錯　比、同人錯

泰二之五　咸四之初　益上之三　晉五之需二　訟二之明夷五
解三之家人上　鼎上之屯三　蒙初之革四　睽四之蹇初

師初之同人四、師三之同人上　大有四之比初、大有上之比三
蠱初之隨四、蠱上之隨三　歸妹四之漸初、歸妹三之漸上　豫
五之小畜二、豫三之小畜上　姤二之復五、姤上之復三　剝五
之夬二、剝初之夬四　謙五之履二、謙初之履四　噬嗑五之井
二、噬嗑四之井初　渙二之豐五、渙初之豐四　旅五之節二、
旅上之節三　困二之賁五、困三之賁上　臨二之五、遯上之臨
三　遯四之初、臨三之遯上　升二之五、无妄四之升初　升初
之无妄四、无妄上之三　萃四之初、大畜上之萃三　大畜二之
五、萃三之大畜上　大壯二之五、觀初之大壯四　大壯四之觀
初、觀三之上　中孚二之小過五、小過四之初　小過五之中孚
二、中孚上之三　大過二之頤五、頤上之三

頤五之大過二、大過四之初　否四之初、否上之三　恆四之初
損二之五、損上之三

34. 未濟　離、坎錯

三、比例例說

　　比例圖解即如上述，焦循復舉其顯例，以為類推之明證，可得其引申觸
類之義。故比例而通其辭，則義可相通，《易圖略》卷五〈比例圖〉舉例以說
之，曰：

　　如〈睽〉二之五為〈无妄〉，〈井〉二之〈噬嗑〉五亦為〈无妄〉，故
　　〈睽〉之「噬膚」。〈坎〉三之〈離〉上成〈豐〉，〈噬嗑〉上之三亦
　　成〈豐〉，故〈豐〉之「日昃」，即〈離〉之「日昃」；〈豐〉之「日
　　中」，即〈噬嗑〉之「日中」。〈晉〉上之三為〈小過〉，〈小畜〉上之
　　〈豫〉三亦為〈小過〉，故「遇其妣」，即〈晉〉受福之「王母」；「過
　　其祖」，即〈豫〉所配之〈祖考〉。一〈家人〉也，見於〈蒙〉：以〈蒙〉、
　　〈革〉相錯為〈困〉、〈賁〉，〈困〉二之〈賁〉五成〈家人〉，為〈蒙〉
　　二之五之比例，故「子克家」。見於〈大畜〉：以〈大畜〉二之五成
　　〈家人〉，故「不家食，吉」。見於〈豐〉：以〈豐〉、〈渙〉相錯為〈家
　　人〉，故「蔀其家」。一〈屯〉見也，〈乾〉二之〈坤〉五、四之〈坤〉

初成〈屯〉，則「見龍在田」。〈蠱〉二不之五，而初之〈隨〉四成〈屯〉，則「往見吝」。〈姤〉四先之初，而後二之〈復〉五成〈屯〉，則「有攸往，見凶」。〈兌〉二之〈艮〉初，而〈艮〉上之〈兌〉三，成〈革〉不成〈屯〉，則「不見其人，無咎」。〈漸〉上之〈歸妹〉三，〈歸妹〉成〈大壯〉，〈漸〉成〈蹇〉；〈蹇〉、〈大壯〉相錯成〈需〉，故「歸妹以須」，「須」即「需」也。〈歸妹〉四之〈漸〉初，〈漸〉成〈家人〉，〈歸妹〉成〈臨〉，〈臨〉通〈遯〉，相錯爲〈謙〉、〈履〉，故「眇能視、跛能履」；〈臨〉二之五，即〈履〉二之〈謙〉五之比例也。

例之顯達若是，故焦循深以爲《易》之辭，全以彼此鉤貫爲發明，非「比例」通之，未易了也。〔註18〕此則焦循《易話》卷上〈學易叢言〉之五，可爲之印證，文曰：

〈小畜〉旁通於〈豫〉，而有「密雲不雨，自我西郊」之辭；〈小過〉旁通〈中孚〉，而有「密雲不雨，自我西郊」之辭。〈小畜〉二之〈豫〉五，而後上之〈豫〉三，爲〈中孚〉二之〈小過〉五，而後〈中孚〉上之三之比例。如此貫之，《易》義明白了然！譬如繪句股割圓者，以甲乙丙丁等字，指識其比例之狀，按而求之，一一不爽，義存乎甲乙丙丁等字之中，而甲乙丙丁等字，則無義理可說。於此言「密雲不雨，自我西郊」，於彼亦言「密雲不雨，自我西郊」，即猶甲乙丙丁等字之指識其比例也；義存於「密雲不雨，自我西郊」之中，而「密雲不雨，自我西郊」則無義理可說也。若執「雲雨西郊」傅會於陰陽方位，皆是望文生意。聖人之言至實，談者以空虛說之，遂視爲莊生之寓言，佛氏之禪語矣！又如作琴譜者，以勹乙艹昌等攢簇成字，一望似不可解，乃一一按而求之，其音之抑揚高下，隨譜而傳。讀《易》者，當如學算者之求其法於甲乙丙丁，學琴者之寫其音於勹乙艹昌；夫甲乙丙丁，指識其法也；勹乙艹昌，指識其音也；《易》之辭，指識其卦爻之所之，以分別當位、失道也。顧琴譜之勹乙艹昌，算圖之甲乙丙丁，非有傳授之者，則必苦心虛衷，

〔註18〕說詳《通釋》卷十三「密雲不雨自我西郊　密雲不雨自我西郊」、「先甲三日後甲三日　先庚三日後庚三日」二條。蓋焦循年十四，其父既以此爲問，當時反復其故，不可得；俟發明旁通、相錯、時行三義，以兼綜而貫通之，則已相隔逾三十年矣。其事之始末，詳見於《通釋・自序》，前已具引，不贅。

不憚煩複以叩之；否則芒然不知其何故？說《易》者久無傳人，而
又不苦心慮衷，但望文生意，揣摩於形似之間，遂自以爲得其義理，
誠何易易哉？

　　焦循以其熟習之琴譜、算圖，「比例」於《易》辭爲說，可謂深得立言存
義之旨。故《易圖略》卷五，乃總其義，以「比例」之十二種形式概括《周
易》六十四卦之間之「比例」關係，而《易》辭之錯綜神妙，知其半矣。爰
據其原文，條記如下，以觀焦循觸類引申之能事。

（一）比例義旨例說

洞淵九容之數，如積相消，必得兩數相等者，交互求之，而後可得
其數，此即兩卦相孚之義也。非有孚則不相應，非同積則不相得。
傳明云「裒多益寡」，又云「參伍以變，錯綜其數」，又云「引而申
之，觸類而長之」，其脈絡之鉤貫，或用一言，或用一字，轉相牽繫，
似極繁賾，而按之井然。不啻方圓弦股，以甲乙丙丁之字指之，雖
千變萬化，緣其所標以爲之識，無不瞭然可見。是故「不雨西郊」，
見於〈小畜〉，亦見於〈小過〉；「用拯馬壯」，見於〈渙〉，亦見於〈明
夷〉；〔註19〕「富以其鄰」，「不富以其鄰」，〈謙〉、〈泰〉與〈小畜〉
互明；〔註20〕「輿說輹」，「壯於大輿之輹」，〈大畜〉、〈小畜〉與〈大
壯〉並著；〔註21〕「箕子」，「帝乙」，微意寓於人名；〔註22〕「鳴
鶴」、「枯楊」，古訓藏於物類。〔註23〕以六書之假借，達九數之雜糅；
事有萬端，道原一貫；義在變通，而辭爲比例。以此求《易》，庶乎
近焉！

　　此與前段所引《易話》之文，前後輝映，「道原一貫」，若合符節。而「以
六書之假借，達九數之雜糅」，可謂「比例之用，隨在而神」〔註24〕之確證，
此中運用之妙，將於「假借《易》學」章詳論，容緩再議。「義在變通，而辭
爲比例」二語，又無疑爲焦循《易》學之精髓。蓋變通之道，則焦循所悟得

〔註19〕義詳《通釋》卷十三「用拯馬壯吉　用拯馬壯吉」條。
〔註20〕義詳《通釋》卷十四「富以其鄰　不富以其鄰　不富以其鄰」條。
〔註21〕義詳《通釋》卷十四「輿說輻　輿說輹　壯于大輿之輹」條。
〔註22〕義詳《通釋》卷十三「帝乙歸妹　帝乙歸妹」、「箕子之明夷　其子和之　得
　　　　妾以其子」二條。
〔註23〕義詳《通釋》卷十一「鳴謙　鳴豫　鳴鶴」、卷十七「鴻　楊」二條。
〔註24〕引見《易圖略》卷五〈比例圖〉說明內容之語句。

旁通、相錯、時行之錯綜變化之方；而推衍之以爲比例，《易》辭之原委脈絡，按之井然，測之無不驗，明乎此，而《雕菰樓易學》之全體大用，知其半矣！

（二）比例十二類例說

六十四卦比例圖已見於前，按圖索檢，旁通、相錯、時行以爲比例者，查之即得，故焦循乃以爲「比例之用，隨在而神」，姑條其大略，分別十二類以爲釋，是可知「比例」一義，誠兼賅《雕菰樓易學》之旨趣。試觀其詳：

1. 〈泰〉、〈否〉爲〈乾〉、〈坤〉之比例，〈既濟〉、〈未濟〉爲〈坎〉、〈離〉之比例，〈益〉、〈恆〉爲〈巽〉、〈震〉之比例，〈損〉、〈咸〉爲〈艮〉、〈兌〉之比例，一也。

案：此爲八卦相錯之比例。而〈泰〉、〈否〉、〈既濟〉、〈未濟〉、〈益〉、〈恆〉、〈損〉、〈咸〉八卦，爲旁通變通之終點，詳參前章「旁通《易》學」圖解。

2. 〈小畜〉二之〈豫〉五成〈家人〉、〈萃〉，爲〈夬〉二之〈剝〉五成〈觀〉、〈革〉之比例；〈姤〉二之〈復〉五成〈屯〉、〈遯〉，爲〈履〉二之〈謙〉五成〈无妄〉、〈蹇〉之比例，二也。

案：〈家人〉、〈萃〉相錯爲〈觀〉、〈革〉，〈觀〉、〈革〉相錯亦爲〈家人〉、〈萃〉。此例以二五先行後，仍因相錯而成爲比例者。〈屯〉、〈遯〉相錯爲〈无妄〉、〈蹇〉，〈无妄〉、〈蹇〉相錯亦爲〈屯〉、〈遯〉，皆以二五先行，而錯爲比例者。

3. 〈升〉通〈无妄〉，而二之五成〈蹇〉，爲〈睽〉通〈蹇〉，而二之五成〈无妄〉之比例。〈大畜〉通〈萃〉，而二之五成〈家人〉，爲〈解〉通〈家人〉，而二之五成〈萃〉之比例，三也。

案：〈升〉二之五成〈蹇〉，〈蹇〉反爲〈睽〉；〈睽〉二之五成〈无妄〉，〈无妄〉反爲〈升〉，故〈无妄〉二之五實爲〈睽〉二之五之比例。此於二五先行後，因旁通而成比例者。〈大畜〉、〈萃〉與〈家人〉、〈解〉亦然。

4. 〈乾〉四之〈坤〉初成〈復〉、〈小畜〉，爲〈離〉四之〈坎〉初成〈節〉、〈賁〉之比例；〈兌〉三之〈艮〉上成〈謙〉、〈夬〉，爲〈巽〉上之〈震〉三成〈豐〉、〈井〉之比例，四也。

案：〈小畜〉二之〈豫〉五，則爲〈家人〉、〈萃〉，〈賁〉五之〈困〉二亦成〈家人〉、〈萃〉；〈復〉五之〈姤〉二成〈屯〉、〈遯〉，〈節〉二之〈旅〉五亦成〈屯〉、〈遯〉。故〈乾〉四之〈坤〉初成〈復〉、〈小畜〉，與〈離〉四

之〈坎〉初成〈節〉、〈賁〉，實爲比例；由〈兌〉、〈艮〉而得〈謙〉、〈夬〉，由〈巽〉、〈震〉而得〈豐〉、〈井〉，其爲比例亦然。

5. 〈乾〉、〈坤〉成〈家人〉、〈屯〉，爲成〈蹇〉、〈革〉之比例；〈乾〉、〈坤〉成〈復〉、〈小畜〉，爲成〈謙〉、〈夬〉之比例，五也。

案：〈蹇〉通〈睽〉，〈睽〉二之五、〈蹇〉初之〈睽〉四成〈既濟〉、〈益〉，〈革〉通〈蒙〉，〈蒙〉二之五、〈革〉四之〈蒙〉初亦成〈既濟〉、〈益〉，而〈屯〉與〈家人〉則爲〈既濟〉、〈益〉之相錯，故〈乾〉、〈坤〉成〈家人〉、〈屯〉，實爲成〈蹇〉、〈革〉之比例。又〈小畜〉、〈復〉錯成〈益〉、〈泰〉，〈夬〉、〈謙〉錯爲〈咸〉、〈泰〉，而〈咸〉之與〈益〉俱爲〈漸〉、〈隨〉之相錯，故〈乾〉、〈坤〉成〈復〉、〈小畜〉爲成〈謙〉、〈夬〉之比例。

6. 〈乾〉四之〈坤〉初成〈小畜〉、〈復〉，〈小畜〉通〈豫〉，爲〈復〉通〈姤〉之比例；〈坎〉三之〈離〉上成〈豐〉、〈井〉，〈豐〉通〈渙〉，爲〈井〉通〈噬嗑〉之比例，六也。

案：〈小畜〉通〈豫〉，以〈小畜〉上之〈豫〉三，則〈小畜〉成〈需〉、〈豫〉成〈小過〉；〈復〉通〈姤〉，〈復〉三之〈姤〉上，〈復〉成〈明夷〉、〈姤〉成〈大過〉；而〈小過〉四之初成〈明夷〉，〈大過〉四之初成〈需〉，故〈小畜〉通〈豫〉，實爲〈復〉通〈姤〉之比例。至於〈豐〉通〈渙〉爲〈井〉通〈噬嗑〉之比例，其理亦同，蓋〈豐〉四之〈渙〉初，〈豐〉成〈明夷〉，〈渙〉成〈中孚〉；〈井〉初之〈噬嗑〉四，〈井〉成〈需〉，〈噬嗑〉成〈頤〉，而〈中孚〉上之三成〈需〉，〈頤〉上之三成〈明夷〉。

7. 〈乾〉二之〈坤〉五，〈乾〉成〈同人〉，〈坤〉成〈比〉，爲〈師〉二之五之比例，亦爲〈大有〉二之五之比例。〈巽〉二之〈震〉五，〈巽〉成〈漸〉，〈震〉成〈隨〉，爲〈蠱〉二之五之比例，亦爲〈歸妹〉二之五之比例，七也。

案：〈大有〉二之五爲〈同人〉，〈師〉二之五爲〈比〉；〈乾〉二之〈坤〉五，則〈乾〉成〈同人〉，〈坤〉成〈比〉，實無異於〈師〉二之五，〈大有〉二之五，故其爲比例。〈歸妹〉二之五爲〈隨〉，〈蠱〉二之五爲〈漸〉；〈巽〉二之〈震〉五，既等於〈蠱〉二之五，亦等於〈歸妹〉二之五，故其互爲比例。

8. 〈履〉四之〈謙〉初成〈中孚〉、〈明夷〉，〈豐〉四之〈渙〉初亦成〈中孚〉、

〈明夷〉，皆爲〈小過〉四之初之比例。〈同人〉上之〈師〉三成〈升〉、〈革〉，〈蠱〉上之〈隨〉三亦成〈升〉、〈革〉，皆爲〈蒙〉上之三之比例，八也。

案：〈中孚〉通〈小過〉，四之初則〈小過〉成〈明夷〉，而〈中孚〉仍爲〈中孚〉，故〈履〉、〈謙〉、〈豐〉、〈渙〉各成〈中孚〉、〈明夷〉，實爲〈小過〉四之初之比例。又〈革〉通〈蒙〉，〈蒙〉上之三則〈蒙〉成〈升〉，而〈革〉仍爲〈革〉，故〈同人〉、〈師〉、〈蠱〉、〈隨〉各成〈升〉、〈革〉，實爲〈蒙〉上之三之比例。

9. 〈小畜〉上之〈豫〉三成〈小過〉，〈小過〉通〈中孚〉，仍〈小畜〉通〈豫〉之比例。〈姤〉上之〈復〉三成〈大過〉，〈大過〉通〈頤〉，仍〈復〉通〈姤〉之比例，九也。

案：〈小畜〉上之〈豫〉三，〈小畜〉成〈需〉，〈豫〉成〈小過〉；〈小過〉通〈中孚〉，上之三，〈中孚〉成〈需〉，〈小過〉仍爲〈小過〉。又〈姤〉上之〈復〉三成〈明夷〉、〈大過〉，而〈大過〉通〈頤〉，上之三，則〈頤〉成〈明夷〉，而〈大過〉仍爲〈大過〉，其各爲比例無疑。

10. 〈豐〉、〈渙〉相錯爲〈家人〉、〈解〉，〈解〉二之五同於〈小畜〉二之〈豫〉五，則〈小畜〉二之〈豫〉五爲〈渙〉二之〈豐〉五之比例。〈賁〉、〈困〉相錯爲〈蒙〉、〈革〉，〈蒙〉二之五，同於〈夬〉二之〈剝〉五，則〈夬〉二之〈剝〉五，爲〈困〉二之〈賁〉五之比例，十也。

案：〈解〉二之五成〈萃〉，〈小畜〉二之〈豫〉五，〈小畜〉成〈家人〉，〈豫〉亦成〈萃〉；〈豐〉二之〈渙〉五成〈觀〉、〈革〉，而〈觀〉、〈革〉各爲〈萃〉與〈家人〉之相錯，故〈小畜〉二之〈豫〉五，實爲〈渙〉二之〈豐〉五之比例。〈蒙〉二之五成〈觀〉，〈夬〉二之〈剝〉五，〈夬〉成〈革〉，〈剝〉成〈觀〉；〈困〉二之〈賁〉五，〈困〉成〈萃〉，〈賁〉成〈家人〉，而〈家人〉、〈萃〉各爲〈觀〉、〈革〉之相錯，故〈夬〉二之〈剝〉五，實爲〈困〉二之〈賁〉五之比例。

11. 〈歸妹〉三之〈漸〉上，成〈大壯〉、〈蹇〉，相錯爲〈需〉、〈小過〉，則〈需〉通〈晉〉，〈小過〉通〈中孚〉，即〈蹇〉通〈睽〉、〈大壯〉通〈觀〉之比例。〈同人〉四之〈師〉初成〈家人〉、〈臨〉，相錯爲〈中孚〉、〈明夷〉，則〈中孚〉通〈小過〉，〈明夷〉通〈訟〉，爲〈家人〉通〈解〉，〈臨〉通〈遯〉之比例，十一也。

案：〈蹇〉通〈睽〉，上之三，〈睽〉為〈大壯〉，〈蹇〉仍為〈蹇〉；〈大壯〉通〈觀〉，上之三，〈觀〉成〈蹇〉，而〈大壯〉仍成〈大壯〉。又〈需〉通〈晉〉，上之三，〈晉〉成〈小過〉，〈需〉仍為〈需〉；〈小過〉通〈中孚〉，上之三，〈中孚〉成〈需〉，〈小過〉仍為〈小過〉，而〈大壯〉、〈蹇〉錯為〈需〉、〈小過〉，而〈需〉、〈小過〉亦錯為〈大壯〉、〈蹇〉，故〈大壯〉通〈觀〉，〈蹇〉通〈睽〉，實為〈需〉通〈晉〉，〈小過〉通〈中孚〉之比例。又〈家人〉通〈解〉，初之四，〈解〉成〈臨〉，〈家人〉仍為〈家人〉；〈臨〉通〈遯〉，四之初，〈遯〉成〈家人〉，〈臨〉仍為〈臨〉；〈明夷〉通〈訟〉四之初，〈訟〉成〈中孚〉，〈明夷〉仍為〈明夷〉；〈中孚〉通〈小過〉，四之初，〈小過〉成〈明夷〉，〈中孚〉仍為〈中孚〉。而〈家人〉、〈臨〉錯為〈中孚〉、〈明夷〉，〈中孚〉、〈明夷〉錯亦為〈家人〉、〈臨〉，故〈中孚〉通〈小過〉，〈明夷〉通〈訟〉，為〈家人〉通〈解〉、〈臨〉通〈遯〉之比例。

12. 〈乾〉二之〈坤〉五，既同於〈師〉二之五，亦同於〈大有〉二之五，則〈師〉成〈臨〉，〈大有〉成〈大畜〉，為〈坤〉成〈復〉之比例。〈巽〉二之〈震〉五，即同於〈歸妹〉二之五，亦同於〈蠱〉二之五，則〈蠱〉成〈升〉，〈歸妹〉成〈大壯〉，為〈震〉成〈豐〉之比例，十二也。

案：〈大有〉二之五，同於〈乾〉二之〈坤〉五，皆成〈同人〉；〈師〉二之五，亦同於〈乾〉二之〈坤〉五，皆成〈比〉。故〈大有〉初之〈比〉四成〈大畜〉，〈師〉初之〈同人〉四成〈臨〉，無異於〈坤〉初之〈乾〉四而成〈復〉。又〈歸妹〉二之五，同於〈巽〉二之〈震〉五，皆成〈隨〉；〈蠱〉二之五，亦同於〈巽〉二之〈震〉五，皆成〈漸〉。故〈蠱〉三之〈隨〉上，〈蠱〉成〈升〉；〈歸妹〉三之〈漸〉上成〈大壯〉，無異於〈震〉三之〈巽〉上而成〈豐〉。

　　以上十二類比例例說，乃焦循以其成比例之關係不同，而歸納此十二種形式，故有「比例之用，隨在而神」之語。此十二式為其條舉之大略，運用之妙，義在變通。

（三）《易》辭引申以為比例十二類例說

　　比例之用，既隨在而神；而《易》辭之引申，焦循以為尤為神妙無方，故於《易圖略》卷五亦條而別之，約為十二類，可窺其「以六書之假借，達九數之雜糅」之義，錄記如下：

其一,《易》之爲書,本明道德、事功,則直稱其爲道、爲德、爲事,爲
　　功是也。〔註25〕

其二,立十二字爲全書之綱;元、亨、利、貞、吉、凶、悔、吝、厲、
　　孚、無咎是也。〔註26〕

其三,由綱而爲之目,如「過、交、求、與、艱、匪、笑、譽」等是也。
　　　〔註27〕

其四,於卦位、爻位,標以辨之,如「大、小、內、外、遠、近、新、
　　舊、君子、小人」是也。〔註28〕

其五,即卦名爲引申,如〈夬〉、〈履〉、〈困〉、〈蒙〉、〈觀〉、〈頤〉、〈咸〉、
　　〈臨〉。〔註29〕

其六,以卦象爲引申,如「冰」即〈乾〉,「龍」即〈震〉,〈說卦傳〉所
　　云是也。

其七,以一辭兼明兩義,如〈坤〉爲「母」,母從「手」爲「拇」,則兼
　　取〈艮〉;〈巽〉爲「雞」,既別其名爲「翰音」,則兼引申「飛鳥
　　遺之音」之「音」是也。

其八,以同辭爲引申,如「用拯馬壯吉」,〈明夷〉與〈渙〉互明是也。

其九,以同辭而稍異者爲引申,如〈蠱・彖〉「先甲三日,後甲三日」,〈巽・
　　九五〉稱「先庚三日,後庚三日」是也。

其十,以一字之同爲引申,如「頻復、頻巽」,「甘節、甘臨」是也。

其十一,以一字之訓詁爲引申,「迷」之訓爲「冥」,爲「晦」;「久」之
　　　訓爲「永」,爲「長」;「成」之訓爲「定」,爲「寧」是也。

其十二,以同聲之假借爲引申,如「豹」爲「約」之假借,「羊」爲「祥」
　　　之假借,「祀」爲「巳」之假借,「牀」爲「戕」之假借是也。

　　《易》之辭,焦循蓋以爲彼此鈎貫,故引申而爲假借,而爲轉注,此其
實證,故必以比例測之,而爲之樞紐,則《易》道之參伍錯綜,可觸類而旁
通。乃總上義,而綜其旨,曰:

　　　《史記・孔子世家》稱「孔子讀《易》,韋編三絕」,非不能解也,

<hr>

〔註25〕《易通釋》卷五「道」條、「功」條,卷七「故　事」條可並參。
〔註26〕義詳《通釋》卷一、卷二各條。
〔註27〕義詳《通釋》卷三以下各條。
〔註28〕義多詳於《通釋》卷四、卷五各條。
〔註29〕均詳見《通釋》各卷,以下皆同此,不另加註。

正是解得其參伍錯綜之故。讀至此卦此爻，知其與彼卦、彼爻相比
例，遂檢彼以審之；由此及彼，又由彼及彼，千脈萬絡，一氣貫通，
前後互推，端委悉見，所以韋編至於三絕。即此「韋編三絕」一語，
可悟《易》辭之參伍錯綜；孔子讀《易》如此，後人學《易》無不
當如此，非如此，不足以知《易》也。若云一見不解，讀至千百度，
至於韋編三絕乃解，失之矣。〔註30〕

　　焦循自信甚深，而善於推衍，故言比例之用虛妙若此，提一綱而眾目咸
舉，立一義而眾理皆備。故學《易》者，但求通其辭而已，此實證而可驗者，
捨是無以見《易》道之絜靜精微，《易》義之清明條達，其一以貫之者，可謂
深篤。

小結與小評

　　一、八卦之相錯，所以明《周易》六十四卦生成之原本，亦所以濟旁通
之窮，以明變通之要。其「相錯」之道，大別分爲二類：其「未經行動」者，
但以旁通之卦以爲相錯，而見其間之旁通。其「既行動」者，又分「一爻動」、
「二爻動」兩類；其或得（當位）、或失（失道），亦以相錯之卦爲比例。故
可知「相錯」特重卦爻之間之關係性、互依性與相對性。〔註31〕

　　二、《周易》六十四卦若依據「相錯、比例」法則，各卦皆有與此卦相對
應之「比例」關係，亦皆有可能轉化成相同之卦。故焦循「相錯、比例」二
法則，乃試圖透過縱通與橫通二方面，以尋求卦爻之間之「比例」等值關係，
故能「解得其參伍錯綜之故，讀至此卦、此爻，知其與彼卦、彼爻相比例。
遂檢彼以審之，由此及彼，又由彼及彼，千脈萬絡，一氣貫通，前後互推，
端委悉見。」以六書之假借、轉注爲引申，而《易》辭爲之比例，義雖多方，
事即萬端，而道原一貫，虛實爲用，乃見其神。

　　三、「比例」一義，雖原自於焦循研治算學之啓發，而運用於《易》象、辭、
理之實測，則可謂兼綜其旁通、相錯、時行三義，而推衍其用以爲說；故由旁
通、相錯、時行而至於比例，則《雕菰樓易學》之系統不難理解。而比例雖爲

〔註30〕見《圖略》卷五最末，卷六〈原辭上・第五〉、〈原辭下・第六〉義略同此，
　　　　已見前錄，不復贅。文又錄見《雕菰集》卷九〈讀易韋編三絕解〉，而文字略
　　　　有增減。
〔註31〕說本牟宗三先生《周易的自然哲學與道德函義》，頁277。

相錯之附屬原則，實爲焦循《易》學運用神妙無方之不二法門。故王引之乃以爲《雕菰樓易學》，至精至實，「要其法則，比例二字盡之」。〔註32〕

　　四、焦循之比例，有以相錯言者，有以卦爻交易言者，前者可謂之「錯綜」，後者可謂之「參伍」，此乃指卦爻之置換變動而言者。於《易》之辭，則以「引申」、「觸類」爲之鈎貫，互相發明，要在學《易》者能觀其會通，審卦爻之交易而已。然則，焦循以相錯而示卦爻變動之比例，蓋藉之以通辭者；夫《易》有卦辭、爻辭及《十翼》之辭，焦循自其同異處，以抉發其《雕菰樓易學》體例，乃實測經文、傳文而後得之者；復證以其例，以爲通辭之方便法門，實則不覺自陷於邏輯循環之論證，〔註33〕此其系統之悖謬者，亦不可不辨以明。

<hr />

〔註32〕詳見《焦氏遺書・雕菰樓易學》卷首所附〈王伯申先生手札〉，王引之可謂爲焦循之知音。故後來學者，如程石泉教授〈雕菰樓易義〉言焦氏《易》例，究其實則以爲「旁通、時行、比例」三者而已；言比例則相錯兼而有之。何澤恆教授〈雕菰樓易學探析〉亦以爲由旁通、時行、相錯進而至於比例，《雕菰樓易學》之統系可謂於焉建立，故究其實，則所悟之三者，已盡在其中。
〔註33〕焦循《易》例與《易》辭轉相證成，誤犯邏輯之循環論證，論見方東美先生《先生之德・易之邏輯問題》，程石泉教授〈雕菰樓易義〉承師說而尤詳。

第四章　焦循「時行」《易》學述評

　　焦循《易》學三例中，旁通爲其一貫之基礎，相錯則爲旁通之補充增益；而時行一義，可謂旁通、相錯基礎上說明剛柔交易之總過程，故以此闡釋卦爻象變化之如何爲吉？如何爲凶？是則《易圖略・自序》中，明以「旁通、相錯、時行」爲次，復依「旁通、相錯、時行」之義，而知其中之相互爲用，缺一不可，相輔相成。然於實際之內容說明上，焦循乃首以「旁通」、「當位失道」，而次以「時行」、終以「八卦相錯」、「比例」，由分卷之比次中，可見其發展之脈絡與鈎貫之理序；則「時行」者必依於「旁通」、「當位失道」之後，始克明其吉凶變化之道。而「不知時行，則變化之道不神」，故必於「時行」之中，尋繹其「變通」之法則，《易》之神妙無方，乃可跡而求之。試綜其《易圖略》卷三〈時行圖〉，而輔以《易通釋》、《易話》、《雕菰集》與《孟子正義》諸書之印證者，闡其所謂「時行」之旨，以見《雕菰樓易學》之全體大用。

第一節　時行原理與圖解

　　「時行」一辭，本出於〈大有・象傳〉：「〈大有〉柔得尊位，大中而上下應之，曰〈大有〉。其德剛健而文明，應乎天而時行，是以元亨。」焦循之「時行」法則，爲其變通說之進一步發揮，故在旁通法則之基礎上，根據卦之當位與失道之爻位分析，使卦爻按照元、亨、利、貞，周而復始之轉換，以見其變通趨時之義。是以「時行」者，二五，初四，三上，以時而行，此當位之行，即爲通也，故《易圖略》卷三〈時行圖〉乃詳爲之圖說。

一、時行原理

　　焦循之說「時行」，其當位之行即為通，通即為元亨利貞，元亨利貞則生生不息，行健自強。〈時行圖〉其說云：

> 傳云：「變通者，趣時者也。」〔註1〕能變通，即為時行；時行者，元亨利貞也。更為此圖（時行圖）以明之，而行健不已，教思之無窮，孔門貴仁之旨，孟子性善之說，悉可會於此。〈大有〉二之五，為〈乾〉二之〈坤〉五之比例，故傳言元亨之義，於此最明。云「大中而上下應之」，「大中」謂二之五為元，「上下應」則亨也；蓋非上下應，則雖大中不可為元亨。〈既濟・傳〉云：「利貞，剛柔正而位當也。」「剛柔正」則六爻皆定，貞也；貞而不利，則剛柔正而位不當；利而後貞，乃能剛柔正而位當。由元亨而利貞，由利貞而復為元亨，則時行矣。〔註2〕

　　此說之特點，在於剛柔爻象於交易過程之中，從不通而趨於通，故焦循以為凡二五先行，初四應之為「下應」；三上應之為「上應」；二五得中，而上下應之，乃為「元亨」。二五先行為元，大中之元，性善也；元亨而利貞，則仁也。故單指「元」而言，即是「天命之謂性」之「性」；而所謂「通」，所謂「時行」，所謂「元亨利貞」，即是「率性之謂道」之「道」；又時行而當位之通，與夫失道而不通，間不容髮，而教育興焉，此「教」即所謂「修道之謂教」之「教」。故牟宗三先生贊之曰：

> 性，道，仁，教皆於通中見之，皆於時行中顯之，是何等氣魄。而焦氏能從《周易》方面以幾個數學式的公理推演出全部的道德思想，則名之謂中國的斯賓諾薩（Spinoza），誰曰不宜？〔註3〕

　　時行之義，以卦爻交易之當位失道，變而通之，使反復其道，以趨時變通

〔註1〕　案：此語見於〈繫辭下傳〉，又《易通釋》卷八「時」條，可與此互為發明，其文曰：「凡稱『時用、時義』，各有所鉤貫，非泛言也。〈賁・傳〉云：『觀乎天文，以察時變。』明〈賁〉通〈困〉也。〈豐・傳〉云：『天地盈虛，與時消息。』明〈豐〉通〈渙〉也。經舉一隅，傳已不憚徧舉諸隅，而於〈繫辭傳〉總揭其義云：『變通配四時。』云：『變通莫大乎四時。』云：『變通者，趣時者也。』時之為變通，不煩言而決矣。」

〔註2〕　《焦里堂先生軼文・寄王伯申書》言「時行」一義，與此互明，可並參之。

〔註3〕　見《周易的自然哲學與道德函義・清焦循的道德哲學之易學》，頁273。其實焦循於《通釋》卷三「通」條，及卷五「道」、「命」、「性情才」、「教」各條，詳言此義，亦曲盡其理。

而不窮。由形式之推演，轉而爲「元亨利貞」之道德意義，此焦循用心之所在，故推其時行之旨，而性命之理，教道之精，可層級以得，循序漸進。復闡其義，爲文以說；茲依《易圖略》卷三〈時行圖〉，分節而觀之，其善可知。

（一）一陰一陽之謂道，〔註4〕〈乾〉二之〈坤〉五成〈同人〉、〈比〉，兩五皆剛；〈同人〉孚於〈師〉，〈比〉孚於〈大有〉，又爲一陰一陽。陰變陽爲得，陽通陰爲喪；〔註5〕自陽退而易爲陰，謂之反；自陰進而交爲陽，謂之復，〔註6〕是爲反復其道。復而不反則亢，反而不復則迷。〈乾〉、〈坤〉、〈坎〉、〈離〉生〈同人〉、〈師〉、〈比〉、〈大有〉；〈震〉、〈巽〉、〈艮〉、〈兌〉生〈漸〉、〈歸妹〉、〈隨〉、〈蠱〉。上應之（三上）成〈蹇〉、〈革〉，下應之（初四）〈家人〉、〈屯〉。而〈家人〉、〈屯〉又變通於〈鼎〉、〈解〉，而終於〈既濟〉、〈咸〉；〈蹇〉、〈革〉又變通於〈睽〉、〈蒙〉，而終於〈既濟〉、〈益〉，〈咸〉、〈損〉、〈益〉、〈恆〉四卦，循環不已。此二十四卦元亨利貞，所謂「生而知之，安而行之」者也。〔註7〕

（二）自〈乾〉、〈坤〉、〈坎〉、〈離〉、〈震〉、〈巽〉、〈艮〉、〈兌〉初四先行，成〈小畜〉、〈復〉、〈節〉、〈賁〉，則失道矣。〈小畜〉之失在四，通於〈豫〉以補之；〈復〉之失在初，通於〈姤〉以補之。〈節〉、〈賁〉通〈旅〉、〈困〉同。

三上先行，成〈夬〉、〈謙〉、〈豐〉、〈井〉，則失道矣。〈夬〉之失在上，通於〈剝〉以補之；〈謙〉之失在三，通於〈履〉以補之。〈豐〉、〈井〉通〈渙〉、〈噬嗑〉同。凡二五先行，初四應之爲下應，三上應之爲上應。二五得中而上下應之，乃爲元亨。今初四

〔註4〕　此〈繫辭上傳〉之語，文曰：「一陰一陽之謂道，繼之者善也，成之者性也。仁者見之謂之仁，知者見之謂之知。」筆者嘗受黃師慶萱之教，而得通其奧。「一陰一陽之謂道」者，即《中庸》「率性之謂道」；「繼之者善也」，即《中庸》「修道之謂教」；「成之者性也」，即《中庸》「天命之謂性」。而見仁者，「尊德性」；見知者，「道問學」。是可與焦循「時行」之道德意旨，相通一貫。

〔註5〕　義參《通釋》卷四「得喪　存亡」條。

〔註6〕　義詳《通釋》卷三「易」、「交」二條。

〔註7〕　《通釋》卷七「養　育　字　飾」條云：「聖者，通也。云『聖人』，云『聖功』，皆通也。惟變通而後能養。……〈蒙〉之『養正』，聖功也，生知安行者也；〈井〉之『養』，改過遷善，困知勉行者也。」與此段文義互明，可以並參。

先行，則〈小畜〉二之〈復〉五成〈家人〉、〈屯〉；〈屯〉三再之〈家人〉上，應之已成兩〈既濟〉，有上應，無下應矣。故補之以〈豫〉、〈姤〉，則〈姤〉二之〈復〉五，〈復〉初不能應，〈姤〉初則能應也。〈小畜〉二之〈豫〉五，〈小畜〉四不能應，〈豫〉四則能應也。

今三上先行，則〈井〉二之〈豐〉五成〈蹇〉、〈革〉；〈蹇〉初再之〈革〉四，應之已成兩〈既濟〉，有下應，無上應矣。故補之以〈渙〉、〈噬嗑〉，則〈豐〉五之〈渙〉二，〈豐〉上不能應，〈渙〉上則能應也。〈井〉二之〈噬嗑〉五，〈井〉三不能應，〈噬嗑〉三則能應也。

此「學而知之，利而行之」者也。

（三）然〈姤〉四之初，仍成〈小畜〉；〈豫〉四之初，仍成〈復〉；〈噬嗑〉上之三，仍成〈豐〉；〈渙〉上之三，仍成〈井〉，則變而仍不通也。

〈小畜〉、〈復〉不能變，而且以〈小畜〉上之〈復〉三；〈豐〉、〈井〉不能變，而且以〈豐〉四之〈井〉初。〈小畜〉、〈井〉成〈需〉、〈復〉，〈豐〉成〈明夷〉，為凶，為災，為焚，為死，上下皆無所應，失而又失矣。

然〈明夷〉可變通於〈訟〉，〈需〉可變通於〈晉〉。在〈明夷〉，失在初三，而〈訟〉之初三可應也；在〈需〉，失在四上，而〈晉〉之四上可應也。

一轉移，而元亨利貞，與〈同人〉、〈比〉、〈漸〉、〈隨〉等，此「困而知之，勉而行之，及其成功，一也」。〔註8〕

（四）惟不能時行，致成兩〈既濟〉，則終止道窮，所謂「困而不學」者矣。

（五）《易》之一書，聖人教人改過之書也。窮可以通，死可以生，亂可以治，絕可以續，故曰「為衰世而作」。達則本以治世，不得諉於時運之無可為；窮則本以治身，不得謝以氣質之不能化。孔子曰：「假我數年，五十以學《易》，可以無大過矣。」此聖人括《易》

〔註8〕 焦循自注曰：「〈睽〉、〈蒙〉、〈鼎〉、〈解〉、〈師〉、〈大有〉、〈蠱〉、〈歸妹〉成〈泰〉，〈泰〉轉移通於〈否〉，同此。」

之全而言之；又舉〈恆・九三〉「不恆其德，或承之羞」，斷之云：
「不占而已矣！」占者，變也；恆者，久也；羞者，過也。能變
通則可久，可久則無大過；不可久則至大過，所以不可久而至於
大過，由於不能變通。變通者，改過之謂也，此「韋編三絕」之
後，默契乎羲文之意，以示天下後世之學《易》者，舍此而言《易》，
詎知《易》哉？

　　以上皆就卦爻之交易變通以爲言者，而焦循乃進而以時行變通之義，言
人生世道之窮通、死生、治亂、絕續，「可以無大過」一語乃括《易》之大全，
故變通者，改過之謂也，是則焦循義理道德之《易》學。可知焦循以當位、
失道、時行諸律爲準，而推演「生知安行」、「學知利行」、「困知勉行」及「困
而不學」四等人，其《易》學宗旨之根本觀點，在於「動」、「通」之關係與
過程中顯現，此所以能變通則可久，可久則無大過。而此亦即《中庸》言「修
道之謂教」，而推本於「天命之謂性，率性之謂道」；蓋唯失道而所以教之，
唯失道而教之，乃能復於道，所以性雖限於命，而無不善。此則所以明教本
於性，而道復於教，即《易》義也，故聖人之教，因人性之善而立，以寡天
下之過，此聖人所以以教爲重之由。〔註9〕因對照《焦里堂先生軼文・寄王伯
申書》，其文云：

　　……曰時行，即變通以趨時，元亨利貞全視乎此。……《易》者，
　　變通之謂，因變通而有大中上下應，有四象，故曰：「《易》有大極。
　　《易》有四象。」大中，元也；上下應，亨也；變通不窮，利也；
　　終則有始，利而貞也。聖人教人存有餘而不可終盡，故如是乃宜，
　　如是乃不窮。儀即宜也，象即似也；似者，繼續也，繼善而續終，
　　則長久不已矣，此當位之變通也。若不當位，則先不大中；……是
　　爲失道，失道則凶。然小惡猶可改也，是宜辨之於早，……一經改
　　悔，則不遠復而其旋元吉，此不當位之變通也。未變通則屬，既變
　　通則無咎，而無咎存乎悔。……聖人教人改過如此，皆於爻所示
　　之，蓋當位則虞其盈，盈不可久；不當位則憂其消，消亦不可久，
　　故盈宜變通，消亦宜變通，所謂「時行」也。其教人之義，文王、
　　周公已施諸政治，孔子已質言之於《論語》、《大學》、《中庸》傳之

〔註9〕　詳參《通釋》卷五「道」、「命」、「性情才」、「教」各條，可覘窺焦循《易》
　　　　學宗旨之所在。

七十子，此《易》辭全在明伏羲設卦觀象，指其所之，故不言義理，
　但用字句之同以爲鄉導，令學者按之，而知三百八十四爻之行動。

　　焦循所謂「時行」之義，無論當位、失道，均需經過變而通之之步驟、
方能實現元亨利貞之程序，故能變通即爲時行，時行者，元亨利貞；而聖人
之作《易》，正是依時行說，教人改過遷善，則其通權達變之意義，隨時而行，
亦因時而制宜，其《易》學之全體大用，無不備於是。

二、時行圖解

　　時行之原理已如上言，即以卦爻交易之當位、失道，變而通之，使反復
趨時，變通而不窮。故凡二五先行，而初四、三上從之者爲得、爲吉；反之，
二五不先行，而初四、三上先行者爲失、爲凶。惟《易》道變動不居，於吉
則可以變凶，逢凶亦可以化吉，故無論其爲當位、失道，必須變而通之使盡
其利，反而復之使不困窮。焦循準此以論時行之義，以圖示之，是可以明其
變通之道。

（一）二五先行，當位，變通不窮之時行圖解。

　　變通之道，非必俟大中上下應而後行之；於二五既行之後，即變通他卦，
由元而復爲元，故不俟上下應，即變而通之，如此則仍反乎二五先行之道，
焦循乃列爲第一圖。

1. 乾	同人	同人
坤	比	師
坎	比	比
離	同人	大有
2. 巽	漸	漸
震	隨	歸妹
兌	隨	隨
艮	漸	蠱
3. 小畜	家人	家人
豫	萃	解
困	萃	萃
賁	家人	大畜
4. 姤	遯	遯

復	屯	臨
節	屯	屯
旅	遯	鼎
5. 夬	革	革
剝	觀	蒙
渙	觀	觀
豐	革	大壯
6. 井	蹇	蹇
噬嗑	无妄	睽
履	无妄	无妄
謙	蹇	升
7. 中孚	益	益
小過	咸	恆
大過	咸	咸
頤	益	損
8. 訟	否	否
明夷	既濟	泰
需	既濟	既濟
晉	否	未濟

案：此圖爲時行之一種方式。〈乾〉、〈坤〉、〈坎〉、〈離〉各以二之五而得〈同人〉、〈比〉二卦；於〈同人〉、〈比〉無大中之道，若以〈同人〉上之〈比〉三，更繼之以〈同人〉四之〈比〉初，則成兩〈既濟〉，是爲道窮。故必須變而通之，〈同人〉通〈大有〉，如是則〈師〉之二五，雖不能與〈同人〉相孚，但〈師〉二可以通五；〈大有〉二亦可以通五，是爲由反而復乎二五之道。然則，此圖之第一排〈乾〉、〈坤〉、〈坎〉、〈離〉等三十二卦，雖可由二五先行，不俟上下應而即可變而通之，仍復乎二五之道。但第三排之〈同人〉、〈師〉、〈比〉、〈大有〉等三十二卦，二五先行，變而通之，仍爲原有之三十二卦；即〈同人〉、〈師〉二五先行爲〈同人〉、〈比〉，〈比〉、〈大有〉二五先行仍爲〈同人〉、〈比〉。變而通之，〈同人〉仍通〈師〉，〈比〉仍通〈大有〉。故此圖所示者，乃爲〈乾〉、〈坤〉、〈坎〉、〈離〉等三十二卦，依變通而反復其道；即由元不俟亨，而復爲元。此例只能行諸〈乾〉、〈坤〉、〈坎〉、〈離〉等三十

二卦，而不能行諸〈同人〉、〈師〉、〈比〉、〈大有〉等三十二卦，蓋〈同人〉、〈師〉、〈比〉、〈大有〉等旁通之卦，其二五先行之道，只行於一卦之自身，非相互交易。而此圖，亦非若大中上下應，而元亨利貞圖之能普遍應用於六十四卦。可知，六十四並非一定遵守「大中而上下應」之原則而行，通過其他途徑之變而通之，亦能進行類似之循環，而反復其道。〔註10〕

（二）初四先行，不當位，變而通之，仍大中而上下應之時行圖解。

1. 乾	小畜	小畜
坤	復	豫
震	復	復
巽	小畜	姤
2. 坎	節	節
離	賁	旅
艮	賁	賁
兌	節	困
3. 同人	家人	家人
師	臨	解
歸妹	臨	臨
漸	家人	遯
4. 比	屯	屯
大有	大畜	鼎
蠱	大畜	大畜
隨	屯	萃
5. 革	既濟	既濟
蒙	損	未濟
睽	損	損
蹇	既濟	咸
6. 无妄	益	益
升	泰	恆
大壯	泰	泰

〔註10〕詳參程石泉教授《易學新探・雕菰樓易義》，頁 286〜289，及陳居淵〈論焦循易學〉，《孔子研究》，1993 年，第二期，頁 90〜91。以下各段案語皆同。

	觀	益	否
7.	豐	明夷	明夷
	渙	中孚	訟
	履	中孚	中孚
	謙	明夷	小過
8.	井	需	需
	噬嗑	頤	晉
	剝	頤	頤
	夬	需	大過

　　案：初四先行，失道變通，仍大中上下應之卦，只能行之於〈乾〉、〈坤〉、〈震〉、〈巽〉等三十二卦。第三排之〈小畜〉、〈豫〉、〈復〉、〈姤〉等三十二卦則不能行之。蓋〈小畜〉與〈豫〉旁通，初四先行，〈豫〉成〈復〉，〈小畜〉仍爲〈小畜〉；變而通之，〈復〉通〈姤〉，〈小畜〉仍通〈豫〉。〈復〉與〈姤〉旁通，初四先行，〈姤〉成〈小畜〉，〈復〉仍爲〈復〉；變而通之，〈復〉仍通〈姤〉，〈小畜〉仍通〈豫〉，實爲循環其道。非若〈乾〉、〈坤〉、〈震〉、〈巽〉各以初四先行，變而通之，而得〈小畜〉與〈豫〉，〈復〉與〈姤〉之大中上下應之道。推之同例諸卦亦然，蓋〈小畜〉與〈豫〉旁通，〈復〉與〈姤〉旁通，其初四先行之道，僅見於〈豫〉、〈姤〉二卦之自身，而未及〈小畜〉與〈復〉，第三排諸卦例皆如是。

（三）三上先行，不當位，變而通之，仍大中而上下應之時行圖解。

1.	乾	夬	夬
	坤	謙	剝
	艮	謙	謙
	兌	夬	履
2.	坎	井	井
	離	豐	噬嗑
	震	豐	豐
	巽	井	渙
3.	同人	革	革
	師	升	蒙
	蠱	升	升

	隨	革	无妄
4.	比	蹇	蹇
	大有	大壯	睽
	歸妹	大壯	大壯
	漸	蹇	觀
5.	家人	既濟	既濟
	解	恆	未濟
	鼎	恆	恆
	屯	既濟	益
6.	臨	泰	泰
	遯	咸	否
	萃	咸	咸
	大畜	泰	損
7.	賁	明夷	明夷
	困	大過	訟
	姤	大過	大過
	復	明夷	頤
8.	旅	小過	小過
	節	需	中孚
	小畜	需	需
	豫	小過	晉

案：三上先行，不當位，變而通之，仍大中上下應之卦，只行於〈乾〉、〈坤〉、〈艮〉、〈兌〉等三十二卦，而第三排之〈夬〉、〈剝〉、〈謙〉、〈履〉等三十二卦則不能行之。蓋〈夬〉、〈剝〉上之三，〈剝〉成〈謙〉，〈夬〉仍爲〈夬〉；〈謙〉、〈履〉上之三，〈履〉成〈夬〉，〈謙〉仍爲〈謙〉，與初四先行第三排之〈小畜〉、〈豫〉、〈復〉、〈姤〉之循環其道相同，其餘各組卦亦然。總六十四卦而言，初四之先行，雖變通仍不得大中上下應者，計有〈小畜〉、〈豫〉、〈復〉、〈姤〉、〈節〉、〈旅〉、〈賁〉、〈困〉、〈家人〉、〈解〉、〈臨〉、〈遯〉、〈屯〉、〈鼎〉、〈大畜〉、〈萃〉等十六卦；三上先行，雖變通仍無以見大中上下應者，計有〈夬〉、〈剝〉、〈謙〉、〈履〉、〈井〉、〈噬嗑〉、〈豐〉、〈渙〉、〈革〉、〈蒙〉、〈升〉、〈无妄〉、〈蹇〉、〈睽〉、〈大壯〉、〈觀〉等十六卦。初四、三上先行，

雖變通俱無以見大中而上下應者，計有〈既濟〉、〈未濟〉、〈損〉、〈咸〉、〈恆〉、〈益〉、〈泰〉、〈否〉、〈明夷〉、〈訟〉、〈中孚〉、〈小過〉、〈需〉、〈晉〉、〈頤〉、〈大過〉等十六卦。

（四）凡二五先行，初四應之為下應，三上應之為上應，二五得中而上下應之，乃得元亨之時行圖解。（凡二五先行──下應──上應→元亨）

1. 乾	家人	革
坤	屯	蹇
離	家人	革
坎	屯	蹇
2. 震	屯	革
巽	家人	蹇
兌	屯	革
艮	家人	蹇
3. 比	屯	蹇
大有	家人	革
師	屯	蹇
同人	家人	革
4. 漸	家人	蹇
歸妹	屯	革
蠱	家人	蹇
隨	屯	革
5. 需	既濟	既濟
晉	益	咸
明夷	既濟	既濟
訟	益	咸
6. 中孚	益	既濟
小過	既濟	咸
大過	既濟	咸
頤	益	既濟
7. 姤	家人	咸
復	咸	既濟

	旅	家人	咸
	節	屯	旣濟
8.	賁	家人	旣濟
	困	屯	咸
	小畜	家人	旣濟
	豫	屯	咸
9.	井	旣濟	蹇
	噬嗑	益	革
	謙	旣濟	蹇
	履	益	革
10.	夬	旣濟	革
	剝	益	蹇
	豐	旣濟	革
	渙	益	蹇
11.	无妄	益	革
	升	旣濟	蹇
	睽	益	革
	蹇	旣濟	革
12.	革	旣濟	革
	蒙	益	蹇
	觀	益	蹇
	大壯	旣濟	革
13.	屯		旣濟
	鼎	家人	咸
	臨	屯	旣濟
	遯	家人	咸
14.	萃	屯	咸
	大畜	家人	旣濟
	解	屯	咸
	家人		旣濟
15.	泰	旣濟	旣濟

否	益	咸
旣濟		
未濟	益	咸
16. 恆	旣濟	咸
益		旣濟
損	益	旣濟
咸	旣濟	

案：凡旁通之卦，二五之先行，初四或三上應之，是爲大中而上下應，乃當位之吉，故爲元亨。由上圖又可知，凡於旁通後，得〈家人〉、〈屯〉、〈革〉、〈蹇〉，或〈旣濟〉、〈咸〉，或〈旣濟〉、〈益〉者，是爲當位之吉。總六十四卦而言，以當位而得〈家人〉、〈屯〉、〈革〉、〈蹇〉者，計有〈乾〉、〈坤〉、〈坎〉、〈離〉等十六卦；以當位而得〈家人〉、〈屯〉、〈旣濟〉、〈咸〉者，計有〈家人〉、〈解〉、〈屯〉、〈鼎〉等十六卦；以當位而得〈旣濟〉、〈益〉、〈革〉、〈蹇〉者，計有〈革〉、〈蒙〉、〈蹇〉、〈睽〉等十六卦；以當位而得〈旣濟〉、〈益〉、〈旣濟〉、〈咸〉者，計有〈需〉、〈晉〉、〈明夷〉、〈訟〉等十六卦。

凡大中而上下應之卦，其所得結果既不出〈家人〉、〈屯〉、〈革〉、〈蹇〉、〈咸〉、〈益〉、〈旣濟〉（重出）七卦。苟不反而復之，則〈家人〉上之〈屯〉三，〈革〉四之〈蹇〉初；〈咸〉四之初，〈益〉四之三，都各成兩〈旣濟〉，是爲終止道窮。故其始雖爲元亨，而終則爲貞凶，此危道，由吉變凶者。若能變而通之，〈家人〉反爲〈解〉，〈屯〉反爲〈鼎〉，〈革〉反爲〈蒙〉，〈蹇〉反爲〈睽〉，〈咸〉反爲〈損〉，〈恆〉反爲〈益〉，是爲由反而仍得一陰一陽之道。〔註11〕若更以〈解〉二之五成〈萃〉，〈鼎〉二之五成〈遯〉，〈蒙〉二之

〔註11〕《通釋》卷五「道」條，可與此並參，其文曰：「凡兩卦旁通，皆陰陽相偶。以陽易陰，以陰交陽，終則有始，謂之續終。繼即續也，成兩〈旣濟〉而終止，無復一陰一陽相對，是但有形器而無道；惟成性之後，而又存存，前者未終，後者已始，柔剛迭用，至於無窮。如〈坤〉成〈屯〉，〈屯〉通〈鼎〉；〈鼎〉成〈遯〉，〈遯〉通〈臨〉，〈臨〉又成〈屯〉，此道也，繼之者善也。〈鼎〉成〈遯〉，〈遯〉上之〈屯〉三成〈旣濟〉，此形也，成之者性也。〈屯〉成〈旣濟〉，而〈鼎〉成〈咸〉，〈咸〉又通〈損〉，此成性而存存也。反復即一陰一陽也，一陰則反其道，一陽則復其道。……明當位者，以反復爲道；與失道者，以反復爲道，其道同也。反復其道，指二五一陰一陽，亦指二五〈坤〉一陰反乎〈乾〉之一陽，宜以〈乾〉二之〈坤〉五，則反而復。一陰化爲一陽，乃不成〈比〉而成〈復〉，乃反而爲一陰，是失道也；宜變通而以〈姤〉二之〈復〉五，則反而復，仍不成〈屯〉而成〈明夷〉，仍反而爲一陰，是失

五成〈觀〉，〈睽〉二之五成〈无妄〉，〈損〉二之五成〈益〉，〈恆〉二之五成〈咸〉，是爲由反而復；復者，復乎二五先行之道。故凡旁通之兩卦，由大中上下應之後，而仍能復乎二五先行之道，則必須由反而得。

（五）利貞時行圖解〔註12〕

1. 家人	成既濟終	貞
解	成咸有始	利
2. 屯	成既濟終	貞
鼎	成咸有始	利
3. 革	成既濟終	貞
蒙	成益有始	利
4. 蹇	成既濟終	貞
睽	成益有始	利
5. 益	成既濟終	貞
恆	成咸有始	利
6. 咸	成既濟終	貞
損	成益有始	利
7. 既濟	既濟有終	貞
既濟	下應成益，上應成咸	利

案：於「元亨時行圖」之後，更能反而復之，使二五先行，下應（初之四）或上應（三之上）所成之八卦〈家人〉、〈屯〉、〈革〉、〈蹇〉、〈益〉、〈咸〉、〈既濟〉（重出）各有所通，而不成兩〈既濟〉，是爲由元亨而利貞；若成兩〈既濟〉，是爲終止道窮，於變化實爲窮終，則貞凶。故〈家人〉、〈屯〉、〈革〉、〈蹇〉、〈益〉、〈咸〉各成〈既濟〉爲有終，六爻皆正，是爲貞，於《易》道爲終止；而〈解〉、〈鼎〉、〈恆〉各成〈咸〉，〈蒙〉、〈睽〉、〈損〉各成〈益〉，成〈咸〉、成〈益〉則爲有始，是以旁通之兩卦一得〈既濟〉，一得〈咸〉或〈益〉，乃爲由貞說後利，或由利而後貞，是終則有始；而〈咸〉四之初成〈既濟〉，〈益〉四之三亦成〈既濟〉，是又爲有始有終。綜上各圖，可知凡旁通之

道也。」

〔註12〕《圖略》卷三，原圖並未標號，以互爲旁通，故標以明之。又〈既濟〉與〈未濟〉兩卦補入，乃程石泉教授〈雕菰樓易義〉以意爲之者，信而從之，乃見其全。

卦，不論其爲由二五先行當位變通，或由三上、初四先行失道變通，其結果或兼元亨而利貞，或兼元而利貞，或兼亨而利貞。而於既得利貞之後，更反復之又爲元亨，如是循環不已，元亨利貞之時行變通，可以至於無窮。此焦循《易圖略》卷三〈時行圖〉之大旨，明乎此，故「由元亨而利貞，由利貞而復爲元亨，則時行矣！」於此則〈咸〉必須旁通〈恆〉，〈益〉必須旁通〈損〉，〈既濟〉必須旁通〈未濟〉，是又爲大中上下應之道，不遠而復，故〈咸〉、〈損〉、〈益〉、〈恆〉四卦，循環不已，〔註 13〕而所謂「趣時變通」之時行而元亨利貞，其行健之不已，教思之無窮，乃可統會一貫。

第二節　變通原則與應用

　　焦循《易》學中，其最重要之基本概念爲「通」。通有旁通，有情通，有變通，均各有其特殊之涵義。變通者，依據客觀實存之情境與條件，自覺而自主調整行爲之方向與方式，以求得人我物之間共同利益之謂。故焦循論仁義之起源，乃因變通轉運以爲說，其文曰：

　　　　蓋人性所以有仁義者，正以其能變通，異乎物之性也。以己之心，通乎人之心，則仁也；知其不宜，變而之乎宜，則義也。仁義由於能變通，人能變通，故性善；物不能變通，故性不善。〔註 14〕

　　此「變通」之概念，顯爲焦循道德哲學之中心思想；其形式之意義，已內在而深化成其詮釋之利器，觀乎此，是可知焦循一貫之宗旨。故《易》之

〔註 13〕《通釋》卷七「定　寧　成　安　息」條，言變通時行而無窮之意，可與此互相並參，其文曰：「〈雜卦傳〉云：『〈既濟〉定也。』經不言『定』，凡言『寧』，言『成』，言『安』，言『息』，皆定也。何爲定？六爻皆正，寂不動也。〈乾〉爲首，二之〈坤〉五，是爲『首出庶物』；因而變通，〈鼎〉、〈解〉成〈咸〉，〈乾〉、〈坤〉乃成〈既濟〉，是爲『萬國咸寧』。有可寧者，有不可寧者；可寧者，『終則有始』，『咸寧』是也；不可寧者，『終止則亂』，『不寧』是也。〈家人〉上之〈屯〉三，成兩〈既濟〉，寧而不咸；寧而不咸，則不可寧，故〈屯〉『利建侯』而『不寧』。成兩〈既濟〉則無應。……寧、成、安、定，其義皆同於息，『不息』即是『無成』，『成有渝』則『不息』；……〈乾〉與〈坤〉交易，則〈乾〉爻緟於〈坤〉五，〈坤〉五，〈坤〉交緟於〈乾〉二。〈乾〉、〈坤〉毀，謂成兩〈既濟〉；〈益〉通〈恆〉，〈咸〉通〈損〉，往來不已。〈損〉、〈益〉互〈坤〉，〈咸〉、〈恆〉互〈乾〉，故不毀；惟〈咸〉不通〈損〉而四之初則〈乾〉毀；〈益〉不通〈恆〉，而上之三則〈坤〉毀。成兩〈既濟〉而息，由於不能變通；變通者，易也，故云『〈乾〉、〈坤〉毀，無以見易』也。」
〔註 14〕詳見《孟子正義》卷二十二〈告子章句上・性猶杞柳章〉。

道，唯在變通；二五先行，而上下應之，此變通不窮者；或初四先行、三上先行，則上下不能應，然能變而通之，仍大中而上下應，此所謂「時行」。而焦循《雕菰樓易學》，教人改過之書；改過之道，在乎變通，故一部《周易》所以教人變通之道。夷考其源，則焦循一生精力心血，全灌注於《雕菰樓易學》之中，其所得者深，所見者確，處處一貫，而以「變通」經之緯之，故焦循《易》學之淵源總匯，以「變通哲學」名之，誠非過論。

然則，《雕菰樓易學》三例——旁通、相錯、時行；旁通（當位失道）、相錯（比例），所以爲變通之先具；而時行則變通。故不明旁通、相錯之用，則不知所以變通之道；不明時行之義，則雖變通而亦不能至於無過，此《雕菰樓易學》又可以「時行哲學」名之者，故一部《周易》六十四卦三百八十四爻，皆教人時行之道，此《易》所以特重變通之義者，乃可知之。

一、變通原則——二五交易

〈繫辭上傳〉云：「一闔一闢謂之變，往來不窮謂之通。」又云：「化而裁之謂之變，推而行之謂之通。」「變通之謂事。」故「舉而措之天下之民，謂之事業」，「變而通之以盡利」，而《易》有太極，乃生大業，此業之大屬生，而不屬成也。〔註15〕「變通」二字，證諸傳文之義，不煩言而解；故《通釋》卷三「通」條，乃闡之云：

> 〈繫辭傳〉云「《易》窮則變，變則通，通則久。」引〈大有‧上九〉
> 爻辭以明之云：「自天祐之，吉無不利。」又云：「黃帝、堯、舜垂
> 衣裳而天下治，蓋取諸〈乾〉、〈坤〉。〈大有〉二之五爲〈乾〉二之
> 〈坤〉五之比例，故取〈大有〉之通，以明〈乾〉、〈坤〉之通。若
> 〈大有〉二不之五，而四上先行，〈比〉成〈既濟〉，〈大有〉成〈泰〉，
> 其道窮矣；窮則民倦，民倦則無攸利。惟〈泰〉變通於〈否〉，是爲
> 「通其變，使民不倦，神而化之，使民宜之」，「取諸〈乾〉、〈坤〉」。
> 〔註16〕……生生不已，通則久也。

是故《易》之謂變而通之，既易則宜以二之五，使有其實。由前列時行圖解及以上之引文中，可以看出焦循之旁通、相錯與時行義例，其剛柔相推，皆以二五交易爲其準則，且又歸結爲二五是否當位。此所以焦循之《雕菰樓

〔註15〕義詳《通釋》卷二十「易有太極……」條。
〔註16〕文詳〈繫辭下傳‧二章〉。

易學》，其總原則乃「二五變通」爲《易》。其《易章句》卷十〈說卦傳〉釋「數往者順，知來者逆，是故《易》逆數也」，說之曰：

> 數，計也。二五先定，則初四、三上宜往；或以初四往，或以三上往，皆自二五順計之，故爲順也。初四順二五往矣，舍三上而旁通於他卦，更以二五爲始；三四順二五往矣，舍初四而旁通於他卦，更以二五爲始，由終而更始，故爲逆。二五變通爲易，初四、三上相從爲應；易爲逆數，則應爲順數也。以上明旁通、相錯、變通、時行，皆伏羲制之。

則焦循以爲二五先行，初四、三上應之，此即「數往者順」；變而通之，「終而更始」，此即「知來者逆」。唯變而通之，元亨利貞始能反復其道，生生不息。焦循此說，以二五交易視爲其剛柔相推說之核心，故其《雕菰樓易學》之體系，可以稱之爲「二五變通說」。〔註17〕在《易章句》十二卷中，焦循乃依其「二五變通說」，逐字逐句通篇注釋《周易》經傳文全書，可見《周易》一書實爲一整全之邏輯體系，自有其內在有機之脈絡。如其釋《易章句》卷七〈繫辭上傳〉「是故《易》有大極，是生兩儀，兩儀生四象，四象生八卦，八卦定吉凶」曰：

> 易，謂變而通之也。大極，猶言大中也。民雖不知，變而通之，皆有大中之道，謂旁通而二五先交。是，即「有孚失是」之是；旁通而大中，則有孚而不失是矣。儀，宜也，即「其羽可用爲儀」之儀；得大中，或以初四下應之爲儀，或以三上上應之爲儀。宜下成〈家人〉、〈屯〉，則不宜上；宜上成〈蹇〉、〈革〉，則不宜下。有兩儀，則有〈屯〉、〈家人〉、〈蹇〉、〈革〉四卦；見乃謂之象，明指〈屯〉之通〈鼎〉，則〈家人〉通〈解〉，〈革〉通〈蒙〉，〈蹇〉通〈睽〉，亦象也，故生四象矣。〈屯〉通〈鼎〉爲象，是一象有二卦，四象有八卦；兩儀、四象、八卦通變化而言，故稱生。既生八卦，則〈鼎〉、

〔註17〕 焦循所以特推重二五爻，實出於對〈繫辭下傳〉之詮釋。其《章句》卷八〈繫辭下傳〉注「初率其辭，而揆其方，既有典常」曰：「初，即初筮之初；率，帥也。繫辭視乎爻，率其辭謂二五爲諸爻率。揆，度也；方，旁通也；既率其辭，而元亨矣。又揆度之，以旁通爲利也。無師保而臨父母，失道能變通也；初率辭而揆其方，當位能變通也。既，盡也，如是則盡有典常。」又注「若夫雜物撰德，辨是與非，則非其中爻不備」云：「雜物，六爻相雜也。撰，選也，於是眾爻雜錯之中，而選其德以辨是非。中爻，謂二五也；諸爻之是非，視乎二五。此初所以難知，上所以易知也，舊說謂中四爻，未是！」

〈解〉成〈咸〉，〈睽〉、〈蒙〉成〈益〉，〈家人〉、〈屯〉、〈蹇〉、〈革〉
成〈既濟〉。方以類聚，物以羣分，故吉凶生矣；終則有始爲吉，反
是爲凶。〔註18〕

　　以變通爲易，以太極爲大中，即以二五爲太極；故二五變易爲大中，是
爲太極。二五先行，乃剛柔交象變通之始基，則「易有太極」之義。可見焦
循於《易章句》、《易通釋》二書中，對「《易》有太極」之詮釋，可以視爲其
「二五變通說」之綱領，亦爲《雕菰樓易學》之一大特色。〔註19〕故焦循《易
通釋》卷三「易」、「交」二條，乃統釋其義曰：

《易》以「易」名書，〈繫辭傳〉云：「生生之謂《易》。」生生不已，
所以元亨利貞；故《易》之一書，「元亨利貞」四字盡之。而「元亨
利貞」四字，一「易」字盡之。易爲變更反復之義，即一陰一陽之
謂也。易與交義同而大異，交者，二五相交，如〈乾〉二之〈坤〉
五，〈歸妹〉二之五是也。易者，既交之後，易而變通，如〈乾〉成
〈同人〉，易而通〈師〉；〈坤〉成〈比〉，易而通〈大有〉；〈歸妹〉
成〈隨〉，易而通〈蠱〉。既交之後，兩五皆剛，上下應之，則不能
一陰一陽兩兩相孚，必易而後成一陰一陽之道，此交、易之殊也。

　　推之，則「交易」爲全《易》大義我在，故交而不易，則盈不可久；易而
不交，則消亦不久。惟反復交易，觀〈乾〉二交〈坤〉五爲〈比〉，〈比〉易而
通於〈大有〉；〈大有〉二五交爲〈同人〉，〈同人〉又易而通於〈師〉，乃知〈乾〉
所以知大始，由易而行。故〈繫辭傳〉贊《易》上九云：「君子安其身而後動，
易其心而後語，定其交而後求。」又云：「無交而求，則民不與也。」此贊「交
易」二字至爲明析。故〈損〉二之五成〈益〉，則易而通於〈恆〉；〈恆〉二交於
五成〈咸〉，〈益〉上乃可求之，無交則〈恆〉二不之五，而〈益〉上遽求於三，
所謂「立心勿恆，凶也。」〈益〉五本剛，易其心爲〈恆〉五則柔，柔在五不定，
交而後定，故云「定其交」；可知，有交則利，無交則害。〔註20〕《易》者，交

〔註18〕《易通釋》卷二十「易有太極……」條，與此互明。

〔註19〕焦循於《易》一名而含三義——易簡、變易、不易之外，別創「交易——二
　　　五變通說」，其義例既如所述；而《易通釋》卷三「易」、「交」二條，可爲其
　　　詮釋之注腳，亦其大義之所在。

〔註20〕《通釋》卷四「剛　柔」條，可與此互明，其文曰：「故剛柔爲立本，所以變
　　　通趣時者，以此爲本也。……〈損·傳〉云：『損剛益柔有時。』此語爲六十
　　　四卦之通例。柔在五，則益之，謂〈損〉交而成〈益〉；剛在五，則損之，謂

易也，以明變通時行之道，與時偕中，《易》有太極而生生焉。

二、變通應用——通權達變

〈文言傳〉於〈乾‧九三〉贊之云：「知至至之，可與幾也；知終終之，可與存義也。」知至則可與幾，幾者，「動之微，吉（凶）之先見者也」，君子見幾而作，不俟終日。知終則可存義，利者，「義之和也」；變而通之以盡利，故知幾、見幾，不外變通而已。﹝註21﹞然則，由當位而變通爲「知幾」，爲「反復道」；由失道而變通，亦爲「知幾」，爲「反復道」，故〈繫辭傳〉乃總贊之云：「夫《易》，聖人之所以極深而研幾也。唯深也，故能通天下之志；唯幾也，故能成天下之務。」而極深之能通志，研幾之能成務，唯在能通其變，終歸「各正性命，保合太和」而已，﹝註22﹞是知變通之爲用，即聖人所以崇德而廣業。

（一）〈性善解〉之變通說

焦循《雕菰集》卷九有〈性善解〉五篇，攝取《孟子》、《荀子》、《淮南子》及清儒戴震《孟子字義疏證》之思想，而提出「能知故善」之命題。其〈性善解一〉首發聖人之教民禮義，而明眾人之可引、可移、可知，故人之性可以爲善。文曰：

> 性善之說，儒者每以精深言之，非也。性無他，食色而已；飲食男女，人與物同之。當其先，民知有母，不知有父，則男女無別也；茹毛飲血，不知火化，則飲食無節也。有聖人出，示之以嫁娶之禮，而民知有人倫矣；示之以耕耨之法，而民知自食其力矣。以此示禽獸，禽獸不知也。禽獸不知，則禽獸之性不能善；人知之，則人之性善矣。以飲食男女言性，而人性善，不待煩言自解也。禽獸之性不能善，亦不能惡；人之性可引而善，亦可引而惡，惟其可引，故

〈益〉易而通〈恆〉。『損剛』即『柔來而文剛』，『益柔』即『剛上而文柔』。」

﹝註21﹞《通釋》卷三「幾」條，義甚詳備，可參照以明。

﹝註22﹞《雕菰集》卷十三〈寄朱休承學士書〉云：「大抵聖人之教，質實平易，不過欲天下之人『各正性命，保合太和』而已。……《易》道但教人旁通彼此，相與以情。己所不欲，則勿施於人；己欲立達，則立人達人，此以情求，彼亦以情與，自然『保合太和，各正性命』。……孔子謂之仁，謂之恕，《大學》以爲『絜矩』；此實伏羲以來，聖聖相傳之大經大法。故曰『不可貞』，曰『貞凶』，爲但知是己，不能孚人者戒也。」

性善也。……惟人能移，則可以爲善矣！〔註23〕

孟子不贊成以利爲性，主張以義爲性；荀子則以人有欲故性惡，而以爲人性知利，其義則爲聖人之教。焦循本孟子性善之旨，實則主荀子之說。故其〈性善解二〉、〈性善解三〉乃分言其義云：

> 聖人何以知人性之皆善？以己之性推之也。己之性既能覺於善，則人之性亦能覺於善，第無有開之者耳。使己之性不善，則不能覺；己能覺，則己之性善，己與人同此性，則人之性亦善，故知人性之善也。人之性不能自覺，必待先覺者覺之，是故非性無以施其教，非教無以復其性。

> 性何以能善？能知故善。……故孔子論性，以不移者屬之上知下愚，愚則仍有知，鳥獸直無知，非徒愚而已矣。……惟男女飲食，則人人同此心，故論性善，徒持高妙之說，則不可定；第於男女飲食驗之，性善乃無疑耳。

利，義，宜，焦循以爲皆是知（智），〔註24〕人有智故能知利之所在，則以利爲義，爲宜。人與禽獸之別，全在智不智之間，故斷以爲「能知故善」。〈性善解四〉乃舉證其可驗者三，而以變通之義終之曰：

> 性善之可驗者有三：乍見孺子入井，必有怵惕惻隱之心，一也。臨之以鬼神，振之以雷霆，未有不悔而禱者，二也。利害之際，爭訟喧囂，無不自引於禮義，無不自飾以忠孝友悌，三也。善之言靈也，性善猶言性靈，惟靈則能通，通則變；能變，故習相遠。

焦循以此實證論述性善之問題，乃思維方式之進步；惟其論證之可驗者三，實無關於性善之本源，均爲後起之現象，實與「性靈」無多大干係。然則，惟其性靈而能知，乃能通其變，故「無其性，不可教訓；有其性，無其養，不能遵道」，〔註25〕而善之言性者，自然可知。其《通釋》卷五「仁、義、

〔註23〕可與《孟子正義》卷十七〈天下之言性也〉章互明。

〔註24〕義詳《孟子正義・天下之言性也》章，按《孟子》此章，自明其「道性善」之恉，與前「異於禽獸」相發明。其結論云：「孟子私淑孔子，述伏羲、神農、文王、周公之道，以故之利而直指性爲善，於此括全《易》之義，而以六字盡之云：『故者，以利爲本。』明人之所以異於禽獸者，在此利不利之間，利不利即義不義，義不義即宜不宜。能知宜不宜，則智也。不能知宜不宜，則不知也。智，人也；不知，禽獸也。幾希之間，一利而已矣，即一義而已矣，即一智而已矣。」

〔註25〕語見《淮南子・泰族（訓）》。〈性善解五〉引此文及〈修務（訓）〉，以爲此蓋

禮、信、知」乃綰合變通之義以言曰：

> 然則，知者謂其能變通者。立人之道曰仁與義，仁配陽，謂由陰交
> 而生陽也；義配陰，謂由陽而通陰也。應乎其間而不失等殺者，爲
> 禮；仁、義，指二五；禮屬初四、三上，以其應二五爲亨，以其應
> 二五而成〈既濟〉爲貞。亨、貞皆屬乎禮，以其不成〈既濟〉，變而
> 旁通爲有孚則爲信，有孚而不失是，則爲知。知其盈而悔，知其非
> 而悔，知也。「知周乎萬物，而道濟天下，故不過」，此知所以崇法
> 天也。《中庸》修道以仁，由仁之親親，及義之尊賢，禮即由仁義之
> 等殺而生；義而尊賢，即知人、知天，而爲知三達德。以知冠仁，
> 所以發明《易》道詳矣。

戴震以後，阮元、凌廷堪及焦循等學者，羣起提倡禮學，主張以禮代理，
蓋亦以變通之用，以補救時弊。焦循《雕菰集》卷十〈理說〉，反對以理相爭，
其文曰：

> 君長之設，所以平天下之爭也。故先王立政之要，因人情以制禮。……
> 所以消人心之忿，而化萬物之戾，漸之既久，摩之既深，君子以禮
> 自安，小人以禮自勝，欲不治得乎？後世不言禮而言理，……而所
> 以治天下則以禮，不以理也。禮論辭讓，理辨是非。……可知理足
> 以啓爭，而禮足以止爭也。

焦循由性善之解，以明社會哲學中「利」與「禮」之分際，以利爲義、
爲宜，故能知爲善；以禮爲節，而知等殺上下，仁義乃明。故焦循借《易》
之「變通」原理，暢言其「性善」之旨，亦可窺觀其道德哲學之微蘊。

（二）〈說權〉之變通論

焦循於《雕菰集》卷九〈一以貫之解〉、〈攻乎異端解上、下〉，卷十〈說
權〉八篇、〈說定上、下〉諸文中，貫注其變通以趣時之精神於其中，彰顯出
損益隨時之思想。其中〈攻乎異端解〉一文，尤可視爲焦循哲學之精髓與綱
領，將「趣時」、「一貫」、「恕」、「權」等幾個基本概念及其相互關係，予以
系統之表述。文曰：

> 《論語》「攻乎異端，斯害也已」，談者以指楊墨佛老，於是爲程朱之
> 學者，指陸氏爲異端，而王陽明之徒，又指程、朱爲異端，此二字遂

孔門七十子之遺言，故善言性者，《孟子》之後，惟《淮南子》。

不啻洪水猛獸，亂臣賊子。正不必然，攻猶摩也，「我有好爵，吾與爾靡之」；靡即摩，摩即攻。「他山之石，可以攻玉」，他者異也；攻者，礛切磨錯之也。已者止也，各持一理，此以為異己也而擊之，彼亦以為異己也而擊之，未有不成其害者，豈孔子之教也？異端，猶云兩端，攻而摩之，以用其中而已！……《韓詩外傳》云：「別殊類，使不相害；序異端，使不相悖。」此即發明《論語》之義，蓋異端者，各為一端，彼此互異。惟執持不能通則悖，悖則害矣！有以攻治之，所謂序異端也，斯害也已，謂使不相悖也。彼此礛切磨錯，使紊亂害於道者，悉順而和焉，故為序，序者時也。……有兩端則異，執其兩端，用其中於民，則有以摩之而不異，「相觀而善之謂摩」，人異於己，亦必己異於人，互有是非，則相觀而各歸於善。是以我之善觀彼，以摩彼之不善；亦以彼之善觀我，以摩我之不善也。

然則，凡執一者，皆能賊道，不必楊墨也。……各依時而用之，即聖人一貫之道也。使楊思兼愛之說不可廢，墨思為我之說不可廢，則恕矣，則不執一矣。聖人之道，貫乎為我、兼愛、執中者也。善與人同，同則不異矣！……然則，孟子之距楊也，距其執於為我也；其距墨也，距其執於兼愛也。距其執，欲其不執也；執則為楊墨，不執則為禹、稷、顏、曾。孟子學禹、稷、顏、曾者也，則亦以楊、墨、子莫之道、攻而摩之，以合於權而已矣。《記》曰：「夫言，豈一端而已夫，各有所當也。」太史公曰：「人道經緯萬端，規矩無所不貫。」

焦循以為「異端之云，第謂說之不同耳」，故其大害實不在其說之異，而在其說之執一而固持。苟能「各有所當」，不執一端，依時而用，趣時以一貫之，則「恕」、「權」、「一貫」而變通時行之，相觀而善，斯不害已。故其〈一以貫之解〉乃云：

孔子言吾道一以貫之，曾子曰：「忠恕而已矣！」然則，一貫者忠恕也。忠恕者何？成己以及物也。……舜於天下之善，無不從之，是真一以貫之，以一心容萬善，此所以大也。……貫者，通也，所為通神明之德，類萬物之情也。……夫通於一而萬事畢，是執一也，非一以貫之也，貫則不執矣，執則不貫矣，執一則其道窮矣！一以貫之，則能通天下之志矣！……多識於己，而又思以通之於人，此忠恕也，此一貫之學也。

焦循以爲儒家眞諦在於「以一心而容萬善」之「大知」，而九流二氏之說、漢魏南北經師門戶之爭、宋元明朱陸陽明之學，「其始緣於不恕，不能舍己克己，善與人同，終遂自小其道，近於異端，使明於聖人一貫之指，何以至此？」焦循「一以貫之」之主張，實爲其把握事物發展之總規律而提出者，故稱爲「大知」，反對「執一」與「據守」，而變通以行權之義，隱然爲其時行之張本。

> 《易》之道，大抵教人改過，即以寡天下之過。改過全在變通，能
> 變通即能行權，所謂使民宜之，使民不倦，窮則變，變則通，通則
> 久。聖人格致誠正，修齊治平，全於此一以貫之，則《易》所以名
> 《易》也，《論語》、《孟子》已質言之。〔註26〕

變通以時行之觀念，爲焦循《易》學之重要思想，此爲其「歷史觀點」，並以之爲分析問題方法。因此，焦循變通以時行之義，不但於《易》有據，於《論語》、《孟子》中亦有其可資發揮之憑藉，其「行權」理論由是生焉。在孔門義理中，「經」、「權」乃相對而相反相成之二概念，「權者，反於經，然後有善者也」。〔註27〕因此，「權」相對於恆常不易之「經」而言，即是「變」，即是「變通」，實亦即《雕菰樓易學》中之「時行」原理。其《雕菰集》卷十〈說權〉八篇，以廣其說，致意再三者，不在辨理欲之執一而無權，乃是明社會之變通，以其爲政治之原理。茲錄其文之要者，以觀其旨云：

> 法不能無弊，有權則法無弊。權也者，變而通之之謂也。法無良，
> 當其時則良；……故爲政者，以寬濟猛，以猛濟寬。夏尚忠，殷尚
> 質，周尚文，所損所益，合乎道之權。《易》之道，在於趨時，趨時
> 則可與權矣！（〈說權一〉）

> 「先進於禮樂，野人也；後進於禮樂，君子也」，孔子用之，乃不從
> 後進之君子，而從先進之野人。……不知此聖人示人以權也，野人
> 質勝文，君子文質彬彬矣。當孔子時，文勝質之時也，從先進則以
> 質勝文，與文勝質相和，乃可以至彬彬之君子。……故聖人之教人
> 也，兼人則退之，退則進之；王者之化俗也，國奢示之以儉，國儉
> 示之以禮，可與權治天下，如運諸掌。（〈說權二〉）

> 《春秋公羊傳》曰：「權者何？反於經，然後有善者也。」《論語》：
> 「可與立，未可與權。〈唐棣之華〉，偏其反而。」……經者，法也；

〔註26〕文見《雕菰集》卷十三〈與朱椒堂兵部書〉。
〔註27〕《春秋公羊傳・桓公十一年》「九月。宋人執鄭祭仲。」傳文。

法久不變,則弊生,故反其法以通之,不則不善,故反而後有善;不則道不順,故反而後至於大順。……此反經所以爲權也。……反經之經乃正,經正而眾乃知,似是而非者之非堯舜之道也。……此反經即《公羊傳》之反經,公羊家之言,蓋有所授也。學者重視經,駭於反經之言,是不知權之爲權,亦不知經之爲經。(〈說權三〉)

經者何?常也。常者何?久也。《易》,窮則變,變則通,通則久,未有不變通而能久者也。〈乾〉以易知,〈坤〉以簡能;易則易知,易知則有親,有親則可久,易即變通也。……子思子作《中庸》,直以「庸」字名書,一則云「君子之中庸,君子而時中」,以時字解庸字,非變通不可以趣時也;一則云「執其兩端,用其中於民」,以用字解庸字,非變通不可以利用也。又以天下之達道爲和,而以中和明中庸,達即通也,於是暢言之云:「庸德之行,庸言之謹;有所不足,不敢不勉;有餘不敢盡。」不足則增,有餘則減,此變通也;所爲庸也,即所謂常也。《易傳》云:「庸言之信,庸行之謹。」亦申之云:「善世而不伐,德博而化。」世者,代也,謂更代而變化也。……故變而後不失常,權而後經正。(〈說權四〉)

仁義禮知信,萬古行之而不易,故曰「五常」。五常即五行之性(見〈禮記・注疏〉),故黃帝考建五常,謂五氣行天地之中,以候其天和(見《素問・五運行大論》);春秋寒暑,迭相爲經,權在其中矣!……故聖人之轉移天下也,以禮;……故君子之轉移氣質也,以學。……然則,禮也,學也,惟其義也;雖然,非禮之禮,非義之義,大人弗爲,則禮義之中又有權焉。(〈說權五〉)

聖人以權運世,君子以權治身。權然後知輕重,非權則不知所立之是非,鮮不誤於其所行,而害於其所執。《周易》以「易」名書,……學《易》何以無大過?以其能變通也。(〈說權六〉)

權反經以合道,此一陰一陽之所以神。權在陰陽迭用之中,陰不可爲權也。……蓋有王者之權,有霸者之權,有君子之權,有小人之權;王者之權也;王者以權平天下,霸者以權富其國,君子以權修身,小人以權詐人。通其變,使民不倦,神而明之,使民宜之,王者之權也;善用非其有,使非其人,動言搖辭,萬民可得而親,霸

者之權也。君子之權，孔子、孟子所言是也；小人之權，董仲舒、
劉劭所云是也。小人之權宜隱，君子之權不可離，無權則賊道矣。
是故《荀子》曰：「人無動而不可不與權俱。」（〈說權八〉）

　　焦循之「變通」，乃依於其解釋《周易》之「時行」理論，故《易》之精
神，即「通權達變」之爲用。〈說權〉八篇，可見焦循假借《易》之「變通」
原理，以闡釋其政治哲學之思想，其用心亦深重。故《易通釋》卷五「權」
條，乃以《易》義而申之云：

孔、孟皆重權。孔子云：「可與立，未可與權。」孟子云：「執中無
權，猶執一也。」《桓十一年・公羊傳》云：「權者何？反於經，然
後有善者也。」〈繫辭傳〉云：「〈巽〉以行權。」又云：「〈巽〉稱而
隱。」又云：「〈巽〉德之制也。」稱即是權，制即「〈謙〉以制禮」
之制。……權所以知輕重，吾知其輕重，因而平之，裁成輔相，全
賴乎此。……權由失道而補救之，則「隱而稱」；權由當位而變通之，
則「稱而隱」。……夫權者，所以元亨利貞也。盈則以反經爲權，失
道則以制禮辨義爲權，用以自救其過，即用以寡天下之過。執一則
害道，變通則道不窮；行權者，變而通之也。

　　焦循說「權」之義，如是而詳；然則，權變之中又有一定而不可易者，
爲闡釋其說，《雕菰集》卷十〈說定上、下〉二篇，乃肯定變通中之不變意義，
故其文曰：

人之學，自求其善而已矣。定不定，己不能知，人亦不能知；夫天
下之言，未有能定者也。

井田封建，聖人所制也，而後世遂不可行，則聖人之言且不定也。
故有定於一時，而不能定於萬世者；有定於此地，而不能定於彼地
者；有定於一人，而不能定於人人者，此聖人所以重通變之學也。
然而有定於一時，即定於萬世者；有定於此地，即定於彼地者；有
定於一人，即定於人人者，何也？人倫也，孝弟也，仁義也，忠恕
也，聖人定之，不容更有言也。更有言，使不定其所定，則楊墨之
執一也，佛氏之棄人倫、滅人性也。己別有所定，以定聖人之言；
聖人所已定者，遂不定。不能窮其微，察其僞，且以未定爲定，而
聖人之言，其不容更定者，乃莫得其所定也。是則惑之深，而害之
大矣！

　　焦循之變通論，反經行權論，可謂爲爲政者治國運世而設之理論，故作爲封建社會所以立基之倫理綱常，以及作爲君子修己潤身之行爲準則，在有限度之範圍內可以通權達變，而其根本原則實不可以變通之。換言之，政教之施爲，可以定於一時；倫理之綱常，必須垂之久遠，可知焦循於相對之「經、權」思想外，猶有其「變、定」之時行原則，故阮元爲焦循作傳，肯定其說，以爲「有補於世教」者，洵非虛言。而其至也，焦循乃作〈通變神化論〉以廣其義闡其微，而言之曰：

> 能通其變爲權，亦能通其變爲時。然而，豪傑之士無不知乘時，以運用其權，而達乎聖人之道者，未能神而化之也。「大而化之之謂聖，聖而不可知之之謂神」，神化者，通其變而人不知之也。惟人性靈，故可教而使之善；重乎此，則輕乎彼，民趨所重則害生，聖人有以平之，而權生焉。權而見其權，通變而見其通變，惟人性靈，且有以窺之，則害生焉。權而不見其權，通變而不見其通變，百姓日用而不知，神而化之也。……通變而神化，此堯所以民無能名，舜所以無爲而治。……惟民善變，故必通其變；惟民窺上之所變以爲變，故必神而化之，不可使知之。惟時時知其變而通之、化之，民乃爲上變，而上不資民以變；惟上知民之變，而民乃不知上之通其變，上通之、化之，而民不知，故覺。上之無爲而治，欲窺之而無從窺，故名之而無可名。……在天爲行健，在聖人爲恭己；恭者，敬也；敬者，無倦也。無倦則時時知其變，即時時通其變，故修己以敬，即修己以安百姓，此神化之實功也。伏羲作八卦，以明治世之大法；孔子贊之曰：「通其變，使民不倦；神而化之，使民宜之。」又曰：「《易》窮則變，變則通，通則久。」通其變而能久，神化之效也。〔註28〕

（三）《孟子正義》之變通觀

　　焦循《孟子正義》三十卷，自以爲孟子深於《易》，七篇之作，所以發明伏羲、神農、黃帝、堯、舜之道，而疏述文王、周公、孔子之言，端在於此。後世儒者，未達其旨，猶沾沾於井田、封建，而不知變通，豈知孟子者哉？〔註29〕孟子之言變通，足可與《易》道相發明，謹擇錄其要者，可與前

〔註28〕見《易話》卷上，其前一篇〈說權〉，爲《雕菰集》卷十〈說權〉八篇之一，已見前錄，可並參之。

〔註29〕義詳《孟子正義》卷五〈梁惠王下・十五章〉，蓋權之義，孟子自申明之，聖

所論各文相觀而善，不煩言以衍申之。

1. 《正義》卷六〈公孫丑上〉第二章「必有事焉而勿正，心勿忘，勿助長也」句下，焦循疏：

> 惟孟子之學，在自反以求心，持志以帥氣，縮而合乎義道則氣不餒，不縮而乖乎義道則氣不暴，全以心勿忘為要而已。忘通妄，即《易・无妄》之「妄」；事即「通變之謂事」之「事」；正通止，即「終止則亂」之「止」。通變則為道、為義，勿止則自強不息，勿妄則進德修業。此孟子發明《周易》之旨，故深於《易》者，莫如孟子也。

2. 同上「聖人之於民，亦類也。出於其類，拔乎其萃，自生民以來，未有盛於孔子也」句下，焦循疏曰：

> 《易》之道，大中而上下應之，此志帥氣之學也。分陰分陽，迭用柔剛，通其變使民不倦，神而化之使民宜之，此「可仕可止，可久可速」之學也。至於通變神化，而集義之功，極於精義，求心之要，妙於先心，此伏義、神農、黃帝、堯、舜、文王、周公相傳之教，孔子備之，而孟子傳之。惟得乎此，而詖、淫、邪、遁之言，而不致以似是而非者，惑亂而昧所從也。

3. 《正義》卷八〈公孫丑下〉第一章「天時不如地利，地利不如人和」句，焦循疏：

> 至孔子贊《易》，明元亨利貞為天之道，言「天道虧盈而益謙」，言「立天之道，曰陰與陽；立地之道，曰柔與剛；立人之道，曰仁與義」，而天道乃明。孟子以「天道」與「仁義禮智」並言，而此五行時日之術，別之為「天時」，而天時、天道乃曉然明於世也。

4. 《正義》卷十六〈離婁下〉第十四章「君子深造之以道，欲其自得之也」句，焦循疏：

> 「一陰一陽之謂道」，道者，反復變通者也。博學而不深造，則不能精；深造而不以道，則不能變；精且變，乃能自得；〔註30〕自得，乃能不疾而速，不行而至，為至神也。非博學，無以為深造之本；

人通變神化之用，見微知著。

〔註30〕　《雕菰集》卷十〈文說二〉，雖言文而可與此互明：「文有達，而無深與博。達之於上下四旁，所以通其變，人以為博耳。達之於隱微曲折，所以窮其原，人以為深耳。……故非深博不可為文，非深博不可論人之文。」

非深造，無以爲以道之路。非以道，無以爲自得之要；非自得，無以爲致用之權。

5. 同上，第十五章「博學而詳說之，將以反說約也」句，焦循疏：

按孔孟所以重博學者，即堯舜變通神化之本也。人情變動，不可以意測，必博學於古，乃能不拘一端。彼徒執一理，以爲可以勝天下，吾見其亂矣！

6. 《正義》卷十六〈離婁下〉第二十一章「晉之乘，楚之檮杌，魯之春秋，一也」句，焦循疏：

孟子述孔子之言，特指出義字，義者，宜也。舜之所察，周公之所思，皆此義。利者，義之和，變而通之以盡利，察於民之故，乃能變通，即舜之「察於人倫」也。天下何思何慮，天下同歸而殊途，百致而一慮，精義入神以致用，即周公之「思兼三王」也。舜察之，故由仁義行而不行仁義，周公思之，故知其有不合而兼三王，孔子當迹熄詩亡之後，作《春秋》以撥亂反正，亦由察之思之而知其義也。舜以王，周公以相，所變通在行在施，孔子不得位，所變通在言，亦變通趨時之妙也。

7. 《正義》卷二十二〈告子上〉第五章「冬日則飲湯，夏日則飲水，然則飲食亦在外也」句，焦循疏：

孟子言位，公都子言時，義之變通，時與位而已矣。孟子學孔子之時，而闡發乎通變神化之道，全以隨在轉移爲用，所謂「集義」也。而告子造「義外」之說，不隨人爲轉移，故以「勿求於氣」、「勿求於心」爲「不動心」，與孟子之道適相反。「義外」之說破，則通變神化之用明矣！

8. 《正義》卷二十七〈盡心上〉第二十六章「所惡執一者，爲其賊道也，舉一而廢百也」句，焦循疏：

聖人之道，善與人同，執兩端以用其中，故執中而非執一。……執一則爲楊墨，不執一則爲禹稷顏曾。孟子學堯舜孔子之道，知道在通變神化，故楊墨之執一，不知變通，則距之。距之者，距其悖乎堯舜孔子之道也。……非孟子深明乎變通神化之道，確有以見其異乎堯舜孔子之權，安能反復申明以距之哉？學者尚有申墨子之說者，不知道者也。

綜觀以上《孟子正義》中，焦循所闡述變通之觀點，實與焦循一貫之通權達變思想無異；而此中精義，皆淵源自於其「變通以時行」之《易》學系統，故以之解性善，以之疏《孟子》，要皆不脫其通變神化，以體道之妙幾微理。

小結與小評

一、時行之義，由元亨利貞而來，並經由變通以達元亨利貞之發展而不窮者。焦循用當位、失道與時行諸律爲準，而得出變通以時行之律則如下：

（一）二五先行，初四、三上應之，變通不窮，是謂大中而上下應，此爲時行之當位律。

（二）初四或三上先行不當位，變而通之，仍大中而上下應，此爲時行之失道律。

（三）二五先行，初四隨之，即爲下應；三上隨之，即爲上應，上下應之，即謂元亨。由元亨而成〈家人〉、〈屯〉、〈革〉、〈蹇〉、〈咸〉、〈益〉、〈既濟〉七卦者，即爲利貞。

（四）由元亨而成利貞之七卦，各求旁通之卦〈解〉、〈鼎〉、〈蒙〉、〈睽〉、〈損〉、〈恆〉、〈未濟〉，則成〈既濟〉終，成〈咸〉、〈益〉有始，終而有始。終者，貞也；成〈咸〉、〈益〉爲始，始者，利而元也，因利故復爲元亨。是以「貞而利」者，「保合太和」也；「利而貞」者，「各正性命」也。

（五）由元亨而利貞，由利貞而復元亨，是爲通，是爲時行，是爲終而有始；亦即是「天命之謂性，率性之謂道」，亦即是「生而知之，安而行之」也。生知則當位而時行之，學之、困知則逢凶化吉也，下愚不知則凶之又凶也。

（六）時行之根本觀點爲動，爲通，故其當否全於「通」之過程與「變動」之關係上彰顯，是以「能變通則可久，可久則無大過，不可久則至大過。所以不可久而至於大過，由於不能變通。變通者，改過之謂也」。〔註31〕

（七）里堂《易》學之根本發明爲「旁通、相錯、時行」三原則，此三

〔註31〕此《易圖略》卷三〈時行圖〉之結語。

根本原則相輔相成，成爲里堂《易》學中道德哲學之總觀點；旁通是空間之擴大，注重團體性、整個性與社會性；時行是時間之擴大，注重活動性、革命性與向上性；相錯則爲時間與空間之參伍錯綜與互相關聯，注重關係性、互依性與相對性。而此一總觀點，以變通生成爲主，可見人間倫理之世界也。〔註32〕

二、時行原則，使焦循《易》學不須囿於一卦一爻，左支右絀之論述；而是將《周易》六十四卦作爲一整體而加以考察。故能就六十四卦中言「元」者之二十四卦，以時行法則進行各卦間之爻位交易，全面闡述「元」在諸卦中之意義。〔註33〕以時行原理以揭示卦爻間之有機聯繫，可謂體現焦循對《周易》變通理論之改造，故「當位則虞其盈，盈不可久；不當位則憂其消，消亦不可久。故盈宜變通，消亦宜變通，所謂時行也」。〔註34〕

三、焦循時行圖所示者，乃卦爻交易之關係。蓋以其當位、失道、變通、趣時而表現出價值之等差性，並以設定之辭以涵蘊、表達之。總全《易》謂文王作「十二言之教」曰：「元、亨、利、貞、吉、凶、悔、吝、厲、孚、無咎。」〔註35〕以是爲綱，綱舉而目張，故撰爲《易通釋》以求進《易》辭，而其中邏輯之有機運作見焉；故總其要以爲六十四卦之生生本諸八卦，八卦之生生，不外元亨利貞四字。而所以元亨利貞，則「窮則變，變則通，通則久」九字盡之，括以一言，則謂之「易」而已。故「元亨利貞」四德，足以代表當位失道、變通趣時之反復其道。

四、焦循論時行之義，不自某卦某爻言之，乃總六十四卦之卦辭、爻辭而言；其詳備載於《易通釋》、《易章句》二書，焦循自其同異處，抉發旁通、相錯、時行諸例，以爲交易之原理，藉以爲通辭之門徑。然則，焦循於旁通卦以當位失道之變通而創時行之說，卦之所以應時行者，只緣其卦爻辭之同異爲之鉤貫證明，而於時行之必應如此，並無一原理以爲之根據，乃實測於經文、傳文而後得之者，轉而用以爲通辭之工具，故總全《易》以測之，於卦爻之辭而能縱通、橫通而無所不通，自邏輯言乃爲循環論證。〔註36〕故焦

〔註32〕參照牟宗三先生《周易的自然哲學與道德函義・清焦循的道德哲學之易學》，頁274～277。

〔註33〕詳參《易通釋》卷一「元」條。

〔註34〕語見《焦里堂先生軼文・寄王伯申書》。

〔註35〕此《易圖略》卷二〈當位失道圖〉之結語，下同此。

〔註36〕「循環論證」本於方東美先生《先生之德・易之邏輯問題》，程石泉教授《易

循之用心雖深，《易》例誠密，而終有所格，而未通之處。

五、焦循於《周易》經傳文之解釋，乃企圖透過二五交易之變通說，聯結六十四卦為一有機之整體，故既對立而又可相互轉化之卦象、爻象，唯有變而通之，始能將卦象、爻象之變化推向嶄新局面。故其旁通、相錯、時行三原則，雖能未能擺脫「反復其道」之循環論證，而其中已含有辯證思維之模式；觀其獨造之六十四卦剛柔爻象變化各圖式，邏輯結構嚴謹，富於系統性，又如同數學之演算公式，在《易》學史上可謂別開生面，獨樹一幟，此又與焦循之數學造詣密切相關。雖然，就其論象、辭之間之關係而言，企圖將經文、傳文皆納入所設立之「二五交易變通」之公式中，以達其「象辭、爻辭所以明卦之變通」〔註37〕之目的；惟缺乏開放之邏輯空間，只在一封閉之《易》辭空間中，自求其貫通之連鎖關係，未免巧中見拙，而附會引申太過，此又其一弊。

六、「變通以趣時」之觀念，為焦循《易》學中極為重要之思想，約近於今所謂「歷史觀點」，以之分析道德、社會與政治問題時，從「變」與「定」之詮釋中，已可隱見「中學為體，西學為用」思想之萌芽。蓋焦循時行《易》學，可以概括為「經、權」相用之均衡論，依時而用之，則變通之義自見；而其講「定」，更表明相對中之絕對意義，可見焦循時行哲學中，變動與恆定相須而用之價值觀。

學新探‧雕菰樓易義》又本其師說，而益證其說之確，筆者亦信之而取為說。
〔註37〕語見《易圖略》卷六〈原辭上第五〉之結論。

第五章　焦循「數理」《易》學述評

　　焦循爲乾嘉之際揚州學派之雄傑人物，不僅爲當時著名之經學家，也是具備淵博知識之學者，著述宏富近三百卷，可總爲三類：《易》學、天算與經學，與當世學者錢大昕，並爲阮元推許爲一代「通儒」。其《易學三書》蜚聲士林，而《里堂學算記》爲清代數學史上之名著，焦循被譽爲清代偉大數學家之一；其學博而精，治羣經，善於獨立思考，以融會貫通爲宗旨，不墨守，不執持，〔註1〕從而開創清代漢學之新風貌，樹立其不朽之學術地位。

　　《雕菰樓易學三書》爲焦循畢生心血萃聚所在，其治學途徑，由算學而《易》學，遂靈活將數學法則援引入《易》學之「實測」之中，用數理解釋《周易》，嘗言曰：

> 而卦畫之所之，其比例齊同，有似九數；其辭則指其所之，亦如句股割圓，用甲乙丙丁子丑等字，指其變動之跡。吉凶利害，視乎爻之所之，泥乎辭以求之，不瞀泥甲乙丙丁子丑之義，以索算數也。……
>
> 非明九數之齊同比例，不足以知卦畫之行。〔註2〕

　　焦循之算學，乃爲自梅文鼎、戴震以來會通中西而具備科學意義之算學；

〔註1〕　《雕菰集》卷十三〈與孫淵如觀察論考據著作書〉：「經學者，以經文爲主，以百家子史、天文術算、陰陽五行、六書七音等爲輔。彙而通之，析而辨之，求其訓故，核其制度，明其道義。得聖賢立言之指，以正立身經世之法；以己之性靈，合諸古聖之性靈，並貫通於千百家著書立言者之性靈，以精汲精，非天下之至精，孰克以與此？」又《里堂家訓》卷下亦云：「故學經者，博覽眾說，而自得其性靈，上也。孰於一家而私之，以廢百家，惟陳言之先入，而不能自出其性靈，下也。」

〔註2〕　文詳《雕菰集》卷十三〈與朱椒堂兵部書〉。

由於算學之精深造詣，以之爲思維方法之憑藉，遂建立其在數理基礎上之《易》學系統。甚者，在數理哲學之研究中，焦循又獨闢蹊徑，將近代數學與形式邏輯、中國傳統思想內化而統一，力圖建立其數學邏輯化、形式化與符號化之方法論。〔註3〕雖然，焦循在傳統思維之侷限下，未能突破其既有之藩籬，但在其《易學三書》與《里堂學算記》之成就中，已可尋索出數理《易》學實現之意義與價值，也是研究發展中之里程碑。因此，身爲清代舉足輕重之數學家與數理《易》學家，焦循總結當時中西數學之研發成績，而融會貫通其中之數理法則，用以爲治《易》、解《易》之方法，誠爲研究不可或缺之重要課題，故特專勒此章，以見其源於算學之《易》學方法論，並爲檢證其《易》學造詣與成就之敲門磚。

第一節　數學著作與法則簡述

　　焦循之《雕菰樓易學》淵源於家學，其算學則啓始於至友顧超宗以《梅氏叢書》見贈，〔註4〕自二十五歲至四十歲，究心算學，成績斐然，其數學著作有《里堂學算記》五種：《加減乘除釋》、《天元一釋》、《釋弧》、《釋輪》、《釋橢》，及《開方通釋》等；其天算推步之書，則有《推小雅十月辛卯日食詳疏》手稿一冊。故阮元〈里堂學算記序〉乃曰：

> 我朝算學之盛，實往古所未有也。江都焦君里堂，與元同居北湖之
> 濱，少同遊，長同學；里堂湛深經學，長於《三禮》，而於推步數術，
> 尤獨有心得。比輯其所著《加減乘除釋》八卷；《天元一釋》二卷，
> 《釋弧》三卷，《釋橢》一卷，總而錄之，名《里堂學算記》。〔註5〕

　　焦循自十九歲始志於經學之研習，至四十歲，數學研究爲此期間學問生活之一大特色；四十歲至五十三歲，遂以數學研究之基礎，轉而專志於《周易》之研究；五十三歲後，進而以治《易》之所創獲，嘔心瀝血以完成《孟子正義》，其學術生涯之三大特色，皆有其淵源與一貫之道，非率意自然而偶成之者，故探討其數理之著作與成就，則其治《易》、注《孟》之方法與思維，可迹以求之，而得其入門登階之方。爰簡述其數學著作與法則，以備參詳，

〔註3〕　說本李亞寧教授〈焦循的數理哲學思想述評〉，《哲學與文化》，第 20 卷第 4
　　　　期，1993 年 4 月，頁 400～409。
〔註4〕　詳參本書緒論第一節之二「醞釀期──究習算學」。
〔註5〕　文詳阮元《揅經室三集》卷五。而其文中漏《釋輪》一書。

亦所以爲啓鑰之資。

一、數學著作簡述

　　焦循自三十二歲至三十五歲，《里堂學算記》陸續完成；至嘉慶四年（1799），三十七歲時，全書始刊行傳世，其數學研究之特徵，阮元〈里堂學算記序〉之論，值得後學者注意與思考，其文曰：

> 凡在儒林，類能爲算。後之學者，喜空談，而不務實學；薄藝事而不爲，其學始衰。……元思天文算法，至今日而大備，而談西學者，輒詆古法爲粗疏，不足道，於是中西兩家，遂多異同之論。然元嘗稽考算氏之遺文，泛覽歐邏之述作，而知夫中之與西，枝條雖分，而本幹則一也。……然則中之與西，不同者其名，而同者其實，乃強生畛域，安所習而毀所不見，何其陋歟？里堂會通兩家之長，不主一偏之見。……今里堂之說算，不屑屑舉夫數，而數之精意無不包，簡而不遺，典而有則，所謂扶以文義，潤以道術者，非邪？然則，里堂是記，固將以爲儒流之典要，備六藝之篇籍者矣！

　　「凡在儒林，類能爲算」，今覩此語，難免愧赧；而中西會通之際，「會通兩家之長，不主一偏之見」，尤爲後學自省之箴言。茲依撰述先後，略陳梗概，以自惕勵。

（一）《加減乘除釋》八卷

　　焦循自二十五歲起究心算學，乾隆五十九年甲寅（1794）之秋，年三十二即草創《加減乘除釋》，本劉徽之注《九章算術》之意，以加減乘除爲綱，以九章分注而辨明之。嘉慶二年丁巳（1797），焦循三十五歲，授徒村中，無酬應之煩，遂取舊稿細爲增損，得八卷。自比於嘉定錢塘溉亭先生之於《說文》，而庶幾與劉氏相表裏。〔註6〕焦循此書，試圖將中國古算學引向公理化、通則化，即以歸納法從雜亂錯綜之大量算題中，尋找出其規則性。其〈加減乘除釋自序〉乃云：

〔註6〕《雕菰集》卷十六〈加減乘除釋自序〉云：「劉氏徽之注《九章算術》，猶許氏慎之撰《說文解字》。士生千百年後，欲知古人仰觀俯察之旨，舍許氏之書不可；欲知古人參天兩地之原，舍劉氏之書亦不可。嘉定錢溉亭先生塘，謂《說文》一部之中，聲無統紀，因取許氏書，重立部首，系之以聲。其書雖未成，迄今講《說文》，頗宗其意以著書。」

循謂古人之學，期於實用。以乂百工，察萬品，而作書契，分別其
事物之所在，俾學者案形而得聲。若夫聲音之間，義蘊精微，未可
人人使悟其旨趣，此所以主形而不主聲也。惟算亦然，既有少廣、
句股，又必指而別之，曰方田，曰商功；既有衰分、盈不足、方程，
又必明以示之，曰粟米，曰均輸，亦指其事物之所在，而使學者人
人可以案名以知術也。名起於立法之後，理存於立法之先；理者何？
加減乘除之錯綜變化也。而四者之雜於九章，則不啻六書之聲雜於
各部；故同一今有之術，用於衰分，復用於粟米；同一齊同之術，
用於方田，復用於均輸；同一弦矢之術，用於句股，復用於少廣。
而立方之上，不詳三乘以上之方；四表之測，未盡三率相求之例，
踵其後者，又截粟米爲貴賤衰分，移均輸爲疊借互徵，名目既繁，
本原益晦。蓋九章不能盡加減乘除之用，而加減乘除可以通九章之
窮。

焦循以爲孫子、張邱建兩《算經》，似得此意，乃說之不詳，亦無由得其
會通。蓋中國古算多屬具體應用題，一題一解，而乏通則；如《算法統宗》
有「九狐七鵬」之術，張邱建《算經》有「雞翁」之術，〔註7〕其理淺近易明，
用加減乘除交互馭之自得。故其〈答汪晉蕃書〉乃云：

算法學習有年，大約皆苦究其難者、奧者，近來於至淺、至近處求
之，頗覺向之至難、至奧，與至淺、至近者原屬一貫。……蓋古人
算法，往往就一通以求簡便，不知法愈簡便，則愈隱秘而理愈不明。
今欲一一明其理，達其用，括九章之條，且核難題之本原，而以一
線通之，著爲《加減乘除釋》一書。

焦循欲用歸納法尋找可以「一線通之」之通法，此即爲「算理」，乃公式、
定理之謂。故用甲乙丙丁、子丑等干支符號，以便於推演其理，則其算學之
邏輯思維，顯而易見。故黃春谷〈焦里堂加減乘除釋序〉乃贊之曰：

今之爲是學者，吳縣李尚之銳，歙縣汪孝嬰萊，吾邑焦里堂循，〔註8〕

〔註7〕 詳見《雕菰集》卷十四〈答汪晉蕃書〉所引。是書作於嘉慶二年丁巳（1797）
六月，焦循時年三十五歲。

〔註8〕 李尚之銳、汪孝嬰萊及焦里堂循，爲中國數學史上所稱之「談天三友」。可參
洪萬生、劉鈍〈汪萊、李銳與乾嘉學派〉一文，詳見《漢學研究》，第 10 卷
第 1 期，1992 年 6 月。亦可見於洪萬生主編：〈談天三友——談天三友焦循、
汪萊和李銳：清代經學與算學關係試論〉，臺北：明文書局，1993 年，頁 43

三子者善相資，疑相析。孝嬰之學主於約，在發古人之所未發，而正其誤，其得也精。尚之之學主於博，在窮諸法之所由立，而求其故，其得也貫。里堂則以精貫之旨，推之於平易，以爲理本自然。取劉徽注《九章算術》之意，著《加減乘除釋》八卷，凡弧矢之相求，正負之相得，方員凸凹之異形，齊同比例殊制，靡不先列其綱，次疏其目，俾學者可窮源以知流，揣本而齊末，其於二子之學，蓋相輔而實相成矣！夫由疏而密，今古非有殊途；因難而易，中西本無二轍，雖稱名舉類，優絀互形，正其權輿，一言可解。古人好學深思，必曰心知其意，里堂之書，殆《周髀》以來，諸書之統紀，不獨劉氏之功臣也已。〔註9〕

　　古來算學，論法者居多，言理者絕少，或閒有之，亦多與法相淆，又於舉綱挈領之要，未能盡合。蓋算之爲術，雖可隨事以立名，而皆不外乎加減乘除；加減者，乘除之所自出，然非乘除，不足以盡加減之用。故有加減乘除四者，而算法乃備。此焦循所以明其理，達其用，「括《九章》之條，且核難題之本原，而以一線通之」撰爲《加減乘除釋》之用心。

（二）《釋弧》三卷

　　乾隆六十年乙卯（1795），焦循三十三歲；秋，隨阮元赴浙江，撰《釋弧》三卷、《乘方釋例》五卷。〔註10〕嘉慶三年戊午（1798），三十六歲，秋九月，省試被落後，溫習舊業，因取昔年所論六觚八線未成之帙，刪益爲此書上卷，而刪合原上中二卷，以爲中卷。其《釋弧‧自序》言其撰作因由曰：

> 曲線謂之弧，直線謂之弦。以弧爲弦，復以弦爲弧，則弧得。合弧限謂之正弧，差弧限謂之斜弧；以斜爲正，復以正爲斜，則斜得。不變者謂之本形，旁通者謂之次形；以本形爲次形，復以次形爲本形，則

〔註9〕　文詳黃春谷《夢陵堂文集》卷五，錄見《焦循年譜新編》，頁165～167。

〔註10〕《乘方釋例》，李儼《中國算學史》謂北平圖書館（後名「北京圖書館」，今改名「中國國家圖書館」）藏有焦循手稿本。案：《乘方釋例》不分卷，北京：中國國家圖書館藏稿本，存目又見阮元《定香亭筆談》、李斗《揚州畫舫錄》，題作《乘方通釋》一卷。又《乘方釋例》五卷、圖一卷，北京：中國科學院自然科學史研究所圖書館藏，焦循1795年撰之傳鈔本；原李儼所藏，此書部分內容已收入《加減乘除釋》卷三，成爲論述乘方規則的主要架構，可能因此而未刊行。原國立北平圖書館藏稿本，書前有「焦循手錄」印，卷末有「乾隆六十年十二月二十三日《乘方釋例》五卷成」一行。

本形得。此三者，弧角之樞也；其術之目，曰：「以角求弧，以弧求角，以弧角求弧，以弧角求角。」舉其三以測其三，比例之精，轉移之巧，非覃思冥索，未易言得。梅徵君文鼎著《弧三角舉要》及《環中黍尺》以啟發其旨趣；戴庶常震又為《句股割圓記》，以衍極《周髀》之旨。乃梅書撰非一時，繁複無次敘；戴書務為簡奧，變易舊名，恆不易了。乾隆乙卯秋，取二書參之，為《釋弧》三篇：上篇釋正弧弦切之用，中篇釋內外垂弧之義，下篇釋次形及矢較之術。……微必求彰，期於簡要。讀梅、戴兩家之書者，庶得其軼軌焉。

　　焦循《釋弧》三卷所以解梅文鼎弧三角、戴震句股割圓之說甚明。而其所述「旁通、比例」二義，隱然已為日後《易》學之體例，奠定其發展之基礎。《焦氏遺書・里堂學算記》中，並可見錢大昕、汪萊〈釋弧序〉二篇，〔註11〕而錢大昕樂為之序，而贊之云：

　　　　江都焦子里堂，好讀書，邃於經學。……今又出其餘力，竭二旬之功，撰《釋弧》三卷。……讀之，其於正弧、斜弧、次形、矢較之用，理無不包，法無不備，舉其綱而陳其目，以視梅、戴二君之書，無異冰於水，青於藍也。……弧三角法得自遠西，為二千年來所未有，又得梅、戴兩家振興於前，里堂闡明於後，則測天之學不難人人通曉，而此道之傳，可引而弗替矣。

　　錢大昕乃一代通儒，亦為算學之巨擘，焦循《釋弧》一書，得其推許如是，亦非虛譽之論。

（三）《釋輪》二卷

　　嘉慶元年丙辰（1796），焦循三十四歲。既述《釋弧》三篇，所以明步天之用。然弧線之生，緣於諸輪；輪徑相交，乃成三角之象。輪之弗明，法無從附，遂擬為《釋輪》二篇；上篇言諸論之異同，下篇言弧角之變化，以明立法之意，由於實測，〔註12〕並明七政諸輪所以用弧三角之理。〔註13〕錢大昕致焦循函，稱此書云：

〔註11〕錄見《焦循年譜新編》，頁118～119，頁157～158，參詳甚便。
〔註12〕襲引焦循《釋輪・自序》之文。《焦循年譜新編》，頁133～136，可詳見自序及錢大昕、李銳、凌廷堪致焦循函各一通之內容，此不贅引。
〔註13〕《雕菰集》卷十四有〈上錢辛楣少詹事論七政諸輪書〉，言此事以相討論，可以互參。

所論月五星諸輪，推闡入微，以實測之數，假立法象，以求其合，
尤爲洞澈根原。

「推闡入微，洞澈根原」之語，可謂知音之言。而焦循以爲立法之意，
由於「實測」，尤爲緊要之見。蓋焦循日後自述其治《易》所悟得者，皆由於
「實測」。其《易圖略・自序》嘗自言曰：

余學《易》，所悟得者有三：一曰「旁通」，二曰「相錯」，三曰「時
行」。……夫《易》，猶天也。天不可知，以「實測」而知；七政恆星
錯綜不齊，而不出乎三百六十度之經緯；山澤水火錯綜不齊，而不出
乎三百八十四爻之變化。本行度而「實測」之，天以漸而明；本經文
而「實測」之，《易》亦以漸而明，非可以盧理盡，非可以外心衡也。

焦循本其研治天文、算學之科學精神，而以「實測」之法，探求《周易》
經傳之內在規律與通則，而得「旁通、相錯、時行」三例，其創新之意義與
突破之價值，無疑爲治學理論與方法之一大躍進，貢獻匪淺。

（四）《釋橢》一卷

《焦氏遺書・里堂學算記》，《釋輪》、《釋橢》二書編入同一冊內。嘉慶
元年丙辰（1796），焦循三十四歲，九月朔，錄於吳興舟次，作序以明其撰作
之動機云：

康熙甲子（二十三年，1684）律書用諸輪法，雍正癸卯（元年，1723）
律書用橢圓法。蓋實測隨時而差，則立法亦隨時而改。循學習此術，
以義蘊深密，未易尋究，謹擇其精要，析而明之，庶幾便於初學云爾。

嘉慶三年戊午（1798）秋，焦循出所製《釋橢》示江藩子屛先生；季冬
月，子屛先生爲作〈釋橢序〉云：

江都焦君里堂屬節讀書，綜經研傳，鉤深致遠，復精推步稽古。法
之《九章》，考西術之八線，窮弧矢之微，盡方圓之變，與凌君仲子、
李君尚之齊名。……是篇仿張淵〈觀象賦〉之例，自爲圖註，反復
參稽，抉蘊闡奧，爲實測推步之學者，所不可無之書也。學者從事
於斯，以求日躔月離交食諸輪，無晦不明，無隱不顯矣！〔註14〕

李銳〈致焦里堂啓〉，自言悉心展讀，見其所述圖說，俱極簡當明白，以

〔註14〕文見《焦氏遺書・里堂學算記》。《焦循年譜新編》，頁 158～159，詳錄全文並
李銳致焦循書啓一通。其中江蕃序所言焦循與凌君仲子(廷堪)、李君尚之(銳)
齊名，此又另一「談天三友」之名，與前註所言有別。

爲眞不朽之盛業。則焦循《釋橢》一書，並其算學各書，誠爲難得之傑作，
創發之先導。

（五）《推小雅十月辛卯日食詳疏》手稿一卷

此書手稿原本，現典藏於臺北：國立中央圖書館（今改名「國家圖書館」）
善本書室，並未見刊本傳世。據焦循自述云：

> 丙辰（嘉慶元年，1796），循客於越，閣學阮君（元）以幽王解〈十
> 月之交〉；客有復理鄭氏之箋，而以爲厲王之詩者。循因以《康熙甲
> 子律》上推幽王六年，得其建酉月辛卯朔入食限，一一不爽。夫疇
> 人子弟，西周尚存，此幽王六年十月辛卯日食一事，歷驗《大同》、
> 《甲子》、《戊寅》、《大衍》、《授時》諸術無不合。而《康熙甲子律》，
> 以推春秋諸日食容有不合，而以推此詩則無異；可知今所參之西術，
> 傳自西周，而幽王時之律，非如春秋以後之疏也。

此書確切撰作時間，據嘉慶元年《里堂日記》，其九月十二日下記云：

> 《毛詩・十月之交》毛指幽王，鄭指厲王。阮閣學主毛說，吳中藏
> 在東駁之。余爲推幽、厲兩朝十月朔日，推得幽王六年十月朔日食
> 限。是日推定，稿別存。〔註15〕

據此，則焦循所推《詳疏》，乃嘉慶元年九月十二日撰成；時游浙，府主
即阮閣學雲臺（元）。故稿之幸存，得此日記互相參證，原委具晰，亦一快事。
筆者撰有〈讀焦循《推小雅十月辛卯日食詳疏》記〉一文，〔註16〕言其版本、
校勘、內容與檢證甚詳，可略窺焦循天算造詣之豹斑。

（六）《天元一釋》二卷

焦循此書完成於嘉慶四年己未（1799），時三十七歲。是書乃爲解秦九韶、
李冶（治）之天元一術而作。其《天元一釋・自序》曰：

〔註15〕 嘉慶元年《里堂日記》，係歸安姚氏覲元《咫進齋抄本》所錄，此文引錄自是
　　　　書後跋，李肇俌先生於戊辰（1928）冬至日所寫識語。案：《里堂日記》一卷，
　　　　北京：中國國家圖書館藏清・姚氏覲元咫進齋鈔本，嘉慶元年七月初四日至
　　　　十二月初三日，有李肇俌1928年冬日至後跋識語；閔爾昌先生《焦里堂先生
　　　　年譜》有摘錄本可參。筆者所編《焦循年譜新編》，頁128～130，據閔爾昌《焦
　　　　里堂先生年譜》摘錄部分原文，可見梗概。

〔註16〕 是文發表於1994年5月21、22日，國立臺灣師範大學國文學系所舉辦之「紀
　　　　念程老夫子旨雲先生百歲冥誕學術研討會」。並收入由臺北：臺灣書店印行之
　　　　論文集，頁87～128。

天元一之名，不著於古籍。金元之間，李仁卿學士作《測圓海鏡》、
《益古演段》兩書，〔註17〕以暢發其旨趣；宋末秦道古《數學九章》，
亦有立天元一法，而術與李異，蓋各有所授也。……國朝梅文穆公，
悟其爲歐邏巴借根法之所本，於是世始知天元一之說。……吾友元
和李尚之銳，精思妙悟，究核李氏全書，復辨別天元之相消，異乎
借根之加減，重爲校注，奧秘益彰，信足以紹仁卿之傳，而補文穆
所不逮也。循習是術，……因會通其理，舉而明之。而所論相消相
減，間與尚之之說差者，蓋尚之主辨天元借根之殊，故指其大概之
所近；循主述盈朒和較之理，故析其微芒之所分，閱者勿疑有異義
也。〔註18〕

　　而所謂秦、李二家之異，《天元一釋》卷下言之，曰：「李氏之立天元一，
蓋不知眞數立一數爲比例之根，其究不必也。秦氏之立天元一，乃欲得一數，
立一數，以爲齊同之準，其究必是一也。李氏之所立，可以馭一切之算；秦
氏之所立，止以定歸奇之用，二者藐不相同。」可知，焦循治經之暇，所著
《天元一釋》二卷，乃使人知古法之簡妙；其於正負相消、盈朒和較之理，
實能抉其所以然，復辨別秦氏之立天元一，與李氏迥殊，〔註19〕固有其卓識。
而比例、齊同之會通，又大裨益於《雕菰樓易學》之統系。

（七）《開方通釋》一卷

　　是書收入德化李盛鐸木齋先生所編《木犀軒叢書》中。嘉慶六年辛酉
（1801），焦循三十九歲，正月人日，自序以明其撰述始末云：

梅勿庵《少廣拾遺》，發明諸乘方，於正負加減之際，闕而未備，故其廉
隅繁瑣，步算既艱，亦且莫適於用。循向爲《加減乘除釋》，於此欲貫而通之，
反復再三，猶未得立法之要。近來因講明天元一術，……嘉慶庚申（五年，

〔註17〕焦廷琥《先府君事略》載此書撰作始末因由云：「府君交吳中李尚之先生、歙
　　　　縣汪孝嬰先生，商論其學，自謂得朋友切磋之益。是時李仁卿、秦道古之書，
　　　　兩君未之見也。乙卯（乾隆六十年，1795），府君在浙得《益古演段》、《測圓
　　　　海鏡》兩書，急寄尚之先生，尚之先生爲之疏通證明。府君又得秦氏所爲《數
　　　　學大略》，因撰《天元一釋》二卷、《開方通釋》一卷，以述兩家之學。」
〔註18〕《焦循年譜新編》，頁165～171，詳錄《里堂算學記》有關序文與書啓，可以
　　　　參詳。
〔註19〕詳參談階平（泰）〈天元一釋序〉，見《里堂學算記》。李銳亦撰序一篇，均已
　　　　詳錄《焦循年譜新編》，頁182～184。

1800），冬十一月，與元和李尚之同客武林節署，共論及此。尚之專志求古，於是法尤深好而獨信，相約廣爲傳播，俾古學大著於海內。……列爲十二式，設問以明之，欲便於初學，故不厭詳爾。〔註20〕

焦循既爲諸乘方圖及《天元一釋》，遂復本秦道古（九韶）《數學九章》爲《開方通釋》，以秦氏之旨闡古開方之術，可謂無遺義。〔註21〕故綜觀《里堂學算記》五種及《開方通釋》一書，則《加減乘除釋》爲焦循算學之總綱，其他各書乃本此基礎而推衍發展者，系統一貫而脈絡相通。而焦循治學重通核，講條理之精神，苟究明其算學之成就，是可以洞觀究竟，而知所取法。

要之，數學與邏輯學、哲學思想，其內在統一之關係，有其必然之內在機制發展線索。焦循身爲一位卓越之算學家，成就斐然，故藉由其解析抉發之所得，以數學之條理通則研治《易》學，無怪乎無往不利，而左右逢其源。

二、數學法則簡述

《易章句》卷十〈說卦傳〉首章，焦循注「參天兩地而倚數」句云：

> 天地之數，不外於奇偶。而《易》之剛柔依之，其變化旁通，亦不外九數之齊同比例也。《管子》言伏羲作九九之數，以合天道，而天下化之。

《周易》之根本觀點爲「數」，焦循爲一算學與《易》學家，順理成章，自然能將數理意義之法則，援引入其《易》學之研究中，「齊同、比例」其一二而已。故其《易圖略》卷五〈比例圖〉，乃開宗明義云：

> 乾隆丁未（五十二年，1787，焦循二十五歲），余始習九九之術。既明九章，又得秦道古、李仁卿之書，得聞洞淵九容奧義。……因悟聖人作《易》所倚之數，正與此同。夫九數之要，不外齊同比例；……數之齊同如是，《易》之齊同亦如是；……數之比例如是，《易》之比例亦如是。……余既悟得旁通之旨，又悟得比例之法，用以求經，用以求傳，而經傳之微言奧義，乃可得而窺其萬一。

由數理之研求，觸類引申，推而爲《易》理之齊同比例，旁通而得其微言奧義，是又闡微而顯幽。復申言之曰：

〔註20〕《雕菰集》卷十六〈開方通釋自序〉，文詳可參。
〔註21〕詳參《里堂學算記》所錄汪萊〈開方通釋自序〉。《焦循年譜新編》，頁189～190。

〈說卦傳〉云：「發揮於剛柔而生爻。」〈文言傳〉云：「六爻發揮，
旁通情也。」而聖人之情，即見乎辭。譬之說句股割圓者，繪方圓
弧角之形，此伏羲所設之卦也；爲天元、爲冪，則卦之爻也。使不
標以正負之目，明以甲乙丙丁之名，則其比例和較之用，不可得而
知，此六爻發揮之所之，必賴文王繫辭以明之也。故讀文王、周公
之辭，如讀洞淵九容之《細草》，《細草》所以明天元之法；彖辭、
爻辭所以明卦之變通，可相觀而喻也夫。〔註22〕

　　焦循《易》學之出發點，乃探求象、數、辭、理之間之邏輯關係，而數學
中之比例法則，爲其治《易》、解《易》體例之支柱，亦以此爲匯歸，進而建立
其以象數爲基礎，而以數學通則之形式表現之《易》學體系，成爲清代漢學家
中《易》學之殿軍。今欲探求其數理《易》學之內涵，爰提舉《易學三書》中
常見之數學專名與法則若干，簡述其義，以爲入門之途徑，登堂之進階。

（一）洞淵九容

　　《雕菰集》卷二十〈半九書塾記〉八景，其一云：

塾故四楹，西一楹，余幼時讀書所在，修葺使明潔，讀《易》其中。
近年悟得天元一正負如積之術，全乎《易》理。以數窮《易》，以《易》
倚數，日坐室中，苦思寂索，別有所撰述，或賦詩詞不在此，曰：「倚
洞淵九容數注易室。」

　　焦廷琥《先府君事略》亦云：

嘉慶九年（甲子，1804，焦循四十二歲），授徒家塾，復精研舊稿，
更悟得洞淵九容之術，實通於《易》。乃以數之比例，求《易》之比
例，作《通釋》一書，即名注《易》之室爲「倚洞淵九容數注易室」。
又數年，書尚未就。

　　由焦循父子之記述中，可見《易通釋》之作，實與焦循研治算學之所得
密切相關。而焦循所謂「洞淵九容」之說，首見於金元之際李冶（治）《測圓
海鏡（細草）》一書。〔註23〕「洞淵」一詞，今已不可考知其義；惟「九容」

〔註22〕詳見《易圖略》卷六〈原辭上第五〉。
〔註23〕李冶（治），字仁卿，號敬齋，金·眞定欒城縣人。金末登進士第，辟知鈞州；
　　　　金亡後，家於元氏，世祖屢加禮聘，終以學士召，就職暮月，以老病辭去。
　　　　事蹟詳見《元史》卷一六○、《新元史》卷一七二。冶著述甚富，今惟《測圓
　　　　海鏡》尚有傳本收錄於《四庫全書》。

之義，猶可自《測圓海鏡・序》中知其端倪。

「九容」本數學名詞，乃指句股形上九種容圓之法，即從圓之相關九直角三角形之邊長中，以求同圓直徑長之方法，其目為：句上容圓、股上容圓、弦上容圓、句股上容圓、句外容圓、股外容圓、弦外容圓、句外容圓半、股外容圓半，〔註24〕共九類，故名之為「九容」。焦循本此洞淵九容之數以治《易》，故能以《易》辭譬之句股割圓所標之甲乙丙丁等符號，以示行動所之之方向；復能以比例、齊同之方程式，以推求《易》學體例之旁通、相錯與時行，可知焦循算學與其《易》學乃相輔相成，相觀而善者。

（二）九　章

「九章」之名，源於中國古代重要之數學典籍《九章算術》一書，作者不詳；其成書年代約在西元前三世紀至一世紀之間。《九章算術》之研究，以漢為盛，故漢・張蒼（256B.C.～152B.C.）、耿壽昌等會據舊文遺典刪煩補殘；今所傳本為晉・劉徽、唐・李淳風（602～670）校注本，〔註25〕共九卷。

「九章」為數學之初基，亦焦循算學之始奠，開啓其後不凡之數學與《易》學成就之張本。《九章算術》乃九類計算問題之解法，卷目為：方田、粟米、衰分（差分）、少廣、商功、均輸、盈不足（盈朒）、方程、句股，設問凡二百四十六則題。〔註26〕其中內容多數反映秦漢時代之社會生活，總結當時之數學知識與水準；書中討論之負數概念、最小公倍數與聯立一次方程之解法等，遠早於印度與歐洲，可見中國傳統數學之造詣與成就。

（三）天元一

「天元」本指周曆。周曆建子，以今農曆十一月為正月；儒家崇周，以為周曆得天之正道，故稱「天元」。〔註27〕「天元術」作為數學算法之名，

〔註24〕明・顧應祥撰有《測圓海鏡分類釋術》一書，收入《四庫全書》，可以為參深究之輔翼。

〔註25〕詳參見李儼《中國算學史》第二章，頁16～20。

〔註26〕《九章算術》有《天祿琳琅叢書》景印汲古閣景鈔定本，武英殿本為戴震從《永樂大典》輯出者。其「九章」之內容大義如下：「方田，以御田疇界域。粟米，以御交質變易。衰分，以御貴賤稟稅。少廣，以御積冪方圓。商功，以御功程積實。均輸，以御遠近勞費。盈不足，以御隱雜互見。方程，以御錯糅正負。句股，以御高深廣遠。」

〔註27〕《史記》卷二十六〈曆書第四〉云：「王者易姓受命，必慎始初，改正朔，易服色，推本天元，順承厥意。」又《後漢書》卷四十六〈陳寵傳〉亦云：「夫冬至之節，陽氣始萌，故十一月有蘭、射干、芸、荔之應。《時令》曰：『諸

始於北宋神宗年間之十一世紀中葉，其本原出何處，今已不能確考；惟普遍利用此種列方程式之法，以進行系統論述者爲宋之秦九韶與元之李冶（治）。〔註28〕秦九韶《數學九章》、李冶（治）《測圓海鏡》、《益古演段》、朱世傑《四元玉鑑》皆運用此一算法。而推其說，本古代九章方程，通於《九章算術》中「粟米、均輸、盈不足、方程」諸法，相當於今代數中之一元方程式。

焦循《加減乘除釋》、《天元一釋》二書，歸納天元之術，謂不出「齊同、比例」二項。蓋所謂「天元」者，猶今代數中之未知數，「立天元（一）爲某某」，相當於現代之「設X爲某某」之意。故「天元術」所列方程之法與今之代數極爲相似，乃據問題已知條件，列出兩個相等之多項式，此所謂「齊同」；令二者相減即可得出一端爲零之方程式，故稱爲「同數相消」或「如積相消」。「相消」即二者相減，「如積」即「同積」，乃指兩個相等之多項式，因據以求解。左右兩式既爲等值之多項方程式，則彼此互爲「比例」。

焦循以數之比例，求《易》之比例；數之比例，即出於「天元術」，蓋以其「齊同」而「比例」之。故焦循推以治《易》，曾運用「旁通」法則將《周易》六十四卦組合成三十二組旁通卦，利用陰陽爻畫相同並相對之兩卦比附爲相等之二多項式；又利用二等式之相減原則，因列出方程而後求得未知數之因果推論關係，比例爲兩卦之間反復進行之爻位所之，而成陰陽爻畫相等而對立之旁通卦。故《易圖略》卷五〈比例圖〉乃云：

> 洞淵九容之數，如積相消，必得兩數相等者交互求之，而後可得其數，此即兩卦相孚之義也。非有孚則不相應，非同積則不相得。傳明云「哀多益寡」，又云「參伍以變，錯綜其數」，又云「引而申之，觸類而長之」：其脈絡之鉤貫，或用一言，或用一字，轉相牽繫，似極繁賾，而按之井然，不啻方圓弦股，以甲乙丙丁之字指之，雖千變萬化，緣其所標以爲之識，無不瞭然可見。

因此可知，「天元術」中「如積相消」、「同數相消」此一解析方程式之步驟，遂成爲焦循「凡旁通之卦，一陰一陽兩兩相孚」〔註29〕原則之數學根據；本此基礎，又兼綜其旁通、相錯、時行《易》義，推衍之以爲「比例」；復因

生蕩，安形體。』天以爲正，周以爲春。十二月陽氣上通，雉雊雞乳，地以爲正，殷以爲春。十三月陽氣已至，天地已交，萬物皆出，蟄蟲始振，人以爲正，夏以爲春。三微成著，以通三統。周以天元，殷以地元，夏以人元。」
〔註28〕詳參李儼《中國算學史》第五章「天元術」。
〔註29〕語見《易圖略》卷一〈旁通圖〉。

比例之各卦，據其變化之跡，以推《易》辭之相通，義理之鈎貫，則焦循《易》學體例，蓋不出其算學藩籬。

（四）比　例

　　所謂「比例」，亦爲數學之專門術語。焦循《易圖略》卷五〈比例圖〉特援引其理以解《易》，運用靈妙，則《易通釋》全書幾可以「比例」而會通之，故王引之評焦循《雕菰樓易學》乃云：

> 日者，奉手書示以説《易》諸條。鑿破混沌，掃除雲霧，可謂精銳之兵矣！一一推求，皆至精至實；要其法則，「比例」二字盡之。所謂「比例」者，固不在他書，而在本書也。〔註30〕

　　比例之義，與現代數學中之比例定義基本相同；即如 a 與 b 之比值爲 m，c 與 d 之比值亦等於 m，則 a 比 b 等於 c 比 d，a、b 與 c、d 互爲比例關係，亦即 a、b、c、d 四數成比例。焦循於傳統數學之研究中，獲得啟發而領悟《周易》六十四卦，實可以通過「旁通、相錯」之義例，以推衍卦卦之間、辭辭之間之比例關係，故類推出《易》學之「比例」。而交互利用「旁通、相錯」，亦能形成卦爻之間之種種比例關係。如〈艮〉、〈兌〉二卦相錯成〈咸〉、〈損〉二卦；〈艮・六五〉「艮其輔」，〈咸・上六〉「咸其輔頰舌」，〈咸・六二〉「咸其腓」，〈艮・六二〉「艮其腓」。〈咸〉、〈艮〉二卦間本無所關聯，然一相錯〈咸〉、〈損〉、〈艮〉、〈兌〉四卦即確立其比例關係，從而爻辭之意義亦因比例關係而順釋以解。故《易圖略》卷四〈八卦相錯圖〉乃云：

> 非明乎八卦相錯之比例，〈咸〉、〈艮〉兩卦取象之同，將莫能知其妙也。……比例之用相錯，其義最爲微妙。

　　「比例」雖爲數學專名，但實爲清代乾嘉考據學之新名詞、新方法，透過比較、歸納之途徑，以尋找結構之條理法則。戴震名之爲「分合」、「條理」，其後繼者遂廣泛以此方法研究經學、小學，如段玉裁《說文解字注》、王念孫《讀書雜志》、王引之《經傳釋詞》、凌廷堪《禮經釋例》均爲其中之代表與翹楚。比例之特點，以分析而掌握全經，從參伍錯綜中分類歸納，而得出其通則或通訓；以此通則、通訓，轉而演繹其他實例，或更推論以得所未知，「以經求經」、「不假外求」，此其要著。故焦循以「比例」治《易》，乃具有方法論之創造價值。

〔註30〕見《王文簡公文集》卷四〈與焦理堂書〉。又收錄〈焦氏遺書・雕菰樓易學〉卷前。

（五）齊　同

「齊同」一名，出於晉‧劉徽《九章算術注》，爲中國古代運算分數之計算方法，乃指不同之分母與分數相加減時，首須通其分母，而後分子相加減之運算法則。故《九章算術》卷一〈方田〉「合分術」，〔註31〕劉徽注云：

> 凡母互乘子謂之齊，羣母相乘謂之同。同者相與通，同共一母也；
>
> 齊者，子與母齊，勢不可失本數也。

如以現代數學符號示之，即設 a／b 與 d／c 二分數，分子與分母各自相乘爲 bd，ac，此稱爲「齊」；分母與分母相乘爲 bc，此稱爲「同」。故將 a／b 化爲 ac／bc，將 d／c 化爲 bd／bc，謂之「齊同」，則二分數之間即可進行四則運算。焦循《加減乘除釋》卷六乃云：

> 相乘則兩數如一，故謂之同（三乘三得一十五，五乘三亦得一十五）。
>
> 互乘則兩子之差立見，可以施加、施減，故謂之齊。

焦循《易》學體例中之「旁通、相錯」皆爲卦爻之間之交易與轉化，亦不外乎「齊同」之計算方法；故在卦爻爲旁通，在算數則爲互乘。即如〈乾〉、〈坤〉二五交易成〈同人〉、〈屯〉，〈乾〉、〈坤〉相錯成〈泰〉、〈否〉；以「齊同」言之，則以數字比附卦爻，以分數之通分作爲旁通、相錯之啓發。是以《易圖略》卷五〈比例圖〉、卷六〈原序第三〉，乃分別言之曰：

> 夫九數之要，不外齊同、比例。以此之盈，補彼之朒，數之齊同如是，《易》之齊同亦如是。以此推之得此數，以彼推之亦得此數，數之比例如是，《易》之比例亦如是。
>
> 反對旁通四卦交互，如九數之維乘，〈序卦〉一傳，全明乎變通往來之義。

焦循由數學之法則中，以數理會通《易》理，「非明九數之齊同、比例，不足以知卦畫之行」，〔註32〕由齊同、比例之領悟而鈎貫出其《易》學中「旁通、相錯」之義，不僅開發《周易》經傳之潛德幽光，歷來之《易》學家亦未曾有如此詳細而系統之論述，則焦循《易》學之特色與成就，由此而顯，亦由此而精。

（六）乘　方

〔註31〕唐‧李淳風注曰：「合分者，數非一端，分無定準。諸分子雜互，羣母參差，粗細既殊，理難從一，故齊其眾分，同其羣母，令可相並，故曰：合分。」

〔註32〕詳見《雕菰集》卷十三〈與朱椒堂兵部書〉。

　　李儼《中國算學史》載國立北平圖書館（後名「北京圖書館」，今易爲「中國國家圖書館」）藏焦循《乘方釋例》五卷，書前有「焦循手錄」之印，卷末有「乾隆六十年（1790）十二月二十二日《乘方釋例》五卷成」一行。〔註33〕而焦循利用「乘方」計算六十四卦之排列組合，亦爲其援引數學法則以治《易》之一例，故曰：

　　　　參天兩地而成六爻，共得六十四卦，實爲五乘方廉隅之數，故一卦

　　　　六爻仍倚五數也。

　　　　論數之理取於相通，不偏舉數，而以甲乙明之。〔註34〕

　　焦循於傳統數學中之乘方法則中，洞知六十四卦排列組合之秘密，故嘗以甲乙分別表明各卦之陰陽爻畫；如〈乾〉則以六個「甲」來表示六陽爻，〈坤〉則以六個「乙」來表示六陰爻。依此「甲、乙」相間之排列組合，焦循利用傳統數學中之「六乘方」予以計算，此實爲數學中之初等代數。如以「a、b」分別代表「甲、乙」而「甲、乙」又分別代表「陽、陰」，則六十四卦經「六乘方」計算後之排列組合即有七種形式：六爻純陽者僅〈乾〉一卦，五陽一陰者六卦，四陽二陰者十五卦，三陽三陰者二十卦，二陽四陰者十五卦，一陽五陰者六卦，六爻純陰者僅〈坤〉一卦。〔註35〕純以數學形式類推之，其理淺顯易知。

　　以上所簡述數學法則六項，皆焦循《易》學中援引數理之彰明較著者，凡此皆可窺觀焦循觸類而引申之《易》學特色；而《周易》卦爻與辭理之必然關聯，乃可證成。

第二節　數理與《易》學之絜和

　　《易》之教「絜靜精微」，而《易》之道，及其至也，則「各正性命，保合太和」；〔註36〕牟宗三先生《周易的自然哲學與道德哲學函義》第五章〈易

〔註33〕見《中國算學史》第十章〈最近世期算學家列傳〉，焦循部份之註2。

〔註34〕引文據陳居淵〈論焦循易學〉一文，謂見於《易圖略》；然筆者遍索未見，疑爲《乘方釋例》之文。以下所論述亦本陳文爲說，蓋《乘方釋例》之義。

〔註35〕「a＋b」六乘方，即爲「a六乘方：六純陽乾卦」，「6×a五乘方×b：五陽一陰六卦」，「15×a 四乘方×b 二乘方：四陽二陰十五卦」，「20×a 三乘方×b 三乘方：三陽三陰二十卦」，「15×a 二乘方×b 四乘方：二陽四陰十五卦」，「6×a×b 五乘方：一陽五陰六卦」，「b 六乘方：六純陰坤卦」。

〔註36〕「絜靜精微」語見《禮記・經解》，「各正性命，保合太和」則見於《周易・

理和之絜合〉，其引言以論其命篇之意曰：

> 本分從《周易》之數學方面著眼而引出三個概念，即「易，理，和」
> 是，並進而解析此三者之絜合。此所謂「易」即是「變」（Change）；
> 「理」即是條理或次序（Order），而不是朱子所謂「理」也；「和」即
> 是「諧和」（Harmony），或即是生物學上的機體之通關。
>
> 用現在的專門名詞說，則「易」即是「物理」，「理」即是「數理」，
> 而「和」則即是生機之通關。故易，理，和之絜合，即是數理，物
> 理及生物之絜合。這全是指具體的事實或物理世界而言，而非指倫
> 理或價值世界言也。〔註37〕

　　焦循以其算學之造詣，而歸納、類推其數理以及其《易》學之成就，系
統縣密周全，而其宗旨復歸於聖聖相傳之道統，故竊法牟先生意以命此節，
蓋欲有以見焦循由數理以至《易》學，其間生化、轉移之「絜合」進路。

一、基本數理觀

　　黃春谷〈焦里堂加減乘除釋序〉嘗以爲中國傳統數學，「蓋論法者居多，言
理者絕少；即閒有之，亦與法相淆」，〔註38〕中國數學史之大缺陷，厥在於是。
故即如千年相傳之數學名著《周髀算經》、《九章算術》等，皆僅具有其法，而
未見立法之意。焦循承繼自明末清初徐光啓（1562～1633）以來，中國著名數

　　　　乾・象傳〉之文。牟宗三先生《周易的自然哲學與道德函義》之第五章則名
　　　　之爲〈易理和之絜合〉，筆者師其意而改易如是，蓋純以焦循以數理而解析《易》
　　　　學，「絜和」一語深副其旨。

〔註37〕牟先生此章分三段討論，均甚爲精彩可觀，其言曰：「一段是根據焦循的數學
　　　　而解析易理和之絜合；一段是根據《史記》、《漢書》中的〈律書〉及〈律曆
　　　　志〉，以及朱戴埔的《樂律全書》而解析易理和之絜合；一段是根據《禮記》
　　　　中的〈樂記〉一文說解析易理和之絜合。」「根據焦循的數學而解析的是從曆
　　　　與數的聯絡上著眼；根據《史記》、《漢書》及朱戴埔而解析的是從律與數的
　　　　聯絡上著眼。曆學，律學，數學都是很科學的學問。中國的哲學，或說科學
　　　　底哲學，都埋藏在這裏邊。對於物界，對於宇宙，都有其特殊的解析。謂中
　　　　國只有倫理而無哲學者，蓋只一孔之見也。」「根據〈樂記〉一文而解析的，
　　　　則全是從事實界而說明。此文實是從講禮、講樂而進至玄學也。故不只是解
　　　　事實界，而且解倫理界，而且及其關係。觀此，可以明了中國對於事實、價
　　　　值這兩界的見解，這是一很重要的玄學問題。」「若不管價值界，而只著眼於
　　　　事實界，則易理和之絜合實足以使我們明了世界的結構與眞相。若再將價值
　　　　界而摻入之，則又很能供給我們一偉大的玄學系統。」

〔註38〕全文見《夢陔堂文集》卷五。

學家吸收中西算學之菁華，從數學、邏輯與哲學之統一性，反思中國傳統數學研究，以彌補其缺陷之優良傳統中，提出「名起於立法之後，理存於立法之先」〔註39〕之基本數學觀；試圖從邏輯與哲學之理論之理論中，進一步彌補從中西數學對比中所發現中國傳統數學之缺陷，並總結其理論之意義。

焦循以從事中國傳統數學之反思研究爲己任，其直接對象爲計算之方法；經由中西對照之反思研究中，而知「夫中之與西，枝條雖分，而本幹則一也，……然則中之與西，不同者其名，而同者其實」，〔註40〕故齊同術即通分法，天元一術即借根法；而西方數學中之借根法，實始於中國傳統數學之「天元一術」。〔註41〕焦循由邏輯與哲學之名實關係上，推知「名起於立法」之後，是以《九章算術》中之方田、粟米、衰分、少廣、商功、均輸、盈不足、方程、句股等九種計算方法，實「亦指其事物之所在，而使學者人人可以案名以求知術也」。〔註42〕焦循以計算方法爲其研究之直接對象，故能從名實關係之指涉中，確立其數學形式化、符號化之邏輯理論基礎。

然則，「理者何？加減乘除四者之錯綜變化也。」「自一至九，數也；加減乘除，錯綜此數者也。乘而後有冪，再乘而後有體；有冪有體則數已成，故平方、立方、縱方，生於加減乘除；而加減乘除所生而致者，實盡乎此」，〔註43〕可知數學中之計算方法，在初等代數或幾何中，不離乎加減乘除四則之錯綜變化，而此數學上之內部運作規律，具體體現出數與數之間合理之關係，此一客觀作用之內在規律，便足以理解何以「理存於立法之先」。焦循從「名、法、理」之邏輯先後關係上理解數學之基本觀點，不僅成爲其歸納結論之公理，亦成爲其思想演繹之起點，凡此皆以實測而驗知，故其《加減乘除釋》卷八乃云：

> 析之以至於繁，變之以成其異；得理之一，自仍歸於數之約也。

總之，焦循透過「名起於立法之後，理存於立法之先」數理觀點之基本貞定，以數學之邏輯關係爲前提，進而追求並體現宇宙和諧之基本理性，此其思想之下學而上達，深造而自得之道。

〔註39〕 文詳焦循《加減乘除釋·自序》。
〔註40〕 語見阮元〈里堂學算記序〉。
〔註41〕 焦循《天元一釋·自序》，即特別強調清初大數學家梅文鼎（1633～1721）悟天元一術爲歐邏巴借根法之所本；而借根法者，所以求未知數之方程式。
〔註42〕 詳見《加減乘除釋》卷三。
〔註43〕 語見《加減乘除釋·自序》及卷三之文。

二、數理方法論

在中國數學與天文學史上，不少名家之成就，皆薰陶自《周易》之研習，從中並找到其論證之力據；蓋《周易》一書孕育中國傳統思維之萌芽，故焦循之數學與《易》學相得而益彰，可謂顯例。其座師英和煦齋先生〈江都焦氏雕菰樓易學序〉開宗明義即言曰：

> 古今《易》學無慮數千百家，其大旨不外二端，曰理與數而已。……夫羣經皆可理釋，而惟《易》必由數推，……生於數，積於數，成於數，變通於數，數實而可據，理虛而無憑也。自言數者，不知索解於《易》之中，而別求端於《易》之外。……焦子理堂深明洞淵九容之數，因以測天之法測《易》，……所著《雕菰樓易學》四十卷，……
> 《易》之數，得是書而明；《易》之理，亦即是書而備矣！〔註44〕

焦循由數學方法之實測闡釋中，樹立其數學邏輯化、形式化與符號化之方法論，進而依據其數理觀與方法論，以爲貫穿《雕菰樓易學》之思想指導原則。故《易》之理，實即數理推論中之邏輯化、形式化、符號化之探析研究，焦循《雕菰樓易學》乃此一方法論之具體成果，無怪乎其座師譽之爲「發千古未發之蘊」，良有以也。

眾所周知，《周易》六十四卦三百八十四爻，其數、象、理乃統一而關聯之「三位一體」，此三位一體即構成《周易》象數哲學之理論基石。〔註45〕焦循借助於《周易》象數體系，首先闡明數理體系應遵循公理化方法，而透過卦爻位值之比例關係以消除其對立，而歸之於統一；則《周易》象數理體系便能如數理體系之無矛盾性，「能變通則可久」，「而統括以八卦相錯一語」，〔註46〕故《易話》卷下〈周易用假借論〉，焦循因申之曰：

> 學《易》十許年，悟得比例、引申之妙，乃知彼此相借，全爲《易》辭而設，假此以就彼此之辭，亦假彼以就此處之辭。

《周易》之理，寓於旁通、相錯、時行以及比例引申之中，而此即焦循

〔註44〕詳見《焦氏遺書》卷前，全文錄見《焦循年譜新編》，頁369～372（附見致里堂手札一通）。

〔註45〕黃師慶萱教授嘗撰〈周易數象與義理〉一文，探索數據、現象與義理在《周易》研究上之關聯性，於《周易》學術上「象數」與「義理」兩派之爭論，具有廓清之作用，可與此並參。刊於《師大學報》，第37期，1992年，頁295～328。

〔註46〕並見《易圖略》卷三〈時行圖〉、卷四〈八卦相錯圖〉。

公理化演繹之方法；其通過類比推理以建立思維形式之憑藉與判斷，則爲各指其所之之「辭」。若其《易話》卷上〈學易叢言〉各則所謂，可明其理。如：

> 《易》之義清明條達，以引申比例推之，乃歎「潔淨精微、清明條達」八字，確不可移。（之一）

> 讀《易》者，當如學算者之求其法於甲乙丙丁，……夫甲乙丙丁，指識其法也；……《易》之辭，指識其卦爻之所之，以分別當位、失道也。（之五）

《易》之「辭」，其「所之」乃判斷之意義或思想之謂，亦即對卦爻位值之確定；則「當位」之位值即卦爻之間「比例」關係之位值所衍生者，反之爲「失道」。因之，《周易》經傳中之「辭」，以邏輯推之實爲指涉判斷意義或思想之數值，及其變化互見間關係之所在。故《易通釋》卷二十「在卦爻爲旁通，在算術爲互乘」一語，可以解釋焦循於象數體系中，類比推理所得之演繹方法；運用類比推理之演繹法，以求得卦爻辭之義，進而系統詮釋「元、亨、利、貞、吉、凶、悔、吝、厲、孚、無咎」十二言《易》教，並具體論證「當位」與「失道」之理；此即焦循通過對數學計算之解釋，運用其中比例形式系統之統一關係，以證成《周易》卦爻形式與意義之間，連鎖互動之內在機制，此一空前絕後之新方法，可見其劃時代之里程價值。

然則，形式化之意義須通過符號化之過程加以實現，而「比例」其形式，「符號」則爲指識其計算之方法；「譬如繪句股割圓者，以甲乙丙丁等字，指識其比例之狀，按而求之，一一不爽。義存乎甲乙丙丁等字之中，而甲乙丙丁等字則無義理可說」，〔註47〕由此可以確認《周易》象數體系，即如同數學符號化之體系，而焦循試圖運用數學邏輯化、形式化與符號化之方法論，以演繹《周易》經傳中之象數體系，在數理與《易》學之絜和中，可謂發揮其舉足輕重之關鍵地位，具有相當程度之指標意義。

三、數學之曆法運用

焦循《易通釋》卷十六「章、蔀、閏」一條，其總義在「治曆明時」，於「時間」之邏輯構作及中國人對於「時間」觀念之態度，具有眞實、客觀、具體之詮釋，其要義可依其原文解析如下：

〔註47〕詳參《易話》卷上〈學易叢言〉第五則。

（一）孔子贊《易》以「治歷明時」，獨歸諸〈革〉。……《孟子》云：
「天之高也，星辰之遠也，苟求其故，千歲之日至，可坐而致也。」
又云：「故者，以利為本。」「故、利」二字皆本於《易》，「故」
即「往」也，「利」即「來」也；〈革〉去故而坐致其新，即旁通
於〈蒙〉，以為利也。

〈革・大象傳〉：「澤中有火，〈革〉；君子以治歷明時。」則〈革〉之時
義，即表現於「去故致新」之創新之中，故云「旁通於〈蒙〉，以爲利也；推
之，則《周易》旁通之利皆不外「革故致新」。是以治歷明時歸之於〈革〉，
即歸之於「變通以盡利」。焦循《孟子正義》卷十七〈離婁下〉乃闡繹之云：

凡治歷必求其密，密必由於深審，所以必深審而密者，則以天行不
測，以變爲常至於千歲，則不能不通其變。蓋不能離其故，而不能
拘守其故，所以必求其故；求其故，即實測而深審之，斯其術乃可
坐而知其密也。

人性之善，亦如寒暑晝夜之有常也。至其智之隨時而變，亦如天行
之有歲差也。非即其故而時時察之、思之，不易言也。……此孟子
言曆之精，即孟子言性之精也。

由此可知，「利」字一義，不僅具事實之自然意義，亦具應然之道德意義。
故「自冬至至於夏至若干算，自夏至至於冬至亦若干算，盈縮相補，長短互
平，一寒一暑，即是一君子，一小人」，〔註48〕而焦循又申之云：

談性者可以鑿空，求日至者斷不容鑿空，故孟子舉一必不容鑿空之
日至以例言性，所以明性之不容鑿空也。何也？凡治曆者極精微巧
妙，必與實測相孚，稍一鑿空，便與天行不合。所以學問之事至於
測天，斷不容以小智妄說也。天之行如此，吾測之，吾求其故也，
其至可致也。人之性如此，吾察之，吾求其故也，其利可知也。引
喻之義，全在求其故。〔註49〕

可知，「求其故」必以實測相孚爲據，則「利」乃可致而可知，治歷以求
天行如此，明性以察人善亦復如此，皆不容以鑿空之小智而妄說之。

（二）〈革〉下〈離〉為日，其上〈坎〉月合日之處，九四一陽奇於其

〔註48〕語見《易通釋》卷十一「致一　一致」條。
〔註49〕義詳《孟子正義》卷十七〈離婁下〉二十六章「天之高也……可坐而致也」，
　　　　焦循之正義。

間，使日與月不齊，贏於〈離〉日之上。是日有所餘，月有所不足；三屬終，四連於三，歸餘於終之象。下三爻三歲也，日有餘於歲，而月不足，歸日之餘於終，積而成月，則閏也。於是積閏為章，積章為蔀，其義不見於〈革〉，而見於〈豐〉。

〈革〉之象有三歲而閏，奇一不息之徵，即「變通以盡利」之謂。故下三爻〈離〉日，自足之象；上卦九五與上六兩爻互〈坎〉為月，不足之象。而九四一陽爻居於〈離〉之上，示日之有餘；又居於互〈坎〉月為不足，示月之有所不足。一有餘，一不足，皆以九四為之樞紐，則日月之不齊出焉；不齊而有以齊之，故有奇一象閏之法。

（三）〈豐・六二〉、九四「豐其蔀」，上六「蔀其家」，六五「來章」。〈豐〉五本不成章，來章則〈豐〉變為〈革〉，是〈豐〉之章即〈革〉之章，〈豐〉之蔀即〈革〉之蔀。四重於三為閏，四之〈蒙〉初（四即〈革〉四）成〈益〉則為蔀，何也？下三爻為三歲，四閏於三上，是三歲一閏也。

「往、來」之義，見於《易通釋》卷四，凡言往謂初四、三上從二五而往，凡言來謂二五先初四、三上而來；其卷九「災、眚」條又云：「凡先三上而後初四，與先初四後三上同，故為比例；猶算術先乘後除，與先除後乘同數也。」此可解釋〈豐〉之來章成〈革〉。而〈革〉之下三爻〈離〉日，即三歲之象；九四居於其上，即「日有餘於歲」（歲之餘日），亦即「歸餘於終」之意。積餘日而成月，則閏月，故三年而一閏為不易之道。

（四）《周髀算經》云：「十九歲為一章，四章為一蔀，二十蔀為一遂，三遂為一首，七首為一極。」趙君卿注云：「蔀之言齊同，日月之階為一蔀也。」李籍音義云：「眾殘齊合，羣數畢滿，故謂之蔀。」一蔀之數，足蔽七十六歲之日月行度，可謂盛矣！然則至於蔀，則差者不差，閏亦無閏。〈革〉四行則六爻皆備成〈既濟〉，眾殘齊合，日月從此定矣。

焦循《孟子正義》卷十七引張爾岐（1612～1677）《蒿庵閒話》云：「曆法每十九年為一章，第一章之初，年月日時俱會於甲子朔旦冬至，是為曆元。以後章首冬至必在朔旦，而非甲子日時。四章七十六年為一蔀，朔旦冬至在夜半子，與第一章同，而月日非甲子。二十蔀為一紀，凡一千五百二十年，

多至朔旦，乃甲子日甲子時，而非甲子歲首。三紀共四千五百六十年，至朔同日，而年月日時俱會於甲子如初矣！孟子所謂『千歲之日至』，正求此一元之初，年月日時俱會甲子朔旦多至者也。」可與此段相參。而焦循以數學之奇一法，從曆學上，明終而有始；所以終而有始者，奇一掛一者，皆日月之相對而成；蓋月之不足，對日而言；日之有餘，對月而言。故奇一而閏之曆法，實乃自事實之終而有始以構造之者。

（五）〈豐〉五「來章」，謂〈渙〉二之〈豐〉五，即〈蒙〉二之五之比例。〈豐〉四之〈渙〉初成〈益〉，為「蔀其家」，即〈蒙〉二之五，而〈革〉四之〈蒙〉初之比例。〈蒙〉成〈益〉而與〈恆〉通，〈恆〉成〈咸〉又與〈損〉通，於是寒暑往來而成歲；非〈革〉「治曆明時」齊以章蔀，則歲不可成。是故，寒暑往來，天也；有以齊之使成歲而不忒，聖人也。萬物化醇，天也；有以齊之，使夫婦定而各別，則聖人也。寒暑齊而有耕穫，夫婦定而有父子，故傳詳言之矣！《周髀》不言閏，《易》亦不言閏；〈損〉者外衡，冬至也；〈益〉者內衡，夏至也；《易》之曆法，與《周髀》合。

焦循以《易》之「比例」以釋〈革〉「治曆明時」，齊以章蔀而歲可成之理，而歸結以天人之合一，有深義焉。故「治曆明時」，一在於從日行速、月行遲之相對參差不齊中，取日之餘以補月之不足，則日月始能合朔而無差，三年一閏即所以補月之不足。再者，從日月之參差不齊中，又造出奇一之法以順應其不齊，則不齊亦齊。故奇一實為齊與不齊間之樞紐，如是既能合朔，復能持續。天道如此，人道又何異？變中有常，即不易之則。

（六）經於〈豐〉稱「章蔀」，傳於〈革〉稱「治曆明時」。經取當時曆法以明卦之變通，傳於〈革〉稱治曆，所以贊〈豐〉之「章蔀」，本明白無惑。自旁通之義不明，而別求「豐蔀」之義，〔註50〕於是章蔀之為章蔀者不明，而治曆明時之義，亦莫能明矣！

焦循引劉歆（？～23）《三統曆》云：「周道既衰，天子不能頒朔；魯曆不正，以閏餘一之歲為蔀首。」是蔀首之名，周魯有之；又引祖沖之（429～

〔註50〕焦循自註曰：「虞仲翔云：『日蔽雲中稱蔀，蔀小謂四也。』《釋文》：『蔀，《略例》云：大暗之謂蔀。馬云：蔀，小也。鄭、蔀作菩，云小席。』」皆不當於〈革〉「治曆明時」與〈豐〉「章蔀」之義也。

500）之說云：「古之六術並用四分。六術謂黃帝、顓頊、夏、殷、周、魯；四分，漢建武所作，其術章法十九、蔀法七十八，黃帝以來皆同。」則章蔀之名舊矣！故以此為證，旁通為說，以明章蔀之尚焉。

（七）〈坤‧六三〉「含章可貞」，傳云「以時發也」；〈姤‧九五〉「含章有隕自天」，傳云「中正也」。中正，指其為〈姤〉二之〈復〉五，而〈姤〉上之〈復〉三，即為〈鼎〉二之五，而上之〈屯〉三之比例。以兩「含章」例之，如〈坤〉之「含章」，謂成〈屯〉通〈鼎〉也；〈屯〉成〈既濟〉，〈鼎〉成〈咸〉，相錯為〈革〉。〈復〉成〈既濟〉，〈姤〉成〈咸〉相錯亦為〈革〉，與〈豐〉成〈革〉同。故「含章」之章即「來章」，而「來章」謂〈渙〉二之〈豐〉五，即謂〈蒙〉二之五，「時發」即「發蒙」，「發蒙」即「含章」矣！

　　焦循以旁通、相錯、比例之義以釋此節之文甚明。蓋曆法之章蔀，亦非至齊，唯近似而已，故云「含章」。「含」者，即奇一不盡之謂，則終而有始之義。故章、蔀、閏雖有以齊曆法之不齊，然非至齊，故「奇一」為不可易之道，如此則「寒暑往來，天也；有以齊之使成歲而不忒，則聖人也。」循環反復，妙在「奇一」之法。

（八）章而係之以含，所以明終則有始之義。月與日合朔，月終一周天，而日行固不已；終十二周天，而日之行仍未已。所以有閏餘，積七閏為一章；十九年以齊之而不盡，更積四章為一蔀；七十六年以齊之而仍不盡，不盡者，所謂「含」也。天之行以「含」為不已，聖人作《易》亦以「含」為不已，是為「天地變化，聖人則之」也。

　　由此段可知，聖人之齊同，蓋法天之不齊而齊，〔註51〕此純為人文之構作以合乎天文之健行不已者。故《周易》一書，焦循以為即用當時之曆法與數學而絜和之自然與人文之美構傑作，而中國人之時間概念即隱藏於曆法之中，故中國人乃會合日與月之相對而成者，日月與地之相對而成者，完成其

<hr>

〔註51〕《易通釋》卷十九「家人……蔀其家」條，焦循云：「〈豐‧上六〉『蔀其家』，蔀者，齊同之也。〈豐〉成〈既濟〉，猶數之有減盡也；〈渙〉則成〈益〉，猶數之有差較也。『蔀其家』猶『齊其家』，〈豐〉、〈渙〉本錯為〈家人〉，齊同之成〈既濟〉、〈益〉，仍相錯為〈家人〉也。〈損〉成〈益〉，〈咸〉成〈既濟〉，與『蔀其家』同。」

「陰陽合」之曆法傳統，亦可謂與宇宙之條理若合符節，以之法天察地，則人文化成矣！中和位育矣！此一貫之思想，焦循有以抉發之，其卓識別裁，可謂深中天行之常，而切當秉彝之則，聖人復生，不易斯言。

四、「大衍之數」詳解

《易通釋》卷二十「天地之數五十有五、大衍之數五十其用四十有九」一節，爲全書之終，亦爲焦循以數學詮表《周易》一書，即是數學之推衍；而此數學之推衍，又足以表象具體世界之大衍，而爲道德哲學之倫理依據所在。故此一節，雖純以數學解之，而實爲焦循數理與其《易》學絜和之關鍵者，因依其文以解析之，其數理邏輯庶可見焉。

（一）「天地之數」與「大衍之數」

「天地之數，五十有五；大衍之數五十，其用四十有九。」焦循以爲此三數不齊，歷來說者如京房、馬融、鄭玄、荀爽、虞翻、王弼、崔憬、姚信、董遇諸家，皆牽合附會，實而按之，均不可信。惟宋末秦九韶（1201～1261）《數學九章》第一卷，首述大衍數術，開宗明義即爲「蓍法發微」，其說大衍五十，其用四十有九之義，於經爲合，尚可考見。

五十有五爲天地之「合數」，乃自「天一、地二、天三、地四、天五、地六、天七、地八、天九、地十」相加所得之數。天數五，地數五，凡天數爲奇爲陽，一三五七九是也；凡地數爲偶爲陰，二四六八十是也，故「五位相得而各有合，天數二十有五，地數三十，凡天地之數五十有五，此所以成變化而行鬼神也。」五十五爲天地之合數，皆是實數，實數者，定數，非變數，故其所以成變化而行鬼神者，乃有大衍之數。

大衍變化之道，在卦爻爲旁通，在算數爲互乘。〈需〉二旁通〈晉〉五，傳云：「衍在中也。」大衍而「衍」即衍在中之「衍」，衍爲流通旁達，故大衍猶云「大通」，乃由少而蔓延引申，以至於廣大。何得謂之衍？大衍之數五十者，天一、地二、天三、地四，互乘之數。何爲「互乘」？一乘二爲二，二乘三爲六，此一二三之互乘；二乘三爲六，六乘四爲二十四，此二三四之互乘；三乘四爲十二，一乘十二仍爲十二，此三四一之互乘；四乘一爲四，四乘二爲八，此四一二之互乘。互乘所得之數六、二十四、十二、八，合之爲五十，即所謂「大衍之數」。彼此互乘蕃衍滋溢，故得爲衍，可知衍數自爲衍數，合數自爲合

數，大衍之數五十與天地之數五十有五，各為一數，不能牽合。

然則，大衍之數以一二三四互乘者，何也？焦循引傳申之云：「揲之以四，以象四時。四時，春木、夏火、秋金、冬水，土寄於其中。著法既準此以施其揲，則必從四時之木火金水而衍之可知。木火金水，即一二三四也。以數之生者衍之，而得成數之六七八九；生數能變，成數已定，不能變也。是天地之數衍一二三四而得六七八九，故相傳『五』、『十』不用者此也，非不用大衍之數『五十』也。」

（二）「大衍之數，其用四十有九」

鄭玄（康成）謂：「五十之數，不可以為七八九六。」此言為歷來所承認，但鄭氏未證成其說；焦循以為宋・李泰伯、郭子和、趙汝楳言之甚明，三家之說皆足以發明鄭氏，而得所以用四十九，不用五十之故。其說如下：

李覯（1009～1059）《盱江全集・易圖敘論》云：「五十而用四十九，分於兩手，掛其一，則存者四十八。以四揲之，十二揲之數也。左手滿四，右手亦滿四矣，仍扐其八而謂之多，左手餘一，則右手則三；左手餘三，則右手餘一；左手餘二，則右手亦餘二矣。乃扐其四而謂之少，三少則扐十二，並掛而十三，其存者三十六為老陽，以四計之，則九揲也，故稱九；三多則扐二十四，並掛而二十五，其存者二十四為老陰，以四計之，則六揲也，故稱六。一少兩多，則扐二十，並掛而二十一，其存者二十八為少陽，以四計之，則七揲也，故稱七；一多兩少，則扐十六，並掛而十七，其存者三十二為少陰，以四計之，則八揲也，故稱八。」

郭子和之說見《朱文公易說》，不載其傳家《易說》中，蓋本其父兼山之言而詳之。其言云：「著必用四十九者，惟四十九即得三十六、三十二、二十八、二十四之策也。蓋四十九去其十三，則得三十六；去其十七，則得三十二；去其二十一，則得二十八；去其二十五，則得二十四。世俗多以三多三少定卦象，如此則不必四十九數，以四十五、四十一皆初揲，非五則九；再揲、三揲，非四則八矣，豈獨四十五、四十一為然哉？凡三十三、三十七、五十三、五十七、六十一、六十五、六十九、七十三、七十七、八十一、八十五、八十九、九十三、九十七，皆可得五九四八。多少之象，與四十九數為母者無以異，獨不可得三十六、二十四、二十八、三十二之策數，故四十九為不可易之道。」

趙汝楳之說，見《筮宗》，已刻《通志堂經解》中，其言云：「以四十九

策用之，則初變有五、有九、策數得九者十二，得六者四，得七者二十，得八者二十八。儻用五十策，則初變惟有六，策變得九、得七者各十六，得八者三十二，得六者闕，故不得不用四十九；惟不得不用，斯乃理之自然。」

　　焦循本此三家之說，而以爲乃四十九而掛一，則分之、揲之、歸之者，四十八策而已，何以必用四十九？用四十九者，其微妙即在掛一。故用四十九數爲一一數之，二三數之，三三數之，四四數之，皆奇一之數。其用四十有九，以奇一爲其間變化之樞紐。掛不掛之聚訟，總由不知歸奇象閏，與五歲再閏之義。故焦循申之云：

> 凡置閏，前閏之後，不能適盡，尚有餘分，存之積三年，又有所餘，乃合前所奇爲閏月。掛一，前閏餘分也；扐，三年所餘也。揲得正策，一歲十二會之正數也；歸奇於扐，即合前後之餘，故象閏也。閏仍不盡，又有所奇，則二變三變皆掛一也。始掛一，象前之所餘；即分爲二，則正策有兩，扐亦有兩。一掛兩正、兩扐，其數五，故象五歲；此五歲之中有兩扐，故象五歲再閏，再扐者，兩扐也，既分爲兩，則有兩正策，即有兩扐也。兩扐之後又掛，是五歲再閏，仍有奇餘也。

　　焦循此段義甚透徹，蓋閏之概念由奇一、掛一而顯；奇一無窮，則時序無窮，又仍有奇餘，即仍有掛一，故三年一閏爲不改之道，此數學必然性爲之。因此，由奇一掛一所推求齊同之時間，乃邏輯構作或數理推演之時間，與具體之氣化流行所顯示之眞時間，雖小異而大同。

（三）大衍求一之法

　　其用四十有九，而必係以大衍之數五十，何也？其用即大衍之用；大衍者，取天一、地二、天三、地四而衍之爲五十；五十何以不可用？其奇數不齊。其不齊何也？一一數之奇一，二二數之、三三數之、四四數之皆奇二。奇不齊不可以用，則必有以齊之。齊之何如？先齊其一二三四之等，以爲無等。其法如下：

> 凡約其數，奇一則無等。以一約二、約三、約四皆奇一；以三約三，以二約四，亦奇一。惟以二約四則奇二，仍有等，必改二爲一，以一約四乃無等，焦循以爲此即秦九韶之「連環求等」法。於是以一一三四爲定母，互乘之爲十二、爲十二、爲四、爲三，謂之「衍數」。以一約十二奇，以一約十二奇一，以三約四奇一，以四約三不可約，乃用求一法求之，得三共一。一一

三謂之「乘率」，用乘衍數，以初一乘十二仍爲十二，以次一乘十二仍爲十二，以次一乘四仍爲四，以次三乘三得九，共三十七，加衍母十二爲四十九，是爲「用數」，所謂「其用四十有九。此即秦九韶「蓍卦發微」大衍術。〔註52〕其用衍以求《易》義，而五十五所以衍數爲五十，用數爲四十九；其四十九之用數，所以必係於衍數之五十，乃可得而言。

　　焦循既取李、郭、趙三家之說，又以爲秦氏其所衍所用，確有精義，殊乎諸家之穿鑿湊砌，乃刪其傅會之揲法，而取其衍法、用法，並申言之云：

　　　　〈乾〉策三十六，三其十二也；〈坤〉策二十四，兩其十二也。四十八，四其十二也，此以十二爲等者也。四十八既扐，存四十四，存四十、存三十六、存三十二、存二十八、存二十四，此以四爲等者也。四爲四時，則十二即爲十二會，以四合十二成一歲。故〈乾〉策三十六，於十二爲三，於四爲九，用九即用三也；〈坤〉策二十四，於十二爲兩，於四爲六，用六即用兩也。二十八爲四七之數，三十二爲四八之數，於十二之等不盡，則不能成歲；故用六、用九，而不用七、用八也。揲餘之一二三四，即天一、地二、天三、地四之數也。其用以一二三四之生數，其得以六七八九之成數。《易》取生生，故用生數也；以生爲始，以成爲終也。必以奇一爲樞，乃得六七八九之數，故五十不可用，而用四十九；而此四十九，即五十所約而得之。故四十九乃五十之數，五十乃五十五數之衍數。衍而用之，乃成變化而行鬼神。

　　由以上所述可知，五十者，一二三四所衍；四十九者，約一二三四爲一二三四之衍。一二三四之衍母爲二十四，一二三四之衍母爲十二，是半之；以其半衍而用之，爲三十七，仍加十二爲四十九，仍以一二三四爲用。以一二三四之衍數，不能奇一變化；而爲一二三四之衍數，一二三四之衍數，仍不能奇一，又變化而爲三十七之用數；三十七不可以得六七八九，又加衍母爲四十九。是四十九與五十爲一二三四之所變通，即爲一二三四，以求六七八九之樞紐。故焦循乃以爲此術超乎九章之外，非聖人不能作，豈虛中、虛

〔註52〕秦九韶《數學九章》卷一其「蓍卦發微」大衍術曰：「凡奇數得一者，便爲乘率。今衍數是三，乃與定母四，用大衍求一術入之。置奇右上，定居右下，立天元一於左上。先以右上除右下，所得商數與左上一相生入左下。然後乃以右行上下以少除多。遞互除之，所得商數隨即遞互累乘，歸左行上下，須使右上末後奇一而止；乃驗左上所得以爲乘率。」

一之空言所能解哉？求等、求一，所以化不一者爲一，皆自然造於微，遂推而表之，詳爲程式，附於《易通釋》卷二十最末，凡十九條，皆依據秦氏法推之。蓋求奇一之法有三，一則「遞加衍數」，凡加衍數共五倍，而得奇一，此一法；一則「遞加奇數」，凡加奇數共五倍，而得奇一，此又一法；一則秦道古「求一法」，焦循所推十九條是也，其法不用加而用減。牟宗三先生總其義，而暢言之曰：

> 由一二三四求六七八九，其間之過程，奇一掛一即顯示出。由一二
> 三四到六七八九，即是由生到成；生成不息，即是終則有始。奇一
> 掛一，一方面可以造成曆法之閏，一方面也表象生成之繼續。於是，
> 曆法的時間之繼續，即表象生成之繼續，而爲其間之樞紐者，奇一
> 掛一之齊同或統一（uniform）也。大衍求一術，即是由數學的特殊
> 應用而成；因此，數學的應用而曆法（即閏）及物理（即陰陽生成
> 之數）之必然的有定的公式即形成。
> 所以由一二三四之生到六七八九之成，即表象中國的全幅學問及全
> 幅思想之特性。胡煦既從玄學上暢言之矣，而焦循復從數學上以計
> 算之，這是思想的絜合。……如是，卦爻也全由掛、分、揲、扐而
> 算出，用玄學上的話說：由爻之見伏變動所成的歷史跡而集合成。
> 這便是數學與物理合一，也即是解析物理的數理邏輯。〔註53〕

牟先生於〈易理和之絜合〉一文中，於焦循《易通釋》所論諸節，闡析運算均至爲詳盡，是可以證成焦循數理與其《易》學絜和之重要參考指標。數學與曆算之絜和，爲焦循治《易》之捷徑與利器，筆者但撿拾其言，此學深奧，無能引而申之，但觀大略，以見焦循學術之梗概，並明其數理《易》學之極深而研幾。

小結與小評

一、焦循治學所得，源於由算學而《易》學之方法論獨多，故由數理與其《易》之絜和中，而發揮其哲學思想。可知，焦循本於天文曆算與數學之科學精神，努力從《周易》經傳中探索其通則，而以爲《周易》之內在規律，可以「旁通、相錯、時行」三義概括之，企圖改造《易》學成一門精確之學

〔註53〕詳參《周易的自然哲學與道德函義・易理和之絜合》，頁369～372。

問。若從哲學發展史之角度觀之，無疑為一種突破與創新之理論動向；其重要之意義在於打破傳統《易》學在理論與方法上之模糊性、不確定性與隨意性，而注入自然科學之精神於其中。因之，焦循之《易》學成就，其猶待斟酌商量者尚夥，唯其實事求是之科學精神，與轉益多師之研究方法，則饒富興味而具價值。

　　二、焦循解《易》，在邏輯上運用中國邏輯「名、辭、說」以及「類取」（歸納）、「類予」（演繹）所規定之思維原則，在本質上符合形式邏輯之原則。另一方面，又用符號與數學方法以處理、研究《周易》象數體系以及中西數學中之邏輯問題，從而實現其總結中國傳統數學之反思研究，焦循之努力探索雖值得肯定；但由於以整體論為出發點，因之其數理哲學思想之局限性亦十分明顯，李亞寧教授歸納為三大點，深中肯綮，試論其義如下：

（一）里堂解《易》，非從論斷（辭）之結構中去發現矛盾，以分析數本身之性質；但從最高原理出發以消除矛盾，並以之分析象數之排列、組合、對應、對稱、旋轉、反射等關係。在用數學方法計算邏輯時，僅導向於組合論，而未能有更廣大之開拓層面。

（二）里堂解《易》，視象數體系為一封閉之體系，無視於數學中「悖論」之存在。由於八卦，六十四卦，三百八十四爻數量有限，由大至小，不斷剖分，則陰陽二爻本可顯示出無限多之圖象，因此被僵化成某種圖式，必然導致循環推理之論證方法，故不可能導向現代集合論、數理邏輯由小至大，不斷進位之產生，此其明顯之困境也。

（三）里堂所依據者，乃中國傳統數學（初等數學）之成果，並以中文甲乙丙丁等所標示之符號化系統，導致未能獲取更大成就之先天障礙。雖然，里堂解《易》，仍能本於辨證邏輯與形式邏輯結合之互補原則；蓋辨證邏輯側重於概念、判斷、推理等質實性之研究，而形式邏輯之數理邏輯特重外延方面之分析，從量上著手，推論力求數學化，則精確度必然較高，故里堂之研究成果其深度與廣度，雖未能切合現代數學之水準，唯其方向大可肯定也。〔註54〕

〔註54〕此段所言，均本於李亞寧教授〈焦循的數理哲學思想述評〉一文 7，刊於《哲學與文化》，第 20 卷第 4 期，1993 年 4 月，頁 404～40。其中引用文字，為合順述，略有增損。

　　三、焦循憑藉《周易》之象數體系，在中國傳統數學與西方數學之間，所進行之反思研究，其豐碩之數理哲學思想成果，可予後學者之啓示，如下：

　　　　（一）研究中國科學思想，乃研究中國科學技術之基礎，其重要在於能提供中國傳統科學性發展之內在機制，而其中之思維方式，又可揭示中國科學思想史之實質性內容。因之，在中西科技史之比較研究中，亦應立足於兩種不同文化傳統之思維方式，以爲比較研究之前提。

　　　　（二）立足於不同文化背景之思維方式，而進行之對比研究，於深入觀察科學之中國形式與西方形式其間之融合點，有其深刻之指導意義，里堂之數理哲學思想乃其明證。

　　　　（三）里堂之數理哲學思想，提供科學思想史之參照系。蓋數理邏輯思想，不斷開發出數學領域中之許多新興學科，形成一「數學科學羣」，而中國傳統數學中之科學理性，具備迎接時代思潮之優越條件，足以爲研究發展之立足點。〔註55〕

　　四、牟宗三先生其〈易理和之絜合〉一文，其「最後之解析」，〔註56〕總結出三項總原則爲：宇宙條理、天人同情與天人合一；又綜結出二個根本原則，以爲講生成時所必不可少者：流轉恆變之原則——陽，攝聚翕凝之原則——陰。故焦循《易通釋》中所論「治曆明時」之基礎論或說時間之構作論，與其「天地之數，大衍之數」以求曆法之基礎論，雖其中所論，有精妙者，亦有粗略者，然則爲中國科學中之哲學則無疑，自來注意者少，治斯學者尤罕，焦循可謂其中翹楚，遂成就其數理與《易》學之絜合；而其倫理道德之哲學，亦由此而生發，以至於一貫道統之體現。

〔註55〕詳參前註李教授文，頁407～408。
〔註56〕詳參《周易的自然哲學與道德函義》，頁409～420。

第六章　焦循「假借」《易》學述評

　　焦循治《易》，根本於兩門基礎學問，即數學與語言文字學；數學之學深化其思維之方法，語言文字學則推廣其工具性之知識，而此兩門基礎學問，正是乾嘉樸學時期新興而成熟之學科。故焦循嘗自得以言曰：

　　　　以六書之假借，達九數之雜糅。事有萬端，道原一貫；義在變通，而
　　　　辭爲比例，以此求《易》，庶乎近焉。比例之用，隨在而神。〔註1〕

　　要之，以數學與語言文字學爲利器，憑以研究《周易》經傳之形式意義與內在機制，誠爲焦循《雕菰樓易學》中之探照燈，循其引路，可以進窺其《易》學更深一層之道德哲學之寶藏。然則，以假借詮釋經典，歷來爲古代學者之傳統；但以文字爲始基，通過語言之考證，以達到「通經明道」目的者，清代樸學之開山導師，戴震東原先生爲其中之佼佼者。故其〈題惠定宇先生授經圖〉因此爲言曰：

　　　　故訓明則古經明，古經明則賢人、聖人之理義明；而我心之所同然
　　　　者，乃因之而明。賢人、聖人之理義非他，存乎典章制度者是也；
　　　　彼歧故訓、義理而言之，是故訓非以明義理，而故訓何爲？〔註2〕

〔註1〕　詳見《易圖略》卷五〈比例圖〉。其《雕菰集》卷十三〈與朱椒堂兵部書〉亦
　　　　復言曰：「非明六書之假借轉注，不足以知象辭、爻辭、十翼；不明卦畫之行，
　　　　不明象辭、爻辭、十翼之義，不足以知伏羲、文王、周公、孔子之道。不知
　　　　伏羲、文王、周公、孔子之道，不足以知格致誠正、修齊治平之學。」可知，
　　　　焦循由九數之齊同比例，以推衍其「旁通、相錯、時行」之義例，而知卦畫
　　　　之行；復由六書之假借、轉注，以明《周易》經傳之辭義，二者絜和而聖聖
　　　　相傳之道統與學統，乃可迹而求之，循序以明之。
〔註2〕　文詳《戴東原集》卷十一。其〈六書音韻表序〉中此義曰：「夫六經字多假借，
　　　　音聲失，而假借之意何以得？訓詁、聲音相爲表裡，訓詁明，六經乃可明。
　　　　後儒語言文字未知，而經憑臆解，以誣聖亂經，吾懼焉。」《東原文集》卷九

　　戴震確認考據名物訓詁，非治學之最終目的，乃所以明道之方法，此實
爲乾嘉樸學之一大特色。嗣後，高郵王念孫、王引之父子，乃進一步發揮其
觀點，《經義述聞》、《經傳釋詞》二書，即其顯證。焦循生當其時，深受二家
思想之啓發，其假借以說《易》者，蓋淵源有自，而別開生面。

第一節　《周易》用假借論

　　焦循《易話》卷下有〈周易用假借論〉一文，又收入《雕菰集》卷八，
此文可視爲焦循假借以治《易》之理論根據；而此理論之根據，實淵源於戴
震《孟子字義疏證》〔註3〕及王念孫《廣雅疏證》，故嘗言曰：

> 宜按辭以知卦，泥辭以求義理，非也。惟其顯然者易見，而用轉注，
> 用同聲之用假借者，非明六書訓詁，鮮克信之。循近年得力於《廣
> 雅疏證》，用以解《易》，乃得渙然冰釋。因歎聲音訓故之妙，用以
> 通他經，固爲切要；而用以解《易》，尤爲必不可離。蓋《易》之辭
> 文王、周公、孔子大半用此以自爲比例，舍此則不知所謂，尤亟亟
> 也。或謂《易經》可以空言了之，真不知而妄作耳。〔註4〕

　　焦循沾漑於乾嘉樸學之系統中，乃援引六書之假借、轉注以治通《易》
辭，雖時代學風使然，亦有其特立超然之學術洞見。故假借其文，以命此節，
庶觀其要。

一、源於韓嬰《易》說之啓發

　　焦循以假借說《易》，雖獨闢畦町，實源於韓嬰《韓詩外傳》之《易》說，
故能發前人之所未發，〔註5〕其《易話》卷下〈韓氏易〉首發其義云：

〔與是仲明論學書〉：「經之至者，道也；所以明道者，其詞也；所以成詞者，
字也。由字以通其詞，由詞以通其道，必有漸。」卷十〈古經解鉤沈序〉：「經
之至者，道也；所以明者首，其詞也；所以成詞者，未有能外小學文字者也。
由文字以通乎語言，由語言以通乎古聖賢之心志，譬之適堂壇之必循其階，
而不可以躐等。」二文分別申之，其義則互見以明。
〔註3〕《雕菰集》卷十三〈寄朱休承學士書〉云：「循讀東原戴氏之書，最心服其《孟
子字義疏證》。說者分別漢學、宋學，以義理歸之宋，宋之義理誠詳於漢；然
訓故明，乃能識義文周孔之義理。宋之義理仍當以孔之義理衡之，未容以宋
之義理，即定爲孔子之義理也。」
〔註4〕詳見《焦理堂先生軼文・寄王伯申書》。
〔註5〕清儒皮錫瑞《經學通論》卷一〈易經──論焦循及假借說易本於韓詩發前人

《韓詩外傳》云：「《易》曰：『困於石，據於蒺藜，入於其宮，不見其妻，凶。』此言困而不見，據賢人者也。昔者秦穆公困於殽，疾據五羖大夫、蹇叔、公孫支而小霸；晉文公困於驪氏，疾據咎犯、趙衰、介子推而遂爲君；越王句踐困於會稽，疾據范蠡、大夫種而霸南國；齊桓公困於長勺，疾據管仲、甯戚、隰朋而匡天下，此皆困而知疾據賢人者也。夫困而不知疾據賢人而不亡者，未嘗有也。」以疾據賢人解「據於蒺藜」，則借「蒺」爲「疾」，由此可悟《易》辭之比例（詳見《通釋》）。《漢書·儒林傳》稱韓嬰亦以《易》授人，推《易》意而爲之傳，於此可見其一端。（〈藝文志〉有《韓氏二篇》）。惜其所爲二篇者不傳也。余於其以疾解蒺，悟得經文以假借爲引申；如借衹爲底，借豹爲約，借鮒爲附，借鶴爲隺，借羊爲祥，借袂爲夬，皆韓氏有以益我也。

焦循此義，復見於《易通釋》卷十七「蒺藜　叢棘」條，又廣以其《易》學體例，而說之云：

《韓氏易》以「疾」字解「蒺藜」之「蒺」，同聲假借，爲《易》中比例之要。韓氏尚能傳之，惜當日僅傳其《詩》，不傳其《易》；而斷珪碎璧，閒見於《詩外傳》者，殊可寶貴也。據者，引也（見《廣雅》），〈賁〉失道，引而通於〈困〉；乃〈困〉不成〈咸〉，而成〈大過〉，故非所困而困，即非所據而據。惟〈大過〉四不之初，即引而通〈頤〉，雖非所據，而困於石，仍疾而據於賢人也。若非所據於前，又不疾據賢人，死期至而其亡必矣！韓氏以疾解蒺藜，與黃氏讀豚爲遯，[註6] 此《易》學之留存一線者也。

觀此，可知焦循以假借說《易》者，確源於《韓詩外傳》之《易》說啓發。惟其說之失當，孫劍秋教授特撰文以指其謬誤，曰：

第一：《韓詩外傳》之所以稱《外傳》，已明確告訴後人，非就本義而發，而是附會或過度引申本義的有意創作，因此焦循藉以立論之根源，已經靠不住了。

第二：通假是因爲「其始書之也，倉卒無其字，或以音類比方假借爲

所未發〉，已先發此義。

[註6] 黃氏謂晉·黃穎也。《釋文》：「豚，黃作遯。」詳見《通釋》卷十九「遯……豚魚」條。

之，趣於近之而已。」（陸德明《經典釋文‧序》引鄭玄說），並不是明知本字寫法，而故意使用其他同音字，以造成微言大義。〔註7〕

孫教授之說頗能洞見焦循假借說《易》之困境，惟尚有可商榷者。《韓詩外傳》雖名爲《外傳》，然非妄意立論，亦所以補其所不足，而引申發揮其義理；故其《易》說向爲史事《易》學之所本，以詮釋學之角度視之，有其價值與必然之偏差。而焦循以之爲假借說《易》之源頭，乃師其法而以爲通釋之資藉，實未悖其一貫之《易》學體例，其說猶然有可議者，亦未足以全體駁倒。再者，訓詁學通假之說，純以聲音爲媒介，以爲明義之利便；故字雖異形，辨聲而義乃明，其始初本無歧義；惟浸久而互爲通假之字，義界漸寬，說者反轉以引申推衍，其義遂廣而通，焦循因之以言其微言大義，雖別有用意，而實無可厚非。何況，焦循視《周易》經傳爲一具有內在有機聯繫之象數體系，以假借通辭，固有其基本之《易》學立場。

二、本於許愼六書之義例

許愼《說文解字》一書，爲歷來文字學家所倚重之要典，焦循亦本其說假借義，以爲研治《易》學之取資，故〈周易用假借論〉一文，開宗明義即云：

> 六書有假借，本無此字，假借同聲之字以充之，則不復更造此字。如許氏所舉「令、長」二字，令之本訓爲發號，長之本訓爲久遠，借爲官吏之稱；而官吏之稱，但爲令、爲長，別無本字。推之，而字訓面毛，借爲而乃之而；爲字訓母猴，借爲作爲之爲，無可疑者也。

六書之義，詳見許愼《說文解字‧序》，唯其所引「令、長」二字，非無本字之造字假借，實爲引申之通假字。「而、爲」假借爲虛詞之「而」與作爲之「爲」，則確爲無本字之假借，而焦循籠統言之，亦本傳統說法，以爲訓詁之運用。故復進而言之曰：

> 又有從省文爲假借者，如省狎爲甲，省旁爲方，省杜爲土，省虞爲吳；或以爲避繁就簡，猶有說耳。惟本有之字，彼此互借，如「麓、錄」二字，本皆有者也，何必借錄爲麓？「壺、瓠」二字，本皆有者也，

〔註7〕 原作〈焦循「假借說易」考〉，後改名爲〈焦循「假借說易」方式之商榷〉，刊於《陳伯元先生六秩壽慶論文集》，臺北：文史哲出版社，1994 年 3 月初版，頁 1～16。此文甚有見地，足以勘破焦循假借說《易》之訛謬，實爲擲地有聲；惟其中亦有是非，猶待理而辯之。

何必借瓠爲壺？疑之最久，叩諸通人，說之皆不能了。近者，學《易》十許年，悟得比例、引申之妙，乃知彼此相借。全爲《易》辭而設。假此以就彼處之辭，亦假彼以就此處之辭。如豹、礿爲同聲，與虎連類而言，則借礿爲豹；與祭連類而言，則借豹爲礿。沛、紱爲同聲，以其剛揜於〈困〉下，則借沛爲紱；以其成〈兌〉於〈豐〉上，則借紱爲沛。各隨其文以相貫，而聲近則以借而通。蓋本無此字，而假借者，作六書之法也；本有此字，而假借者，用六書之法也。

此段純從聲韻之角度談古漢語中之假借說，故焦循以爲《周易》中之字辭，唯依此說方能會通其義。焦循作爲漢學家，又精通聲音訓詁之學者，而運用六書中之假借（引申）說，以研究《周易》經傳中之字義，而將六十四卦一氣貫通，故總其義以爲「《周易》之辭，多以同聲爲假借，爲後儒訓詁之祖」。〔註8〕此其主觀之見解，如客觀予以檢證，則不免有所扞格，蓋焦循將造字之假借與用字之通假，混通一氣，以曲成其說，雖有其合理之系統，然細部分析，其不能自圓其說，自如以子之矛，攻子之盾。

三、假借說《易》之訓詁原理

〈周易用假借論〉文中，焦循遍引羣經眾籍以證成《周易》用假借之方式，乃在求通其辭，並以溝通卦與卦之旁通，爻與爻之升降。故其《易圖略》卷六〈原辭下〉即云：「夫學《易》者，亦求通其辭而已矣！橫求之而通，縱求之而通，參伍錯綜之而無不通，則聖人繫辭之本意得矣！」〔註9〕求「通」爲焦循《易》學之根本要務，故汲汲以假借鉤貫發明者，非不明文字構造之原理。其一氣貫通者，實欲上探聖聖相傳之道心，以見其緜密周全之《易》學體系，故廣搜博采，欲以證成其說。唯思之過深，而求之太泛，雖難免有過猶不及之弊，要亦爲其《易》架構之撐持。觀其所論，知過半矣！文曰：

古者命名辨物，近其聲即通其義。如天之爲顛，日之爲實（《說文》）；春之爲蠢，秋之爲愁（〈鄉飲酒義〉）；嶽之爲牿，岱之爲代，華之爲穫（《白虎通》）；子之爲滋，丑之爲紐（《律書》）；卯之爲冒，辰之

〔註8〕語見《通釋》卷十「宮　躬」條。

〔註9〕同卷末，焦循又綜結其義，以爲商量涵義之資，曰：「余求十餘年，既參伍錯綜，以求其通，而撰《通釋》；又縱之、橫之以求其通，而撰《章句》。非敢謂前人之說皆不合，而余之說獨合；第以求通聖人之經宜如是，願核吾說者，即以是核之也。」

爲振（〈律志〉）。仁之爲人，義之爲我（《春秋繁露》）；禮之爲體（〈禮器〉）；富之爲福（〈郊特牲〉）；銘之爲名（〈祭統〉）；及之爲汲（《公羊傳》）；桑之爲喪（《士喪禮・注》）；栗之爲慄（《白虎通》）；跚蹓之爲蜘蛛（〈嘯賦〉）；汎瀾之爲芃蘭（息夫躬〈絕命辭〉）。無不以聲之通，而爲字形之借，故聞其名即知其實，用其物即思其義。欲其夷平也，則以雉名官；欲其勾聚也，則以鳩名官；欲其戶止也，則以扈名官（《左傳》）。以曲文其直，以隱蘊其顯，其用本至精而至神，施諸《易》辭之比例、引申，尤爲切要矣！

　　古者未造字之先，以聲表義，故聲義同源，凡同聲或音近之字，類可相通；洎文字肇創，則形、音、義三者結合，益增造字與用字之方便，而訓詁之「互訓、義界、推因」條例生焉。焦循本此中國文字、聲韻、訓詁之傳統，轉以施諸《易》辭之比例、引申，所以廣其用而明其神，其精之也。故以聲之通，而爲字形之借，則聞其名而知其實，用其物而思其義；又能曲文其直，隱蘊其顯，經史子集，歷歷有證，此焦循資借有方，逢源無窮之道。因又以《易》之繫辭，每假借於聲音訓詁，閒以爲之義，曰：

是故柏人之過，警於迫人（案：典出《史記》卷八十九〈張耳、陳餘列傳〉）；秭歸之地，原於姊歸（《後漢書・和帝紀・注》）；髮忽蒜而知算盡（慕容紹宗事）；屐露卯而識陰謀（《晉書・五行志》），即陽之通於揚，秭之通於稻也。〔註10〕梁・簡文、沈約等集有藥名、將軍名、郡名等詩；唐・權德輿詩云：「藩宣秉戎寄，衡石崇位勢，年紀信不留，弛張良自愧。」宣秉、石崇、紀信、張良，即箕子、帝乙之借也。〔註11〕陸龜蒙詩：「佳句成來誰不伏，神丹偷去亦須防，風前莫怪攜持稿，本是吳吟澀樂郎。」伏神、防風、稿本，即蒐藜、莧陸之借也。〔註12〕溫庭筠詩：「井底點燈深燭伊，共郎長行莫圍棋；玲瓏投子安紅豆，入骨相思知不知。」借燭爲屬，借圍棋爲違期，即借蚌爲邦，借鮒爲附之遺也。〔註13〕相思爲紅豆之名，長行爲雙陸之名，借爲男之行、女之思。即「高尚其事」爲逸民，「匪躬之故」

〔註10〕詳參《通釋》卷十「弟　娣　稊　涕」條，卷十七「鴻　楊」條。

〔註11〕詳參《通釋》卷十三「帝乙歸妹　帝乙歸妹」、「箕子之明夷　其子和之　得妾以其子」二條。

〔註12〕詳參《通釋》卷十七「莧陸」、「蒐藜　叢棘」條。

〔註13〕詳參《通釋》卷十一「射雉　射隼　射鮒」，卷十六「邑　國　邦」二條。

爲臣節，借爲「當位」之高，「失道」之匪也。〔註14〕合〈艮〉手〈坤〉母而爲拇，合〈坎〉弓〈艮〉瓜而爲弧，即孔融之離合也。〔註15〕樽酒爲尊卑之尊，蒺藜爲遲疾之疾，即子夜之相關也。〔註16〕

此段論述，依孫劍秋教授〈焦循「假借說易」方式之商榷〉一文，可大略分析成六類：

第一類，形音相近的假借：如柏之爲迫，卯之爲謀。

第二類，詞性轉換的假借：如宣秉，石崇、紀信，張良。

第三類，承上合意的假借：如伏神，防風，稿本。

第四類，同義異名的假借：如相思爲紅豆之名。

第五類，上下合義的假借：如合艮手坤母而爲拇。

第六類，雙關互代的假借：如樽酒爲尊卑之尊。

從焦循之所引證，有此六類之別，孫教授以爲「焦循確是求之太過，思之太深」；然筆者以爲此是學術日進之必然結果，焦循所云皆有實憑，非恣意妄造，不能以鑿空之論視之。孫教授又云：「後人之所以有如此多的假借方式，是由於文人挖空心思，所作的奇言巧語。若說作《易》之時，便已有如此多的方式，只怕附會成份居多。」然則，文人之精思巧作，有其文學修辭之需要，此亦是學術文化累進昇華之具體展現，自有其意義與價值，豈可以「奇言巧語」喻之乎？《易》辭之中，容或未有如此多之假借訓詁方式，焦循以其領悟所得之義例，假借以通《易》辭，有其學理之依據，亦有其論證之佐助，承啓有自，通達有方；雖未盡合假借之實，亦通乎假借之用。若不能相應瞭解其理論之體系，徒以「附會」說之，恐有欠公道。皮錫瑞（1850～1908）有贊同之論，可謂焦循之知音。其言曰：

論假借說《易》並非穿鑿，學者當援例推補。

焦氏自明說《易》之旨，其比例通於九數，其假借、轉注本於六書，而說假借之法尤精，可謂四通六闢。學者能推隅反之義例，爲觸類之引申，凡難通者無不可通，不至如何平叔之不解《易》中七事矣！

或疑假借說《易》近於傅會，不知卦名每含數義，不得專執一義以

解，專以本義解之，爻辭多不可通。如〈革〉卦之義爲改革，初九「鞏用黃牛之革」，則借爲皮革；據《説文》：「革，獸皮治去其毛革更之。」故假借爲改革，是皮革爲革字本義也。……《易》之取象必有其物，有其事，無虛文設言者；如〈賁〉卦之義爲賁飾；……賁當假爲債，取債車之義，《左氏傳》「鄭伯之車債於濟」；「賁其趾」，謂債車傷其足，故舍車而徒也。六二「賁其須」，須乃須鬐；……賁當假爲斑，謂須鬐斑白也。凡此等皆專執一義，必不可通者；必以假借之義通之，而後怡然理順，渙然冰釋。學者試平心靜氣以審之，當信其必非傅會矣！〔註17〕

「學者試平心靜氣以審之」一語，甚爲要緊。焦循既視《周易》爲一統貫之象數系統，義理本自天然，而其辭之所繫，又以爲乃聖聖相傳「微言大義」所寄；故以「旁通、相錯、時行」根本義例以達其卦畫之所之，復以數理之比例引申而爲《易》辭之假借，以通其卦辭、爻辭、十翼之所之，圓滿具足，可謂巧善。故終其文以言曰：

文、周繫《易》之例，晦於經師，尚揚其波、存其迹於文人詩客之口。其辭借，其義則質，知其借而通之，瞭乎明，確乎實也。或以比莊、列之寓言，則彼幻而此誠也；或以比説士之引喻，則彼詭而此直也；即以比《風詩》之起興，亦彼會於言辭之外，而此按於字句之中也。《易》辭之用假借也，似俳也，而妙也；似鑿也，而神也。願與好學深思，心知其意者商之。

「假借、轉注」，戴震以爲六書之「四體二用」，用字之法則；魯實先（1913～1977）先生主「四體六法」之說，以爲補四體所不足，而靈活變化之造字法則，〔註18〕此文字學中最重要，亦最複雜而具爭議之二大課題，眾家紛論，不外此二大流派。然筆者衡觀焦循〈周易用假借論〉，亦不逾越此二家之思想；「蓋本無此字而假借者，作六書之法也；本有此字而假借者，用六書之法也」，可謂顯證。故焦循《易》學之用假借，實非囫圇之生吞活剝，皆確鑿有據之比例引申，是誠而非幻，直而非詭；按於字句之中，求於經典之內，而非會於言辭之外。因之，焦循之用假借於《易》辭，「似俳也，而妙也；似鑿也，而神也」；而其所以神妙無方者，在於「好學深思，心知其意」。此其《易》

〔註17〕詳見皮錫瑞《經學通論》卷一〈易經通論〉。
〔註18〕義詳魯先生《假借溯原》、《轉注釋義》二書。

學之特色，足以開啓《易》辭之新貌，而洞觀聖人之先得我心之所同然者，其「持之有故，言之成理」，苟能瞭乎明其《易》學之統系，確乎實其《易》學之用心，則「彼亦一是非，此亦一是非」，乃可相觀而善，尋繹以解之。

第二節　《周易》用假借之類型

焦循《易圖略》卷五〈比例圖〉，固嘗以爲《易》辭之引申，尤爲神妙無方，條而別之，約爲十二類，已見第三章第二節引述；要之，不外乎以六書之假借、轉注用以爲《易》辭之比例、引申而已。〔註19〕故《雕菰集》卷十三〈與朱椒堂兵部書〉，乃論之曰：

> 惟其中引申發明，其辭之同有顯而明者；〔註20〕又多用六書之轉注、假借。轉注，如冥即迷，顚即窒，喜即樂；〔註21〕假借，如借繻爲需（《說文》），借薽爲疾（《韓詩外傳》），借豚爲遯（黃穎説），借祀爲巳（虞翻）。推之，鶴即「雚然」之雚，祥即「牽羊」之羊，祿即「即鹿」之鹿，礿即「納約」之約，拔即「寡髮」之髮，昧即「歸妹」之妹，肺即「德積」之積，沛即「朱紱」之紱。〔註22〕彼此訓釋，實爲兩漢經師之祖；〔註23〕其聲音相借，亦與三代金石文字相孚。非明九數之齊同、比例，不足以知卦畫之行；非明六書之假借、轉注，不足以知象辭、爻辭、十翼之義。

基於此一認識，故焦循以數理鈎貫其《易》學之同時，又特重六書中「假借、轉注」於《易》辭中訓詁之作用；因之，《易學三書》中運用「假借、轉

〔註19〕 如其第十一類「以一字之訓詁爲引申」，即焦循所謂之「轉注」；故「迷之訓爲冥、爲晦，久之訓爲永、爲長，成之訓爲定、爲寧是也」，此《易》辭以轉注爲比例如此。其第十二類「以同聲之假借爲引申」，即焦循所謂之「假借」；故「豹爲約之假借，羊爲祥之假借，祀爲巳之假借，牀爲戕之假借是也」，此《易》辭以假借爲引申如此。

〔註20〕 焦循自注曰：「如『密雲不雨，自我西郊』，〈小過、小畜〉同；『先甲三日，先庚三日』，〈蠱〉與〈巽〉同。其『冥升、冥豫』、『敦復、敦臨』、『同人于郊、需于郊』之類，多不勝指數。」

〔註21〕 詳參《通釋》卷七「顚　窒　愼」，卷八「樂　笑　喜　慶」，卷十一「冥豫　冥升」三條。

〔註22〕 以上俱見《通釋》各卷，以例多不一一詳其出處。

〔註23〕 《通釋》卷十「宮　躬」條，焦循開宗明義即云：「《周易》之辭，多以同聲爲假借，爲後儒訓詁之祖。」意可與此互明。

注」以爲會通《易》辭之頻率相當之高，故無論經文、傳文原義確切與否，焦循均以此基礎建立其詳細而系統之論述，在詮釋學與方法論上，有其一定之意義與價值，亦自有其必然之偏差與謬誤。本節乃擬依焦循實際訓釋之例證中，分析、歸納其《周易》訓詁之類型爲二，以見其立說之原則，用以爲斟酌商榷與思考議論之準據。

一、旁徵博引之文獻基礎

拜讀焦循《易學五書——易通釋、易圖略、易章句、易話、易廣記》及其《孟子正義》諸力作，深服其旁徵博引之能事，誠爲博學而默識之學者。其《孟子正義》一書，兼存備錄之明清大家，凡六十餘家，〔註24〕可謂淵歟盛哉！而其《易》學中所輯錄以爲說者，經、史、子、集，靡不咸備，亦云夥矣。焦循所以能左右逢源，自由運用其資料者，夷考其因，蓋具備現代所謂之「引得」（index）知識，故四通八達，參稽考索，無往不利。觀江藩子屏先生致焦循手札，可明其大略。札曰：

> 藩啓禮堂大兄先生：西湖歸接手書，頗慰！渴想諸君子，因良伯（阮元少時字）來書分作《纂故》一書，唯小學最難；如《說文解字》皆訓詁也，其同異譌錯不能筆述，容來揚時面談。且《纂故》，藩不知體例如何？足下以《說文》爲主，千古不磨之論；若以《廣韻》爲主，便落下乘矣！至周旋窈窕，歸周、窈二韻；總之，是書必以《說文》爲主，藩當作札與良伯，使改其體例可也。〔註25〕

函中所謂《纂故》，《經籍纂詁》，乃阮元在館閣日，與孫星衍（1753～1818）等相約分纂之訓詁索引書，當亦屬諸江藩、焦循二人。焦循兩度隨幕遊學阮元閣下，於此學必有所精，且其好學善思，故造詣之深，良有以也。爰據其引錄爲說者，類分如下，以見其深厚之學術基礎。

（一）證諸漢、魏《易》家之說者

焦循自唐·陸德明《經典釋文》、孔穎達《周易正義》及李鼎祚《周易集解》，並世所傳之《九家易》中，引證漢、魏之間諸《易》家之說，如孟喜、京房、馬融、鄭玄、劉表、宋衷、王肅、王弼、陸績、虞翻、荀爽、姚信、

〔註24〕詳見《孟子正義》卷三十，焦循書末自注。
〔註25〕詳見《焦循年譜新編》，頁69～71。

蜀才、崔憬、桓元、董遇、何妥、干寶、翟（子）元、荀柔之、褚氏等，以證成其假借解《易》之說，皆能本其《易》例，言之成理而持之有故，蓋亦取資多方。其例遍見《易通釋》各卷中，隨檢而得，不具引述，以下同此。

（二）諸證十三經及其注疏者

十三經中，《周易》、《尚書》、《毛詩》、《周禮》、《儀禮》、《禮記》、《左傳》、《公羊傳》、《穀梁傳》、《論語》、《孟子》、《孝經》、《爾雅》等，除《孝經》未見引錄外，各經及其傳注疏解，焦循援以爲證成其假借《易》例甚夥，原本有據，其理頗篤。除此，又引錄《大戴禮記》及日人山井鼎《七經孟子考文》，可謂不遺餘力。

（三）證諸小學典籍及傳世碑刻者

《方言》、《說文解字》、《釋名》、《廣雅》、《石經》、《汗簡》、《埤蒼》、《一切經音義》等文字、聲韻、訓詁典籍，皆爲焦循引證之重要參考；他如漢魏碑刻，《衡方碑》、《費汛碑》、《修堯廟碑》、《高彪碑》及王羲之〈誓墓文〉，〔註26〕亦爲其參引援據之佐證。

（四）證諸史書傳志者

四史中，除《三國志》未見載外，如《史記》之〈屈原傳〉、《漢書》之〈武帝紀〉、〈王褒傳〉、〈禮樂志〉、〈古今人表〉、《後漢書》之〈馮異傳〉及《隋書》之〈經籍志〉、《唐書》之〈天文〉、〈律歷志〉等，皆有所引述；他如《國語》、《戰國策》亦偶見以爲訓詁之例證。

（五）證諸子學各家著述者

〔註26〕《易餘籥錄》卷一之七，焦循說云：「王羲之〈誓墓文〉『常恐斯亡無日』，『斯』同『漸』；死者，漸也。《周易》『斯其所』、『朋至斯孚』，皆『漸』字之省。晉時尚明此義。」又《易通釋》卷九「泛 斯 隍 索 沙 于」條，詳闡此義，可窺焦循引證之梗概。其文云：「漸與斯同。（《莊子·齊物論·注》：『豁然確斯也。』《釋文》：『斯，本又作漸。』《儀禮·鄉飲酒》『斯禁』，《疏》云：『斯，漸也。漸，盡之名。』）《詩》『王赫斯怒，無獨斯畏』，《箋》皆川斯爲盡。〈旅·初六〉：『旅瑣瑣，斯其所，取災。斯其所，猶云「空其所」。〈節〉二不之〈旅〉五，而〈旅〉四之初；猶〈未濟〉二不之五，而四之初，「斯其所」則「夷其所思」。「匪夷所思」，謂〈豐〉四之〈渙〉初成〈中孚〉、〈明夷〉，相錯爲〈家人〉、〈臨〉，爲〈解〉四之初之比例。〈臨〉通〈遯〉，而〈臨〉二之五則「朋至斯孚」；〈臨〉二之五與〈姤〉二之〈復〉五同。故「朋至」即是「朋來」，朋至則向之斯其所者，今則孚矣，故云「斯孚」。』輾轉鉤貫，不啻馬跡蛛絲，尋之，其緒不絕。」

先秦諸子典籍中，如《老子・河上公注》、《莊子》〈齊物論〉、〈德充符〉各篇，《管子》〈水地〉篇、《呂氏春秋》、《韓非子》及《荀子》、《列子》等，皆爲援引之資據。而漢魏各家中，如《春秋繁露》、《淮南子・高誘注》、《法言》、《白虎通》、《風俗通》、《論衡》、《山海經》及《素問》等諸家之說，其有關辭義及《易》義者，皆爲焦循取資之所本。

（六）證諸集部及當世名家撰作者

王逸《離騷章句》，《昭明文選》中〈幽通賦・曹大家注〉、〈東京賦・薛綜注〉、〈西京賦・薛綜注〉，凡有以證成假借訓詁之義者，焦循皆採摘而運用之。而當世名家之撰作，如惠棟《九經古義》、孔廣森《經學巵言》、王引之《經義述聞》、吳玉搢《別雅》、張綬佩《義里睡餘編》等，亦皆爲焦循旁徵博引證成其假借說《易》之資藉。

由以上概略性之文獻資料中，可以窺知焦循治學之方法，雖然重視文字訓詁之各有所本，但不以此爲治學之終極目標，蓋考據爲經學所用，而經學乃爲考據之體。故嘗亟亟以言曰：

> 經學者，以經文爲主，以百家子史、天文術算、陰陽五行、六書七音等爲之輔，彙而通之，析而辨之，求其訓故，核其制度，明其道義。〔註27〕

通過訓詁之考證，以闡明經書中之義理，戴震以爲「由辭以通道」，即焦循所謂「求其訓故，核其制度」而「明其道義」。然則，焦循雖主會通百家子史以治經，但其實際之參引佐證者，卻仍爲漢、魏以來之解經成果，而罕採唐、宋以還之注疏成績；可見其學風猶然爲清代漢學家之傳統，而《雕菰樓易學》即爲焦循具體之漢學風貌之傑作。

二、以「轉注」爲比例

筆者嘗通讀焦循《易餘籥錄》一書，其中談《易》義之訓詁者，深服其左右取資逢其源之考據實學，故凡訓詁之相轉注，其比例、引申之妙，焦循以爲蹤跡之可得其故。〔註28〕《易圖略》卷五〈比例圖〉，以數學原理之「比

〔註27〕文詳《雕菰集》卷十三〈與孫淵如觀察論考據著作書〉，此文爲焦循重要之議論文章，甚具參考之價值。

〔註28〕《易餘籥錄》言之甚詳，如其卷四各條，轉訓釋辭義之引申、比例，令人歎服其精且善。如卷四之十一則，即《易話》卷下〈目不相聽考——丙寅答汪

例」，〔註29〕轉以爲《雕菰樓易學》之「比例」法則；又以此法則，轉用以爲《易》辭之比例，由比例而引申之，則《易》辭以通，《易》義以得。故焦循學《易》數十年，乃悟得比例、引申之妙，而知彼此之相錯，全爲《易》辭而設，亦爲《易》理之參伍錯綜，以求其通而設。

　　焦循深悟以爲《周易》卦爻畫以及卦爻辭、十翼之間，其中關係如同數學上之加減乘除關係一般，存在共同之規律，故可依照「齊同」、「比例」之數理法則以爲卦爻辭及十翼傳文之間訓釋之基礎，而以爲掌握、會通《易》理之不二法門。故其《論語何氏集解補疏》乃云：

> 凡訓詁不外假借、轉注，而假借、轉注全以聲音。故明乎聲音，乃知訓詁；明乎訓詁，乃識義理。舍聲音、訓詁而談義理，乃一人私臆之見，非能通古聖之心者也。

　　此義甚洽！故焦循以六書之轉注爲比例，以一字之訓詁爲引申，其《易章句》、《易通釋》二書中，經常以轉注爲比例，以引申解釋卦爻辭及十翼傳文間之聯繫關係；因此，以「轉注」爲「比例」之說，儼然成爲焦循《雕菰樓易學》用假借以解經之重要類型與體例。茲試舉《易通釋》數則，《孟子正義》一則，以爲證成之顯例，見其運用自如以解《易》通辭之創論。

（一）《通釋》卷七「顚　窒　慎」條

　　　　〈雜卦傳〉：云「〈大過〉，顚也。」〈大過〉經文不言顚，而〈頤〉

孝嬰〉一文，乃以爲《說文》中訓詁每深合乎《易》象之精微，而以其《易》例鈎貫爲說之，曰：「《說文·目部》云：『睽，目不相聽也。』……〈坎〉爲耳，〈離〉爲目。〈說卦傳〉云：『離也者，明也。萬物皆相見，南方之卦也。聖人南面而聽，天下嚮明而治，蓋取諸此也。』〈離〉目故相見，聖人面南則立於北。北方爲〈坎〉，以〈坎〉聽〈離〉，以〈離〉見〈坎〉，正是以目相聽。〈蹇〉兩〈坎〉，〈睽〉兩〈離〉，〈睽〉所以相〈蹇〉。凡卦之〈坎〉在上，必孚於〈離〉；在上之卦爲之輔相，即南面聽天下之義。以目相聽則治，目不相聽則睽，謂失道成〈損〉、成〈大壯〉、成〈泰〉也。此必古經師說《易》之遺文，而許氏采之，以爲睽字之訓，若作『目不相視，耳不相聽』，顧耳自司聽，目自司視，何以云相矣？」

〔註29〕焦循著有《加減乘除釋》一書，乃中國數學史上名著之一，其卷七提出「齊同比例」說云：「以母子分列而維乘互之，則爲齊同；以母子相間而以乘除消之，則爲比例。」其義以爲不同之分數值，相加或相減，其分母相乘爲「同」，其子母互乘爲「齊」，而子母所增之倍數相等。而比例者，二算式相比較，其數字不同，但比值相等，則甲比乙等於丙比丁，由一方可知另一方。故「齊同」、「比例」二者，皆追求數值之相等，亦即追求數之同一性。焦循遂依此數學法則，解釋《周易》卦爻畫以及卦爻辭之間內在義理之聯繫會通。

二四兩爻皆稱「顛」。傳以「顛」贊〈大過〉，所以明「顛頤之吉」，謂〈大過〉二之〈頤〉五也。〈大過〉二之〈頤〉五，何以爲「顛」？顛、塡、闐，古字通。……五不當位則空虛，〈頤〉五空虛，〈大過〉二塡實之，故爲顛。……顛之義與室同，〈剝〉五未實，而〈夬〉四之〈剝〉初爲「虎視眈眈，其欲逐逐」；逐逐，遠也，謂不能塡其欲於〈剝〉，致成〈頤〉。而塡之於〈大過〉，故爲遠也；〈損〉二之五爲〈大過〉二之〈頤〉五之比例，〈損〉之「窒欲」，即室〈頤〉五之欲。取「其欲逐逐」之欲，而加以室字，明以室贊顛，顛頤即室欲也。……經言顛、言室、言實，傳則贊之以「愼」；……愼從眞聲，與顛同。《爾雅》訓愼爲誠；誠，實也，塡亦實也。〈鼎〉二之五爲「顛趾」，爲「有實」；〈六二‧傳〉云：「愼所之也。」愼字即贊「有實」之「實」，與「顛趾」之「顛」。〈鼎〉二之五爲〈節〉二之〈旅〉五之比例，傳贊〈旅〉云：「明愼。」〈繫辭傳〉贊〈節‧初九〉云：「愼密。」愼謂〈旅〉成〈遯〉，即〈鼎〉成〈遯〉也。……〈坤‧六四〉「括囊無咎，愼不害也」，愼通順，〔註30〕「愼不害」即「順不害」；不言順，言愼者，明〈咸〉之「順不害」，即〈損〉之「窒欲」，而互以通之也。

案：《易》辭以轉注爲比例，於此條所釋至詳，皆以一字之訓詁而爲之引申，即焦循所謂之「轉注」。而明乎轉注「比例」《易》義，則旁通、相錯行乎其間，故《易》辭之相互鉤貫發明，透過其《易》學體例之作用，而卦、爻、象、辭變通之過程與規則，瞭乎明，而確乎實。

（二）《易通釋》卷七「尸」條

《易》之言施、言矢，余測之，皆知其爲上之三之名。近者宮保阮公以所著〈釋矢〉一篇見示，謂開口直發其聲曰施，重讀之曰矢；是矢、施二字同義，足與《易》義相發明。又謂尸與施同，……因悟「師或輿尸」之「尸」，即取例於施。〈師〉二先之五，而後〈同人〉上之〈師〉三，則〈師〉成〈蹇〉上無〈坤〉輿而有〈坎〉雨，是爲「雨施」。今不成〈蹇〉而成〈升〉，上無〈坎〉雨而有〈坎〉

〔註30〕 焦循自注曰：「〈升‧傳〉『以順德』，《釋文》本又作愼。〈繫辭傳〉『愼斯術也』，《釋文》『愼，本作順』。《詩》『應侯順德』，《正義》言『定本作愼德』。《孟子》『王順』，〈古今人表〉作『王愼』。其見於經子注疏者，不一。」

輿，是爲「輿尸」。……尸、施字同而各有取義，以爲比例。……尸之爲言夷也，故〈明夷〉以「夷」名，亦取義於上之三之失道；夷則轉注爲傷，由傷而死，故爲尸。〈大過〉取棺槨，是尸所取義也。……《周易》經文、傳文自相訓詁之處，如倫之訓勞，則知「曳其輪」即「勞謙」；敕之訓勞，則知「敕法」即「勞民」，……皆《易》義也。〔註31〕茲錄〈釋矢〉之文，而推《爾雅》「矢、尸、夷、弟」諸字相轉注，其關合於《易》義者如此。

案：此條輾轉互訓，其義例亦甚明晰；焦循以《易》之比例牽合《易》辭，而以轉注說之，皆援據有理，非鑿空妄造，亦可知其所謂實測之學。

（三）《易通釋》卷十「茀　拂」條

〈頤・六二〉「拂經於邱」，《子夏傳》作「弗」，云「輔弼」也。《詩・大雅》「茀厥豐草」，《釋文》云：「《韓詩》作拂。」〈既濟・六二〉「婦喪其茀」，即與「拂經」之「拂」同。……假借爲「茀」，茀爲首飾，亦用以輔弼，此首者義亦同也。古從弗之字，與從犮通，故茀字作綍、韍（見《文選・注》），拂亦作被（見《周語・韋昭注》）；《易》以初之四爲拂，亦以初之四爲拔，其義同也。拂之義爲輔，拔之義亦爲輔（見《廣雅》）；拔與拂通也，拔亦與跋通。《禮記・曲禮》「燭不見跋」，注云「跋，本也」；《易》以初爻爲本，本猶根也，根即氐也，故《說文》訓茇爲草根。《呂覽・慎行篇》「圍朱方拔之」，高誘注云：「覆取之，曰拔。」〈鼎〉四之初成〈大畜〉爲「覆公餗」，覆猶拔也。凡拂、拔、茷、覆等等，俱以四之初言，此以訓詁之轉注爲比例者。

案：「六書轉注、假借交相爲用，其息甚微，其脈可溯」，〔註32〕其息甚微，則聲音之同以爲假借其義；其脈可溯，則轉注以相比例，故《易》之卦

〔註31〕參見《通釋》卷十「輪　綸」條，可明此義，文曰：「輪之言倫也。……輪，姚信作倫（見《釋文》、《儀禮・既夕注》，古文倫爲輪），倫之訓爲等、爲類。〈泰〉二之五成兩〈既濟〉，則無等、無類；〈泰〉孚於〈否〉，而二之五，有〈否〉以應之，則有等、有類。有類，則有倫，『曳其輪』即『曳其倫』也。……《爾雅・釋詁》：『倫、敕，勞也。』〈說卦傳〉『勞於〈坎〉』，勞、倫皆屬〈坎〉；是『勞謙』之『勞』，即同於『曳其輪』之『輪』也。傳於〈井〉稱『勞民勸相』，於〈噬嗑〉稱『明罰敕法』；『敕』即是『勞』，明〈井〉旁通〈噬嗑〉也。《爾雅・釋詁》多有關於《易》，自《易》義不明，而《爾雅》倫、敕、勞之相轉注，遂不可通矣！」

〔註32〕語見《通釋》卷十六「孚」條，義可並參。

象、卦畫與夫《易》之卦辭，可尋理以解，義亦以之而明。若不明假借、轉注之交相爲用，而不比例以求之，則其間之觸類引申，參伍錯綜，不惟莫知所以，亦無由得其通貫，微言大義，益晦難彰。

（四）《易通釋》卷十八「剝 孚於剝」條

〈乾〉上之〈坤〉三成〈謙〉，〈夬〉二五不行，而三上先動，是爲「失上下。」〈夬〉變通於〈剝〉，而向之失上下有咎者，今則〈剝〉之「无咎」，所以消息盈虛，全在乎此。……〈象傳〉云：「〈剝〉，剝也，柔變剛也。」上「剝」指卦名，下「剝」字釋卦名之義；而「下」即申「以柔變剛」，是此剝之義爲變也。《廣雅》「揄、剝」同訓「脫」，揄猶渝，亦變更之義。〈夬〉舍〈謙〉，變而孚於〈剝〉，是以〈剝〉之「柔」變〈夬〉之「剛」，其義即爲「剝脫」。卦之不善者，能剝脫則善，此〈剝〉之无咎，即「脫」之无咎，亦即「變」之无咎，而剝脫爲〈剝〉卦之一義也。……剝猶祿也，祿即福也，福亦備也；以其吉祥之備則爲福祿，以其傷害之盡則爲削剝，「剝床以足、剝床以辨、剝床以膚」，爲減爲災而窮盡，又爲〈剝〉卦之一義也。六書轉注相通，可於《易》得之。

案：焦循以「六書轉注相通，可於《易》得之」，乃訓詁之轉注，其爲通義之用，實非六書造字之轉注法；由以上各例之推闡中，可明其理。故焦循以六書之轉注、假借，援引治《易》，乃訓詁之作用與意義，不得與文字學造字之「轉注」、「假借」二法等同，否則焦循之取義過寬，轉相比例，將被視以爲傅會，而淆亂體例。

（五）《孟子正義》卷九〈公孫丑下〉第十四章「退而有去志，不欲變，故不受也」疏

不欲迹似詭異，致見譏讓爲太甚，故宿留不即去也。《音義》云：「宿留，上音秀，下音霤。」孔氏廣森《學經巵言》云：「《易·需·象傳》，鄭君注云：『需讀爲秀。』古語遲延有所俟曰宿留。《封禪書》『宿留海上』，《漢·五行志》『其宿留告曉人，具備深切』，〈李尋傳〉『宿留瞽言』，〈來歷傳〉『此誠聖恩所宜宿留』，何氏《春秋·僖元年·解詁》『宿留城之』，趙氏《孟子·萬章下·章句》『宿留以答之』，並上音秀，下音溜。《東觀漢記》和帝詔『且復宿留』，《後漢書》作

『須留』。需與須同，故讀爲秀也。漢世訓詁，皆音義相將，即六書
轉注之學。」按《風俗通・過譽篇》亦云：「何敢宿留。」

案：焦循雖引清儒孔廣森《經學巵言》以證《易》義，此實乾嘉之際經
學考據之學風。漢學訓詁之義例，由此可見一斑，而援六書轉注之學，以輾
轉互相鉤貫者，不獨焦循爲然，凡當世漢學諸儒，亦皆莫不講求此道，故能
闡微而顯幽。

以上泛舉五例，以釋焦循以轉注爲比例之假借說《易》類型，皆具體而
微，一以貫之者。蓋《雕菰樓易學》特重辭與象之關係，故云「辭也者各指
其所之，所之者何？即剛柔之相推者也，剛柔者爻也」；〔註33〕因之，《易》
辭之轉相注釋，皆於典有據，故引申而比例之，以此求《易》，則《易》理之
脈絡原委，參伍錯綜，庶幾近而得之。

三、以「假借」爲引申

聖人贊《易》，每以同聲之假借爲引申，蓋聲同則義得相通，焦循以爲是
六書造微之學；故《易》之辭各隨其聲之所屬以爲其義，而皆以此一字爲之
引申，所以神妙不可測。而焦循之說引申，實有廣、狹二義，廣義則包括「比
例」在內，狹義惟指文字訓詁學中之「假借」說。比例之義，已於前轉注釋
之，此所論者特指引申之假借說。爰舉《易通釋》中之實例，以爲說解之便，
並觀焦循以假借爲引申之治《易》學風。

（一）《易通釋》卷十「握　渥」條

〈萃・初六〉「若號，一握爲笑」，……王弼謂「一握者，小之貌也，
爲笑者懦劣之貌也」。求之於經，皆不能達，蓄疑者數十年矣，今乃
得之；蓋申上「有孚不終，乃亂乃萃」之義也。何以言之？《釋文》
「握」傅氏作「渥」，然則即〈鼎・九四〉「其形渥」之渥也；〈鼎〉
二之之五，而四之初成〈大畜〉，爲「折足，覆餗，其形渥」，渥即
滿足之意。……渥、握兩字，互相假借，而一以貫之；經文鉤貫，
多用聲音假借，執渥、握各自爲說，望文生意，經乃晦矣！

（二）《易通釋》卷十「祥　詳　羊　翔」條

〈履・上九〉「視履考祥」，古祥字通作羊，「考祥」即「考羊」也。

〔註33〕語見《圖略》卷六〈原辭上第五〉。

〈履〉二之〈謙〉五成〈无妄〉，「能視，能履」，故云「視履」；上之三成〈革〉，〈革〉上，〈兌〉羊也，故云「考祥」。〈大壯〉「羝羊觸藩」，則四之〈觀〉初成〈泰〉，故「不能退，不能遂」，傳云「不詳也」；不詳即不祥，亦即不羊。……《易》經、傳以聲音假借為鈎貫，其例如此。祥有吉義，〈兌〉在五當位吉，則變羊而稱祥；〈大壯〉成〈泰〉四，雖亦互〈兌〉，乃失道不吉，第為羝羊，而不可為祥，此假借中取義之妙也。

(三)《易通釋》卷十「約 酌 豹 禴」條

〈革·上六〉「君子豹變」，豹從勺聲，與「納約自牖」之「約」，「酌損之」之「酌」，同聲假借也。《廣雅》「酌，益也」，承上「已事遄往」；「已事」者，〈咸〉四止而不行，〈損〉二有事於五也；「遄往」者，〈咸〉四不之初，而〈損〉三往上以應五也。〈損〉二之五成〈益〉，〈益〉三之上即〈益〉所以為益，不言益而言酌，謂〈益〉上之三，為約於三也。……酌即約也（《詩·正義》：「酌，《左傳》作約，古今字耳。」）〈既濟·九五〉「東鄰殺牛，不如西鄰之禴祭」，傳以「時」字贊「禴祭」二字。禴，《禮記·王制》、〈祭統〉俱作「礿」，《說文》：「礿，夏祭也。從示勺聲。」〈王制·疏〉引皇氏云：「礿，薄也。」《爾雅》「夏祭曰礿」，孫炎注亦云「夏時百穀未登，可薦者薄」，礿取義於薄，即取義於約。東鄰指〈恆〉，殺牛指〈益〉；〈益〉上之三，殺所互之〈坤〉牛，〈恆〉二先之五成〈咸〉，協鄰變為西鄰，殺牛亦化為礿祭。〈恆〉二之五祭也，先祭後酌，故為礿祭，即為時行；傳以時字贊之，固以為時祭所取義，而即以先祭後酌為時行，不祭而酌，第為殺牛而已。此義之隱奧而實顯著者也。……豹、礿、酌、約四字，同聲假借也；《易》之辭多用六書假借、轉注以為貫通，當於聲音訓詁間求之。

(四)《易通釋》卷十三「箕子之明夷 其子和之 得妾以其子」條

「箕子之明夷」，《釋文》云：「蜀才本作其」。……然則「其」為「箕」之籀文，其子即箕子，箕子即其子也。〈中孚·九二〉「鳴鶴在陰，其子和之」，〔註34〕……是〈鼎〉之「其子」即〈中孚〉所稱之「其

〔註34〕《通釋》卷十一「鳴謙 鳴豫 鳴鶴」條云：「《易》之取義在聲音假借。鶴

子」也，於〈鼎〉言之者，有微義焉。……凡此皆「箕子之明夷」互相發明，〈明夷〉之「箕子」即〈鼎〉、〈中孚〉之「其子」，可比例得之矣！……以〈明夷〉之其子作箕子解可也，以〈中孚〉、〈鼎〉之箕子作其子解可也。《易》以六書假借爲引申，帝乙、歸妹皆非實事，又何疑於箕子、其子之不同乎？〔註35〕要之，荄茲固非箕子，亦不必泥；如知以假借爲引申，則荄、箕本通，作荄可也，以荄茲而傅會其說不可也。以〈中孚〉、〈鼎〉之「其子」證之，雖父師之箕子，已爲假借；而荄茲之說，又何容混入乎？信陽張氏綬佩，乾隆間撰《義里睡餘編》，内一條云：「帝〈震〉即甲，乙其亞也。借商帝之名立象，與〈既濟〉稱『高宗』一例。後世或有摭拾帝乙致醮之辭，不知其爲謬附。箕子或曰『紂叔父』，或曰『紂庶兄』，以象論之，前人有以箕子爲其子之說，頗得象大意；卦引人名，其旨原自有在也。」張氏先得我心，附錄於此，以見余說之不孤也。

（五）《易通釋》卷十八「需　繻有衣袽　賁其須　歸妹以須　濡其首　濡其尾　若濡賁如濡如」條

〈象傳〉云：「〈需〉，須也。」何以名〈需〉？〈乾〉成〈需〉，〈坤〉成〈明夷〉；以〈需〉二之〈明夷〉五成兩〈既濟〉，則無所待，故欲其有所須，不即成兩〈既濟〉也。《説文》：「絮，絜縕也。《易》曰『需有衣絮』。」絮即袽字。繻，《説文》訓「繒采色，讀若《易》曰『繻有衣』。一引作繻，一引作需。」許氏兼采眾説，當時説《易》者尚知繻即需之假借，故《説文》需、繻並見，此《易》義之精微，

從萑聲，字與萑通借（《一切經音義》「萑古文鸛」）；〈繫辭傳〉云：『夫〈乾〉，確然示人易矣！』……萑、鸛、確三字同，『萑然示人易』（《説文》引《易》文），則鳴鶴之『鶴』取於變易。……而傳以『確乎其不可拔』贊之，明鶴即確，確即堅，思而貫之，了然無疑。」

〔註35〕焦循《周易補疏》論王弼極允，而解「箕子」爲「其子」乃本於其説。故皮錫瑞《經學通論・易經通論》「論焦循易學深於王弼，故論王弼得失極允」條曰：「焦氏《易》學深於王弼，故能考其得失。弼注『箕子之明夷』曰：『險莫如茲，而在斯中。』焦氏《補疏》曰：『古字箕即其，子通滋，滋通茲。王氏讀箕子爲其茲，以茲字解子字，以斯字解其字。』焦氏《易章句》曰：『箕，古其字，與〈中孚〉其子和之同義。』以其子解箕子，與王氏意略同。其以假借説《易》，亦與王注讀彭爲旁，借雍爲甕相合；故有取於王注，而特爲之補疏也。」

可因此考見者。《易》之取象，多用六書假借；需待之「需」，可借
爲縭帛之「繻」，又可借爲濡溼之「濡」。其義爲面毛之「須」，即可
轉「須女」之須；繻濡之爲需，猶趾爲之止，祀之爲巳，傳以其易
明不必贊，而特以須贊〈需〉，則〈歸妹〉、〈賁〉之「須」即取於〈需〉
也；而繻濡之爲需，不待言矣！

以上隨舉五則釋例，皆焦循以假借爲引申之類型。蓋古人制器命名，每
假借以爲之義；雖實有所指，尚以假借爲義，何況《易》辭之引申乎？或以
穿鑿疑之，焦循乃核測經傳辭義，詳舉其例於《易通釋》各卷中以爲確證。
故《易》之繫辭，焦循由其實測之所悟得，固以爲當於聲音訓詁中，求其假
借引申之通義。是以古人說經，以假借爲訓詁，每以聲義兼取爲引申，此亦
《易》辭之常例；故焦循訓詁之例，亦不外於雙聲疊韻之聲韻關係中，求其
聲義之相通，而假借行乎其間，引申之乃得彼此鉤貫之義理；此焦循假借以
治《易》之脈絡，所以不爽毫末，而造乎其微者。

第三節　《周易》用假借之商榷

焦循《周易》用假借之理論，於深入理解《周易》中之字義及其彼此間
之脈絡關係，有其正面而合理之論證基礎與成果，故須之借爲需，蔽之借爲
疾，箕之借爲其，皆符合文字聲義相通之原則。惟其假借以說《易》之目的，
專爲架構其《雕菰樓易學》之一貫體系而設，故不免執於其觀點而有預設之
弊，其結果難免於穿鑿傅會之嫌，蓋有其必然與應然之局限。茲商榷其偏失
者，亦可以爲焦循假借《易》學之反思，得其相應之理解，則其中是非、正
謬乃可以確認、明辨之，而貞定其意義與價值。

一、義界不清

六書之轉注、假借，從文字學之角度而言，乃造字之法則；從訓詁學之
角度而言，則爲用字之法則，二者皆以聲韻學中「聲義同源」爲之樞機。故
假借者所以濟其窮，而轉注者所以廣其用；轉注滙其歸，假借則溯其原，如
此則文字之本義、引申義、假借義、訓詁義各有其分際，而聲韻爲其間鉤貫
互明之機轉，此理之易明者。

然則，焦循本許愼六書中之轉注、假借以爲說《易》之資據，實爲其《易》

學體例之特殊設計，故常淆亂其間義界之分際，而未能引導學者進而探求卦爻辭之本義；甚者，爲護持其二五變通與比例相值之體系，有時又置轉注、假借之說於不顧。如《易通釋》卷十二「王用亨於西山　王用亨於岐山」條，焦循訓釋之曰：

> 〈隨・上六〉「王用亨於西山」，〈升・六四〉「王用亨於岐山」。兩卦比例，〈蠱〉二之五後上之〈隨〉三，與〈升〉二之五而後〈无妄〉上之三同。……〈蠱〉二不之五，而上之〈隨〉三則成〈升〉，不能亨於西山矣！〈升〉旁通於〈无妄〉，此〈升〉成〈蹇〉之山，異於〈蠱〉成〈漸〉之山，故爲岐山。

此條，以亨爲「元亨利貞」之「亨」；以爲〈蠱〉、〈隨〉二五先行，而後三上應之，乃爲亨；反之，三上先行爲失道，故不能「亨於西山」；〈升〉、〈无妄〉之剛柔交易，亦復如是。此執於其《易》學體系而強爲之解者，雖於理亦有據，而實則昧於文字之假借。蓋「亨」、「享」其義互爲假借，訓詁以明之，則「王用亨於西山」即「王用享於西山」，意謂王舉行祭祀山川之儀式，朱熹《易本義》言之甚明，則朱說勝於焦循。故焦循雖精通訓詁，然其弊，往往受其一貫之《易》學牽制，而未能見《易》義之本來面目。

焦循運用乾嘉樸學中，最具代表意義之小學，以構築其《易》學體系，故不時有意通假以爲假借之實憑，以印證其主觀之推理假設；甚有以爲聖人已先我心之所同然，不免強辭奪理，徒見其「別有用意」。故其以數理之比例，以爲《易》辭之比例，又以《易》辭之比例，證以轉注相通之義、假借引申之理，而本此比例、引申說以求通《周易》經傳卦爻象與卦爻辭之聯鎖，專爲其《易》學而設，實無關乎六書中假借、轉注之義界。

從《易通釋》各卷之詮解資料中，可以看出焦循以轉注爲比例，以假借爲引申之說，皆爲理解《周易》經傳而精心設計之系統，故可以謂之爲「符號論」；此種「符號論」，實基本於其數理《易》學之創獲；因之「算法之甲乙丙丁皆是借用，而《易》辭有借用，亦有實指。……不拘一例，隨在以爲引申，故靈妙不可臆度也」，〔註36〕如此則轉注、假借之爲比例、引申，純爲焦循《易》學之工具，本無當於六書中之意義，其歧誤與比附，皆源此義界之不清，以致時有鑿枘不合，矛盾相攻之疑義。

〔註36〕文詳《易話》卷上〈學易叢言〉之十四則。

二、引申太過

焦循以數理之比例解《易》，又將卦爻辭之關係，視爲此比例之邏輯聯繫關係，此爲類推之原理；但實存有其理論之盲點，因爲比例說不符合《周易》經傳之歷史發展原貌，而且亦不能解釋一切有關之卦爻辭，其不能自圓其說者，隨在而見，故不免於牽強傅會。《易圖略》卷五〈比例圖〉，焦循歸納《易》辭之比例，其引申者，條而別之，凡十二類；其中與轉注、假借有關者，如「即卦名爲引申、以卦象爲引申、以同辭爲引申、以同辭而稍異者爲引申、以一字之同爲引申、以一字之訓詁爲引申、以同聲之假借爲引申」，而以爲神妙無方，皆夫子自道。

《易通釋》卷十各條，皆以同聲而爲之假借之實例；然其中引申太過，以牽合《易》義者，不勝枚舉。如「顙　仇　九」條云：

> 九借於顙，則義取乎高；九借爲仇，則義又取於敵，謂兩卦之三爻皆剛，爲仇敵也。獨三爻之敵稱「九」者，九猶究也。（《說文》：「九，象其屈曲究盡之形。」）六爻始於二五，終於三上，故以三之敵爲究。究，窮也，九爲三六之合數，上之數六，上之三而爲敵，此又借仇爲九之義也。

《易》之取義於「顙、仇」者，即〈中孚〉「得敵」之謂。故焦循乃以其《易》例通之，以爲〈鼎〉與〈屯〉通，兩三爻不相敵；〈鼎〉上之〈屯〉三則相敵而爲仇。惟二之五，先有實，而後上之〈屯〉三爲「我仇」；四不之初有疾，如是則吉。若〈夬〉與〈剝〉兩三爻亦不敵，乃〈剝〉上先之三爲顙；然後〈夬〉之〈剝〉五，則是「壯於顙」，如是則凶。兩卦互明，而「我仇有疾」之「仇」，與「躋於九陵」之「九」，乃相鉤貫。此全以《易》例爲說，而援假借同聲之訓詁引申以爲之比例，實爲過甚其辭，強辭以就理，則其弊，可謂寬泛而過猶不及。凡此之類，皆焦循一貫之體例所限，而不覺落入封閉之窠臼，狹隘之胡同。

焦循假借、轉注引申太過之弊，孫劍秋〈焦循「假借說易」方式之商榷〉一文，〔註 37〕遂從三方面以處理並解決焦循理論與實際之困境，其一反求原文經義，其二旁徵古籍異文，其三運用考證資料，甚具時代之意義與學術之眼光，如此則焦循假借說《易》之體系，至少可以還而釐清《周易》原始卦

〔註37〕收入《陳伯元先生六秩壽慶論文集》，臺北：文史哲出版社初版印行，1994年3月，頁1～16。

爻辭之初義。試舉其論證，以相參詳。

（一）《易通釋》卷十「狗　拘」條

〈說卦傳〉前云：「〈艮〉爲狗」，後於〈艮〉又云「爲狗」。虞仲翔云：「指屈伸制物，故爲拘。拘舊作狗。」上已爲狗字之誤，經文不言狗而言拘。〈隨‧上六〉「拘係之」，謂〈蠱〉成〈寒〉，下〈艮〉，〈艮〉爲拘是也。其〈艮〉爲狗者，狗即拘也；拘之義爲止，狗叩氣以守，亦取於止。經無狗，而傳言狗者，明經文假借之例。與牛豕羊並言，則爲狗；不可云狗係之，則爲拘。拘之爲狗，猶祥之爲羊也。

案：孫劍秋文考之，云：「其一，《周易》經文無狗字，有拘字，焦循將〈說卦傳〉和虞翻的解釋當作證據，是忽略了經文、傳文、漢魏《易》家的時代差異性，以及文明的演化。其二，郭沫若考訂《周易》時代的社會生活發現，當時的農業並不發達。……郭氏認爲《周易》時代還處於漁獵畜牧鼎盛，而農業正待萌芽的階段。而狗之所以有『叩氣以守』、『取於止』必當是農業形成，居有定所，養狗看家，而引申有守、止的意思。（郭氏的考訂，見於《中國古代社會研究》）」以上說明，配合郭氏之考證，有其社會文明史發展之合理考量，則焦循之引申爲說，轉爲無稽。而祥羊之說，詳見《通釋》卷十「祥　詳　羊　翔」條；孫劍秋文亦考之，而以爲經傳文字之相互假借，乃焦循旁通升降說能否貫通之重要憑藉。故旁通而當位則用祥字，失道而不當位則用羊字，是按爻辭之義以爲假借之用，故考之云：「其一，《易經》經文中，羊字凡五見。……皆爲動物名，不可借爲吉祥之祥。其二，引文中認爲，用羊字而不用祥字，是由於卦爻不當位的緣故。則〈旅‧上九〉『喪牛于易』，與『喪羊于易』句式相同，理應解法相同。而焦循並未對『喪牛于易』的牛字，作一妥善的假借。其三，羊的正確解釋，便是動物名，無需另有當位則祥，不當位則羊的另一層轉折。」實事求是，佐以後世考證之說，則焦循「別有用意」之《易》學體系，其工具性之意義，詮釋之別開生面，雖可以賦予一定之評價，固難免其泛濫太過之病。

（二）《易通釋》卷十三「箕子之明夷　其子和之　得妾以其子」

王弼注〈明夷‧六五〉云：「最近於晦，與難爲比，險莫如茲，而在斯中。」所謂「茲」者，正以子爲茲，「而在斯中」四字，即解說此

義。蓋陰用趙賓「荄滋」之說，〔註38〕而但以子爲茲，以箕爲其，讀爲「其茲之明夷」也。……顧王弼於「帝乙、高宗」皆顯述之，而注中不言「箕子」，僅曰「茲斯」。弼之說即用賓之說，而小變之，又何惑乎？

案：焦循《周易補疏・自序》於此固嘗言之：「歲壬申，余撰《易學三書》漸有成；夏月，啓書塾北窗，與一二友人看竹中紅薇白菊，因言及趙賓解箕子爲荄茲。或訕其說曰『非王弼輩所能知也』，余笑而不答。或曰『何也』？余乃取王弼注指之曰：『弼之解箕子，正用趙賓說，孔穎達不能申明之也。』眾唯唯退。」雖原本有據，猶有所偏。故孫劍秋文乃考之云：「其一，箕子解爲荄茲，最早是趙賓所提出的。……焦循只顧著曲護己說，連歷史事實也置而不論了。其二，王弼注：『險莫如茲，而在斯中。』意思應爲『沒有比處在這樣惡劣環境中，還危險的』。王弼所謂的『茲』，並無『滋生』、『滋惡』的意思。其三，王弼注未明言箕子，並不一定就認爲無箕子其人。相反的王弼注經是承襲費氏《易》的系統，他們的方法是以十翼解經的。而〈明夷〉的彖辭，便明顯指出了箕子其人：『內文明而外柔順，以蒙大難，文王以之。……內難而能正其志，箕子以之。』句中以文王和箕子對比，可見箕子應爲人名。」以上考釋，足可爲焦循假借說《易》之補正，有其一定之觀照意義。

焦循假借說《易》，其附會引申太過者，確爲事實；然其《易》學之理論與體系，亦有其突破、創新之意義在。其解《易》之方式，條理始終，引證旁博，以六書之轉注、假借比例而引申之，雖則義界不清，亦泛濫太過，然其治學之謹嚴，見諸於文字、聲韻、訓詁之靈活運用，又能結合其《易》學與數理之造詣，以建構爲專家之學，故「其旨遠，其辭文，其言曲而中，其事肆而隱」。〔註39〕若純以附會穿鑿視之，則又未免矯枉過正，有失公道。

〔註38〕趙賓之說，焦循引《漢書・儒林傳》稱蜀人趙賓好小數書，後爲《易師》、《易文》，以爲「箕子明夷」，陰陽氣亡箕子。箕子者，萬物方荄茲也。焦循以爲其持論巧慧，《易》家不能難。並見《周易補疏》卷二、《易通釋》卷十三「箕子之明夷」條。

〔註39〕語見〈繫辭傳〉。《易章句》卷八〈繫辭下傳〉曰：「皆指《易》辭也。遠、中、肆，辭之所以明道也。文曲隱，不直言，而引申比例於辭中也。鳴鶴、枯楊，可謂文矣，不知其旨在明變通之義，非言鶴之鳴，楊之枯也。故遠本明變通之義，而假借以文之，可謂曲矣。不知按而求之，道貫於一，故申吉凶悔吝，直以陳之，可謂肆矣。乃辭則晦爲他說，令觀者尋玩乃得，故隱。文王、周公所繫之辭數語最明；是以不事王侯，似稱高逸；匪躬之故，若表貞臣；帝

小結與小評

一、焦循以轉注爲比例、以假借爲引申之說，乃相輔相成，互爲補充之義例，足以證成其假借《易》學之理論，而於《周易》經文、傳文之理解，允爲不可或缺之途徑與方法。故擬之於數理之「比例」，不惟明卦畫之所之，亦所以明《易》辭之所之也。〔註40〕因之，無論其爲轉注之比例說，抑或假借之引申說，皆歸結爲如何看待卦爻辭、如何詮釋卦爻辭之問題。故焦循以爲《易》辭各自成文理，而其實各指其所之，故可以辭指其畫之所之，則《易》辭一如解算術者之用甲乙丙丁等符號；〔註41〕如此卦爻辭可視爲剛柔爻象變易之符號，則《周易》全經脈絡一氣貫通，而象與辭之間邏輯之聯鎖，義理之鉤貫，如示諸掌。故焦循之假借《易》學，通過其比例、引申之推衍類比，一部《周易》六十四卦三百八十四爻，遂成爲一部「趨吉避凶」之數理哲學，其道德之義涵，亦寄託於是。

二、焦循以經傳之卦爻辭以爲指示卦爻象剛柔交易之符號系統，於《易》學史之發展意義上，有其重要之指標作用，具有普遍之理則，可謂別開生面，獨樹一幟。故焦循以其數理之高深造詣，援數理入其《易》學體系之架構中，並假借以爲考察象與辭之間關係之捷徑利途，則《周易》實成爲一形式化、符號化、邏輯化之抽象組合；若本此形式邏輯之思維方式以解《易》，其得者在於確定《周易》象辭之間推理類比之形式關係，然其實質內容之意義反倒容易略而不論，此又其失、其弊。而其結果，可能導致模糊或否定《易傳》中有關之概念與命題之哲學意義，此又焦循《雕菰樓易學》得之東隅，失之桑榆之偏差。〔註42〕故朱伯崑先生《易學哲學史》乃以爲「漢學家輕視《易》

乙歸妹，寄託於成湯之嫁女；箕子明夷，假迹於父師之陳疇。甚至見豕負塗，載鬼一車，且爲悠渺不可知之言；若望文生意，則文士之摘華，匪經生之述業矣！」

〔註40〕焦循《雕菰集》卷十三〉〈與朱椒堂兵部書〉云：「非明九數之齊同、比例，不足以知卦畫之行；非明六書之假借、轉注，不足以知象辭、爻辭、十翼之義。不明卦畫之行，不明象辭、爻辭、十翼之義，不足以知伏羲、文王、周公、孔子之道；不知伏羲、文王、周公、孔子之道，不足以知格、致、誠、正、修、齊、治、平之學。」

〔註41〕《焦氏遺書》末裔榮《易學三書‧跋》云：「學《易》者於所繫之辭，求其比例、引申，則知六十四卦三百八十四爻所之之吉凶得失；徒執所繫之辭，牽合義理，皆景響也；且枝枝葉葉，何得一以貫之？」

〔註42〕朱伯崑《易學哲學史》第四卷第九章〈道學的終結和漢易的復興〉，其最末一段「焦循《易學三書》」言此義甚詳，學者參照之，則焦循《雕菰樓易學》之

學中哲學問題的學風，至焦循，可謂發展到高峰。就此而言，焦氏《易》學又標誌著古代《易》學哲學的終結。」〔註43〕如此，則焦循《雕菰樓易學》可以說爲中國傳統思維方式中辯證思維與形式邏輯思維相融會之結晶，殆無疑義。

　　三、焦循《雕菰樓易學》中，所謂「數理」，所謂「假借」，皆視爲其求通《易》辭、象、理之符號系統，故其《易話》卷下〈周易用假借論〉一文說云：「近者，學《易》十許年，悟得比例、引申之妙。乃知彼此相借全爲《易》辭而設，假此以就彼處之辭，亦假彼以就此處之辭。……《易》辭之假借也，似俳也，而妙也；似鑿也，而神也。」顯然，焦循以爲六書中之轉注、假借，莫著於《易》；蓋《周易》一書，經文、傳文自相訓釋，其端倪尚可考見，自不難以三隅反。然則，假借若成爲純粹表音之符號運用，而牽合《易》例，如此《易》義亦將汨沒，而難彰明。

　　得失，庶幾得之。
〔註43〕語見《易學哲學史》第四卷，頁 407。

第七章　焦循「道德」《易》學述評

　　焦循《雕菰樓易學》，以九數之比例、齊同與六書之轉注、假借原理，類推其義，發揮其用，儼然成為其解開《周易》象、數、辭、理奧秘之二大利器；復以其所悟得之「旁通、相錯、時行」三根本原則中，鈎貫發明《周易》經傳之參伍錯綜。其《易》學之系統由此顯豁，亦由此而開展出一貫之道德哲學，前論各章，可謂其具體而微者。

　　要之，焦循治《易》，雖有其卓越之詮釋學與嚴密之方法論，唯其最終之歸趣，不僅為求通《周易》之辭而設，尤為建立其道德哲學之理想而設。故焦循由《周易》經傳中，一方面洞察出具體世界之生成變易，一方面又發揮其解析價值世界之旁通時行；從自然哲學之基礎上，建設其道德哲學之完美系統。﹝註1﹞因此，由《雕菰樓易學》之體系脈絡中，可以見出孔門內在義理之真面目，以及中國道德哲學一貫超越之真面目。就此層意義而言，焦循《易》學之造詣與成就，無疑為乾嘉樸學鼎盛之際，繼戴震之後之第一人，在《易》學哲學史之發展中，有其不可磨滅之時代地位與學術價值。﹝註2﹞因此，本章

﹝註1﹞　牟宗三先生《周易的自然哲學與道德函義》，頁265～267，就曾發揮此義，而言曰：「胡煦、焦循是中國最有系統、最清楚、最透闢的兩位思想家。……然而他二人的思想卻偏都從研究《周易》中引出。胡煦是從《周易》方面研究自然哲學，解析具體世界；焦循是從《周易》方面發揮道德哲學，解析價值世界。一個是『是』的世界；一個是『宜』的世界。然而焦循之講『宜』的世界卻未始不以『是』的世界為基礎。他的道德哲學之中心點是『旁通時行』四字，而此四字也即是由於具體世界的『生成變易』四字而昭示出。這即是吾歷來所謂道德上的『自然主義』及自然上的『意謂世界』是。焦循集這兩方面的大成。」
﹝註2﹞　焦循哲學思想，源出於戴震。王永祥先生《焦學三種・中・里堂思想與戴東

之論述，可視爲焦循《雕菰樓易學》之總匯歸，亦爲其理想價值世界之大體現。

第一節　道統一貫說

　　道統之說，夐然遠矣！《尚書・大禹謨》「人心惟危，道心惟微；惟精惟一，允執厥中」之語，尊爲聖學「十六字心傳」，由來已久，良有以也。《論語》、《孟子》歷來爲儒門道統之所寄，孔子、孟子爲道統薪傳之偉大聖哲，皆非一朝一夕之故，有其文化發展歷程中應然與實然之具體意義。故《中庸》第三十章，乃言之曰：

> 仲尼祖述堯舜，憲章文武；上律天時，下襲水土。辟如天地之無不持載，無不覆幬；辟如四時之錯行，如日月之代明。萬物並育而不相害，道並行而不相悖。小德川流，大德敦化，此天地之所以爲大也。〔註3〕

　　此章贊孔子之德與天地之道同，蓋皆本於聖王相傳之道德。故「君子之道，本諸身，徵諸庶民，考諸三王而不繆，建諸天地而不悖，質諸鬼神而無疑，百世以俟聖人而不惑」者也（《中庸・二十九章》），此則道之無所不包，無所不通，其絕對之普遍性，允爲君子生命之體現理型，亦爲呈顯生命價值

　　原》言之甚詳，不待續辨。故觀焦循著述，如《論語通釋》、《論語補疏》、《孟子正義》、《雕菰集》等，可以考見其脈絡。蓋焦循讀戴震之書，最心服其《孟子字義疏證》：以爲其生平所得，尤在此一書中，所以發明理道情性之訓，分析聖賢老釋之界，至精極妙。（詳見《雕菰集》卷十三〈寄朱休承學士書〉、卷十二〈國史儒林文苑傳儀〉）。卷七有〈申戴〉一篇，卷六〈讀書三十二贊・孟子字義疏證〉贊云：「性道之譚，如風如影；先生明之，如昏得朗；先生疏之，如示諸掌。人性相近，其善不爽；惟物則殊，知識固罔。仁義中和，此來彼往；各持一理，道乃不廣；以理殺人，與聖學兩。」

〔註3〕　〈乾九五・文言傳〉曰：「夫大人者，與天地合其德，與日月合其明，與四時合其序，與鬼神合其吉凶。先天而天弗違，後天而奉天時；天且弗違，而況於人乎？況於鬼神乎？」黃師慶萱教授《周易讀本》，頁37，以爲「這又是中國人自客體現象中吸取主體道德教訓的例證之一，與《中庸・三十章》觀念是一致的」，可謂洞觀之見。而牟宗三先生《心體與性體》一書中（第一冊，頁220），尤能抉發其精義，文曰：「乃是以德行而開出價值之明，開出了真實生命之光。在這裏也有智，但這智是德性生命的瑩澈與朗照：它接於天，即契合了天的高明；它接於地，即契合了地的深厚；它接於日月，即契合了日月之明；它接於鬼神，即契合了鬼神的吉凶。在德性生命之朗潤（仁）與朗照（智）中，生死晝夜通而爲一，內外物我一體咸寧。」

與尊嚴之至上法式。焦循《易學三書》、《孟子正義》、《論語通釋》、《論語補疏》等重要著作，皆所以明此道統一貫之義；其道德哲學之承啓有自，發揮無復餘蘊，可謂深明乎孔孟仁義之旨；而護持儒家忠恕一貫之道，又能見微知著、闡幽顯微，遂與其《雕菰樓易學》相絜和，體大而思精，高明而中庸，亦云止於至善，達於妙諦。

一、一以貫之解

「一貫」之語，首見於《論語・里仁第四・十五章》：「子曰：『參乎！吾道一以貫之。』曾子曰：『唯！』子出，門人問曰：『何謂也？』曾子曰：『夫子之道，忠恕而已矣！』」此一貫爲「忠恕」之道，由宗聖曾子會心而得之，可謂知言而達志。焦循因之而言曰：

> 自周秦漢魏以來，未有不師孔子之人。雖農工商賈、廝養隸卒，未有不讀《論語》者；然而好惡毀譽之私，不獨農工商賈、廝養隸卒有之，而士大夫爲尤甚！夫讀孔子書而從事於《論語》，自少且至於老，而好惡毀譽之私不能免；則《論語》雖讀，而其指實未嘗得。讀《論語》而未得其指，則孔子之道不著；孔子之道所以不著者，未嘗以孔子之言參孔子之言也。余嘗善東原戴氏作《孟子字義考證》，於理道、性情、天命之名，揭而明之若天日，惜其於孔子一貫忠恕之說，未及闡發。數十年來，每以孔子之言參孔子之言；且私淑孔子而得其指者，莫如孟子。復以孟子之言參之，既佐以《易》、《詩》、《春秋》、《禮記》之書，或旁及荀卿、董仲舒、揚雄、班固之說，而知聖人之道惟在仁恕。仁恕則爲聖人，不仁不恕則爲異端小道；所以格物、致知、正心、誠意、修身、齊家、治國、平天下，無不以此。故其道大，其事易，自小其道而從事於難，是己而非人，執一而廢百，詎孔子一貫之道哉？〔註4〕

焦循撰《論語通釋》，因首發其義，而作「釋一貫忠恕」凡五條；復條理而推其說，作〈一以貫之解〉一文，錄於《雕菰集》卷九中。如此，而一貫之所以爲忠恕，忠恕所以能體道之全，而遠於執一異端者，乃可知矣。〔註5〕

〔註4〕 詳見木犀軒刻《論語通釋・自序》，亦收見《雕菰樓集》卷十六。
〔註5〕 《論語補疏》「予一以貫之」句，焦循疏解甚詳，可與此並參，而歸結其旨曰：「執兩端而一貫者，聖人也；執一端而立異者，異端也。」

爰據《論語通釋》本文，參以〈一以貫之解〉，相互考稽，以明道統一貫之內蘊，以見焦循道德哲學之本原。

（一）一貫忠恕之道，所以成己以及成物。

《論語通釋》首則〈一貫忠恕〉，即闡釋一貫忠恕所以成己成物之義，並歷敘聖道之大，爲孔門師生相傳之所本。其文曰：

> 孔子以一貫授曾子，曾子云「忠恕而已矣」；然則「一貫」者，「忠恕」也。忠恕者何？成己以及物也。孔子曰：「舜其大智也與！舜好問而好察邇言，隱惡而揚善，執其兩端，用其中於民。」孟子曰：「大舜有大焉！善與人同，舍己從人；樂取於人以爲善，舜於天下之善，無不從之。」是眞一以貫之，以一心而容萬善，此所以爲大也。
>
> 孔子告顏子曰：「克己復禮爲仁。」惟克己斯能舍己，故告顏子以仁，告子貢以恕，告曾子以一貫，其義一也。惟自據其所學，不復知有人之善，故不獨邇言之不察；雖明知其善，而必相持而不相下，荀子所謂「持之有故，言之成理。」凡後世九流二氏之說，漢魏南北經師門戶之爭，宋元明朱陸陽明之學，近時考據家漢學、宋學之辨，其始皆緣於不恕，不能克己舍己，善與人同，終遂自小其道，而近於異端。使明於聖人一貫之指，何以至此？〔註6〕
>
> 故有聖人所不知，而人知之；聖人所不能，而人能之。顏子以能問於不能，以多問於寡，得一善則拳拳服膺，即大舜之舍己從人，而孔子之一貫忠恕也。孔子焉不學，而無常師，忠恕而已矣！一貫之指，曾子明之，子貢識之，而孟子詳之。

大舜之舍己從人、善與人同，孔子之一貫忠恕，顏子之克己復禮、拳拳服膺，其義一致，其道一貫。故曾子能明之，子貢能識之，而孟子能詳之。此焦循《論語補疏》詮釋「異端」乃言之曰：

> 聖者，通也，通之言貫也。舜好問察言，執兩用中，即舜之舍己從人，與人爲善；孔子歎爲大智，孟子以爲大舜有大焉。善與人同，能通天下之志，則與人同而其道大；執一以立異，其小可知，故小

〔註6〕　《雕菰集》卷九〈一以貫之解〉，又補其義曰：「今夫學術異端則害道，政事異端則害治，意見異端則害天下國家。孟子曰：『物之不齊，物之情也。』雖其不齊，則不得以己之性情，例諸天下之性情；即不得執己之所習、所學、所知、所能，例諸天下之所習、所學、所知、所能。」

道為異端也。……凡異己者，古通稱為異端，無論學問行事，必持
己而扞格於人，此異端自小之道也。〔註7〕

焦循又以為君子和而不同，不可強人以同於己，亦不可強己以同於人，
有所同必有所不同，此同而實異，故君子不同。天與火〈同人〉，傳乃云「唯
君子為能通天下之志」，「君子以類族辨物」，故辨物則非一物，通天下之志
則不一志；不一志而通之，不一物而辨之，如是乃為〈同人〉，斯為君子所
以不同，惟不同而後能善與人同。同之義為通，則通天下之志，即同天下之
志。〔註8〕故聖之為言通，通之為言貫；同之為言通，亦即同之為言貫，則
聖人以通得名，即以一貫之義，以同天下之志。《論語通釋・釋聖》五則之
二，乃推此義曰：

> 舜之好問察言，執兩用中；即舜之舍己從人，與人為善。孔子歎為
> 大智，智崇屬〈乾〉，大即元也；孟子稱孔子云「始條理者，智之事
> 也」，始亦元也。舜之大智，文王之純亦不已，孔子之始條理，皆合
> 乎〈乾〉之元，則為一貫，為聖人。

大哉！〈乾〉元。「元者，善之長也，故君子體仁足以長人」，此心之所
同然者，即為義理之所貫；故非智無以得其所同，仁且智則既聖矣，此聖人
所以能通天下之志，類萬物之情，窮理盡性以至於命。故合智仁而為聖，則
聖為至聖；合聖仁以為智，則智為大智，孔子尊聖於仁，而孟子尊智於聖，
其義互相發明，此聖道之要，而一貫之整全，故聖人之一以貫之，即聖人之
所以合天。〔註9〕凡此，皆焦循深造自得之洞見。

（二）一貫忠恕之道，以盡性為其致一之極功。

一貫忠恕之道，既由孔子開示於先，而曾子傳示於《大學》，子思子傳示
於《中庸》，孟子傳示於《孟子》，四書俱全，聖道一致，故《論語通釋》復
闡此義云：

> 《大學》言治國平天下，而原之以格物；《中庸》言贊化育與天地參，
> 而原之以盡性；《孟子》曰：「舜明於庶物，察於人倫，由仁義行，

〔註7〕 可與《論語通釋・釋異端》凡八條，並《雕菰集》卷九〈攻乎異端解〉上、
下，互明其義。

〔註8〕 義並詳《論語通釋・釋異端》之三、《易通釋》卷十八「同人、上下交而其志
同……」條。

〔註9〕 義並詳《論語通釋》〈釋聖〉凡五條、〈釋大〉凡二條，聖人一貫之道，大而
化之，確有深義。

非行仁義也。」明庶物即物格知致也。又曰:「盡其心者,知其性也;知其性,則知天矣!」是即盡性之謂也。格物盡性,正行恕之功。……〈繫辭傳〉云:「天下何思何慮,天下同歸而殊途,一致而百慮。」何晏解一貫,引此文而倒之,以爲「殊途而同歸,百慮而一致,知其元,則眾善舉矣」。韓伯康注《易》云:「少則得,多則惑;塗雖殊,其歸則同;思雖百,其致不二。苟識其要,不在博求,一以貫之,不慮而盡矣。」與何晏說同。《莊子》引記曰:「通於一而萬事畢。」此弼、晏所出也。〔註10〕

夫「通於一而萬事畢」,是執一之謂也,非一以貫之也。人執其所學,而強己以從之,己不欲;則己執其所學,而強人之從之,人豈欲哉?知己有所欲,人亦各有所欲;己有所能,人亦各有所能,盡天下之性,則範圍天地,曲成萬物。聖人因材而教育之,因能而器使之,而天下之人各得聖人之一體,共包函於化育之中;致中和,天地位焉,萬物育焉,此一貫之極功也。

聖人盡其性以盡人、盡物之性,此《大學》、《中庸》言之甚詳,故物格而後能盡性,自明誠也。格物者,行恕之功;盡性者,一貫之效;《大學》謂之「絜矩」,《孟子》謂之「集義」,則其功在「克己復禮」,其道在「善與人同」。故焦循乃以爲「由一己之性情,推極萬物之性情,而各極其用,此一貫之道,非老氏抱一之道也」,〔註11〕貫則不執,執則不貫,執一則其道窮。一以貫之,則能「通神明之德,類萬物之情」,而遂同天下之志。〔註12〕

〔註10〕 《雕菰集》卷九〈一以貫之解〉作「此何晏、韓康所出也」,蓋《易傳》爲韓康伯本王弼注而作者。

〔註11〕 文詳《論語通釋》,〈釋一貫忠恕〉之四。

〔註12〕 〈一以貫之解〉乃《易》義申之,而互明之曰:「〈同人〉于野,利君子貞,一以貫之之謂也;〈否〉之匪人,不利君子貞,執一之謂也。……孔子又謂子貢曰:『女以予爲多學而識之者與?』曰:『然!非與?』曰:『非也。吾一以貫之!』聖人惡夫不知而作者,曰:『多聞,擇其善者而從;多見,而識之;知之,次也。』次者,次乎一以貫之者也。多學而後多聞多見,多聞多見,則不至守一先生之言。執一而不博,然多仍在己,未嘗通於人;未通於人,僅爲知之次,而不可爲大知。必如舜之舍己從人,而知乃大;不多學則蔽於一曲,雖兼陳萬物,而縣衡無其具。乃博學則不能皆精,吾學焉,而人精焉;舍己以從人,於是集千萬人之知,以成吾一人之知,此一以貫之,所以視多學而識者爲大也。……多學而識,成己也;一以貫之,成己以及物也,僅多學而未一貫,得其半,未得其全,故非之。……多識於己,而又思以通之於

（三）一貫忠恕之道，所以窮理盡性，以至於命。

孔子貴仁之旨，忠恕一貫；仁且智，乃爲聖人。而智本於知，知本於學，故《大學》之道，在「明明德，在親民，在止於至善」，所以「格致誠正，修齊治平」者，聖人一貫之學。〔註13〕學而體道，則「各正性命，保合太和」，此天地之位育，下學而上達。《論語通釋》終其義曰：

> 一陰一陽之謂道，分於道謂之命，形於一之謂性。分道之一，以成一人之性；合萬物之性，以爲一貫之道。一陰一陽，道之所以不已，《詩》云：「維天之命，於穆不已。於乎不顯，文王之德之純。」純之義爲大、爲全，又爲一；文王之純，即孔子之所爲貫。
>
> 伯夷之清，伊尹之任，柳下惠之和，三子不同，道其趨一也。清、任、和，其性也；不同道，即分於道也，其趨一則性不同，而善同矣！孔子聖之時，則合其不一之性，而貫於一；三子者分於道，孔子純於道。分於道者，各正性命也；純於道者，窮理盡性以至於命也。孟子學孔子，而性善之指，正所以發明一貫之指耳。

《雕菰集》卷九有〈知命解〉上、下二篇，以爲仁義禮智，天道之命；而君子者，長人者，能造命則體仁。於是，天下之命，由聖人而造，體仁則足以長人，故〈繫辭上傳〉曰：「樂天知命，故不憂。」樂天者，保天下；保天下則溺由己溺，飢由己飢，「各正性命，保合太和」；故如是爲「樂天」，即如是爲「知命」；惟如是則天人可以合一，聖道可以一貫。故《論語通釋·釋禮》凡五條，其第四條復闡釋之云：

> 博我以文，多學而識也；約我以禮，一以貫之也。惟多學乃知天下之性情，名物不可以一端盡之，不可以一己盡之，然後約之以禮。以禮自約，則始而克己以復禮；既而善與人同，大而化之。禮以約己，仁以及人；約己斯不執己，執己斯有以及人。仁、恕、禮三者，相爲表裏，而一貫之道視此。

此義於一貫之道甚洽，即《中庸》第二十七章所謂「故君子尊德性而道問學，致廣大而盡精微，極高明而道中庸」之意。而焦循益之以經權之「義」曰：

> 孔子曰：「君子之於天下也，無適也，無莫也，義之與比。」孟子曰：「大人者，言不必信，行不必果，惟義所在。」……義者，宜也，

> 人，此忠恕也，此一貫之學也。」

〔註13〕《論語通釋》有〈釋學〉凡五條，可明此義。

故其所在無定；義主斷，故其所在實有定。義者，常道；權者，反
常而合道。事所必當爲者，義也；不必爲而不得不爲者，權也。非
義不足以盡道之常，非權不足以盡道之變；合乎義與權，而後爲通、
爲睿、爲大智、爲聖人。

董子曰：「仁之爲言人也，義之爲言我也。」仁主及乎人，故爲愛人，
爲容人（《莊子》「德無不容，仁也」），爲以德予人（《管子》）。義主
於宜，權衡在我，所以輔仁以歸於中正，故曰：「仁者，義之本，順
之體也。」聖人惡執一，惡專己，故曰仁、曰恕、曰義、曰權，皆
所以去其固，而求其通也。〔註14〕

焦循拳拳服膺孔子「一貫忠恕」之道，所以明天下至誠盡性之義。而焦
循卓識不凡，能體道之全，亦大有功於聖道。試觀《中庸》二十五章，可謂
爲孔門一貫義理，儒家道德哲學精蘊之所在，其文曰：

誠者，自成也；而道，自道也。誠者，物之終始；不誠，無物。是
故君子誠之爲貴；誠者，非自成己而已也，所以成物也。成己，仁
也；成物，知也；性之德也，合內外之道也，故時措之宜也。

此章「仁知」並舉，而仁所以成己，知所以成物，即是《論語》子貢所
稱聖者形象仁且智之孔子。故必仁且智，成己又能成物，方爲本性圓滿之實
現，忠恕至誠之聖人最高之境界。故焦循《論語通釋》十五篇，曰〈一貫忠
恕〉、〈異端〉、〈仁〉、〈聖〉、〈大〉、〈學〉、〈多〉、〈知〉、〈能〉、〈權〉、〈義〉、
〈禮〉、〈仕〉、〈據〉、〈君子小人〉，皆能洞澈《四書》根源，抉發孔子一貫微
旨，精之又精，可謂儒家之信徒，而孔孟知音之同志。

二、孔孟道統觀

聖聖相傳一貫之道統，焦循體會領悟者，厥在《周易》、《論語》、《孟子》
三書；而其學於此，亦用思最深，用力最多，故能妙造獨得，自成一家之學，
奠定其以《雕菰樓易學》爲厚基之道德哲學系統。故嘗言之：

大抵聖人之教，質實平易，不過欲天下之人，各正性命，保合太和而
已；其義理《論理》、《孟子》闡發無餘。……《易》道但教人旁通彼
此，相與以情。己所不欲，則勿施於人；己欲立達，則立人達人，此

〔註14〕詳參《論語通釋·釋義》凡二條，節錄之以相發明。

以情求，彼亦以情與，自然保合太和，各正性命。大舜舍己從人，善
與人同，斯乃〈同人〉於野，利君子貞；孔子謂之仁，謂之恕；《大
學》以爲絜矩，此實伏羲以來，聖聖相傳之大經大法。〔註15〕

　　約其義，亦不過前所述忠恕一貫之道，故爲聖聖相傳之經法道統所在。《四
書》當如是觀之，《周易》經傳亦當如是觀之，否則聖人立教之義，體道之心，
何由得明？復何由得傳？焦循《論語何氏集解補疏‧自序》因云：

自學《易》以來，於聖人之道，稍有所窺。乃知《論語》一書，所
以發明伏羲、文王、周公之恉；蓋《易》隱言之，《論語》顯言之。
其文簡奧，惟《孟子》闡發最詳最盡。〔註16〕……以《孟子》釋《論
語》，即以《論語》釋《周易》，無不了然明白，無容別置一辭。至
《論語》一書之中，參伍錯綜，引申觸類，其互相發明之處，亦與
《易》例同。〔註17〕……凡立一言，必反復引申，不執於一，令學
者參悟自得。

　　可知，一貫之道統，必從《周易》、《論語》、《孟子》中，參伍錯綜，觸
類引申，以爲鈎貫發明之所本。而聖人通變神化之用，《周易》一書又爲其樞
紐。故孔孟之道統觀，秉承上述一貫忠恕之義，可約略分析，說之如下：

（一）法先王

　　聖王道統，爲孔孟儒家人生理想之寄託，故言必稱堯舜、禹湯、文武、
周公，觀《論語》、《孟子》二書可知「法先王」之由來有自；而《周易》一
書，爲此一貫道統之體現，故伏羲氏作八卦重爲六十四卦，而王道備，人倫
定。然則，焦循《易話》卷上〈學易叢言〉凡十八則之七，善哉有言曰：

學《易》者，必先知伏羲未作八卦之前是何世界。伏羲作八卦重爲
六十四，何以能治天下？神農、堯、舜、文王、周公、孔子，何奉

〔註15〕詳參《雕菰集》卷十三〈寄朱休承學士書〉。
〔註16〕如《論語》第云「性相近」，《孟子》則明言「性善」，謂人無有不善。《論語》
　　　　第云「知命」，《孟子》則明言「立命」，謂知命者不立巖牆之下。《論語》第
　　　　云「未可與權」，《孟子》則明言「權然後知輕重，執中無權，猶執一」，謂嫂
　　　　溺不援是豺狼。又推及「鈎金與羽」，示人以「揣本齊末」；取譬於「閉門被
　　　　髮」，示人以「易地皆然」。
〔註17〕如告子貢曰：「吾一以貫之。」未言「一貫」何謂，則又言以「一貫」告曾子，
　　　　而曾子語門人曰：「夫子之道，忠恕而已矣！」則所謂「一以貫之」者，謂「忠
　　　　恕」。推之，凡言己所不欲，勿施於人；己欲立而立人，己欲達而達人，皆一
　　　　貫之道。

　　此卦畫為萬古修己治人之道？

　　復申言之：古者，人與鳥獸相雜，無別於禽獸；伏羲以前，知有母不知有父，是有男女而無夫婦。自人道定而生育蕃，漁佃興而傷害去，人乃日益繁。而神農氏教以稼穡，示以藥品；黃帝指明經脈，詳以運氣，而民之命以延而免凶短折。〔註18〕伏羲以前未有夫婦，即無父子，曾何世界之可言？故孔子繫《易》自伏羲言之，伏羲始定人道，八卦所以旁通為偶，始有夫婦，乃有父子、君臣之道，孔子贊《易》所以極稱伏羲之功。故孟子生平之學在道性善、稱堯舜，所以述孔子；而孔子之學，意在闡述伏羲、神農、堯、舜、禹、湯、文王、周公通神化之道，又所以法先王。先王治道，修己以敬，修己以安百姓，百姓日用而不知，聖王在上無為而治，固可以各正性命，而保合太和。此聖道之全體大用，焦循乃推之，以為在孔孟法先王之一貫道統，此文化之理想，道德之極致。

（二）述六經

　　道統所存，唯在六經，而「經者，恆久之至道，不刊之鴻教也」，〔註19〕孔子乃「德侔天地，道貫古今；刪述六經，垂憲萬世」〔註20〕之後世聖人。故孔子之道，乃述伏羲、神農、黃帝、堯、舜、文王、周公之道，而載在六經，此孔子法先王之盛德至業，述而明之。

　　孟子明於六經，能述孔子之道，即能知伏羲以來聖人所傳述之道，故深悉楊墨之非。然則，欲知言之邪正是非者，必求諸六經乃可。孟子言必稱堯舜，以堯舜治天下之法，為萬世所不能易，故以為堯舜之道，乃通變神化之道；然則，反經為權，權即通變神化，故反經者實即堯舜通變神化之道。孔孟二聖皆能闡而明之，詳而言之，則法於先王，道存六經。焦循明乎此孔孟一貫道統之所寄，故五經皆有所贊述，所以彰明儒教，而輔翼聖道。

（三）贊《周易》

　　焦循為《孟子正義》三十卷，以為孟子之書全是發明《周易》變通之意，故孟子道性善、稱堯舜，實發明羲、文、周、孔之學，其言通於《易》，而與《論語》、《中庸》、《大學》相表裏，未可以空悟之言臆之。〔註21〕孔孟二聖

〔註18〕《易話》卷上〈學易叢言〉各則，言此義甚詳。
〔註19〕語出《文心雕龍・宗經》。
〔註20〕唐・吳道子孔子畫像贊語。
〔註21〕《孟子正義》卷三十，焦循自言為《孟子》作疏，其難有十，此其難一也。

皆深於《周易》，悉於聖人通變神化之道，故焦循爲《論語通釋》、《論語補疏》、《孟子正義》者，蓋爲贊述《易》道而相表裏。《周易》爲六經之源，亦即道統一貫之源頭活水，故文王述伏羲，孔子贊文王，志在使伏羲通德類情之故，從《周易》卦爻辭中顯出，此《易》辭全在明伏羲設卦觀象，指其所之之義。其中教人之道，文王、周公已施諸政治，孔子已質言之於《論語》，孟子則詳發於《孟子》，聖人之所同然者，皆於《易》中自具其義理。

　　焦循《易學三書》，蓋深明乎孔孟道統一貫之所繫，其旁通、相錯、時行義例，皆所以牢籠而曲成之。

第二節　十二言《易》教

　　道統一貫之旨，旣如上言，而焦循乃專取文王所繫伏羲畫卦所之之辭，立十二字爲《周易》全書綱領，指之曰：「元、亨、利、貞、吉、凶、悔、吝、厲、孚、無咎。」。故其《易圖略》卷二〈當位失道圖〉乃言之，曰：

> 昔人謂伏羲作「十言之教」，曰：「〈乾〉、〈坎〉、〈艮〉、〈震〉、〈巽〉、〈離〉、〈坤〉、〈兌〉、消、息。」余謂文王作「十二言之教」，曰：「元、亨、利、貞、吉、凶、悔、吝、厲、孚、無咎。」元亨利貞，則當位而吉；不元亨利貞，則失道而凶。失道而消，不久固厲；當位而盈，不可久亦厲；因其厲而悔則孚，孚則無咎。同一改悔，而獨歷艱難困苦，而後得有孚，則爲吝；雖吝，亦歸於無咎。明乎此十二言，而《易》可知矣！

　　「孔子作《春秋》，其教示人以懼；贊《周易》，其教示人以辨」，〔註22〕此聖人通神明之德，類萬物之情，與伏羲作《易》之心，一以貫之者。焦循於盡窺《周易》底蘊後，旣創謂文王作「十二言之教」，又以爲《易》之一書，聖人教人改過之書；〔註23〕變通者，改過之謂，即變通時行哲學之體現。故焦循「旁通、相錯、時行」三義，皆所以縮合其道德哲學而設，其《易》教之文化詮解，則改過遷善一義而已；此默契乎羲文周孔一貫之道統，以示天下後世之學《易》者，聖人括《易》之全，總其要爲忠恕二者之一貫，修己以治人，可以無大過矣！

〔註22〕語見《雕菰集》卷七〈翼錢三篇〉下篇。
〔註23〕語見《易圖略》卷三〈時行圖〉。

一、元、亨、利、貞

「生生之謂易」，〔註24〕即「一陰一陽之謂道」；《易》之一書，全以「日新」爲要，所以能反復其道。故六十四卦皆可以言「元亨利貞」，聖人以「元亨利貞」運行爲德，用中而不執一，故無爲而治；此黃帝、堯、舜承伏羲、神農之後，以通變神化，立萬世治天下之法。故《論語》凡言堯舜，皆發明之；而孟子述孔子之言，復申明其義，豈無所用心？焦循引明儒吳草廬（澄，1249～1333）之言，而辨之云：

> 吳草廬云：「堯、舜而上，道之元也；堯、舜而下，其亨；洙、泗、鄒、魯，其利；濂、洛、關、閩，其貞。分而言之，上古則羲、黃，其元；堯、舜，其亨；商湯，其利；文、武、周公，其貞。中古之統，仲尼，其元；顏、曾、其亨；子思，其利；孟子，其貞乎！近古之統，周子，其元；程、張，其亨；朱子，其利；其孰爲今日之貞乎？」蓋草廬自任爲周、程、張、朱之貞也。按：羲、農、黃帝、堯、舜、文王、周公、孔子，皆備元亨利貞四德，所以與天地合德，四時同化，詎各專一德乎？孟子學孔子聖之時，則亦豈屬於貞？余謂三代以後，漢如春，六朝、隋、唐如夏，宋人之學則秋矣！而明人則冬也，草廬乘秋氣，尚未冬耳。〔註25〕

草廬之言，雖冰雪聰明，而焦循舉一隅則以三隅反，以四德爲一貫者。故「元亨利貞」雖爲「四個道德理想底標準範疇」，〔註26〕然則貞下起元，終則有始而生生不已；聖人體道之全，固可以分殊言之，而必歸於理一。

（一）釋「元」

「十二言《易》教」之精義，皆具現於《易通釋》卷一、卷二，凡九條之中，可謂具體而微。故《易・乾・文言傳》云：「元者，善之長也；君子體仁，足以長人。」元即仁，仁即一，夫道一而已。而立人之道，曰仁與義，仁即元，義即利，仁義之爲道，即元亨利貞之爲德，此堯舜所以通變神化者。陰陽，剛柔，仁義，其義一也，故仁而義，即元而利，此剛柔之義，而一陰一陽之道。

〔註24〕「生生」一詞，方東美先生英譯作「creative creativity」（創造的創造性），深中肯綮。

〔註25〕詳見《易餘籥錄》卷十二。

〔註26〕語見牟宗三先生《周易的自然哲學與道德函義》，義詳該書，頁278～284。

　　焦循歸納《易》之言元者二十四卦，〔註 27〕而本〈乾〉、〈坤〉二卦〈象傳〉「乾元、坤元」之義，統之爲「始」義。自〈乾〉六爻，依其序推之，初三五已定；所動而行者，二四上，故依其《易》例，乃以〈乾〉二之〈坤〉五爲始。本此自設義例，而抉發其倫理思想，故《易通釋》卷一「元」條，謂之曰：

> 諸卦之生生，始於〈乾〉二之〈坤〉五，故〈乾〉元爲資始。〈坤・六五・文言傳〉云「黃中通理」，明以中字釋黃字；通者，自〈乾〉二旁通；理者，分理，謂統天也。〈乾〉二旁通分理，而美在〈坤〉五之中，以是明元，元之義明矣！
>
> 凡六十四卦之生生，皆從八卦而起，而八卦之生生，則從二五而起。
>
> 初四、三上未行，而二五先行，乃謂之元。

〈乾〉二之〈坤〉五爲元，爲《周易》生生之始；以「旁通」言之，則「萬物資始」之「乾元」，與「萬物資生」之「坤元」相交互配，乃能「品物咸亨，含弘光大」。惟含弘光大，故〈乾〉二旁通分理，而美在〈坤〉元之元，必即是〈乾〉元之元，故〈元〉即是二五之旁通，陰陽之交易，而成其美者。因此，「元」由資始、資生之始名之，乃是相對中之絕對原理，其生生必於旁通、交易之中顯見之，其道德意義乃克生成。焦循復闡繹之，云：

> 初四、三上不先二五，皆不失爲元。……八卦二五不行，而初四先行；……八卦二五不行，而三上先行；……八卦二五不行，而三上先行；……八卦二五不行，而初四、三上先行；……一轉移之間，仍不失爲元。所謂「旋」也，旋即變而通之也。〔註 28〕……事者，變而通之也。
>
> 其行本得乎元則元，而益求其元。其行或失乎元，則變通以復其元。
>
> 《易》者，聖人教人改過之書也；故每一卦必推其有過、無過，又推其能改、能變，非謂某卦變自某卦，某卦自某卦來也。自荀、虞

〔註 27〕自注曰：「〈乾〉、〈坤〉、〈屯〉、〈訟〉、〈比〉、〈履〉、〈泰〉、〈大有〉、〈隨〉、〈蠱〉、〈臨〉、〈復〉、〈无妄〉、〈大畜〉、〈離〉、〈睽〉、〈損〉、〈益〉、〈萃〉、〈升〉、〈井〉、〈革〉、〈鼎〉、〈渙〉。」

〔註 28〕〈復・初九〉「不遠復，無祗悔，元吉」，〈乾〉四先之〈坤〉初成〈小畜〉；〈復〉即能改悔，旁通於〈姤〉。惟〈姤〉四未之初，即先以二之〈復〉五，是爲不遠而復，不遠而復則元吉矣！〈履・上九〉「視履考詳，其旋元吉」，〈乾〉上之〈坤〉三成〈夬〉、〈謙〉；〈謙〉變通於〈履〉，一轉移之間，仍不失爲元。故「其旋」二字，與「不遠復」三字，互相發明。

有之卦之說，唐宋以後，遂以爲卦變，各立一例，左支右詘，愈失聖人作《易》、贊《易》之本意。〔註29〕

八卦始於〈乾〉、〈坤〉，六十四卦生於八卦。其行也，以元亨利貞；而括其要，不過「元」而已。反復探求，覺《易》道如此，《易》之元如此；蓋合全《易》而條貫之，而後知《易》之稱元者如此也。

焦循由〈乾〉二之〈坤〉五爲元，以批駁漢《易》卦變之非，而以爲一切卦象皆是旁通（當位失道）、相錯（比例）、時行（變通）之錯綜流行；由義例之錯綜流行中，而元亨利貞之復歸於元，皆健行改過而生生不息之《易》道旨趣。故焦循由《雕菰樓易學》而生發、體現之道德哲學，由「元」中之通與動二義而始，可謂一貫之論。

（二）釋「亨」

焦循重實測，由實測之歸納中，以演繹其理，而類推其法。由其綜貫《易》辭之義例中，可以見其一貫治《易》之原則。故其釋「亨」，亦歸納整理出卦辭稱亨者四十卦，爻辭稱亨者三卦；而以〈乾〉、〈坤〉統釋其義。《易通釋》卷一「亨」條，曰：

〈乾、彖傳〉云：「大哉〈乾〉元！萬物資始，乃統天。」此贊元也；「雲行雨施，品物流行；大明終始，六位時成」，此贊亨也。〈坤·傳〉云：「〈坤〉厚載物，德合無疆，含宏光大，品物咸亨。」品即等也，物之有品，即禮之有等；嘉會合禮，即觀其會通，以行其典禮。禮所以辨上下、定尊卑，〈乾〉二之〈坤〉五爲元；〈乾〉四、〈乾〉上，視元之所在，而次第會之。二五尊貴，四上卑賤，卑後尊而不踰，賤從貴而不僭，是以合禮。

〈乾〉、〈坤〉二傳（〈象傳〉、〈文言傳〉）釋「亨」之義，已極詳明；要亦不出〈繫辭傳〉所謂「聖人有以見天下之動，而觀其會通，以行其典禮，繫辭焉以斷其吉凶，是故謂之爻」之觸類而長之。故亨者，由元之美而流行會通之；蓋初四、三上會通二五而流行，即爲亨，而「禮」之概念由此出，而「時行」之變通條理亦由此而顯。〔註30〕焦循復申言之曰：

〔註29〕焦循駁辨卦變之非，詳見《易圖略》卷七〈論卦變〉上、下，並參見第一章〈焦循易學通論〉所述。

〔註30〕焦循舉〈大有〉以明其義云：「〈大有〉二之五（成〈同人〉），即〈乾〉二之〈坤〉五（亦成〈同人〉）之比例。傳云：『大中而上下應之。』大中，元也；

〈大有〉爲〈乾〉、〈坤〉之比例，亦爲〈坎〉、〈離〉之比例；〈損〉爲〈艮〉、〈兌〉之比例，亦爲〈震〉、〈巽〉之比例。故傳之贊元亨，於此二卦最詳。〔註31〕「〈習坎〉有孚維心亨」七字，字字明析。……〈坎〉言亨已明，〈離〉不必煩言，但申補之云「利貞亨」；於利貞下指出亨字，明利貞即是亨。〈兌・象傳〉稱「亨利貞」，亨而後利貞，此亨之承元者也；利貞而後亨，此亨之承利者也。

亨之承元者，成〈家人〉、〈屯〉及〈蹇〉、〈革〉；亨之承利者，成〈既濟〉、〈咸〉及〈既濟〉、〈益〉。〈乾〉之元亨，謂成〈家人〉、〈屯〉、〈蹇〉、〈革〉，與〈坎〉之亨同。……非元無以爲亨，非亨無以爲元；貞不必亨，利貞則亨；故言亨則元在其中，言利則元亨在其中。凡不言元，直言亨；不言元亨，直言利，此其例也。〔註32〕

「元亨利貞」之變通時行，乃一生生不息，反復錯綜之道，由此可知。故亨之義，必兼「元、利、貞」而言，故經文每以辭互釋之，而傳文則互贊之，焦循言之甚詳，蓋彼此互見而互明之，不特本卦自釋，而或互釋於旁通

上下應，亨也。申之云：『應乎天而時行，是以元亨。』二之五而上有〈乾〉天，四之〈比〉初爲下應，上之〈比〉三爲上應，皆應乎天。但上下不可一時齊應（以成兩〈既濟〉故也），上應成〈革〉（即〈同人〉上之〈比〉三，而〈同人〉成〈革〉也），則通於〈蒙〉；而下應於〈蒙〉之成〈觀〉（〈蒙〉二之五成〈觀〉，元也；〈革〉四之〈觀〉初，是謂下應於〈蒙〉而成〈觀〉。下應則〈革〉成〈既濟〉，〈觀〉成〈益〉；〈既濟〉、〈益〉爲當位而時行）。下應成〈家人〉（即〈同人〉四之〈比〉初，而〈同人〉成〈家人〉也），則通於〈解〉，而上應於〈解〉之成〈革〉（〈家人〉通〈解〉，〈解〉二之五成〈革〉，是謂元。〈家人〉上之〈革〉三，是謂上應於〈解〉之成〈革〉；上應則〈家人〉成〈既濟〉，〈革〉成〈咸〉，〈既（濟）〉、〈咸〉爲當位而時行），是爲時行，元亨之義，莫明於此。」括弧中之解，本牟宗三先生《周易的自然哲學與道德函義》，頁280之註釋，其解甚洽焦循《易》例；故由此可知亨之必由於元，而元之必賅於亨。而元亨即是大中而上下應，即是時行。

〔註31〕〈損〉「三簋可用亨」，傳云「三簋應有時」，焦循釋之云：「亦以應贊亨（同前註之〈大有〉），應有時則亦不一時齊應；〈損〉二之五，而〈咸〉四之初應之，此一簋也。〈益〉通〈恆〉，二之五，而〈益〉上之三應之，此又一簋也。如是爲有時，即如是爲亨。」

〔註32〕牟宗三先生以爲「這是元亨利互言之也」，其書頁280～281，乃綜其條理爲七，錄以供參：「一、亨利貞，亨而後利貞，亨之前必有元也。二、利貞亨，利貞而亨而來，明利貞即是亨。三、是「亨」承上啓下，而爲利貞之條件也。四、亨必由於元，故言亨足以賅元。五、利貞由亨來，則言利，元亨必在其中。六、但只言貞，則不必亨。故亨利貞，承元足以言亨；利貞亨，承利貞亦足以言亨。利與元，是亨的必須條件。七、故利元之亨，始爲眞亨。」

之卦，或互釋於比例之卦，凡此皆可類推。而此一義例之設計，乃焦循《雕菰樓易學》之根本公理，而藉以推演其倫理思想，進而建立其一貫之道德哲學。

（三）釋「利」

古所謂「利」，皆以及物言之，故孔子贊《易》以義釋利，而以「仁義、仁智」對舉；在天為氣化之生生，在人為生生之仁心，是二者皆兼生生條理而言之。故焦循《易話》卷上〈學易叢言〉十八則之十二，乃言之曰：

> 言有古今之不同，賴聖賢發明之。文王繫《易》，以利為重，其時所謂利，以利物言；故孔子贊明之曰：「利者，義之和也；利物足以和義。」蓋至孔子時，所謂利，共以為利己，於是以放利而行為利，故孔子罕言利，而以義為利。

元亨貞之間，必合以利，以成四德之全體大用，〈乾·彖傳〉與〈文言傳〉言之已詳；而〈繫辭傳〉尤贊之再三，蓋以「利」為「變通」之謂。故由卦爻所之之「變通以盡利」，轉而成為倫理之意涵，則利即是成己成物而各正性命，亦即是旁通情之生生條理。此中精義，焦循闡釋最詳，可謂深得孔孟義理，《易通釋》卷一「利」條，其言曰：

> 〈文言傳〉云：「利者，義之和也；利物足以和義。」……和也者，天下之達道也。仁者安仁，知者利仁；成己，仁也；成物，知也。利仁乃為知，利天下乃為成物；蓋貞僅能成己，必利而及物，然後各正性命，保合太和。由始而終，元亨貞也；不俟終舍而有始，變而通之以盡利也。……蓋變通為利，雖變通而又變通，如「敬以直內」，又「義以方外」。〈巽·九五〉「貞吉悔亡」，〈剝·六五〉「貫魚以宮人寵」是也。其一，失道又失道，而一旦能變通，如〈困〉窮至於成〈明夷〉、〈需〉；〈需〉一通〈晉〉，則「失得勿恤」。艱恤至成〈泰〉、〈既濟〉，〈泰〉一通〈否〉，則「求昏媾」是也。總之，能變通則無不利；不能變通，無論得失存亡，皆歸於不利而已矣！

「變動以利言」，故〈繫辭傳〉言《易》，窮則變，變則通，通則久」，「通其變，使民不倦；神而化之，使民宜之；惟如此，利乃可以由元亨而趨於貞，復由貞而趨於元亨。故元亨利貞四德之互為因果，各顯體用，皆有其卦爻變通時行之形式意義，與涵蘊成己成物、仁智對揚之性命價值。此《易》，於君子孚於小人為利，而君子能孚於小人，小人乃化為君子，所謂「義之和」、「以

美利利天下」。儒者於義利之辨，欲其曉義而行仁。〔註33〕

（四）釋「貞」

貞為變通時行之最終目的與理想所在，而貞者不僅為成己成物以旁通情也，就焦循道德哲學之意義而言，則是《易傳》所謂之「各正性命，保合太和」而已。《易通釋》卷一「貞」條，故論之曰：

> 貞者，正也。乃有貞吉矣，又有貞凶、貞吝、貞厲、有可貞矣，又有不可貞；經稱貞吉二十四，安貞吉二，居貞吉二，貞丈人吉、貞大人吉各一，稱貞凶九。……經之言貞，必連於利，利而貞則吉，不利而貞則凶耳。……互相比例，其義可見。

貞之吉、凶、吝、厲，皆從變通之當位時行而引出，焦循以歸納所得以為「經之言貞，必連於利」；故利而貞者，成己以及成物，時行而當位，成〈既濟〉、〈咸〉，是以貞吉；不利而貞者，終而無始，成兩〈既濟〉，是以貞凶。「貞吝、貞厲、艱貞」，皆由失道而當位，故由凶而吉；「安貞、永貞、居貞」，皆由時行而當位，此利而貞之貞吉。則變通以改過遷善，以止於至善；道由此彰顯，即終始之條理，生生不息。因復釋之，云：

> 〈无妄・九四〉「可貞無咎」，傳云「固有之也」。〈无妄〉成〈益〉，變通於〈恆〉，為德之固，乃可貞。〈坤・六三〉「含章可貞，或從王事，無成有終」，「從王事」謂從〈鼎〉，〔註34〕自我而終，即自我而止，則為成；自我而終，不自我而止，是為無成，無成有終，乃可貞也。

> 〈益・六三〉「用凶事，無咎」，傳云「固有之也」。「用凶事」，謂上之三，用征伐之事也，蓋上之三終矣。得無咎者，變通於〈恆〉，為德之固也；固有之則可貞，所謂「貞固足以幹事」。此其互相發明之有跡可尋者也。

孔子贊《易》於〈臨〉云：「大亨以正，天之道也。」於〈謙〉云：「天道虧盈而益謙，地道變盈而流謙。」於〈恆〉云：「天地之道，恆久而不已也。」道即行天道，猶云天行；故於〈乾〉云：「天行健，君子以自強不息。」於〈蠱〉

〔註33〕《雕菰集》卷九有〈君子喻於義，小人喻於利解〉一文，焦循誠深有所悟，而自得之。

〔註34〕焦循意謂〈乾〉二之〈坤〉五，初四應之，則〈乾〉成〈家人〉，〈坤〉成〈屯〉；〈屯〉通於〈鼎〉，〈鼎〉二之五，為「王事」。

云：「終則有始，天行也。」於〈剝〉云：「君子尚消息盈虛，天行也。」於〈復〉
云：「反復其道，七日來復，天行也。」是皆伏羲、神農、黃帝、堯、舜、文王
以來，正心、修身、齊家、治國、平天下之本。故唯天道為盈虛消息，聖人體
之以自強不息，故元亨利貞四德之終則有始，乃能成天下之能，盡人物之性，
而參贊天地之位育。善哉！牟宗三先生之說，是可以為貞定之論。曰：

> 以上元亨貞乃四個道德理想底標準範疇。這是終極目的。能元亨利貞
> 即能旁通，時行，而相錯，也即是保合太和而情通。是謂自我之實現，
> 亦即社會之實現，亦即「成己成物」，「各正性命」之謂。〔註35〕

　　焦循生成哲學之基礎，奠定在卦爻交易變通之「旁通、相錯、時行」《易》
例之中，其理想之道德倫理哲學因此而昭明彰顯，「元亨利貞」四德，可謂其
萃聚之精。

二、吉、凶、悔、吝

　　《易》首「元亨利貞」，為道德理想之四大標準；次則「吉凶悔吝」，為
道德理想之四種表相，乃變通以盡利之呈顯。由其錯綜會通中，而人生之失
得、善惡，可見其絜和之歸趨，此為《周易》中含藏之思想特色，亦為焦循
所極力發揮之倫理道德哲學之本質，故不得不詳明之。

（一）釋「吉、凶」

　　《易》之動，焦循以為非當位，即失道，兩者而已。當位者，先二五，
後初四、三上；失道者，不俟二五，而初四、三上先行。故元亨利貞則當位
而吉，不元亨利貞則失道而凶；惟凶可以變吉，則示人以失道變通之法；惟
吉可以變凶，則示人以當位變通之法。《易》之大旨，焦循以為不外此二者而
已，故吉凶必連言之，而不可分。《易通釋》卷二「吉、凶」條，因言之曰：

> 傳云：「吉凶者，失得之象也。元亨利則得，不元亨利則失；故元亨
> 利則吉，而貞則有吉、有凶。三百八十四爻，言凶者僅五十七，言
> 吉者一百四十四。蓋人性皆善，失可變而為得，始雖凶，一經悔吝，
> 凶仍化而為吉。《易》之為書也，聖人教人遷善改過，故吉多於凶，
> 悔吝亦吉也。是吉處其三，而凶處其一，說者以悔吝為凶，非也。

　　人性皆善，此是孔孟以來儒者之肯定；焦循以《易》義顯證之，又別有

〔註35〕見同前揭書，頁284。

〈性善解〉五篇，闡發詳盡；〔註36〕蓋人有心知之明，明而教之，則可以遷善改過，此人性之善，所以異於禽獸。因此，根本而言，無絕對之惡，惡乃動時之失，流行之假象，而善之未省察者；故失可因變通而得，凶可經悔吝而化爲吉，惡之知改，善之必然，由是可知。焦循遂復引傳文，申之云：

> 傳云：「方以類聚，物以羣分，吉凶生矣。」〔註37〕又云：「辨吉凶者，存乎辭。」又云：「聖人有以見天下之動，而觀其會通，以行其典禮，繫辭焉以斷其吉凶。」又云：「繫辭焉而命之，動在其中矣！吉凶悔吝，生乎動者也。」辭因動而繫，由動而失，亦可由動而悔。……皆以其能變通也。《易》雖言凶，必言其變通，以復於吉；惟成兩〈既濟〉，則爲終凶，爲貞凶，乃不可救藥，所謂終止則亂也。

　　吉凶、悔吝、善惡、失得之象，皆從動之變通中顯示其意義，並透過《易》辭之所之，以詮表其內涵。故觀其會通，則美自在其中，善自然生發，乃能生生不息，終則有始，反復其道；〈既濟〉終止，則亂之「終凶」、「貞凶」、「不可救藥」，乃一警策，所以示人復歸於善，可以無大過。此即是《易傳》「各正性命，保合太和」之理想，亦即是人生倫理與道德之通變神化，而宇宙之大流行。

（二）釋「悔、吝」

　　元亨利貞之當位與失道，見其吉凶之變通；而變通之善者，存乎其悔。蓋悔者，悟也，悟其過而遷於善，明其凶而化爲吉。故悔爲變通時行之方法，亦元亨利貞之關鍵，吉凶之先見者。焦循《易通釋》卷二「悔」條，因言曰：

> 《易》爻稱悔者二，有悔者四，悔亡十八，無悔七；而象辭止〈革〉一卦稱悔亡，繫辭於元亨利貞之下。傳云：「〈革〉而當，其悔乃亡。」九四發明其義云：「悔亡有孚，改命吉。」改命者，變通於〈蒙〉也。……經於〈革〉四稱悔亡，於〈乾・上九〉稱有悔，其義已可見；悔亡者，謂改悔不成兩〈既濟〉也。〈革〉悔而通於〈蒙〉，〈蹇〉則悔而通於〈睽〉，〈睽・初九〉、六五兩言悔亡；〈革〉與〈蹇〉不可貞，故貞吉由於悔亡。

〔註36〕《雕菰集》卷九〈性善解〉五篇，亦錄見《易話》卷上，其義詳參本書第四章之第二節所論，此不復贅。

〔註37〕《易話》卷上有〈類聚羣分說〉、〈說方〉上、下，並錄見《雕菰集》卷十，皆已見前論。

悔亡而有孚，則改命吉，謂旁通時行，而貞吉不成兩〈既濟〉。焦循以「比例」鈎貫於〈乾·上九〉之「有悔」、〈革·九四〉之「悔亡」，故總承其義，云：

> 總之，悔者，悔其成兩〈既濟〉。初四從二五則悔在三上，三上後二五則悔在初四；若初四、三上先二五而行，致成〈需〉、〈明夷〉，則悔在二五，悔則不成兩〈既濟〉，而元吉矣！由〈屯〉、〈家人〉、〈寋〉、〈革〉（當位律）而成兩〈既濟〉，其悔無疵；由〈需〉、〈明夷〉（失道律）而成兩〈既濟〉，雖悔而不免於吝。故傳云：「悔吝者，言乎其小疵也。」悔有吝，有不吝，由此其分矣！

明乎變通時行之義，則元亨利貞之「生而知之，安而行之」者可知；其當位而悔者，則「學而知之，利而行之」；其失道而悔者，則「困而知之，勉而行之」。故悔吝者，雖言乎其小疵，及其成功，則一也。〔註38〕可知，悔之作用乃在旁通其情，其方法厥爲變通趣時；施諸於倫理之人生，道德之世界，孔門貴仁之旨，孟子性善之說，焦循乃以爲悉可會於此，故行健之不已，教思之無窮。

然則，吝者因悔而明，亦因悔而見吉凶。故〈繫辭傳〉云：「愛惡相攻，而吉凶生；遠近相取，而悔吝生；情僞相感，而利害生。」焦循本是爲說，《易通釋》卷二「吝」條，曰：

> 悔者，有因盈而悔，有因消而悔；因消而悔者，謂之吝。吝，《說文》作「遴」，難行也；不能即合於道，由艱難困殆，而後得也。……變而通之爲利，反乎利則爲害；遠近猶言先後、緩急，《易》之謂變而通之。〈屯〉易而爲〈鼎〉，〈革〉易而爲〈蒙〉是也；既易則宜以二之五，使有實，故云情近。情宜近，謂二交五不可緩也，情近則相得；而不相得，則是二不之五，而初四、三上先行，故凶。

是因消而悔之吝，由不能元亨而來，不能元亨則爲失道；失道之悔，則雖當位亦吝。《易傳》之言吝，其義甚詳，唯輾轉旁通，乃能互相發明，故焦循復申之，云：

> 〈繫辭傳〉云：「憂悔吝者，存乎介。」介即「介疾、介於石」之介。
> 〈兌·九四〉：「商兌，未寧；介疾，有喜。」何爲介疾？〈兌〉成〈革〉，〈艮〉成〈寋〉，〈革〉四未行也；此正宜改悔之時，此悔存乎介也。
> 〈乾〉成〈小畜〉，〈坤〉成〈復〉，不相得；而〈小畜〉通於〈豫〉

〔註38〕義詳《易圖略》卷三〈時行圖〉。

成〈咸〉，爲「介於石，不終日」。〈小畜〉之通〈豫〉，猶〈復〉之通
〈姤〉，此吝存乎介也。傳又云：「悔吝者，憂虞之象也。」憂即「既
憂、勿憂」之憂，虞即「虞吉、無虞」之虞；能虞而後能悔，因憂而
乃致吝。凡云介、云或、云害、云憂虞、云遠近，皆舉經文所有以贊
明之。〔註39〕……惟明乎元亨利貞，而後明乎悔吝；悔吝者，不能元
亨利貞，而變而通之，以歸乎元亨利貞者也。能悔吝，則不致有大過，
故「〈震〉無咎者，存乎悔；悔吝者，言乎其小疵也」。

　　焦循本其旁通、時行、當位失道之原則，以解析《易》道之元亨利貞，一
氣呵成；故實現性善之價值，理想之生活，在於向上轉化提昇之變通，「變通者，
改過之謂也」。變通改過，即是日新之道，元亨利貞之終始其道；故失道之來，
歧途之生，當思悔吝之善補過，雖小疵而變通以時行，終歸於元亨利貞之善果。
如是，道德理想可以貞定，道德生命可以落實，而道德價值可以體現。

三、厲、孚、無咎

　　悔吝、厲孚，乃相生相成之兩組觀念，亦是當位失道變通之吉凶樞紐；
惟悔而吝，孚而厲，吉凶乃可知，元亨利貞乃可時行而不窮。而改過遷善，
以至於無咎者，不如此則無由克臻；故悔吝、厲孚等觀念，乃是達於無咎之
善之根本原則，而道德面相之層次，亦由此而昭彰。即用而見體，顯微可以
無間，此《易》道之精，聖門之奧。

（一）釋「厲、孚」

　　厲之見於卦辭者一，爻辭稱厲者二十六。〈夬・象〉「孚號有厲」，傳云「孚
號有厲，其危乃光也」；厲之訓危，於此可見。此焦循鉤貫經傳之見，故《易
通釋》卷二「厲」條，申其義云：

　　　　總全《易》而通之，厲與無咎相表裏。未悔吝則厲，既悔吝則無咎；
　　　　一則因滿盈而厲，滿盈而能變通，則悔終吉；一則因傷害而危，傷
　　　　害而能變通，則吝無咎。知其危而悔、而吝，由悔吝而無咎，此其
　　　　大略也。

〔註39〕　焦循舉經傳文，以明此義，而駁舊說之非，云：「說者以介爲纖小（韓伯、干
　　　　寶），以遠爲〈乾〉、近爲〈坤〉（虞翻）；或以遠爲應、近爲比（崔憬），以陽
　　　　取陰生悔、陰取陽生吝，情感偏生利、偏感情生害（虞翻），皆望文生意。求
　　　　之經文、傳文，未有能合也。」

故〈夬・象〉「孚號有厲」之厲，以失道而危；〈乾・九三〉「君子終日乾乾，夕惕若，厲無咎」之厲，以當位而危。焦循乃引〈乾・九三〉、上九之〈文言傳〉互釋之，云：

> 見幾存義，則能變通；能變通則不驕不憂，驕由於當位，憂由於失道。

咎以已變通者言，厲以未變通者言。故當位而驕，是謂盈而悔，知悔則不驕、不盈而無厲；失道而憂，是謂消而悔，知悔則不憂、不消而無咎。是知厲之必由當位來。然則，厲雖爲盈而厲；但失道之危亦可爲厲，即消而悔之咎，亦可名厲；蓋無論當位而厲，失道而厲，一經變通，則無危。故悔者，悔其厲與咎；厲與咎，則變通之當位失道。變通則孚，孚則旁通其情，能孚則信而厲亡，厲亡即不驕不憂，見幾而存其義。《易通釋》卷十九「中孚、孚、有孚、匪孚、罔孚、斯孚」條，闡繹此義，可謂精之又精，其文曰：

> 《易》六十四卦，惟〈大過〉、〈頤〉、〈小過〉、〈中孚〉專有旁通，故以〈小過〉名過，〈中孚〉名孚，過而能孚，仍歸無過矣。……孚上加一中字，明兩卦旁通，以二交五爲孚，二不交五而四上先行，仍不爲孚。……以我之不足，受彼之有餘；以我之有餘，補彼之不足；惟有孚，而元亨利貞之德乃行，故《易》重有孚。……余學《易》悟得旁通之義，測之既久，乃知傳中「旁通」二字，即經文所謂「孚」；惟兩卦相孚，而二五交，上下乃應；交而不應，不孚故也。此《易》所以以「孚」爲重也。〔註40〕

焦循以爲自伏羲作八卦，所以定人道，制嫁娶，使人各有偶，故以旁通爲有孚，孚而交，乃所以生生不息。凡卦之失道而有過者，一經轉移，則旁通相孚，孚則改過。故過雖難免於疑，能改則信，所謂補救其過者，即信其所疑。孚即是通，乃因悔而變通之；牟宗三先生因以爲悔是知，孚是行，悔孚合一即知行合一，即知即行，即行即知，根本是動，〔註41〕可謂深得焦循《易》義立言之旨。

〔註40〕《易章句》卷十二〈雜卦傳〉「〈中孚〉信也」，焦循章句與此互明，可並參之。

〔註41〕牟先生《周易的自然哲學與道德函義》，頁288，曰：「孚即是通，即因悔而變通也。悔是知，孚是行。悔而咎厲亡，即是孚而咎厲亡，未有悔而不孚，亦未有孚而不悔。悔孚合一即是知行合一。即知即行，即行即知。根本是一種動。是對於打斷阻碍而起的反應。不過悔者潛伏之動作也，孚者實現之動作也。」

（二）釋「無咎」

失道而知憂，則可以改過，故〈臨·六三〉「既憂之，無咎」。咎即過，知其過在此，而變通以補之，凡元亨利貞、吉凶悔吝，皆視乎此。焦循引傳文，而《易通釋》卷二「无咎」條，詳其義云：

〈繫辭傳〉云：「二與四同功而異位，其善不同，二多譽，四多懼；近也，柔之爲道，不利遠者，其要無咎，其用柔中也。」遠近猶云緩急，俱指二言。二急於之五，而四不先行則利；二緩於之五，而四先行則不利。二先之五而四從之，固無咎矣；乃上又之三，則仍有咎，要者，約也，謂上之三也；二之五而四從之，其上之三得無咎者，能變通以剛中，易爲柔中故也。……又申言之云：「危者使平，易者使傾，其道甚大，百物不廢，懼以終始，其要無咎，此之謂《易》之道也。」用柔中即易也，要即傾也，懼而後要，則終而有始，故無咎也；有始而後有終，即易者使傾也。傳云：「〈震〉無咎者，存乎悔。」又云：「無咎者，善補過也。」善補過，所以存乎悔。明乎何以爲過，何以爲悔，則所以存乎悔，所以善補過，可得而知也。

《易》卦辭稱無咎者多，爻辭稱無咎者八十五；咎之爲過，其義了然，《易通釋》旁通、相錯、比例互明之，皆謂能變通，雖凶無咎；既無咎，則凶自化爲吉。故焦循又釋之，曰：

統而測之，無咎與屬相表裏，其〈家人〉、〈屯〉、〈蹇〉、〈革〉，本無咎，則變通而不使有咎；其〈復〉、〈小畜〉、〈夬〉、〈謙〉、〈賁〉、〈節〉、〈豐〉、〈井〉、〈大畜〉、〈大壯〉、〈臨〉、〈升〉、〈恆〉、〈損〉、〈泰〉、〈需〉、〈明夷〉，本有咎，則變通而歸於無咎。咎在三上之先行，則以三上之未行者補之；咎在初四之先行，則以初四之未行者補之。盈則以虧之者補之，害則以補之者補之，傳於三五言危，於二四言無咎者，互辭耳。

補即是孚，故無咎仍在悔而孚；唯變而通之，乃可時行，以至於元亨利貞。然則，補者補初四先行或三上先行之失道，故善補過者，始克無咎。此生生條理之所表現，故天之大德曰生生，即時行當位之元亨利貞；故《易》之一書，「元亨利貞」四字盡之者，乃示人道德理想之實踐，參贊天地之幾在此，中和位育之誠，亦在於此。

四、改過遷善

　　焦循嘗撰〈小懲大戒論〉，[註42] 以為聖人不能去刑，而不忍用刑，惟以通變神化之道轉移，以寡天下之過，故小懲而大戒，其道則在於《易》。故舜作三刑以哲民之愚，乃繼神農、黃帝、陶唐，以澤施萬世；文王、周公以「發蒙，利用刑人」繫之，孔子以「小懲大戒」為「小人之福」，[註43] 質言之以贊之，正所以明通變神化之用。故《論語》二十篇，乃全《易》註腳，而「可以無大過」一語，足以括《易》之全，[註44] 示人反身改過之義，亦云深切。

　　　　余學《易》，稍知聖人之教，一曰「改過」，一曰「絜矩」，兩者而已。
　　　　絜矩則能通，改過則能變；惟能絜矩，乃知己過；惟知改過，乃能
　　　　絜矩。

　　《易》道之教人改過，切實可憑，此時此刻能改，此時此刻即化凶為吉，此變通以時行之義。焦循《易圖略》卷六〈原筮第八〉，故曰：

　　　　余既悟得變通之指，乃知聖人作《易》之義如是，九筮占《易》之
　　　　法亦如是。夫《易》者，聖人教人改過之書也。……聖人神道設教，
　　　　即以所作之《易》，用為卜筮；因其疑而開之，即其欲而導之，緣其
　　　　忌以震驚之，以趨吉避凶之心，化而為遷善改過之心，此聖人卜筮
　　　　之用，所以為神而化也。

　　此孔子引〈恆・九三〉「不恆其德，或承之羞」，而斷之云「不占而已矣」之理論。蓋占即變也，[註45] 變則改悔。「不恆其德，或承之羞」，由於不能變通，能變通則可以無大過。故《周易》六十四卦，可一言以蔽之「可以無大過」者，乃明見善則遷，有過則改之義；蓋非遷善無以趨吉，非改過無以避凶。

　　凡失道而能改者為修，此《易》之例；故卦至〈需〉、〈明夷〉、〈泰〉，失道而又失道，聖人轉以泰名卦，為其能變通，其所以示人改過者甚切。《易通釋》卷十九「大過、小過、過旬、有過則改、赦過宥罪、天地以順動故日月

[註42] 錄見《易話》卷上，乃焦循於丁卯（嘉慶十二年，1807），四十五歲時呈郡守伊墨卿所作：《雕菰集》卷八〈象刑辨〉一文，可與此互參明之。

[註43] 〈蒙・初六〉：「發蒙，利用刑人。用說桎梏，以往吝。」〈繫辭下傳〉孔子贊〈噬嗑・初九〉「履校滅趾，無咎」，曰：「小人不恥不仁，不畏不義，不見利不勸，不威不懲。小懲而大戒，此小人之福也。」

[註44] 與下引文，並詳見《易話》卷上〈學易叢言〉十八則之十三。

[註45] 〈繫辭傳〉云：「極數知來之謂占。」極數，終也，窮也；知來，始也，通也。終則有始，此所以為「窮則變，變則通」。

不過」條，闡釋詳盡；要之，過之義有二，其一爲過失之過，失道有過，改則無過；過而不改，是謂過。其一爲過度之過，義同於至；雖有過度之失，而能至以通之，則過亦可改。故焦循《易章句》卷八〈繫辭下傳〉末章「悔且吝」以下，乃統釋以言，曰：

> 人惟生知之聖，無悔無吝；以下，雖顏子不貳過，其先已不免於過。由不善改而爲善，即是悔吝；聖人教人改過，以悔爲善，吝者勉強而行，困而知之者也。……文王繫辭以元、亨、利、貞、吉、凶、悔、吝、孚、厲、無咎十一事爲之綱。元亨利貞則吉，不能元亨利貞則凶；不能元亨利貞，改而元亨利貞則悔吝；未悔未吝，而恐其凶則厲；因其厲而悔，一悔不已，至再、至三，而終於能改爲吝。
> 悔吝則無咎，悔而無咎，由於旁通，旁通爲有孚。

《周易》象、辭所之而成之體系，焦循以其《易》學之創例，發揮其道德之哲學，其大旨在教人改過，而明人倫，定民志，以寡天下之過，深得乎聖人體道之大用。

第三節 道德理義釋

此節命名，乃假《易話》卷上末篇〈道德理義釋〉一文，以爲焦循道德《易》學總體貌之縮影，其文曰：

> 何爲道？道也，行也；凡路之可通行者爲道，則凡事之可通行者爲道也。通而四達不窮者爲大道，即爲達道；雖通行而致遠則泥者爲小道；其偏僻險仄、孤危高峻不可通行者，非道也。
> 何爲德？德者，得也。得乎道爲德，對失道者而言也。道有理也，理有義也。何謂理？理者，分也；〔註46〕何謂義？義者，宜也。其不可行者非道矣，可行矣，乃道之達於四方者，各有分焉，即各有宜焉。歸燕者行乎南，趨齊者行乎西，行焉而弗宜矣；弗宜則爲失道，失道非德也。歸燕者，雖行乎北，而或達諸趙；趨齊者，雖行乎東，而或止於魯，行焉而猶弗宜矣；弗宜，則爲失道，失道非德也。故道必察乎其理，而德必辨乎其義；道而不德，其失也愚；理而不義，其失也賊。故傳云：「和順於道德，而理於義。」理於義者，

〔註46〕《雕菰集》卷十〈理說〉，可與此互明。

分於義也；分於義，則「各正性命，保合太和」。惟明乎天下所行之
路，而如其所宜者趨焉，於是各得其所而不亂，而天下之命立於聖
人，故傳曰：「窮理盡性，以至於命。」〔註47〕

　　焦循此文，深達乎文字訓詁，而《易》道之性命哲學，亦能洞明真幾奧
蘊，其《雕菰樓易學》之理義，可統攝於是。

一、釋「道」

　　「道」之一義，乃中國儒、道二家形上玄學之重要思想意涵。老莊之道，
乃表虛無境界之道；儒家之道，在《四書》為道德創造之道；在《周易・繫
辭傳》「一陰一陽之謂道」，則為生化流行之道。道家之道暫表不提，而焦循
之道，則為繼東原之後，以「氣化流行」、「生生不息」為道；其《孟子正義》
卷十一〈滕文公上・第四章〉「教以人倫」句下，焦循引戴震東原之書，躍其
說而記曰：

　　戴氏震《孟子字義疏證》云：「人道，人倫日用，身之所行皆是也。
在天地，則氣化流行，生生不息，是謂道。在人物，則凡生生所有
事，亦如氣化之不可已，是謂道。……曰性曰道，指其實體實事之
名。曰仁、曰禮、曰義，稱其純粹中正之名。人道本於性，而性原
於天道，天地之氣化，流行不已，生生不息。……善者，稱其純粹
中正之名。性者，指其實體實事之名。一事之善，即一事合於天，
成性雖殊，而其善也則一。善其必然也，性其自然也，歸於必然，
適究其自然，此之謂自然之極致。天地人物之道，於是乎盡；在天
道不分言，而在人物分言之始明。……」

　　既以「氣化流行」為道，焦循乃本之以解析「命」、「性」之所由來，又
益之以「情」、「才」，皆所以明道德之基礎。故命、性、情、才，皆由「氣化
流行」之道而來，又本道德之實踐而盡性知命，此即《易》道之時行生生；

〔註47〕《孟子正義》卷二十二〈告子上・第七章〉，焦循亦引此文以釋「心之所同然
　　者何也？謂理也，義也。聖人先得我心之所同然耳。故理義之悅我心，猶芻
　　豢之悅我口」句，略曰：「《易・說卦傳》云：『和順於道德而理於義，窮理盡
　　性，以至於命。』孔子言道德性命，指出理字，此孟子所本也。（以下同〈道
　　德理義釋〉文）孟子以理義明性，即孔子以理於義明道也。趙氏以得道之理
　　明之，得道之理，即和順於道德而理於義也。後儒言理，或不得乎孔孟之恉，
　　故戴氏（東原）詳為闡說是也。說者或並理而斥言之，則亦芒乎未聞道矣！」

因時行而至於道，此之謂「大中而上下應」，亦即是「旁通情也」。如是則參贊天地之化育，乃道之極致。故《易通釋》卷五「道」條，焦循說之曰：

> 〈繫辭傳〉云：「一陰一陽之謂道，繼之者善也，成之者性也。」又云：「形而上者謂之道，形而下者謂之器。」形即「品物流形」之形，以爻之定言，謂成〈既濟〉；未成〈既濟〉之先，陰陽變化，生生不已，是之謂道。

以〈繫辭傳〉二條互明，則「一陰一陽」即是「形而上」，即是「未成〈既濟〉之先」，亦即是「陰陽變化」之「生生不已」。「繼之者善」，即是終而有始，即是由利貞而復元亨，重在元亨；重在元亨，即重在「陰陽變化」之「生生不已」。「成之者性」，即是「爻之定」，即是「成〈既濟〉」，即是「形而下者謂之器」。形上爲元亨事，形下爲利貞事；惟元亨利貞，乃能道器流行而生生不已。焦循復釋其義，云：

> 一陰一陽，猶云一闔一闢。凡兩卦旁通，皆陰陽相偶，以陽易陰，以陰交陽，終則有始，謂之續終。繼即續也，成兩〈既濟〉而終止，無復一陰一陽相對，是但有形器而無道；惟成性之後，而又存存，前者未終，後者已始，柔剛迭用，至於無窮。……明當位者以反復爲道，與失道者以反復爲道，其道同也。反復其道，謂二五一陰一陽，亦指二五〈坤〉一陰反乎〈乾〉之一陽；宜以〈乾〉二之〈坤〉五，則反而復。

道之終始反復，由此段文字可發明之。焦循以氣化流行爲道，亦以《易》之旁通時行爲反復其道，此是中國思想後期之主流，成爲中國形上哲學之一大躍進。焦循以此普遍氣化流行之道，轉而爲道德性命之詮釋，可以說是由普遍之共相，以趨於特指之殊相；又從客觀之本體，達於主觀之屬性；牟宗三先生因名此氣化流行之道，爲「自然之共享」（the community of nature），〔註48〕可謂深中肯綮之見。而焦循釋「道」，亦有以論之，曰：

> 由陰而陽爲君子道，由陽而陰爲小人道。能變化而後爲〈乾〉道，能馴致其道而後爲〈坤〉道。「知周乎萬物，而道濟天下，故不過」，濟天下，成〈既濟〉而定也；以道濟之，則終則有始，而知周乎萬物。知者利仁，變而通之以盡利，是爲通乎晝夜之道而知也。道有變動，故爲道也屢遷；變動屢遷，故一陰一陽。「立天之道，曰陰與

〔註48〕詳見《周易的自然哲學與道德函義》，頁323。

陽；立地之道，曰柔與剛；立人之道，曰仁與義。分陰分陽，迭用柔剛」，此道之所以爲道也。

善夫！牟宗三先生之言，曰：「道濟天下即是終而有始相反相成的那絕對繼續」，「知用乎萬物，即是利其仁而旁通。旁通而周乎萬物即是參天地贊化育，即是保合太和，即是生活範圍之擴大」，「故知周萬物即是道濟天下」。「道，言其利而亨也；周，濟，言其貞而寧也。兩者合一便是那絕對的繼續，便是那知周萬物道濟天下」。「於是，道有二義而不相背——未成〈既濟〉以前之陰陽變化生生不息之繼續，繼與非繼相成之終而有始的絕對繼續。」終而有始，即是絕對繼續，其歷程則爲「自然之共享」、「特體（particular，即殊相之謂）」、「共相（universal）」。〔註49〕如此，焦循之「道」，實爲天地之合德，故能參贊天地之位育，而終歸於「各正性命，保合太和」。就此意義而言，焦循氣化流行之道，乃其《雕菰樓易學》生生之體。

二、釋「命」

《易‧繫辭傳》云：「樂天知命故不憂。」此以知命申明同天之義。聖人不忍天下之危，故包容涵蓄，爲天下造命，此爲知命，此爲樂天。蓋天之生人，欲其並生並育，故聖人以天爲權衡，乃能以天之並生並育爲樂；是亦孟子「盡心，知性，知天」，立命以至於命。焦循深明此義，故申言之，曰：

> 知命之說，詳於孔孟，而皆本於《易》。命有宜順者，口目耳鼻四體是也；命有宜改者，仁義禮智天道是也。順則不任力，改則任力，豈至無可奈何，而推之於命乎？委命而任力，聖人之權也；順命而不任力，亦聖人之權也；或順或改，惟聖人之心主宰而幹旋之。能用命，不爲命所用，是爲知命。〔註50〕

知命之義，於此甚洽。原命乃氣化流行道中之終、貞、成、定、寧，〔註51〕即由陰陽變化而成〈既濟〉之生成過程；而此一過程，亦即是由道而成命之過程。故《易通釋》卷五「命」條，乃云：

> 經稱命者六卦。〈乾‧象傳〉云：「乾道變化，各正性命。」道、命二字，言之最明。《大戴記》所謂：「分於道之謂命也。」（見〈本命

〔註49〕詳參前註書，頁327。
〔註50〕詳見《易餘籥錄》卷十二之二十五則。
〔註51〕義參《易通釋》卷七「定、寧、成、安、息」條。

篇〉）一陰一陽之謂道；〈乾〉二之〈坤〉五，〈坤〉化爲〈比〉；〈比〉
通〈大有〉，〈大有〉化爲〈同人〉；〈同人〉通〈師〉，〈師〉又化爲
〈比〉（諸卦變化仿此）。一氣反復往來，是爲道。分而言之，〈坤〉
化爲〈比〉，命也；〈師〉化爲〈比〉，亦命也；〈大有〉化爲〈同人〉，
亦命也。通諸卦之二五言之爲道，自一卦之二五言之爲命；有命斯
有性，故云「各正」。各之云者，分於道之謂也。

　　焦循此段解析「道」、「命」之脈絡，其關係至爲彰顯。命爲道之所分，
則道爲「時間之永恆」，命爲「空間之永恆」，〔註52〕故道命爲時空之流行，
陰陽之交易所生成之絕對繼續。落實於倫理上而言，則道爲「旁通情也」，爲
「大中而上下應也」，而命有定焉，性有存焉。《易通釋》卷五「命」條，焦
循遂綜合以言，曰：

　　道變化而不已，命分於道則有所限。有當安於所限者，不舍命是也；
　　有不當安於所限者，申命，改命、致命是也。命而能改，能申，能
　　致，則命不已，即道之不已，如是乃爲知命。自變通之義不明，而
　　未受命、未順命之文，遂成一莫解之說矣。

　　焦循從《易傳》中，引釋諸卦所言之命甚詳，而咸以變通之義以明天之
道，即天之命（〈无妄‧傳〉云：「大亨以正，天之命也。」）；以道字明命字，
蓋分於道爲命。故不舍命（〈姤‧九五‧傳〉云：「有隕自天，志不舍命也。」）
即不改命（〈革‧九四〉：「悔亡有孚，改命吉。」），致命（〈困‧大象傳〉：「君
子以致命遂志。」）即至於命（〈說卦傳〉：「和順於道德而理於義，窮理盡性
以至於命。」），申命（〈巽‧大象傳〉：「君子以申命行事。」）即重命、信志
（〈革‧九四‧象傳〉：「改命之吉，信志也。」）。命不已即道不已，則變通是
命之申、改、致之顯示；而命之申、改、致，實不外乎變通時行之道。

三、釋「性、情、才」

　　焦循以爲命乃分於道之謂，故爲「分」，爲「定」，爲「限」，牟宗三先生
詮釋爲特體之「外鑠品德」（extrinsic character）；而命之所以互相不同而有具
體之差異者，則在「性、情、才」之特體「內具品德」（intrinsic character）。「性」
是內具之潛蓄者，「情」是發於外之實現者，「才」是使其所以如此發之能力；

〔註52〕本牟宗三先生說，參見前揭書，頁329。

由性、情、才即可識別「命」間之相互歧異。但性、情、才之所以互相不同者，要不外因其命之各有所限而已，是內外互定之義。〔註53〕以上牟先生闡說，可謂洞觀之卓識，焦循性命道德之精義，皆牢籠於斯。而《易通釋》卷五「性、情、才」條，曰：

> 《易》不言性，而言命；不言情，而言欲。孔子贊《易》，一則云「各正性命，保合太和，乃利貞」，一則云「利貞者，性情也」；命、性、情三者，一以貫之。〈繫辭傳〉云：「一陰一陽之謂道，繼之者善也，成之者性也。」又云：「成性存存，道義之門。」存存猶生生，生生不已，則善有所繼，而道不窮，繼而不成，則性命不能各正。終則有始，故善必有所繼；原始要終，故性必期其成，蓋道不可窮，而理則宜窮。理猶性也（見鄭康成《樂記‧注》），窮理即是盡性，物不可終盡，而性則宜盡。理之言分也，道既分而爲命，命乃定而成性。

此段言「性」之意義，要在求其「繼」，求其「成」，求其「盡」，此性之所以爲道德之本。性盡則理窮，性成則命正，性繼則善生，道義之門，生生終始之方。此中國道德哲學之萃聚，亦焦循《雕菰樓易學》之匯歸。又申之曰：

> 《白虎通》云：「性者，陽之施也；情者，陰之化也。」《論衡》云：「性生於陽，情生於陰。」性即道之一陽，情即道之一陰；一陰化爲一陽爲命，即爲性。……由其天性之善，擴而充之，使六爻皆正，則成性而盡其性。然所成者生也，非道之不已也。……性爲人生而靜，其與人通者則情也，欲也；傳云：「六爻發揮，旁通情也。」成己在性之各正，成物在情之旁通；非通乎情，無以正乎性。情屬利，性屬貞，故利貞兼言性情，而旁通則專言情。旁通以利言也，所謂感於物而動，性之欲也。

成己爲忠，成物爲恕，能行忠恕之道，則可盡性，成性而元亨利貞，仁義禮智之善，由是證成。情以旁通而皆可以爲善，則「各正性命，保合太和」，是爲「存存」，即爲「窮理盡性，以至於命」。此「性」之眞諦，又必通之以「情」，故焦循又申言之：

> 利也，即信也，知也。以己之情，通乎人之情；因有以正人之情，

〔註53〕詳參謀牟宗三先生前揭書，頁331～336。

即有以正人之性，是人之性自我而率，人之命自我而立。性已定故靜，情未定故動，性與情孚，而有以窒其欲，則情不失乎正而情善。性孚於情，一陽而一陰也；情得乎善，一陰而一陽也。故「天命之謂性，率性之謂道，修道之謂教」，率性由於通情，通乎人之情，則不拂乎人之性，故「成性存存，道義之門」。

「性與情孚，而有以窒其欲」，《易通釋》卷七「顛、窒、愼」條，以「實」、「順」之義通「窒」，故「窒其欲」即「實其欲」而「順其欲」；所以順其欲者，以性情相孚而通，此絜矩之道，道德之要著。性發而爲情，故爲性之欲，有以通人之情，則有以窒己之欲，而剛孚於柔者，柔又進乎剛，故情合於善，欲行於仁者，才爲之。由性而情而才，焦循說之精詳，其《易通釋‧性情才》遂統釋之，云：

> 情所以能旁通，而窮理盡性以至於命者，才也。……通其情可以爲善者，才也；不通情而爲不善者，無才也。……欲本乎性，則欲立立人，欲達達人；己所不欲，勿施於人，有以通神明之德，類萬物之情。類猶似也，以己之情度人之情，人己之情通，而人欲不窮，天理不滅，所爲善矣。如是則盡其才而爲才子，否則所爲不善，而人欲窮、天理滅，不能盡其才而爲不才子。故才者，能達其情於天下者也。才能達其情，而情乃可旁通，性命乃可各止。

此段闡繹才與性情之必然關係，盡其才，始能達情而盡性，故人欲不窮而天理不滅者，「才」爲之轉移。此所謂天理，乃情欲之絜和，即是達乎情，遂其欲而盡其性，盡其性則天道下貫而上達，各正性命，保合太和。故總其義曰：

> 雖有善性，而無才以盡之，則情不能通，欲不能窒矣。終身之行，惟在乎恕；平天下之道，不過絜矩。知有己之性，不知有人之欲，情不通而欲窮矣！伏羲作八卦以類萬物之情，所以「窮則變，變則通，通則久」者，唯此旁通情而已矣！孔子嘆才難，孟子道性善，皆本乎是。舍情而言善，舍欲而求仁，舍才以明道，所以昧乎羲、文、孔、孟之傳者也。

善與人同者，通天下之志；唯善之同，乃能舍己從人，而樂取於人，旁通以爲善。聖人所以通神明之德，類萬物之情者，即本性善；善即靈，靈即神明，性靈二字又可通。故焦循《孟子正義》卷二十二〈告子上‧第六章〉「乃若其情，則可以爲善矣，乃所謂善也。若夫爲不善，非才之罪也」句下，謹

按曰：

> 孟子「性善」之說，全本於孔子之贊《易》。伏羲畫卦，觀象以通神
> 明之德，以類萬物之情，俾天下萬世無論上智下愚，人人知有君臣、
> 父子、夫婦，此「性善」之指也。孔子贊之則云：「利貞者，性情也。
> 六爻發揮，旁通情也。」禽獸之情，不能旁通，即不能利貞，故不
> 可以爲善。情不可以爲善，此性所以不善。人之情則能旁通，即能
> 利貞，故可以爲善；情可以爲善，此性所以善。……神明之德在性，
> 則情可旁通；情可旁通，則情可以爲善。於情之可以爲善，知其性
> 之神明。性之神明，性之善也。孟子於此，明揭「性善」之恉在其
> 情，則可以爲善，此融會乎伏羲、神農、黃帝、堯、舜、文王、周
> 公、孔子之言，而得其要者也。

此段文義甚長，乃節其要以爲之說，蓋可以與《易通釋》卷五「性、情、
才」條鉤貫發明，可知焦循「性善」之說，乃道、命、性、情、才之大絜和，
亦其道德哲學之總原則。

四、釋「教」

《易》言教者三卦，〈坎·大象傳〉「君子以常德行，習教事」，〈臨·大
象傳〉「君子以教思無窮，容保民無疆」，〈觀·大象傳〉「先王以省方，觀民
設教」。《易通釋》卷五「教」條，焦循以《易》例說之曰：

> 〈漸〉上之〈歸妹〉三成〈大壯〉，〈漸〉初之〈歸妹〉四成〈臨〉，
> 皆失道者也。〈漸〉成〈既濟〉，〈歸妹〉成〈泰〉；與〈坎〉成〈需〉，
> 〈離〉成〈明夷〉同，則失道又失道者也。唯失道所以教之，唯失
> 道而教之，即能復於道，所以性雖限於命，而無不善也。

《中庸》「天、命、性、道、教」一貫而下，由教而推本於上，則教本於
性之天命，而道復於教，此亦《易》義，乃可明之，焦循以申「教」之義而
歸於「道」，云：

> 道者，一陰一陽也，後順得常也。既分而爲命，而性本於命，則於
> 道爲不全，或不能一陰一陽矣，或不能後順得常矣，則限於命而失
> 道矣。然性爲道之所分，能率而行之，性即是道；何爲率？率者，
> 循也，不越次之謂也。兩卦旁通，則不越乎一陰一陽矣；先二五，
> 而初四、三上各趣時以爲行止，則不越乎後順得常矣。然此惟聖人

能之，其限於命而不能自率其性者，不自知也，則必賴先覺者覺之。

此聖人所以以教爲重，聖人設教所以恥之以仁，畏之以義，勸之以利，而懲之以威；故《易》之道「大中而上下應之」，此志帥氣之學；分陰分陽，迭用柔剛，通其變使民不倦，神而化之，使民宜之，此可仕、可止，可久、可速之學，亦即是伏羲、神農、黃帝、堯、舜、文王、周公相傳之教，故孔子備之、贊之，孟子傳之、述之，焦循所明性、道、教，妙於先心，極於精義者以此。故焦循闡繹「性善」之旨，曰：

> 性不外男女飲食，人有此性，禽獸亦有此性。人之性可因教而明，故善；禽獸之性，雖教之不明，故不善。故聖人之教，因人之性之善而立，性雖善，非教不明。聖人設教以寡天下之過，所謂「通神明之德，類萬物之情也」。〔註54〕

焦循《易》學由自然之卦畫，求自然之數理，以推自然之義例，轉而爲道德之張本，皆有跡可求，歷歷可考。其解「性善」之旨，亦由自然意義生發，而落實於倫理界，建設其道德哲學，皆一以貫之，故特重教之用，以爲明善之功；而通德類情，通變神化之妙造，乃可與人同者，皆本此立義。

五、釋「仁、義、禮、信、知」

仁、義、禮、智、信，爲「五常」之教，焦循以爲乃由旁通時行所表明之《易》道德目，其目的亦在求「通」而合於「道」。故由道命而至性情才，教斯立焉，德斯行焉。《易通釋》卷五，見經言信、言知、不言仁、禮、義；傳則以仁贊元，禮贊亨，義贊利，而以有孚爲信。乃可互相之，故「仁、義、禮、信、知」條，焦循首發其義，曰：

> 然則，知者謂其能變通也。立人之道，曰仁與義；仁配陽，謂由陰交而生陽也；義配陰，謂由陽易而通陰也。應乎其間，而不失等殺者，爲禮。仁、義指二五，禮屬初四、三上，以其應二五爲亨；以其應二五而成〈既濟〉爲貞，亨、貞皆屬乎禮。以其不成〈既濟〉，變而旁通爲有孚，則爲信；有孚而不失是，則爲知。知其盈而悔，知其非而悔，知也。「知周乎萬物，而道濟天下，故不過」，此知所以崇法天也。

〔註54〕義詳《雕菰集》卷九〈性善解〉五篇，並見《易話》卷上，《孟子正義》皆本是爲說，而闡之益詳。

禮由仁、義之等殺而生；仁通義即是信，義生仁即是知，以知冠仁，所以發明《易》道詳矣；焦循繼而申之，云：

> 非信無以爲利；非知，則不能元亨。能信知而後可貞，貞非信，亦
> 非知〈乾鑿度〉以五氣爲五常，而配八卦，以信爲北方〈坎〉，知爲
> 四維中央。何妥本之，以貞配信（《周易口義訣》引周氏，以貞配冬）；
> 李鼎祚依《漢・天文志》，以貞配知，斥何妥爲非，乃以全《易》測
> 之，均未有合也。

前此二段，並釋信、智、悔、孚之重要，及仁、義、禮、智、信相互間之關係。仁義、禮由信、智中顯出，信智又必由仁、義、禮而表彰。故牟宗三先生將道、命、性、情、才與仁、義、禮、智、信合組起來而歸納一總原則爲：聖通之生活即是以性之欲爲機動，而以知識爲指導，以使盡其才，而旁通情於天下者也。〔註55〕此一原則乃以「才」與性、情中所昭示出之「欲」，爲自然生活之根本前提；並取五常中之「信」與「知」爲完成自然生活之根本條件，兩相結合而組成。如此，則聖通之生活即能合於「道」，復能合於「仁、義、禮」。

六、釋「大極」

《易話》卷下有〈說太極〉一篇，已於第二章引述以明「旁通」之所出。而《易通釋》卷二十「易有大極……」條，乃焦循建設其德道哲學之最後解析，取〈大有・象傳〉「大中而上下應之」此一語爲其中心思想，而引出時行當位之系統，其義在貞定道德之價值，所以架構其以「二五變通」爲主之「大中」說，即是其「大極」一語之大化流行。焦循《雕菰樓易學》之根本思想在此，其道德哲學之根本原則亦在此，故不得不加以解析以明其機關之義。

> 「《易》有大極」四字，於「大極」上明冠「易」字。易者，交易也；
> 交易乃有大極，則大極豈是合而未分之名？余謂欲明大極，必先求
> 大極二字之義。大或讀泰，其義則同；極，中也，大極猶云大中。
> 大極二字，《易》書無之。孔子用此二字，以明時行之道；傳中原自
> 互相發明，不必遠求而自得，何也？《易》之言「大」，皆指陽；《易》
> 之言「中」，皆指五。傳中稱大者不一而足，稱中者亦不一而足；而

「大中」二字，惟見於〈大有・傳〉云：「柔得尊位，大中而上下應
之，曰〈大有〉。」此大中二字，與大極二字遙遙相應。……與時偕
極，即與時偕中也；變通所以趨時，趨時則偕極。趨時所謂《易》
也；與時偕極，即《易》有大極。……《易》而有大極，時中之謂
也。何以時中？惟《易》則有之。《易》者，變而通之也；其先失時
極，變而通之，則有大極，是謂「《易》有大極」。

　　可知，太極乃從二五交易中顯出；而交易之大中，即爲太極；大中者，
二之五。由大中而引出時中，而太極與「與時偕極」互訓，交易之義不亦明
白瞭然。太極爲時中之偕極，倫理之意義亦由此生發。

　　《易》有太極，是生兩儀。儀字之義，則本〈漸・上九〉「其羽可用爲儀」，
傳云「其羽可用爲儀，不可亂也。」〈繫辭傳〉云：「言天下之至動，而不可
亂也。擬之而後言，議之而後動，擬議以成其變化。」兩傳互明，亂者剛柔
相間成兩〈既濟〉也，成兩〈既濟〉則不宜；儀者，宜也，儀字通於議，亦
通於義；義亦利也，變而通之以盡利，儀亦變通之名。於是，焦循以經傳互
相發明之歷歷可證者，以爲〈小過〉云「飛鳥遺之音，不宜上、宜下」此兩
宜字即是儀；惟宜上則不宜下，宜下則不宜上，所以有兩儀。因此，所謂太
極之兩儀，乃是承大中而上下應之太極，而有條理之時行。

　　兩儀何以生四象？〈大有〉有太極，成〈同人〉；四之〈比〉初爲一
儀，而〈比〉則成〈屯〉，〈大有〉則成〈家人〉。上之〈比〉三爲一
儀，而〈比〉則成〈蹇〉，〈大有〉則成〈革〉。〈屯〉、〈家人〉、〈蹇〉、
〈革〉，是謂四象。……聖人誘人改過之苦心，與教人救敗之善術，
全在「《易》有」二字。尊其名爲「太極」，似乎夐然其莫可及。不
知一能轉移，我即有之。……故經於〈漸〉明儀，傳於〈大有〉明
大中，而以求未大贊〈坎〉，此大彰明較著者也。……要而言之，太
極元也，兩儀亨也，四象利也，大業貞也；聖人贊《易》，即不離乎
《易》，寧有一語出乎象辭、爻辭之外？四象所生之八卦，乃六十四
卦中之八卦，非〈乾〉、〈坎〉、〈艮〉、〈震〉、〈巽〉、〈離〉、〈坤〉、〈兌〉
三畫之卦。若三畫之八卦，尚未曾重，何有於《易》？父母六子，
何吉凶之有？

　　大極爲大中，而所以元亨利貞者，寓有理則。而六爻之動，又爲三極之
道者，正發明《易》有大極，生兩儀、四象之義。焦循進而闡之，云：

> 凡旁通兩卦十二爻，其動者有六。二五之動，大極也；初四、三上之動，兩儀也。乃兩儀必視二五之動而動，則二五固極；初四、三上亦極，故云「三極」，此義傳自明之。……然則二五先初四、三上而動，一極；初四從二五而動，二極；三上從二五而動，三極；初四、三上先二五而動，爲不知極；二五從初四、三上而動，亦失時極；失時即失是。故「《易》有大極，是生兩儀」；是字即「有孚失是」之是，是乃爲大極，是乃生兩儀。此爻之動有六，而極所以有三也。

太極之中，加兩儀之中，是謂「三中」，即是「三極」。三極之動，四象八卦之所以生成，此謂之貞，即「各正性命，保合太和」。焦循道德《易》學，可謂統貫於此「太極」一義。

小結與小評

一、焦循秉持一貫「四聖同揆」之道統說，以爲聖人相傳修己治人之道，厥在「仁」之「忠恕」，即「成己」以及「成物」。焦循護持儒家一貫道統之信念，由此可得其貞定之義；故孔孟之言證釋《周易》內在道德之哲學，雖本於陳說以立義，唯上古聖王事業，見著於《周易》及儒聖之表彰，其理之寄託，理想之寄託，由此是可知；若以昧於史實，妄附臆測爲責，焦循亦將起而辨之。

二、十二言《易》教：「元，亨，利，貞，吉，凶，悔，吝，厲，孚，無咎。」乃焦循對於《周易》所持之文化解釋，總其要爲元亨利貞之變通時行，終則有始。於治人之道，在通其變，使民不倦；神而化之，使民宜之，以通神明德，以類萬物之情。於修己之道，則「改過遷善」一義而已。焦循以《周易》中之象、數、辭爲聖人教人改過之手段，則一部《周易》全書，無非只是爻象之變動及其吉凶或當位、失道之斷語而已；如此簡化《周易》爲一部爻象變動之紀錄，焦循實爲其《雕菰樓易學》體例而設，徒爲建構其「符號論」的道德哲學而設計，是則「別有用意」。

三、焦循於「道」、「命」、「性」、「情」、「才」與「仁」、「義」、「禮」、「智」、「信」之絜和，乃人生理想生活之總標準。牟宗三先生總結其十條道德律，成爲焦循道德哲學之完美理想，圓成之系統，其生生之倫理秩序，表露無遺。

（一）汝必須知「命」之爲何，而同時順之以至於「命」。

（二）汝必須知「性」之爲何，而同時於行中以盡其「性」。

（三）汝必須知「情」之爲何，而同時於行中以達其「情」。

（四）汝必須知「才」之爲何，而同時於行中以盡其「才」。

（五）汝必須知「知」之爲何，而同時於行中以至不惑。

（六）汝必須知「信」之爲何，而同時於行中以旁通於他。

（七）汝必須知「仁」之爲何，而同時於行中以利其「仁」。

（八）汝必須知「義」之爲何，而同時於行中以立其「義」。

（九）汝必須知「禮」之爲何，而同時於行中以合乎「禮」。

（十）汝必須知「道」之爲何，而同時於行中以合於「道」。〔註56〕

　　綜之，焦循觀察世界之生生條理，即是旁通、時行而當位，以至於元亨利貞，其根本觀點爲「動」與「生」義。故焦循之道德哲學，即以「動」與「生」或「元亨利息」之世界爲基礎，而以「旁通時行」或「元亨利貞」爲道德理想。仁、義、禮、智、信爲人間之普遍道德律，孔子貴仁之旨，孟子性善之義，皆可會通於此。焦循以二五交易之變通說，爲《易》有太極之詮證，即是一切生成之最高原理。焦循從《周易》發揮其道德哲學，以解析價值世界，其《易》學可謂集道德上之「自然主義」，以及自然上之「意謂世界」之大成，具有劃時代之深刻義涵與永恆奧蘊。

〔註56〕詳見前揭書，頁 337～338。

結　論

　　焦循《雕菰樓易學三書》,《易通釋》二十卷具發揮精義；《易圖略》八卷以數之必緣象而顯，示其法以表其象；《易章句》十二卷以數之皆附文而著，本其例以釋其文。故《章句》之辭「簡而賅」,《圖略》之辭「博而辨」, 而《通釋》則舉卦辭、爻辭、彖傳、象傳之一句一字,「無不條分縷析，珠連繩貫」, 〔註1〕以觀其會通,《易》之數，得是書而明；《易》之理，亦即是書而備。

　　然則,《周易》一書體大思精，有一套歷史發展之格式，其層次有條不紊；有一套完整之卦爻符號系統，其推演步驟悉依謹嚴之邏輯法則；有一套文辭之組合，憑藉其語法交錯、連縣之應用，以抉發卦爻間彼此意義之鉤貫發明。方東美先生謂此三者乃是一種「時間論」之序曲或導論，從而引申出一套形上學原理，藉以解釋宇宙秩序（cosmic order）；〔註2〕因此其要義可自四方面言之：

　　一、主張「萬有含生論」之新自然論。

　　二、提倡「性善論」之人性觀。

　　三、形成一套「價值總論」——一統攝於「至善」。

　　四、形成一套「價值中心觀」之本體論。

　　基於上述之基本要義，可得三大形上學原則：旁通之理，性之理（或「生生之理」），化育之理。〔註3〕焦循《易學三書》中，本於《周易》之邏輯結構、

〔註1〕　文義俱詳《焦氏遺書》卷前所錄，焦循座師英和煦齋先生〈江都焦氏雕菰樓易學序〉。

〔註2〕　據方東美先生《先生之德》第七篇〈中國形上學中之宇宙與個人〉，頁289～293，下所錄同此。

〔註3〕　同前文，方東美先生闡發此三大形上學原則曰：「一、旁通之理——含三義：（一）就邏輯意義言，指一首尾融貫一致之演繹系統，而可以嚴密推證者；（二）

語法規範之形上原理，乃建構其獨到之《周易》系統，以其精深之算學數理造詣，而推衍出「旁通、相錯、時行」三根本《易》例；並以乾嘉之際特領風騷之小學研究，而建設其假借說《易》之理論基礎。因此，在方法之應用與詮釋之意義中，焦循可謂爲相當傑出之創造者；本其謹嚴之邏輯運作、縱橫之語法旁通，遂匯歸而成就其護持孔孟道統之道德形上哲學，原原本本，朗朗歷歷，其《易》學之全體大用，已見前論，是可謂之「統之有宗，會之有元」。〔註4〕

　　《易》之教，「絜靜精微」，《易》之義「清明條達」，焦循爲孔孟之護法，儒家之信徒，而戴震東原之私淑，故其治《易》，於聖人之辭「字字求著落詮釋」，〔註5〕本實測之科學方法，立周全之《易》學系統，大有功於《易》道。爰總其說，括其要，以爲結論。

就語意學意義言，指一套語法系統，其中舉凡一切有意義之語句，其語法結構規則、與轉換規則，均明確標示一種對當關係，與一種互涵與密接關係，足資簡別正謬，而化舛謬爲純正。（三）就形上學意義言，基於時間生生不已之創化歷程，《易經》哲學乃是一套動態歷程觀的本體論，同時亦是一套價值總論，從整體圓融、廣大和諧之觀點，闡明『至善』觀念之起源及其發展。故旁通之理也同時肯定了：生命大化流衍，瀰貫天地萬有，參與時間本身之創造性，終臻於至善之境。二、性之理（或「生生之理」）──孔子在《易經・繫辭大傳》（其純理部份稱爲傳），以及其門弟子在《禮記》裏（含《中庸》），將廣被萬物之道，析而言之，分爲天之道，地之道，與人之道，三方面而論之：（一）天道者，乾元也，即原始之創造力，謂之『創始原理』，創始萬物，復涵賅萬物，一舉而統攝於健動創化之宇宙秩序中，俾『充其量，盡其類』，『致中和』，完成『繼善成性』，『止於至善』之使命。（二）地道者，坤元也，乃順承乾元（天道）之創造而成就之，謂之『順成原理』，使乾元之創始性得以賡續不絕，綿延久大，厚載萬物，而持養之。（三）人道者，參元也，夫人居天地之中，兼天地之創造性與順成性，自應深切體會此種精神，從而於整個宇宙生命、創進不息、生生不已之持續過程中，厥盡參贊化育之天職。三、化育之理──視生命之創造歷程，即人生價值實現之歷程。」

〔註4〕語出魏・王弼：《周易略例・明象》。

〔註5〕語見《易廣記》卷三〈海寧查慎行〉條，其文曰：「海寧查慎行《周易玩辭集解》十卷。慎行學《易》於黃宗羲，故於河圖先天卦變皆不用。其自序作於雍正甲辰，言於聖人之辭『字字求著落詮釋』。又云：『吾讀《易》不敢輕改一字，每閱朱子《本義》，於卦爻象辭，往往有某字當衍，某字當作某字，鄙意竊不謂然。』愚按：『字字求著落詮釋』，此眞學《易》至要之法。至『某字當作某字』，此必明乎六書假借通用，乃能定之。如『否臧凶』，『臧』爲古『藏』字；『咸其腓』之『腓』，即『肥遯』之『肥』；『爲其嗛於無陽』，『嗛』即『謙』字。又如『日閑輿衛』之『日』，不可作『曰』字；『曰動悔・有悔』之『曰』，不可作『日』字。非通貫乎全經，而得其比例之妙，未可論定也。」

第一節　焦循《易》學進路方法

　　乾嘉樸學極盛之際，大家輩出，成就卓然。焦循恭逢其盛，與當時著名學者段玉裁、王引之探討文字、聲韻、訓詁；與阮元、江藩交流經學之體會；與凌廷堪、汪萊、李銳切磋天文算學，奠定其深厚之治學基礎。嘗曰：

> 今學經者眾矣！而著書之派有五：一曰通核，二曰據守，三曰校讎，
> 四曰摭拾，五曰叢綴。此五者各以其所近而為之，……五者兼之則相
> 濟，學者或具其一而外其餘，余患其見之不廣也，於是乎辨。〔註6〕

　　由此可知，焦循治學之識見規模，「通方而不偏蔽，匯納而不局隘」；〔註7〕故其治《易》特重方法，前所論述者，已歷歷斑斑，茲復綜合其理，以見其時代之意義。

一、檢索（Index）

　　「檢索」法，為現代治學之利器，檢此索彼，資料互見，脈絡相通，不惟可免於偏執之弊，亦可得左右逢源之利，其用甚廣，而功甚大。

　　焦循四十以後，盡屏他務，專理《易經》；日坐一室，終夜不寐，自立一簿，以稽考其業。〔註8〕晚年撰述《孟子正義》，亦先為長編，討索羣書，抄錄整理而成。其治《易》之歷程，不但善於思考，殫精竭慮；復能勤於搜羅，自作筆記，凡有關專書，皆抄撮成小簿短冊，以記錄其心得、摘鈔其要義或

〔註6〕詳《雕菰集》卷八〈辨學〉一文。其辨學之派云：「通核者，主以全經貫以百氏，協其文辭，揆以道理；人之所蔽，獨得其間，可以別是非，化拘滯，相授以意，各慊其衷。其弊也，自師成見，亡其所宗，故遲鈍苦其不及，高明苦其太過焉。據守者，信古最深，謂傳注之言，堅確不易，不求於心，固守其說，一字句不敢議；絕浮游之空論，衛古學之遺傳。其弊也，跼蹐狹隘，曲為之原，守古人之言，而失古人之心。校讎者，六經傳注，各有師授，傳寫有譌，義蘊乃晦；鳩集眾本，互相糾核。其弊也，不求其端，任情刪易，往往改者之誤，失其本真；宜主一本，列其殊文，俾閱者參考之也。摭拾者，其書已亡，間存他籍，採而聚之，如斷圭碎璧，補苴成卷，雖不獲全，可以窺半。是學也，功力至繁，取資甚便，不知鑑別，以為贗真，亦其弊矣！叢綴者，博覽廣稽，隨有心獲，或考訂一字，或辨證一言；略所共知，得未曾有，溥博淵深，不名一物。其弊也，不顧全文，信此屈彼，故集義所生，非由義襲，道聽塗說，所宜戒也。」

〔註7〕語本張舜徽：《清儒學記·揚州學記——焦循》（濟南：齊魯書社出版），頁429。

〔註8〕詳參《雕菰集》卷十六〈易通釋自序〉。

檢查其進度，故《易學三書》之規模宏舉，《孟子正義》之皇皇鉅作，皆奠基此厚實之基礎。

《易廣記》序言中，焦循嘗自述其學《易》，自漢、魏以來，至今二千餘年中，凡說《易》之書必首尾閱之，其說有獨得者，則筆之於策，以為可以廣聞見、益神智。而有關於《易》義之四部典籍，如《春秋左氏傳》、《戰國策》、《爾雅》、《韓詩外傳》、《春秋繁露》、《淮南子》、《白虎通》、《論衡》……等，均抄撮整理，以備詮證；故《易通釋》全書，焦循運用此檢索之方法，莫不能就《周易》經文、傳文，以及四部之相關典籍中，互相援引，相觀而善，其《雕菰樓易學》之實測，皆賴於是法之靈通。

二、歸納（Induction）

檢索方法，在求資料之齊備整全，是研究之基礎，亦為歸納之前提。故焦循治《易》，細按其《易通釋》一書，可謂為檢索與歸納結合運用之最佳顯證。

焦循為求經傳之合一，故統羅《周易》經傳相關字、辭、句，歸納其義，類比其理，以求其通解，並為貫通《易》例之佐證。故《易通釋》二十卷，可謂皆為歸納之充分運用，從卷一「元」、「亨」、「利」、「貞」，以迄卷二十「《易》有太極、與時偕極、失時極、不知極、六爻之動三極之動也」等，莫不為通讀全經、全傳，細玩其辭，以歸納之方法，類比其義理，而求得經傳宗旨之一致。故焦循實測經傳之文而有所得、所悟者，善用歸納方法，「比物醜類以求之」，〔註9〕而能旁通彼此，鈎貫而發明者，蓋非憑虛蹈空，是真有其學，法有所立。

歸納法，雖為歐西之科學方法，但中土學者雖無其名，確有其實。如宋季王應麟（1223～1296）《困學紀聞》已多用此法，清儒之善用此法者，焦循而外，王念孫、王引之父子所撰之《經義述聞》一書，最為代表。焦循學術之造詣與成就，獨得於此者最多，故比例引申之妙，皆由此而衍出。

三、演繹（Deduction）

歸納為自萬事以推其共理，演繹則反之，自一理以合其萬事，此二者為「一、多」相涵相攝之關係，交相運用，乃能發揮其最大之效果。

〔註9〕語見王念孫、引之父子所撰《經義述聞》卷一。

　　焦循就《易傳》中「旁通、相錯、時行」諸語，而悟得《雕菰樓易學》根本之三原則，乃從全《易》中自然契合者，故引申而比例之，以通說全經、全傳；而六十四卦間象、辭、理之關係，脈絡分明，層次井然。故《易圖略》卷一〈旁通圖〉、卷二〈當位失道圖〉、卷三〈時行圖〉、卷四〈八卦相錯圖〉以及卷五〈比例圖〉，皆為其演繹《易》理之所本，立此一例，以證其通；又立彼一例，以會其合，則此例可通彼例，彼例亦可通此例，而全經、全傳無不牢籠其中，舉綱挈領，綱目咸明，此其《易》學之大用。

　　他如，以數理之「齊同」、「比例」，以推衍《易》象、辭與理之等值關係、比例關係；以六書之假借、轉注，以鈎貫《易》辭之互明關係、旁通關係，皆為演繹方法推擴之功。焦循《雕菰樓易學》之科學精神與方法，於此畢露無遺，故知立法之義，而創其《易》例，以精汲精。

四、統貫（Unity）

　　焦循在其數學天算與六書訓詁之基礎知識上，憑藉其檢索、歸納、演繹之方法，終於自《周易》六十四卦參伍錯綜之關係中，創造其《雕菰樓易學三書》之三條根本原則：旁通、相錯、時行。於是，三百八十四爻之變化，皆可按此原則加以推求；《周易》經文、傳文之辭義內蘊，亦可按此原則以相鈎貫發明。然則，焦循特重「貫通」、「旁通」、「類通」，故「事有萬端，道原一貫」，〔註10〕一貫之道乃貫通萬端之關鍵，此其《易》學之匯歸點。

　　《雕菰集》卷九〈一以貫之解〉一文，可謂為焦循統貫其《雕菰樓易學》之宗旨所在。孔子貴仁，孟子性善，俱發揮《易》中精義，故本此一貫忠恕，成己成物，以止於至善之儒家道統，而建立其道德哲學之體系；而所有《易》例之發明創造，皆為此而架構者，並以之為證成之利器，則焦循道德《易》學，乃統貫之方，而「一以貫之」之學。

第二節　焦循《易》學詮釋特色

　　焦循治《易》，融會眾說，不執一家，但求其通、歸於是，故能出入而自得之，而無依傍摭拾之病；於清代乾嘉學者中，獨樹一幟，不愧為傑出之第一流人物。

〔註10〕語見《易圖略》卷五〈比例圖〉。

有清以降，焦循《雕菰樓易學》為士林所推崇，其用功之勤苦，成就之不凡，學界亦夙有定評。而其所以然者，在於焦循治《易》自立系統，自創體例；並以《周易》經傳為對象，務求其全面之貫通，全盤之暸解。故其《易》例雖簡當，然明一例可貫徹全經，縱橫無不可通，此其創造性之特識，獨闢蹊徑，千古之下，尚屬罕覯。

王安石詩有句云：「看似平常最奇絕，成如容易卻艱難。」觀乎焦循治《易》之歷程，乃可證知，而其致力於《雕菰樓易學》之研究，凡十數年，卒成其不朽之盛業者，有其客觀方法之應用，以及主觀能力之發揮，成果俱在，論其特色，皆有所憑。以下簡論其詮釋特色數端，以窺豹斑。

一、汎觀博覽，取精用宏

《里堂家訓》中，以為學經者，如能博覽眾說，而自得其性靈，此為上乘；執於一家以和之，以廢百家，唯陳言之先入，而不能出其性靈者，斯為下乘。故《雕菰集》卷十三〈與孫淵如觀察論考據著作書〉乃云：

> 經學者，以經文為主，以百家子史、天文算術、陰陽五行、六書七音等為輔，匯而通之，析而辨之，求其訓詁，核其制度，明其道義；得聖賢立言之指，以正立身經世之法，以己之性靈，合諸古聖之性靈，並貫通於千百家，著書立言者之性靈。

《易通釋》一書中，焦循汎觀四部，博覽羣籍，有所是者則采之，有所非者則駁之，取精用宏之功，莫不歷歷可見。其治學之態度如此謙謹，故於前賢偉編多能博搜勤取；於當代羣儒鉅作，亦心嚮往之，意有所契，輒推之崇之。試觀《雕菰集》卷六〈讀書三十二贊〉中，於天文歷算，聲音訓詁，羣經考釋諸作，咸能各取所長，虛心服善，不薄今人厚古人，自然實事求是，而無虛矯矜誇之浮氣。其《易學三書》之成就有如是奇偉者，其《孟子正義》有如是豐博者，皆為此一治學特色發揮之淋漓盡致。

二、證之以實，運之於虛

焦循學《易》所悟得之根本義例——旁通、相錯、時行，及其以數理、假借之推求《易》理，乃至以孔孟道統為核心之道德《易》學，莫不皆本於經文而實測之者，故《易圖略·自序》遂自言之曰：

> 本經文而實測之，《易》亦以漸而明，非可以虛理盡，非可以外心衡

也。……既實測於全《易》，覺經文、傳文有如是者，乃孔子所謂相
錯；有如是者，乃孔子所謂旁通；有如是者，乃孔子所謂時行。測
之既久，益覺非相錯，非旁通，非時行，則不可以解經文、傳文；
則不可以通伏羲、文王、周公、孔子之意。十數年來，以測天之法
測《易》，而此三者，乃從全《易》中自然契合。

衡觀《易學三書》，以實測所得歸納其一貫之《易》例，又證之以先儒之
讜論，歷代之典籍，以演繹其理，類推其義，皆虛實相得，其深淺之別，同
異之殊，則不致漫附高蹈，無所據依。故《雕菰集》卷十三〈與劉端臨教諭論
書〉，焦循乃申言之云：

近時數十年來，江南千餘里中，雖幼學鄙儒，無不知有許、鄭者；
所患習爲虛聲，不能深造而有得。蓋古學未興，道在存其學；古學
大興，道在求其通。前之弊，患乎不學；後之弊，患乎不思。證之
以實，運之於虛，庶幾學經之道也。

「證之以實，運之於虛」一語，可謂爲焦循治學之最佳詮釋。蓋焦循有鑑
於當時理學空疏失實，樸學補苴掇拾，聖賢性靈泪沒不彰；基於孔孟一貫之道，
遂熟讀全經、全傳，求其會通，證以實辭，運以虛理，《易》道乃能大暢宏通。

三、參伍錯綜，引申觸類

「參伍錯綜」一語，源出於〈繫辭上傳〉「參伍以變，錯綜其數」；「引申
觸類」一語，亦本於〈繫辭上傳〉「引而申之，觸類而長之」。《易》之爲書，
旣參伍錯綜，引申觸類，其辭每以比例互明；故焦循之《雕菰樓易學》乃在
求通《易》辭，遂以爲孔子讀《易》韋編三絕，正是解得其參伍錯綜之故，
又能比例而引申之，而千脈萬絡，一氣貫通，則聖人《繫辭》之本意，可以
得其肯綮。〔註11〕

孔子讀《易》既參伍錯綜，焦循因以爲後人學《易》無不當如此，非如
此不足以知《易》。故於《論語何氏集解補疏・自序》，其言曰：

自學《易》以來，於聖人之道稍有所窺，乃知《論語》一書，所以
發明伏羲、文王、周公之恉。蓋《易》隱言之，《論語》顯言之；其
文簡奧，惟《孟子》闡發最詳最愜。……以《孟子》釋《論語》，無

〔註11〕詳參《雕菰集》卷九〈讀易韋編三絕解〉。

不了然明白；至《論語》一書之中，參伍錯綜，引申觸類，其互相發明之處，亦與《易》同。

　　焦循治《易》，從《周易》經傳文辭之參伍錯綜中，悟得「旁通、相錯、時行」義例，此所謂「證之以實」；遂引申觸類，比例之以通說全經，此所謂「運之於虛」。試觀其《雕菰集》卷二十四〈告先聖先師文〉：

四十五歲時，三月八日，病寒；十八日，昏絕，至二十四日，復甦。妻子啼泣，戚友唁問，一無所知，惟〈雜卦傳〉一篇，朗朗於心。既甦，默思此傳，實為贊《易》至精至要之處，二千年說《易》之人，置之不論，或且疑之，是固我孔子神爽聿昭。以循有志於此經，所以昏瞀之中，開牖其心，陰示厥意；於是，科第仕宦之心盡廢，不憚寒暑，不與世酬接。甫於參伍錯綜中，引申觸類，悟得《易》之所以為逆數，以往來旁通，成天地之能，定萬物之命，盡改舊稿，著為三書。

　　《易經》微妙如此，聖人以參伍錯綜，引申觸類，而按之井然如繪。焦循以孔子之言參孔子之言，又熟復經傳本文，遂就其參伍錯綜處，而為之引申比例，《易學三書》皆其顯明昭彰者。又本其《雕菰樓易學》之悟得，轉以治《論語》、《孟子》二書，皆《易》道之觸類一貫。〔註12〕

四、好學深思，心知其意

　　焦廷琥《先府君事略》引錄其三叔父焦徵《愧酪集・後記》，言承焦循教示「學貴善用思，吾生平最得力於『好學深思，心知其意』八字，學有輟時，思無輟時也」；焦循又嘗謂「友朋之益，不在揄揚，而在勘核；揄揚為一時之名計，勘核為千百年之名計。然又必『好學深思，心知其意』，以肫誠去其浮游之氣，異於忌嫉故伺其隙者，而後乃曲中無不當」。〔註13〕可知焦循治《易》，不憑臆空談，附會株守，但求其是，以見其通者，其功乃全於斯。

　　焦循「好學深思，心知其意」，乃其一貫治學之特色，故本之以解《易》，

〔註12〕何澤恆教授《焦循研究》，貳〈焦循論語學析論〉，頁147～150，第五節「論焦循治《論語》之法源於治《易》」；參〈焦循論孟子性善義闡繹〉，頁198～202，第六節「以《易》旁通義說《孟子》性善」。焦循治《論語》、注《孟子》皆在明一貫之旨，於《易》之經傳，以為義旨相貫，遂以其觸類引申之見，以為《論語》、《孟子》聖人之道與《易》無殊，皆所以互相發明。

〔註13〕亦見焦廷琥《先府君事略》，蓋焦循嘗以《釋橢》質諸沈方鍾先生，先生簽出數條；焦循作書答之，以為足正其誤，真益友矣！

則根於經，發於史，參以諸子雜家，固有取之不窮，核之不破者，嘗自謂「學問之道，在體悟，不在拘執，故不憚耗精損神，以思其所以然之故；雖知無用，不能舍也。向亦爲六書訓故之學，思有以貫通之，一滌俗學之拘執，用力未深，無所成就」。〔註14〕因此，焦循《雕菰樓易學》「不相沿襲，而相發明」，〔註15〕良有以也。

　　《雕菰集》卷七〈述難〉五篇，可印證焦循述作之理念，及其一貫治學之精神態度，與識見規模。略引而證之：

　　　　然惟孔子能述伏羲、堯、舜、禹、湯、文王、周公，惟孟子能述孔子；孟子歿，罕有能述者也。述其人之言，必得其人之心；述其人之心，必得其人之道。(〈述難一〉)

　　　　是故善述者，能道人之是，能道人之非。學宋元人之學者，非漢魏矣！學漢魏人之學者，非宋元矣！……是故能述之，乃能非之；能非之，乃能述之；是其是，非其非。(〈述難三〉)

　　　　學者述人，必先究悉乎萬物之性，通乎天下之志，一事一物，其條理縷析分別，不窒不泥，然後各如其所得，乃能道其所長，且亦不敢苟也。(〈述難五〉)

　　焦循《易學三書》雖自有創獲，然亦非敢謂前人之說皆不合，而其說獨合，乃願核其說者，即以其說核之；此其主觀之學思所得，不礙乎客觀之實理以驗之。其意之所不能明者，乃賴著述以明，嘗以爲說經之文必主於意，而意必依於經；依經文而用己之意，以體會其細微，則精而兼實，〔註16〕故深契乎聖道，而密合於自然之理。

第三節　焦循《易》學總體評價

　　焦循《雕菰樓易學三書》體大思精，義例分明，開創二千年來《易》學

〔註14〕見羅振玉輯印《昭代經師手簡二編‧三月望日與王引之書》(〈復王伯申書〉)。
〔註15〕《易餘籥錄》卷十五，焦循自謂曰：「壬申之秋，……偶取《李獻吉文集》觀之，所爲駁何氏論文書，盛氣呵辯，不可嚮邇。……因取《何大復文集》，檢所爲〈與李空同論詩書〉觀之；其論李之短，固無取乎爾！然而其言曰：『僕觀堯、舜、周、孔、思、孟氏之書，皆不相沿襲，而相發明；是故德日新而道廣，此實聖聖傳授之心也。後世俗儒專守訓詁，執其一說，終身莫解，相傳之意背矣！』……『不相沿襲，而相發明』，此深得乎立言之恉者矣！」
〔註16〕義詳《雕菰集》卷十四〈與王欽萊論文書〉。

之新局面，突破二千年來傳注之舊藩籬；以數理推《易》，以小學通《易》，而架構其求通《易》象、《易》辭、《易》理之根本原則，匯歸而爲道統一貫之道德哲學，體系卓然，義旨明確，不愧爲專家之學。然則，以其《易》例雖簡，而運用則無所不通，扞格時存，齟齬頻出，故學界之評價，仁智互見，是非難免；茲總陳歷來學者所論，其「持之有故，言之成理」者，筆者以爲皆足以抉發焦循《雕菰樓易學》之精蘊，而匡補其所闕疑；異同之間，深淺之別，以理衡之，以實證之，庶可得其定評公論。

一、肯定說

《雕菰樓易學三書》，乃焦循積十數年心血萃聚完成之結晶，「以測天之法測《易》」，「以數之比例求《易》之比例」，開往古所未有之奇，故當時學者，如阮元、王引之、英和輩，莫不一致推崇其《易》學之新解與創見；而後來學者，亦有踵其說而增其華，可謂焦循之知音神交。以下引述十家之說：

（一）阮元「石破天驚」說

《焦氏遺書・雕菰樓易學》卷前，錄阮元致焦循手札，言其讀《易學三書》大略，以爲「石破天驚」之論；阮元又有論，曰：「昔顧亭林自負古音，以爲天之未喪斯文，必有聖人復起，未免太過。茲之處處，從實測而得，聖人復起，洵不易斯言矣！」〔註17〕故阮元〈江都焦氏雕菰樓易學序〉乃云：

> 江都焦氏居北湖之濱，下帷十餘年，足不入城市，尤善於《易》。取《易》之經文與卦爻，反覆實測之，得所謂「旁通」者，得所謂「相錯」者，得所謂「時行」者。舉六十四卦三百八十四爻，盡驗其往來之迹，使經文之中，所謂「當位失道」、「大中上下應」、「元亨利貞」諸義例，皆發之而知其所以然。蓋深明乎九數之正負、比例，六書之假借、轉注，始能使聖人執筆著書之本意，豁然於數千年後。聞所未聞者，驚其奇；見所未見者，服其正，卓然獨闢，確然不磨。〔註18〕

焦循爲阮元族姊夫，其稱許或有過譽者；然細審其序言所述，亦非盲目推崇，實有聞道之善，而持平以論者，蓋阮元爲當世學官，以經學自許，確有其公評。

〔註17〕 錄見焦廷琥《先府君事略》，頁 22。
〔註18〕 《雕菰樓經學叢書・江都焦氏雕菰樓易學序》，頁 8。

（二）王引之「鑿破混沌」說

《焦氏遺書》卷前所錄王引之致焦循手札，評論以爲：

> 示以說《易》諸條，鑿破混沌，掃除雲霧，可謂精銳之兵矣！一一
> 推求，皆至精至實，要其法則，「比例」二字盡之；所謂「比例」者，
> 固不在他書，而在本書也。〔註19〕

王引之爲乾嘉之際經學大家，其小學造詣見諸《經義述聞》、《經傳釋詞》二書，故讀焦循《易學三書》，乃能明其法則，可以「比例」蔽之，知其非妄意推許，亦深得乎焦循《雕菰樓易學》之要旨。

（三）英和「發千古未發之蘊」說

英和煦齋先生爲焦循座師，訓勉焦循以經學爲士子所業之道。故焦循《易學三書》清稿，屢呈請政，亦以得師教爲樂。故其作〈江都焦氏雕菰樓易學序〉，乃云：

> 古今《易》學無慮數千百家，其大旨不外二端：曰理與數而已。……
> 今春以是書見寄，且請弁言，……益以信《易》之非可理釋，必由
> 數推；而數本自然，求諸經文，觸類引申，在在契合，無取納甲、
> 爻辰之奧解，不襲圖書、河洛之僞傳。使古今言理、言數諸家，均
> 心折其辭，而無所置喙也，豈非不朽之盛業哉？……今觀所學，非
> 列國，非漢，非晉、唐，非宋，發千古未發之蘊，言四聖人之所同
> 然之言，是直謂之《周易》可焉。〔註20〕

而焦循哲嗣廷琥《先府君事略》，亦曾引英和之論，曰：

> 稱是書發千古未發之蘊，言四聖所同然之言。……《雕菰樓易學》，
> 原本經文，疏通引證，使全《易》無剩句閒字。〔註21〕

英和以「數」、「理」二端提舉《易》道，因以證明焦循深明洞淵九容之數，故以測天之法測《易》，而《易》之理釐然具備，乃上達聖統，而復原乎《周易》。

（四）汪萊「六闢四達」說

汪萊爲著名天算學者，與焦循齊名當世，切磋絕學，深得友朋志道之樂。《焦

〔註19〕詳參焦廷琥《先府君事略》，頁23。
〔註20〕詳參《雕菰樓經學叢書·江都焦氏雕菰樓易學序》，頁4～5。
〔註21〕詳參焦廷琥《先府君事略》，頁22～23。

氏遺書》卷末，汪萊跋《易學三書》，以爲道統備於四聖，故慨乎其言，曰：

> 慨自荀、虞嵌實，輔嗣蹈虛，十翼不宗，九家散出；三名未析，二
> 氏交攻，扇其流風，幾同膾熄。吾友焦君里堂，駢臂其人，折衷此
> 道，知賾動之有見，念枝屈之不辭；……千目一綱，六闢四達。觀
> 者駭爲變本，作者志主復初，庶幾下古之微言，不襲憑虛之鑿度，
> 後有君子，推而別之，若是則彬彬矣！

焦循曾爲汪萊《衡齋算學》作序，見於《雕菰集》卷十五；其卷六〈讀
書三十二贊〉，於是書贊之曰：

> 汪君孝嬰，天授以敏；數學精深，獨入於理。人所共可，君知其否；
> 一問兩答，以難秦李。兩形互易，創立新式；貫通和較，縷析正負，
> 探賾索隱，邁越諸子。

彼此揄揚，重在勘核，固不在虛名。汪萊之說，焦循之贊，皆可見二人
實學之功，非虛以委蛇之譽。

（五）阮亨「既無不周」說

阮亨爲阮元胞弟，從遊於焦循門下。《焦氏遺書》卷末，亦錄其〈易學三
書跋〉曰：

> 里堂先生少與吾兄雲臺講求經學，及六書九數百家之言，既無不
> 周。……而專力於《易》，垂二十年，《易學三書》成；英煦齋家宰
> 謂先生之學，過於孫明復、李泰伯，手臨趙孟頫所書〈說卦〉五十
> 六字遺之。又集蘇長公句，云「手植數松今偃蓋，夢吞三畫舊通靈」，
> 以表先生之學。

阮亨爲從遊弟子，質實言之，亦可知其景仰之意。

（六）裔榮「深歎奇確」說

裔榮亦爲焦循受業，《雕菰樓易學》刻成，榮嘗任校字之役，並請問焦循
《易》之義例，而有所悟得。《焦氏遺書》卷末，亦錄其〈易學三書跋〉云：

> 榮以先生之言，按之於《易》，深歎奇確，爲二千餘年所未發。王侍
> 郎以爲「鑿破混沌」，阮宮保以爲「聖人復起，不易斯言」，良不誣也。

焦循治《易》，以爲《易》辭如算法、琴譜之借用符號，一望似不可解，
然一一求之，隨求而得；故學《易》者於所繫之辭，求其比例引申，則知三
百八十四爻所之之吉凶得失。其中文理，或借用之辭，或實指之義，凡能不

拘一例，隨在以爲引申，《易》辭之自成文理，而其實各指其所之，乃可明晰。此裔榮所以有「深歎奇確」之評。

（七）皮錫瑞「獨闢畦町」說

皮錫瑞《經學通論・易經通論》其「論近人說《易》，張惠言爲顓門，焦循爲通學，學者當先觀二家之書」條，其言云：

> 近儒說《易》，惟焦循、張惠言最善，……實皆學《易》者所宜治。焦氏說《易》，獨闢畦町，以虞氏之旁通，兼荀氏之升降，意在采漢儒之長而去其短。《易通釋》六通四闢，皆有據依；《易圖略》復演之爲圖，而於孟氏之卦氣，京氏之納甲，鄭氏之爻辰，皆駁正之，以示後學；《易章句》簡明切當，亦與虞氏爲近。學者先玩《章句》，再考之《通釋》、《圖略》，則於《易》有從入之徑，無望洋之歎矣！〔註22〕

皮氏之以爲焦循《雕菰樓易學》深於王弼，故論王弼得失極允，能考其精義；焦循以假借說《易》，皮氏又以爲獨闢畦町，並以爲此非穿鑿，學者當援例推補。〔註23〕凡此，皆可見皮氏信從焦循《雕菰樓易學》，故汲汲以推介於士林學者。

（八）王永祥「條理精密，圓通無礙」說

王永祥嘗撰《焦學三種》——《焦里堂先生年譜》、《里堂思想與戴東原》、《里堂易學》。於焦循學術之造詣、成就，皆有其一定之認識，故《里堂易學・引論》乃評之曰：

> 王伯申以爲精銳，鑿破混沌；阮芸台以爲石破天驚，聖人復起，不易斯言；英煦齋以爲發千古未發之蘊，四聖人所同然之言。其果爲古聖人之旨不敢知，然其爲歷來講《易》者所未曾道，自成一家之言；條理精密，圓通無礙，則信乎其可以獨步古今也。讀其書者，不以讀古《易》之心讀之，以讀焦氏一家之《易》之心讀之；且不以讀《易》之心讀之，而以讀哲學之心讀之，則庶乎其可矣！

信乎！焦循《雕菰樓易學》有其獨到之象數變通體系，並有一貫之聖聖道統思想，無怪乎其學爲一家之專門。

〔註22〕詳參皮錫瑞《經學通論・易經通論》，頁33～34。
〔註23〕並參見《經學通論・易經通論》「論焦循《易》學深於王弼，故論王弼得失極允」條、「論焦循以假借說《易》，本於《韓詩》，發前人所未發」條，以及「論假借說《易》並非穿鑿，學者當援例推補」條。

（九）牟宗三「道德哲學」說

牟宗三先生爲當代新儒家之巨擘大家，其早歲著作《從周易方面研究中國之玄學及道德哲學》，後於臺灣重新付梓出版，更名爲《周易的自然哲學與道德函義》。其第四部分特闢〈清焦循的道德哲學之易學〉，深入闡析焦循解《易》，可以見出孔門之眞面目，及眞正中國道德哲學之眞面目。故其論之，曰：

> 這種道德哲學是建設在生成變易的自然哲學之上的。所以他〔里堂〕以「通」爲主，十二言之教，即是通的標準。通即是情通，情通而欲遂，即是團體情欲的諧和。……元亨利貞的情通之極致，是謂情欲之大諧和，人要必以此爲理想。戴東原的「以情絜情而各遂其生」，焦里堂的「旁通情也，而元亨利貞」，皆是人間的眞正發現，皆是抉破了人間的秘密而趨向於赤裸的眞人生，這是人間的復活，人間的自我實現，毫不必藉助於萬能的神及超越的宗教。這是有功於人類的發現，他這道德哲學的系統之完美，在這個人間是不多得的。〔註24〕

有關牟先生之高論，皆已見前章所述，蓋焦循所自創發之「旁通、相錯、時行」三根本原則，爲其道德哲學之總觀點；以此三根本原則及其附屬原則，而解析《周易》全經，而引申鉤貫出全部儒家道德哲學之人間倫理。

（十）朱伯崑「辨證與形式邏輯思維相融合」說

朱伯崑先生《易學哲學史》第九章〈道學的終結和漢易的復興〉，於焦循《易學三書》之「邏輯思維」有一客觀之剖析，並以爲其討論焦循《易》學之結論，曰：

> 所以焦氏於其數學和《易》學著作中，總是將數學法則同《易》學法則相提並論，表明二者的理論思維方式是一致的。就此而言，焦氏的代數學原理的創立，也是古代《易》學中邏輯思維發展的積極成果。《周易》作爲上古時代占筮典籍，其中已含有邏輯思維的萌芽，後經歷代《易》學家的闡發，至焦循，終於開出奇異的花朵。此表明中華民族的思維方式是豐富多彩的，焦氏《易》學可以說是中國傳統思維方式中辯證思維和形式邏輯思維相融合的結晶。〔註25〕

朱伯崑先生的說法及其關注重點，頗異於前述諸家，亦能深副焦循《易》學傳統與現代性之評價。基於數理邏輯與《易》學思維之綰合而言，焦循《易

〔註24〕詳見牟宗三先生《周易的自然哲學與道德函義》，頁267。
〔註25〕詳參朱伯崑先生《易學哲學史》，頁409。

學三書》中，以數理形式化、符號化與邏輯化之方法論，爲其《雕菰樓易學》之內在機制，從理論意義加以探討，無疑爲《易》學發展史上，成就最爲傑出之第一人。

二、批判說

　　當代時賢，後來學者，於焦循《雕菰樓易學三書》持肯定之論者，既如上述，則其學術之價值與創造之意義，是可貞定而證成之。雖然，猶有攻堅之說，不同異論，其批判之精神，亦可爲治焦循《易》學者之參稽；其批判之結果，亦頗能洞觀《雕菰樓易學》之偏弊，相觀而善，其道易明，是可以相喻以解。以下分述八家之說：

（一）朱駿聲「有詞無理」說

　　《求恕齋叢書》收錄朱駿聲（1788～1858）《傳經室文集》，其卷二〈書焦孝廉循易圖略後〉，以爲焦循《雕菰樓易學》一書，以九章之正負、比例爲《易》意，以六書之假借、轉注爲《易》詞，雖其間不無心得，而傅會難通者十居七八。其用心之勤，雖可賞之，而惜其立言之固，此所謂「有詞而無理」。〔註26〕其言曰：

> 其一旁通，即升降也。謂〈旣濟〉一卦之外，皆當變易本卦，初四易、二五易、三上易；無可易則旁通他卦，亦初四、二五、三上相易，此本虞氏而小變其說者。
>
> 其二相錯，即比例也。比例分十二種，……共有四圖，其第一圖尚有理，故錄其大略如此。
>
> 其三時行，即變化也，變通也。二之五爲大中、爲元，上下相應爲亨，所謂「大中而上下應之也」。剛柔正爲貞，位當爲利，所謂「剛柔正而位當也」。……亦成一家之言，難云千慮之得。

　　朱氏之批判並非十分明確，惟焦循《易》學以「二五變通」論爲核心，故「太極」即爲「大中」，即此意謂，便不易曉。而變通之原則，先二五變，後初四、三上變，爲當位；不俟二五、而初四、三上先行，爲失道。此焦循《易》例不可移易之原則，非如此其《雕菰樓易學》系統之縣密整全，無由得立，亦無由求其通達。朱氏以此而謂其立言之固，有詞而無理，尚未能相

〔註26〕詳參《求恕齋叢書‧傳經室文集》卷二〈書焦孝廉循易圖略後〉，頁20。

應瞭解，深求其是。

（二）郭嵩燾「以《易》從例」說

清末名家郭嵩燾（1818～1891）《養知書屋文集》卷七〈周易釋例序〉，於焦循《雕菰樓易學》有所評騭，其言曰：

> 聖人明言《易》之爲書，不可爲典要，惟變所適。……反復求之，而確然有以知其通。……聖人觀象繫詞，非必苟爲而已，乃稍比次《易》義，推而衍之。焦氏循《易通釋》，其辭博辨而不窮矣！而頗病其舍本義，而專義於互卦，參伍以變，錯綜其數，未聞錯綜其言也。漢儒之釋經也，強經以就己之說；焦氏之弊，以《易》從例。今之《釋例》，以例從《易》，無當於《易》之高深；而以經釋經，由象以通其詞，由詞以通其義，亦期不以己意爲歧說，以亂經而已矣！

焦循《易》學之弊，郭嵩燾以爲在「錯綜其言」與「以《易》從例」二項，可謂洞觀之論。蓋焦循以其設計之《雕菰樓易學》體系，爲求通《易》辭、象、理，多有曲予委同，強以《易》從例爲說者，故不免失於寬泛而不切實。

（三）柯劭忞「支離穿鑿」說

《續修四庫全書提要》中，柯劭忞於焦循《易學五書》及《周易補疏》，均有所評騭，批判之見，雖亦不假辭色，大要可知焦循《雕菰樓易學》之未善者。

《易章句》提要中，柯氏均以爲阮元、王引之未免推崇過甚。然以爲焦循以經傳之文，旁參互證，左右逢源，獨開別徑，不從消息入手，謂之爲一家之學則可；如謂非此說不能通羲、文、周、孔之微言大義，則不敢信。〔註27〕

柯氏復論《易通釋》，以爲必謂羲、文、周、孔之義盡括於此，誠爲焦循一孔之見；必謂旁通、時行、相錯之法，支離糾轕無當於《易》學，亦非；惟其說多因假借之字而引申之，則鑿。〔註28〕

〔註27〕《續修四庫全書・經部・易章句》，頁85～86，柯氏評曰：「阮文達公謂其書處處從實測而得，聖人復起不易斯言；高郵王文簡公則謂一一推求，至精至當，足使株守漢學者爽然自失，均未免推崇過甚。按伏羲十教曰：『乾、坤、震、巽、坎、離、艮、兌、消、息。』荀虞馬鄭之學未有不出於消息者，循獨別開門徑，不從消息入手，謂之爲一家之學則可，如謂非此說不能通羲文周孔之微言大義，則不敢信也。」

〔註28〕《續修四庫全書・經部・易通釋》，頁86，柯氏評曰：「贊之所謂參互錯綜者，

　　《易圖略》八卷，焦循窮思苦慮，柯氏以爲不愧一家之學；惟「妄測聖涯，未免不知自量」。〔註29〕而焦循之補疏王弼《易》，孔穎達正義所失者，皆援據精確，足以補正義所不足，而柯氏以爲焦循自命太高，而視古人太淺，故其自序稱「弼或可由一隙貫通，惜其秀而不實」，儼若嚴師之誨弟子，非著書之體。〔註30〕

　　《易廣記》三卷，柯氏以爲皆焦循自述其學力之勤苦，無與於見聞神智；而《易話》二卷，其上卷〈易辭舉要〉，詮釋句法，最有益於初學；而〈性善解〉無關《易》說，亦屬駢枝；而其假借、轉注以釋《易》辭，則支離附會，安能與經義相比附？〔註31〕柯氏求全責備，固無可厚非，惟主觀之意猶多，恐亦未能洞徹焦循《易》學之眞得失。

（四）王瓊珊「支離曼衍，斷爛不可讀」說

　　王瓊珊《易學通論》第八章〈易圖下〉，於焦循《易》圖，抨擊不遺餘力，可謂不假辭色，甚爲嚴厲。

> 自來以象數說《易》，無如焦氏之巧者。彼合旁通升降之說，大而化之，遂得貫穿全經，無往不利。所以然者，非果於聖人之《易》有大發明，乃六十四卦之自身，有以助其穿鑿附會，至於踳踳滿志也。……信如焦氏說，則聖人作《易》，幾於限字作文，其拘礙且甚於限韻賦詩矣。且焦氏之說，止於揣測聖人作辭用字之意，於經文之奧義則無

即旁通時行相錯之法而已。按《易》學範圍廣大，奇偶之數推演無窮，執一端而通之全體，皆能密合，必謂義文周孔之義盡括於此，誠爲一孔之見；必謂旁通時行相錯之法，支離糾轕無當於《易》學，亦非也；惟其說多因假借之字而引申之，……則鑿矣！」

〔註29〕《續修四庫全書・經部・易圖略》，頁87，柯氏評曰：「循窮思苦慮，不愧一家之言。然謂孔子讀《易》，韋編三絕，正是解得具參伍錯綜之故，讀至此卦此爻，知其與彼卦彼爻相比例，遂檢彼以審之，前後互推，端委悉見，所以韋編至於三絕。是則以管蠡之見，妄測聖涯，未免不知自量矣！」

〔註30〕《續修四庫全書・經部・周易補疏》，頁88，柯氏評曰：「正義失之，皆援據精確，足以補正義所不及。惟循自命太高，而視古人太遠，其自序稱『弼或可由一隙貫通，惜其秀而不實』，儼若嚴師之誨弟子，非著書之體也。」

〔註31〕《續修四庫全書・經部・易話》，頁89，柯氏評曰：「其上卷〈易釋舉要〉，詮釋句法，最有益於初學。然循謂兩卦旁通，每以彼卦之義係於此卦之辭，則虞仲翔旁通之法固如此，不自循發之。〈性善解〉無關《易》說，亦屬駢枝。……而《易》以比例旁通之說，亦未見其確當。至《爾雅》「倫，敕、勞也」，以倫與輪同聲，謂勞謙之勞即曳其輪之輪；敕與勞聲轉，井之勞民即噬嗑之敕法，支離附會，安能與經義相比附乎？」

所發明。觀其《章句》，於經文字字求象，卦必旁通，爻必升降，支離曼衍，每卦必合若干卦以解之，使六十四卦，無一卦有自身之意義，而聖人之經，有如七寶樓臺，被拆碎下來，不成片段矣。

總之，焦氏《易》爲重重封閉曲線之交構，讀其書如入迷宮而不知所出，不如讀經之白文，闕其可疑，猶足以悟修己、治人、齊家、治國之大端也。

其《章句》與《通釋》，要不外乎五圖之所示。於經文之一名一物一詞一字，皆牽涉多卦以解之。其解之也，猶蔽之也。經文之義顯而易見者，經焦氏一說，遂茫乎不知其爲何物？……焦氏不知有道，惟知有卦（此處姑如此說），以六十四卦爲大點，三百八十四爻爲小點，以辭爲各點之符號，據旁通升降之定則而作各點之聯線，其「健行不已」所由之途徑，爲紙上之雜多交錯之網狀封閉曲線。一言以蔽之，焦子爲《易經》之蠹蟲而已矣。彼終身藏於經中，全經遂百孔千瘡，斷爛不可讀矣！〔註32〕

王氏之批判，全盤否定，有其基本立場；惟不能相應瞭解焦循創設《易》例之心路歷程及其用心良苦，復不能客觀正視其《雕菰樓易學》之創造意義與學術價值，筆者以爲有失厚道，猶須逐一釐清，以還其本來面目。

（五）李鏡池「一齊貫通，牽強附會」說

大概最能夠從形跡上去推求的，當以焦循爲第一。焦循把卦畫的象、位、德，與文辭一齊貫通了來說。唯其求通，往往牽強附會。〔註33〕

（六）黃壽祺「明於燭人，暗於見己」說

然今考循所破漢儒卦變、半象、納甲、納音、卦氣、爻辰之非，咸能究極其弊；至其所自建樹之說，則又支離穿鑿，違於情理，實有較漢儒諸術過之而無不及焉者。……若此之類，初觀其法似密，實按其義則非。牽合膠固，殆過於虞翻遠甚，而竟不知其謬，豈非明於燭人而暗於見己乎？〔註34〕

（七）侯外廬「通釋數理，玩弄形式」說

他應用了數理普遍地通釋一切，不但歪曲了質的移行法則（如他通釋邑、

〔註32〕詳參王瓊珊《易學通論》，第八章〈易圖下〉，頁115～116，125～126。
〔註33〕詳參李鏡池《周易探源‧周易卦名考釋》，頁290。
〔註34〕詳參黃壽祺《易學群書平議‧雕菰樓易學四十卷》，頁100～101。

國、邦以及祖、考諸名，便不是歷史的質的通釋，因爲眞理在純粹抽象邏輯之下沒有不被曲解的），而且達到玩弄形式的極點。〔註35〕

（八）閻韜「體現儒家思想，缺乏真知灼見」說

但是他用功最勤，頗負盛譽的《易》學，實際上卻遭到了失敗。他受傳統觀念的束縛，把儒家思想看作萬古不變的眞理，因此在研究中體現儒家思想的學問時，就缺少眞知灼見，甚而至於完全弄錯。〔註36〕

以上四家之說，皆爲近當代知名學者之評論，可以比較觀善，足爲檢證之資。

三、折衷說

學術之評價，難免見仁見智，由以上之批判說中，可知焦循《雕菰樓易學》爲一爭議性極強之對象。惟積極肯定與消極否定之間，必有其客觀、折衷之定評，歷來學者於此討論不少，爰檢陳梁啓超、熊十力、錢穆、程石泉、張豈之、何澤恆、陳居淵、李亞寧、谷野等九家之說，以爲參稽、權衡之資。

（一）梁啟超「客觀研究」說

梁啓超《中國近三百年學術史》第十三章〈清代學者整理舊學之總成績〉一文中，於焦循《雕菰樓易學》有一客觀公允之評價，甚得折衷當否之別裁。其評曰：

> 里堂精於算理，又精於聲音訓詁，他靠這種學問做幫助，而從本經中貫穴鈎稽，生出妙解。……里堂這幾部書，是否算得《易經》眞解，雖不敢說，但他確能脫出二千年傳注重圍，表現他極大的創作力。他的創作卻又非憑空臆斷，確是用考證家客觀研究的方法得來，所以可貴。
>
> 我對於里堂有些不滿的，是嫌他太騖於旁象而忽略本象。「旁通」、「相錯」等是各卦各爻相互變化孳衍出來的義理，是第二步義理；本卦本爻各自有其義理，是第一步義理。里堂專講第二步，把第一步幾乎完全拋棄，未免喧賓奪主。〔註37〕

〔註35〕詳參侯外廬《中國哲學通史・焦循的思想》，頁557。
〔註36〕詳參閻韜《中國古代著名哲學家評傳續編四・焦循》，頁703。
〔註37〕詳參梁啓超《中國近三百年學術史》，第十三章〈清代學者整理舊學之總成績〉，頁253。

　　焦循治《易》之方法原則，大體不誤，若能應用其經傳合一，以本書解本書之詮釋方法，而抉發其所闕略之本卦、本爻意義，重新鉤稽，則其《易》學之根本原理或許可以有另一層之開發意義；故梁啓超從肯定與否定二說，分別評論，可視爲焦循《易》學再改造之先聲，有其積極之學術意涵。

（二）熊十力「卦爻顯理」說

　　當代新儒家巨擘牟宗三先生，其業師熊十力先生融通中國哲學與印度佛理，嘗著《讀經示要》、《乾坤衍》、《原儒》等諸力作，其《原儒》上卷〈原學統第二〉以論焦循《易》學，云：

> 焦循承漢人之卦之說，而異其運用。本荀、虞旁通與升降之意，而兼用比例之法，以觀其會通。其於大《易》全經之辭，無有一字不勾通縫合。焦氏之自得者在此，而其技亦盡於此矣。夫卦爻所以顯理（顯者，顯示），而卦爻猶不即是理。譬如以指示月（指，以喻卦爻；月，以喻理），而指不即是月。焦氏有言「讀此卦此爻，知其與彼卦彼爻相比例；遂檢彼以審之，由此及彼，又由彼及彼，千脈萬絡，一氣貫通」云云，焦氏之觀會通蓋如此。
>
> 然而每卦每爻之辭，所以顯理也。焦氏貫通六十四卦，三百八十四爻之辭，究發見若何理道來？（理道係複詞，實即一理字）焦氏實宗漢《易》，雖不必以術數家之說法作根據，而其方法確是漢《易》。漢《易》之方法，只向卦與卦、爻與爻之間，去作活計，自然不會探及理道。〔註38〕

　　熊氏以爲「卦爻所以顯理」，譬如以指示月，指以喻卦爻，月以喻理；而指不即是月，即喻卦爻不即是理也。故焦循之《易》學，本於漢《易》之傳統，研究《周易》之指（卦爻），而不及月（理），此其偏而不全者。

（三）錢穆「拘牽遠超」說

> 否定：里堂《易學三書》，處處發揮此通情與時變二義，惜其拘牽於時尚，未能擺脫注疏考據面貌，卓然自抒心胸之所得。
>
> 肯定：效實齋《通義》體例爲之，則其成績，必遠超於今諸書之爲一鱗一爪，隱現出沒於煙雲霧靄之間者，無疑也。〔註39〕

〔註38〕詳參熊十力《原儒》，上卷〈原學統第二〉，頁153。
〔註39〕詳參錢穆《中國近三百年學術史》（下）第十章〈焦里堂阮芸臺凌次仲（附許

（四）程石泉「條貫明當」說

肯定：焦氏《易》學之貢獻，可自兩項言之。其一因焦氏對於卦爻辭求
瞭解，得卦與卦間，爻與爻間相互變動之關係，輾轉證之以辭，
頗能自圓其說，此所謂旁通、時行、比例諸《易》例是也。其二
爲焦氏對於《易經》所持之文化解釋（culture interpretation）。焦
氏治《易》，深明乎歷代《易》學家之失，而以能「縱通橫通而無
所不通」爲志幟，致力凡四十年，摒絕慶弔俗務者凡十餘年，悟
得時行、旁通、相錯、比例以爲卦爻行動之方式，證之以辭無不
條貫明當，是乃發千古之幽光，開後世之門徑。

否定：此部分散見於《易學新探·雕菰樓易義》。並自言曰：「作者不敏，
略述其大概，並間論其得失，以待質於大雅君子。」〔註40〕

程石泉教授以爲焦循《易》例對於卦爻辭義與卦爻變動之關係，可以獲
一條理分明之了悟，故如能就焦循《易》學而更加精密，或另闢蹊徑，於《易》
辭、《易》義、《易》理、當有更精明透闢之發揮。焦循治《易》，深明乎歷代
《易》學家之失，又悟得縱橫無所不通之《易》例，證之以辭，無不條貫明
當，故程教授以爲「乃發千古之幽光，開後世之門徑」；其未能盡善者，則有
待高明之士。

（五）張豈之「突破忽略」說

肯定：……但他的研究比前人有所進步，有兩點值得肯定：第一，他敢
於突破傳統傳注的範圍，直接從六十四卦內尋找「參伍錯綜」的
關係。第二，他的《易》學研究中貫穿著「變通」的哲學思想。
他提出「旁通」、「相錯」、「時行」三個概念，實質上都是用來講
「變」。

否定：焦循的《易》學研究也有所不足，他忽略了《易》學中關於自然
哲學和人生倫理的含義。〔註41〕

（六）何澤恆「《易》非無例」說

肯定：《易學三書》，其義一貫，特爲體之不同耳。郭氏（嵩燾）之言，

周生方植之）〉，頁 461，頁 475～476
〔註40〕詳參程石泉《易學新探·雕菰樓易義》，頁 241～243。
〔註41〕詳參張豈之《中國思想史》，第六編〈明清編·焦循與阮元的思想〉，頁 892。

雖只及《通釋》，其實《章句》、《圖略》二書亦將莫能外。要之，
《易》非無例，然亦非句句有例，字字有例。里堂所悟得旁通比
例，自有其突出創發之貢獻。

否定：惟郭氏以《易》從例之一語，則已指出其病原之所在矣。……一
經之文，固主觸類引申；諸經之間，亦惟重其相同相通之一面，
而泯其相異相差之一面，此在里堂之治諸經，自見其為宗旨之一
貫，然一若治經之法，舍此無他途，則庸非仍為一執乎？烏乎執？
一言以蔽之，曰執於《易》之旁通二字而已矣。〔註42〕

何澤恆教授探析《雕菰樓易學》，是是非非，各還其本，乃能道其所長，
論其所失，是真能讀書而得其宗旨。

（七）陳居淵「繼承改造」說

肯定：類比推理，它是數學中一種邏輯推理方法。……焦循《易》學的
「相錯」和「比例」，就是根據卦爻之間的種種關連，推求其共
性。……總之，焦循《易》學的體系和特色在於建立一套完整的
符號系統，這是焦循有別於前人或同時代人《易》學的最大特點，
雖然仍舊沒有徹底擺脫傳注《易》學的影響，但焦循作了可貴的
嘗試，在《易》學史上應該說是一種進步，也是焦循《易》學所
以引起當時學術界震動的最大原因。

否定：我認為，在《易》學史上，焦循的《易》學仍屬象數一派。在上
述《易》學特色的分析，無論是旁通、相錯、時行或當位失道，
都是對漢《易》的繼承和改造。……焦循是把《周易》象數體系
視為一個比例形式，並以甲乙丙丁等符號來替代卦爻的計算。焦
循雖然已經領悟到符號系統對於處理演繹方法的作用，但同樣也
決定了他必然把《周易》象數體系看成是一個封閉的體系。……
導致了焦循必然採用循環推理的求《易》方法。〔註43〕

陳居淵教授之分析，十分確當，又能洞察焦循《易》學中繼承與改造之
部分，故雖貌為高簡，實不容以空論視之。若能相應瞭解，透過系統之掌握，
如焦循以假借說《易》，亦不過視為一種符號系統，與其「比例」之類比推理

〔註42〕詳參何澤恆《焦循研究・雕菰樓易學探析》，頁 70；〈焦循論語學探析〉，頁
150。
〔註43〕詳參陳居淵〈論焦循易學〉，《孔子研究》，1993 年第 2 期，頁 94～95。

思維乃爲一致之方法，明乎此，則不致全以附會斷之。

（八）李亞寧「數理得失」說

肯定：他（焦循）研究和闡發了當時中西數學的發展成果，並融會貫通
其中的數理，用數理解釋《周易》，他的哲學體系也即建立在數學
和數理《易》學的基礎上。焦循在數理哲學的研究中，將近代數
學、形式邏輯和中國傳統哲學內在地統一起來，力圖建立起數學
邏輯化、形式化、符號化的方法論。……焦循解《易》，正是遵循
了互補原則，在邏輯上是辯證邏輯和形式邏輯的結合。辯證邏輯
側重於概念、判斷、推理等的實質性的研究，較少注意形式方面
的分析。形式邏輯尤其是數理邏輯側重於外延方面的分析，從量
方面著手，推論力求數學化，精確度必然較高，而焦循在這方面
的努力探索是值得重視的。

否定：遺憾的是由於中國傳統科學所固有的思維方式的局限，使他的數
學科學思想，沒有能夠達到當時西方數學科學思想發展的水
平。……然而，由於他的出發點是整體論的，他的數理哲學思想
的局限性也十分明顯的。一、他不是從論斷（辭）的結構中去發
現矛盾，分析數本身的性質，而只是從最高原理出發去消除矛盾，
去分析象數的排列、組合、對應、對稱、旋轉、反射等關係。在
用數學方法計算邏輯時，導向的僅是組合論。二、焦循解《易》，
把象數體系看作一個封閉的體系，……由於八卦六十四卦三百八
十四爻數量有限，由大到小，不斷剖分，這樣陰陽兩爻本來可以
顯示出無限多的圖像因此被僵化成某種圖式，必然導致他採用循
環推理的論證方法。因此，他所理解的數理論體系是不可能發生
變革的。三、焦循所依據的是中國傳統數學的成果，他所謂的符
號化是用中文標示，這也是他未能獲取更大成就的原因。〔註44〕

（九）谷野「創新牽強」說

肯定：他以數學的方法研究《周易》，把卦象看作符號，試圖從中找出一
個貫穿整體、無所不通的統一的公式，對《周易》作出全面解釋。

〔註44〕詳參李亞寧《中國哲學史（複印報刊資料）》，〈焦循的數理哲學思想述評〉，
　　　　1987 年第 5 期（5 月），頁 75～78。

這正是焦循《易》學理論超群出眾之所在。

否定：他否定了《周易》文字中的義理成分，把它們解釋成卦爻之間的聯繫和運動，未免過於牽強；他概括的三條規律帶有一定的任意性；他把轉注、假借的方法當成求通的工具，隨心所欲地運用，有相當地主觀隨意性，這些缺陷在焦循地《周易》研究中是比較明顯的。客觀地說，焦循把數學方法運用於《周易》研究，確有創新之處，但不宜估價太高。〔註45〕

綜合以上各家說法，概括而言，焦循《易》學之總體評價，可就優、缺點兩部分，簡單歸納說明如下：

一、優　點

（一）用考證家客觀研究方法解《易》。

（二）利用數理哲學與考據之學，對《周易》作全面之會通。

（三）悟得旁通、相錯、比例、時行等義例，解釋卦爻活動，建立一套完整之符號系統，成其一家之言。

二、缺　點

（一）專講卦與卦、爻與爻之間相互變化之義理，而忽略各卦各爻本身自有之義理。

（二）執著於以「旁通」來解釋各卦各爻，以致產生如郭嵩燾所言「以《易》從例」之弊：僅重其相同相通之一面，而忽略其相異相差之一面。亦即有所謂詮釋上之「主觀隨意性」問題。

（三）將《周易》象數體系視為一封閉之符號系統，導致循環推理以求《易》之弊病。

（四）焦循並未能全面闡釋出《周易》本身所具備的種種意涵。（如張豈之即認為：「他忽略了《易》學中關於自然哲學和人生倫理的含意。」）

基本上言，焦循突破一般研究《周易》之方式，而領悟出以數理哲學結合考據學之方式解釋《周易》，會通《周易》卦爻與義理；在此一方面，焦循之努力與詮釋成果，確實不容忽視。也由於他以數理哲學與考據來研究《周易》，勢必產生兩者帶來之弊病，而使得焦循《易》學僅能成一家之言，而無

〔註45〕詳參谷野《中國哲學三百題·焦循的易學理論有何特點》，頁 500。

法對《周易》本身所包含之種種意義作出全面理解。雖然如此，但焦循在學術上之地位與創見，仍是不容抹煞，學者必須瞭解其限制所在，並對其限制之產生，能作一同情之理解。如此，不但不會落於極端之肯定與否定，也能客觀看待個別之學術成果，焦循《易》學呈現之識鑒光芒，亦不致於隱沒而不彰。

四、象、數、辭、理之統一

　　就《周易》而言，其「象、數、辭、理」四維乃統一之構作，象者〈乾〉、〈坤〉，數者奇偶，辭者經傳，理者陰陽。而焦循《雕菰樓易學》之主要發明「旁通、相錯、時行」，及其運用之「數理、假借」方法，皆所以統一此四維之內在聯繫。前述各章，已於焦循《易》學體貌，大致鋪陳畢盡；而各章之「小結與小評」，於焦循《易》學之得失亦有原則之總述，可以視之為結論之先導。本節前引各家之說，更能明瞭焦循《易》學之歷史評價，雖然爭議性強，固不失其為專家之定位。

　　平心論之，《雕菰樓易學》其最主要之目的，厥其在求其一貫，故《周易》之象、數、辭、理四維，乃成為焦循亟欲統一之對象，故以數理視為超越於客觀事物之外之先驗法則，以形式化、符號化與邏輯化為其發展目標，故其基本數理觀——「名起於立法之後」，所以主其「形」；「理存於立法之先」，所以主其「數」。以其抽象出來之事物數量與形式之關係，成為駕馭物質存在之原則，因此其《雕菰樓易學》之主要發明，遂衍生而為形式主義之「符號論」，以此推演自然世界與人文世界。然則，焦循哲學之出發點，既源於其治《易》之基本精神，力圖找出事物變化之間之數量關係（比例），在思想根源及歷史之自然觀，皆未免於形式性之侷限，而產生其推衍之謬誤與傅會之泛濫。

　　試觀：焦循以卦為世界之基本符號，每卦皆代表一組矛盾相錯之事物現象。故「旁通」則萬物按其取類之不同，而形成彼此之交感、貫通、依存與制約之關係，而由此旁通行動之法還原於數學符號之形式，得出物類事理之間普遍存在「數」之形式之共同性，此其一。而「相錯」意謂矛盾對立物之交錯，本於自然之存在，而通過「旁通」方能達到合理之統一，惟如此方能形成和諧之秩序，而終合於道，故「道必察乎其理，德必辨乎其義」，此其二。再者，以數理之「齊同、比例」反覆求其平衡之計算方式，進而推求卦爻之間「趣時以變通」之「時行」運動，由矛盾對立之相對中，達到均衡統一之

絕對性，顯見焦循之宇宙觀深受天體力學與自然數學之影響。

如實言之，焦循之「旁通、相錯、時行」之觀點，只是通過數量增減而循環反復之運動，而非事物由低往高之發展；證之其社會觀點之人性學說，一則透露出近代個性覺醒之朦朧曙光，一則反映出其由「旁通」而「一貫」均衡論之特點。故焦循帶有功利主義色彩之理性主義，使差別和矛盾融解於和諧之理想狀態，可以說源自於其《雕菰樓易學》之哲學觀點。因此，焦循對待中國傳統之文化學術，特重孔孟一貫道統，兼容並包，重貫通、反執一，反映其對定於一尊之道統觀點之批判，此又其進步之思想。

要而言之，焦循《雕菰樓易學》旨在建立一套完整之符號系統，以邏輯化、形式化、數學化之方法論，以統一《周易》象、數、辭、理之內涵，而達到其一貫之均衡論，此其卓識，故以專家之《易》視之，誠非過論。凡以上所論焦循《易》學之進路方法、詮釋特色與總體評價，皆原本有據，不敢率為臆脫者，亦不敢遽下定論。唯筆者潛研焦循之學亦歷有年所，於其心路歷程，學思進境與其著述宗旨，皆有一定之認識與體會，故焦循《雕菰樓易學》乃其一切學術之張本，必持平衡觀，其全體大用，乃可完備。

焦循《易》學本於《周易》之邏輯結構、語法規範與形上原理，以建構其獨闢蹊徑之《周易》系統。憑藉其精湛之算學數理造詣，而推衍出「旁通」、「相錯」、「時行」三根本《易》例；並以乾嘉之際，特領風騷之樸學規模，成就建設其假借說《易》之理論基礎。因此，焦循運用詮釋之方法，遂匯歸與證成其孔孟一貫道統之道德形上學。本於數學天算與六書訓詁之基礎，透過檢索統整、歸納條理以及演繹法則之系統方法，終於自《周易》六十四卦參伍錯綜之象數、義理關係中，求得全盤之瞭解、全體之貫通，故明一例可鉤貫全經、全傳，縱橫無不可通，具有創造性之意義與價值。

焦循治《易》，又能融會眾家，泛觀博覽，取精用宏，而「證之以實，運之於虛」，〔註46〕參伍錯綜，引伸觸類，故歷來學者或極言其是，或痛詆其非，各有所據，持之有故，言之成理，可謂紛擾難決。然就《周易》經、傳而言，焦循以「數、象、辭、理」統一構作之四維，「旁通」、「相錯」、「時行」縱橫貫通之主要發明，以及運用「數理」、「假借」之方法，皆在統一彼此之內在聯繫。故就形上學意義而言，基於時間生生不已之創化歷程，《周易》哲學成為一套動態歷程觀之本體論，同時也是一套價值總論；而生命之創造歷程，

〔註46〕語見《雕菰集》，卷十三〈與劉端臨教諭書〉。

即人生價值實現之歷程，從整體圓融、廣大和諧之觀點，足以闡明「至善」觀念之起源及其發展。因此，焦循《雕菰樓易學》之勝諦，即在於肯定：生命大化流行，生生傳衍，彌綸天地萬有，人故能參與時間本身之創造性，終臻至善之境界。〔註47〕

總贊：「雅琴飛白雪，高論橫青雲」

　　江聲（1721～1799）艮庭先生嘗題贈焦循小篆聯，曰：「雅琴飛白雪，高論橫青雲。」〔註48〕夷考焦循生平學術、道德文章，筆者以爲此聯可爲其人格生命與學術成就之極佳寫照。焦循自題詞曰：

> 艮庭徵君與余定交於浙之西湖定香亭，詩酒槃桓，作平原十日之留。
> 先生研究《說文》具有心得，爲余書「雅琴飛白雪，高論橫青雲」
> 十字，作小楷帖，匆匆未署款字。荏苒數年，檢出裝潢，而先生已
> 歸道山，因識緣起如此。北湖焦循里堂記。

　　焦循早歲習藝，琴棋書畫無所不能；中年以後，覃志精思於《易學三書》，並《孟子正義》，以學爲隱，以道爲業，夐然偉志，茲仿其〈讀書三十二贊〉，以表彰其人，標榜其學，並蘄嚮其志。

> 焦子里堂，其學多方；天算皇皇，經史決決。
> 雕菰深藏，洞淵顯揚；三書洋洋，正義湯湯。
> 旁通陰陽，二五位當；失道情僵，後順得常。
> 相錯成章，比例斯張；時行柔剛，變動健強。
> 數理無疆，假借是匡；天地惟蒼，性命乃康。
> 其人昂昂，其志滂滂；潛德幽光，聖道永昌。

〔註47〕 以上論述，可並詳參方東美《生生之德》，第七篇〈中國形上學中之宇宙與個人〉，頁 289～293。

〔註48〕 是聯爲高野侯所收藏，分別錄見於《明清名家楹聯眞蹟大觀》（臺北：齊雲出版社），第一冊：及《金石家珍藏書畫集》（臺北：大通書局），並可見焦循存世多種法書，眞蹟得觀，如見其人，並增孺慕景仰之志。

參考文獻

一、焦循見存著述資料

1. 《焦氏遺書》，清・光緒二年衡陽魏氏重刊本，臺北：中央研究院歷史語言研究所傅斯年圖書館藏善本。

　①《雕菰樓易學三書──易章句十二卷・易圖略八卷・易通釋二十卷》，三種共十一冊。

　案：《易學叢編》（臺北：廣文書局），據學海堂《皇清經解》本，影印成《易章句》、《圖略》共一冊，《易通釋》二冊發行傳世。又，趙韞如編次《大易類聚初集》（臺北：新文豐出版公司）第二十冊所見者同此。今所傳各本，皆同之。

　②《易話》二卷、《易廣記》三卷，共一冊。

　③《六經補疏》六種，共五冊。

　案：合《論語補疏》三卷、《周易補疏》二卷、《尚書補疏》二卷、《毛詩補疏》五卷、《春秋補疏》五卷、《禮記補疏》三卷。

　④《群經宮室圖》二卷，圖五十篇，共二冊。

　⑤《禹貢鄭注釋》二卷，一冊。

　⑥《孟子正義》三十卷，共十冊。

　⑦《里堂學算記》五種，共七冊。

　⑧《北湖小志》六卷，首一卷，共二冊。

　⑨《李翁醫記》二卷，一冊。

　⑩《先府君事略》一卷、《詩品》一卷，共一冊。

2. 《雕菰樓經學叢書》，《清代稿本百種彙刊》，臺北：文海出版社。

　案：共五冊，分目如下：《易章句》、《易圖略》、《易通釋》、《周易及尚

書補疏》、《論語及毛詩補疏》，皆焦循手搞，其每卷末皆有題記，爲研究之重要參考資料。

3. 《易義解詁》，臺北：中央研究院歷史語言研究所傅斯年圖書館典藏善本。

　　案：此書三卷稿本，有焦循署記，或疑非其書。

4. 《書義叢鈔殘卷》，臺北：中央研究院傅斯年圖書館典藏善本。

5. 《毛詩物名釋》二十卷六冊，臺北：中央研究院傅斯年圖書館典藏善本。

6. 《陸氏草木鳥獸蟲魚疏疏》二卷，《南菁書院叢書》，臺北：中央研究院傅斯年圖書館典藏本。

7. 《推小雅十月辛卯日食詳疏》一卷，手稿本，臺北：國立中央圖書館（國家圖書館）善本書室典藏。

8. 《三禮便蒙》六冊，石印線裝本，臺北：中央研究院傅斯年圖書館典藏。

9. 《論語通釋》一卷十五篇，《木犀軒叢書》本，臺北：國立臺灣師範大學典藏東北大學寄存書。

10. 《孟子正義》三十卷，沈文倬點校本，臺北：文津出版社。

11. 《邠記》六卷，《傳硯齋叢書》本，臺北：文史哲出版社。

12. 《揚州府志》十六冊，《中國方志叢書》，臺北：成文出版社。

　　案：焦循分得山川、忠義、孝友、篤行、隱逸、術藝、釋老、職官諸門。

13. 《揚州圖經》八卷四冊，《中國名山勝蹟志叢刊》，臺北：文海出版社。

　　案：焦循里堂與江藩鄭堂二人合輯而成。

14. 《揚州足徵錄》二十七卷，《榕園叢書續刻本》，臺北：中央研究院傅年圖書館。

15. 《里堂家訓》二卷，《傳硯齋叢書》本，臺北：文史哲出版社。

16. 《加減乘除釋》八卷四冊，《焦氏遺書》本，臺北：中央研究院傅斯年圖書館。

17. 《天元一釋》二卷一冊，，《焦氏遺書》本，臺北：中央研究院傅斯年圖書館。

18. 《釋弧》三卷一冊，《焦氏遺書》本，臺北：中央研究院傅斯年圖書館。

19. 《釋輪》二卷一冊，《焦氏遺書》本，臺北：中央研究院傅斯年圖書館。

20. 《釋橢》一卷，《焦氏遺書》本，臺北：中央研究院傅斯年圖書館。

21. 《開方通釋》不分卷，《木犀軒叢書》本，臺北：國立臺灣師範大學典藏東北大學寄存書。

22. 《李翁醫記》二卷，臺北：國立臺灣師範大學典藏東北大學寄存書線裝本。

23. 《易餘籥錄》二十卷，《叢書集成續編》本，臺北：新文豐出版社。

案：此書亦收於《木犀軒叢書》中，又收載於《國學集要初編》（臺北：文海出版社）十種之一。

24. 《雕菰集》二十四卷，《百部叢書集成·文選樓叢書》本，臺北：藝文印書館。

25. 《雕菰集》文錄二卷，《國朝文錄》第五十一冊，臺北：中央研究院傅斯年圖書館。

26. 《焦里堂先生軼文》一卷，《叢書集成三編·鄦齋叢書》本，臺北：藝文印書館。

27. 《神風蕩寇記》一冊，稿本，臺北：中央研究院傅斯年圖書館典藏。

28. 《與王引之書》二通，《昭代經師手簡二編》手稿景印本，臺北：中央研究院傅斯年圖書館。

29. 《憶書》六卷，《叢書集成初編》、《簡編·仰視千七百二十九·鶴齋叢書》本，臺北：臺灣商務印書館。

30. 《仲軒詞》一卷，《傳硯齋叢書》第一冊，臺北：文史哲出版社。

31. 《紅薇翠竹詞》一卷，《傳硯齋叢書》第一冊，臺北：文史哲出版社。

32. 《雕菰樓詞話》一卷，《詞話叢編》本，臺北：廣文書局。

33. 《易餘曲錄》一卷，《新曲苑》本，臺北：臺灣中華書局。

34. 《花部農譚》一卷，《歷代詩史長編》第二輯，臺北：鼎文書局。

35. 《劇說》六卷，《歷代詩史長編》第二輯，臺北：鼎文書局；《筆記三編》，臺北：廣文書局。

36. 《刊正九經三傳沿革例》一卷，臺北：中央研究院傅斯年圖書館典藏線裝本。

37. 《手批十三經注疏》，舊藏北平人文科學研究所，臺北：中央研究院傅斯年圖書館典藏線裝本。

38. 《手書麰古介書題記》，臺北：中央圖書館（國家圖書館）善本書室。

39. 《手書程氏演繁露題記》，微卷本，臺北：中央研究院傅斯年圖書館。

40. 《手鈔天步眞原》三卷，微卷本，臺北：中央研究院傅斯年圖書館。

41. 《手批柳文二十二卷》十冊，明·萬曆刊本，臺北：國立臺灣師範大學總圖書館善本書室典藏。

42. 《手書題記睡庵湯嘉賓先生評選歷科鄉會墨卷》，臺北：中央圖書館（國家圖書館）善本書室。

43. 《手鈔席帽山人遺集五卷二冊》，臺北：中央圖書館（國家圖書館）善本書室。

44. 焦循書畫眞蹟，《金石家珍藏書畫集》，臺北：大通書局；《明清名家楹聯眞蹟大觀》，臺北：齊雲出版社。

附錄一、大陸見藏焦循著述善本書目

1. 《雕菰樓易學》四十卷，手稿本，北京：北京圖書館（中國國家圖書館）
   典藏。
2. 《易通釋》不分卷，手稿本，上海：上海圖書館典藏。
3. 《易圖略》八卷（焦循跋），手稿本，南京：南京圖書館典藏。
4. 《毛詩物明釋殘本》（存一卷），手稿本，上海：上海圖書館典藏。
5. 《毛詩草木鳥獸蟲魚釋》十卷，手稿本，上海：上海圖書館典藏。
6. 《毛詩草木鳥獸蟲魚釋》十二卷，手稿本，上海：上海圖書館典藏。
7. 《毛詩草木鳥獸蟲魚釋》十二卷（存六卷，二至三，八至十一），清抄本，
   北京：北京圖書館（中國國家圖書館）典藏。
8. 《陸璣疏考證》二卷，手稿本，南京：南京圖書館典藏。
9. 《禹貢鄭注釋》二卷，手稿本，天津：天津圖書館典藏。
10. 《三禮便蒙》不分卷，手稿本，上海：上海圖書館典藏。
11. 《羣經宮室圖》二卷，清·吳鼎、李慈銘跋，半九書塾刻本，北京：北京
    圖書館（中國國家圖書館）；清·孫詒讓批，半九書塾刻本，溫州：溫州
    市圖書館。
12. 《論語通釋》一卷，清·汪萊跋，手稿本，上海：上海圖書館典藏。
13. 《孟子正義》三十卷，手稿本，南京：南京圖書館典藏。
14. 《孟子正義》三十卷，清·謝章鋌校，清·道光刻本，福州：福建省圖書
    館典藏。
15. 《孟子補疏》二卷，手稿本，北京：北京大學圖書館典藏。
16. 《撰孟子正義日課記》一卷，手稿本，北京：北京圖書館（中國國家圖書
    館）典藏。
17. 《里堂日記》（嘉慶元年），清·姚覲元咫進齋鈔本，北京：北京圖書館（中
    國國家圖書館）典藏。
18. 《注易日記》三卷（嘉慶十八年至二十一年），手稿本，北京：北京圖書
    館（中國國家圖書館）典藏。
19. 《八五偶談》，手稿本，上海：復旦大學圖書館典藏。
20. 《里堂家訓原稿》二種，手稿本，上海：上海圖書館典藏。
21. 《江都焦氏字集》七種九卷，焦循鈔本，北京：北京圖書館（中國國家圖
    書館）典藏。

    案：以上大陸所藏焦循見存善本書目，蒙沈津教授、黃沛榮教授提供資
    料，並查上海古籍出版社出版之《中國古籍善本書目》，整理如上。臺灣
    地區典藏者，皆已借覽寓目；然典藏於大陸各圖書館者，除北京大學圖

書館與北京圖書館（中國國家圖書館）曾親往借覽複印外，其餘原件尚未能親睹（曾獲天津圖書館回贈影印本焦循手稿《禹貢鄭注釋》），備此參詳，以俟來日。

二、關於焦循研究資料

1. 〈通儒揚州焦君傳〉，阮元撰，《揅經室二集》卷四，《文撰樓叢書》本。

2. 《焦里堂先生年譜》，閔爾昌編，臺北：中央研究院傅斯年圖書館典藏線裝本。

3. 《焦里堂先生年譜》，王永祥編，臺北：中央研究院傅斯年圖書館典藏線裝本。

4. 《江都焦里堂先生年表》，范耕研編，臺北：文史哲出版社。

5. 〈江都焦里堂先生年表〉，戴培之編，臺北：《師大學報》，第二期。

6. 《焦循年譜新編》，賴貴三編，臺北：里仁書局。

7. 〈焦循里堂先生見存著述考錄〉，賴貴三撰，臺北：《師大國文學報》，第二十二期。

8. 〈焦循學述〉，苟生撰，〈焦循之易學·附錄〉，臺北：鼎文書局。

9. 〈焦循學記〉，仰彌撰，〈焦循之易學·附錄〉，臺北：鼎文書局。

10. 〈焦里堂先生評傳〉，李承祜撰，《大易類聚初集》第二十冊《周易補疏》後附錄，臺北：新文豐出版公司。

11. 〈焦循之學問〉，坂田祥伸撰，《中國文學會紀要》第四號。

12. 〈書焦考廉易圖略後〉，朱駿聲撰，《傳經室文集》卷二。

13. 《里堂易學》，王永祥撰，《焦學三種》下，臺北：中央研究院傅斯年圖書館。

14. 《里堂思想與戴東原》，王永祥撰，《焦學三種》中，臺北：中央研究院傅斯年圖書館。

15. 〈焦循的論語通釋〉，胡適撰，《胡適文存》第三集，臺北：遠東圖書公司。

16. 〈清焦循的道德哲學之易學〉，牟宗三撰，《周易的自然哲學與道德函義》第四部分，臺北：文津出版社。

17. 〈雕菰樓易義〉，程啓般撰，《圖書季刊》，新二卷三期。

18. 〈雕菰樓易義〉，尺蠖撰，《圖書月刊》，一卷六期。

19. 〈雕菰樓易義〉，程石泉撰，《易學新探·附錄》，臺北：黎明文化事業公司。

20. 〈焦循之易學〉，戶田豐三郎撰，《東洋文化》（無窮會），復刊第二十

號。

21. 《焦循研究》，何澤恆撰，臺北：大安出版社。

22. 〈漢學家的易說——焦循易學三書〉，朱伯崑撰，《易學哲學史》第九章第三節，臺北：藍燈文化事業股份有限公司。

23. 〈焦循的時行哲學〉，王茂、蔣國保、余秉頤、陶清合撰，《清代哲學》第二十一章，合肥：安徽人民出版社。

24. 〈揚州學記——焦循〉，張舜徽撰，《清儒學記》第八，濟南：齊魯書社。

25. 〈焦循的數理哲學思想述評〉，李亞寧撰，《哲學與文化》，二十卷第四期。

26. 《焦循的戲曲論著及其戲曲觀研究》，林巴仁撰，臺北：私立文化大學藝術研究所 79 年碩士論文。

27. 〈焦循性善解初論〉，劉德明撰，全國中文研究所在學研究生學術論文研討會，1993 年 4 月 18 日。

28. 〈論焦循易學〉，陳居淵撰，《孔子研究》，1993 年第二期。

29. 〈焦循學術年譜〉，陳居淵撰，未刊稿。

30. 〈焦循假借說易方式之商榷〉，孫劍秋撰，《陳伯元先生六秩壽慶論文集》，臺北：文史哲出版社。

31. 〈焦循孟子正義及其在孟子學中之地位〉，林慶彰撰，孟子學國際研討會，臺北：中央研究院中國文學研究所。

32. 〈讀焦循推小雅十月辛卯日食詳疏記〉，賴貴三撰，《紀念程旨雲先生百年冥誕學術研討論文集》，臺北：國立臺灣師範大學國文系所編印。

三、一般典籍引見資料

1. 《十三經注疏》，臺北：藝文印書館。

2. 《周易集解》，李鼎祚撰，《易經集成》本，臺北：成文出版社。

3. 《韓詩外傳》，韓嬰撰，《四部叢刊初編》本，臺北：臺灣商務印書館。

4. 《說文解字》，許慎撰・段玉裁注，臺北：漢京文化事業公司。

5. 《經義述聞》，王引之撰，《皇清經解》本，臺北：漢京文化事業公司。

6. 《東谷易翼撰》，鄭汝諧撰，《易經集成》本，臺北：成文出版社。

7. 《漢上易傳》，朱震撰，《易學叢書續編》本，臺北：廣文書局。

8. 《周易啓蒙易傳》，胡一桂撰，《通志堂經解》本，臺北：大通書局。

9. 《周易探源》，李鏡池撰，香港：中華書局。

10. 《學易筆談》，杭辛齋撰，臺北：廣文書局。

11. 《易學通論》，王瓊珊撰，臺北：廣文書局。

12. 《先秦漢魏易例述評》，屈萬里撰，臺北：臺灣學生書局。

13. 《讀易三種》，屈萬里撰，臺北：聯經出版事業公司。

14. 《周易卦爻辭釋義》，李漢三撰，臺北：中華叢書編審委員會。

15. 《清代易說考辨集》，《易經集成》本，臺北：成文書版社。

16. 《易說論書》，章太炎，熊十力等撰，臺北：廣文書局。

17. 《易學羣書平議》，黃壽祺撰，北京：北京師範大學出版社。

18. 《周易研究論文集》，黃壽祺・張善文編，北京：北京師範大學出版社。

19. 《易學論著選集》，黃沛榮編，臺北：長安出版社。

20. 《魏晉南北朝易學書考佚》，黃師慶萱撰，臺北：幼獅文化公司。

21. 《周易讀本》，黃師慶萱撰，臺北：三民書局。

22. 〈易學數象與義理〉，黃師慶萱撰，臺北：《師大學報》，第三十七期。

23. 《王弼及其易學》，林麗眞撰，《文史叢刊》，臺北：國立臺灣大學。

24. 《易經繫辭傳解義》，吳怡撰，臺北：三民書局。

25. 《清朝易學管見》，户田豐三郎撰，《廣島大學文化部紀要》（哲學），第二十二卷第一號。

26. 《先秦易學史》，高懷民撰。

27. 《兩漢易學史》，高懷民撰，臺北：文津出版社。

28. 《易學哲學史》，朱伯崑撰，臺北：藍燈文化事業公司。

29. 《經學通論》，皮錫瑞撰，臺北：河洛圖書出版社。

30. 《經學歷史》，皮錫瑞撰，臺北：臺灣商務印書館。

31. 《經學卮言》，孔廣森撰，《皇清經解》本，臺北：漢京圖書公司。

32. 《中國經學史》，馬宗霍撰，臺北：臺灣商務印書館。

33. 《東塾讀書記》，陳澧撰，臺北：中華書局。

34. 《原儒》，熊十力撰，臺北：樂天出版社。

35. 《史記》，司馬遷撰，臺北：鼎文書局。

36. 《漢書》，班固撰，臺北：鼎文書局。

37. 《唐書》，劉昫等撰，臺北：鼎文書局。

38. 《江子屏先生年譜》，閔爾昌編，臺北：中央研究院傅斯年圖書館典藏。

39. 《顧千里先生年譜》，趙詒琛編，臺北：中央研究院傅斯年圖書館典藏。

40. 《凌廷堪年譜》，陳萬鼐編，臺北：中央研究院傅斯年圖書館典藏。

41. 《中國古代數學簡史》，李儼撰，臺北：九章出版社。

42. 《中國算學史》，李人言撰，臺北：臺灣商務印書館。

43. 《中國數學史》，藪內清撰、鄭瑞明譯，臺北：南宏圖書公司。

44. 《九章算經點校》，錢寶琮點校，臺北：九章出版社。

45. 《益古演段》，李冶撰，《四庫全書珍本別解》，臺北：臺灣商務印書館。

46. 《測圓海鏡》，李冶撰，《景印文淵閣四庫全書》本，臺北：臺灣商務印書館。

47. 《測圓海鏡分類釋術》，顧應祥撰，《四庫全書珍本》二集，臺北：臺灣商務印書館。

48. 《漢學師承記》，江藩撰，臺北：廣文書局。

49. 《宋學師承記》，江藩撰，臺北：廣文書局。

50. 《清儒學案》，徐世昌等撰，臺北：燕京文化事業公司。

51. 《清學案小識》，唐鑑撰，臺北：廣文書局。

52. 《清代學術概論》，梁啓超撰，臺北：中華書局。

53. 《中國近三百年學術史》，梁啓超撰，臺北：中華書局。

54. 《清代思想史》，陸寶千撰，臺北：廣文書局。

55. 《清代疇人傳》，周駿富輯，臺北：明文書局。

56. 《中國古代著名哲學家評傳》，趙宗正、李曦編，濟南：齊魯書社。

57. 《清代樸學大師列傳》，支偉成纂述，臺北：藝文印書館。

58. 《明清儒學家著述生卒年表》，麥仲貴撰，臺北：臺灣學生書局。

59. 《先秦諸子集成》，臺北：世界書局。

60. 《鄭堂讀書記》，周中孚撰，臺北：中央研究院傅斯年圖書館典藏線裝本。

61. 《越縵堂讀書記》，李慈銘撰，臺北：世界書局。

62. 《戴東原的哲學》，胡適撰，臺北：臺灣商務印書館。

63. 《戴震》，張立文撰，臺北：東大圖書公司。

64. 《戴震集》，戴震撰，臺北：里仁書局。

65. 《揅經室集》，阮元撰，臺北：中央研究院傅斯年圖書館典藏線裝善本。

66. 《修辭餘鈔》，程瑤田撰，臺北：中央研究院傅斯年圖書館典藏線裝善本。

67. 《春融堂集》，王昶撰，臺北：中央研究院傅斯年圖書館典藏線裝善本。

68. 《校禮堂文集》，凌廷堪撰，臺北：中央研究院傅斯年圖書館典藏線裝善本。

69. 《凌次仲先生遺書》，凌廷堪撰，臺北：中央研究院傅斯年圖書館典藏線裝善本。

70. 《淮海英靈集》，阮元撰，臺北：中央研究院傅斯年圖書館典藏線裝善本。

71. 《夢陔堂詩文集》，黃承吉撰，臺北：中央研究院傅斯年圖書館典藏線裝善本。

72. 《傳經室文集》，朱駿聲撰，臺北：中央研究院傅斯年圖書館典藏線裝善

本。

73. 《孫淵如詩文集》，孫星衍撰，《四部叢刊初編》本，臺北：臺灣商務印書館。

74. 《養知書屋遺集》，郭嵩燾撰，臺北：藝文印書館。

75. 《生生之德》，方東美饌，臺北：黎明文化事業公司。

76. 《續修四庫全書提要》，臺北：臺灣商務印書館。

77. 《假借溯原》，魯實先撰。

78. 《轉注釋義》，魯實先撰，臺北：洙泗出版社。

79. 《華國月刊》（一至十二期），臺北：中央研究院傅斯年圖書館典藏。

80. 《東北叢刊》（一至十九期），臺北：中央研究院傅斯年圖書館典藏。

81. 《中國近三百年學術思想論集》，存粹社編集。

82. 《中國語文論叢》，周法高編撰，臺北：正中書局。

83. 《第一屆清代學術研討會論文集》，高雄：國立中山大學中國文學系所編印。

84. 《第二屆清代學術研討會論文集》，高雄：國立中山大學中國文學系所編印。

85. 《第一屆中國訓詁學術研討會論文集》，臺北：輔仁大學中國文學系所編印。

案：以上參考文獻，多爲研究期間，曾經實際閱讀之資料；其他偶一參引，或僅供查證之書目尚夥，率爲習見或易查之資料，不及一一備載，從省不錄，識者鑒焉。